海南省高校思想政治理论课教学方法改革择优推广项目（2020-3
海南省高校思想政治理论课教学科研团队择优支持计划项目（202
海南省高等学校教育教学改革研究重点项目（Hnjg2021ZD-35）
海南省高校思想政治工作中青年骨干队伍建设项目（2020-30-2-7）
教育部人文社会科学研究一般项目（20XJA710003）

思政课"五位一体"
实践教学模式的建构与创新

主编◎宁　波　李纪岩

江西高校出版社
JIANGXI UNIVERSITIES AND COLLEGES PRESS

图书在版编目(ＣＩＰ)数据

思政课"五位一体"实践教学模式的建构与创新/宁波,李纪岩主编.--南昌:江西高校出版社,2022.8
ISBN 978 - 7 - 5762 - 3198 - 4

Ⅰ.①思… Ⅱ.①宁… ②李… Ⅲ.①高等学校—思想政治教育—教学模式—研究—中国 Ⅳ.①G641

中国版本图书馆 CIP 数据核字(2022)第 147996 号

出 版 发 行	江西高校出版社	
社　　　址	江西省南昌市洪都北大道 96 号	
总编室电话	(0791)88504319	
销 售 电 话	(0791)88522516	
网　　　址	www.juacp.com	
印　　　刷	北京虎彩文化传播有限公司	
经　　　销	全国新华书店	
开　　　本	700mm×1000mm　　1/16	
印　　　张	26	
字　　　数	360 千字	
版　　　次	2022 年 8 月第 1 版	
	2022 年 8 月第 1 次印刷	
书　　　号	ISBN 978 - 7 - 5762 - 3198 - 4	
定　　　价	78.00 元	

赣版权登字 -07 -2022 -971

　　高校思想政治理论课承担着对大学生进行系统的马克思主义理论教育的任务,是对大学生进行思想政治教育的主渠道,在引导大学生坚定对马克思主义的信仰、对社会主义的信念,增强道路自信、理论自信、制度自信和文化自信等方面,发挥了重要的作用。人才培养的质量始终是高校教育教学工作永恒的主题,创新能力、实践能力、社会责任感,已经成为衡量高校人才培养质量的重要标尺。2019 年 3 月 18 日,习近平总书记在学校思想政治理论课教师座谈会上再次强调,要理直气壮开好思政课,推动思想政治理论课改革创新,坚持"八个相统一"①,其中第四个相统一就是"坚持理论性和实践性相统一"。教育部等七部委制定了《关于进一步加强高校实践育人工作的若干意见》,进一步明确了高校实践育人工作的重要性,实践育人已经与教书育人、管理育人、科研育人、服务育人一起,成为高校育人体系中不可或缺的重要组成部分。而实践教学又是高校思想政治理论课的重要组成部分,也是高校教学工作的重要组成部分,是深化课堂

① 新华社. 习近平主持召开学校思想政治理论课教师座谈会［EB/OL］. (2019－03－18)［2022－02－12］. http://www.gov.cn/xinwen/2019－03/18/content_5374831.htm.

教学的重要环节,是实践育人的主要形式。思想政治理论课实践教学受到前所未有的重视,在实际操作中也不断得到加强。

海南热带海洋学院马克思主义学院按照教育部的要求,依据"全员全过程全方位育人""坚持理论性和实践性相统一"的新要求,牢牢把握"立德树人"这一根本任务,秉持"实践育人"的新理念,积极探索实践育人的新载体、新形式,逐步构建思政课的实践育人教学模式,使思政课实践教学课堂内的"小实践"教学形式向参与广泛社会活动的"大实践"教学形式转变,使思政课实践教学更加规范和科学化,成为大学生真心喜爱、终身受益的课程。

经过探索,我们逐步形成了基于"第一课堂"(课内实践教学)、"第二课堂"(校园实践教学)、"第三课堂"(社会实践教学)、"第四课堂"(网络实践教学)的"五位一体"的思政课实践教学运作模式。"五位一体"即思政课理论宣讲类、情景实训类、劳动教育类、社会服务类、考察体验类等五类立体化的实践教学体系。

通过情景实训类、劳动教育类、社会服务类、考察体验类实践教学,与理论宣讲类教育模式进行衔接和延伸,以喜闻乐见、丰富多彩的实践教学方式打造理论与实践相结合的教育平台,同时确保思想政治课程实践教学全方面覆盖学生生活、学习领域,真正发挥实践育人的长效作用;通过社会服务类实践活动,将理论与实践相结合扎实推进对青年学生思想道德品质的培育和提升,在现实社会服务中深刻体会理想信念、中国精神、社会主义核心价值观的指导意义;通过考察体验类实践教学,推动思想政治工作同地方发展融合,把思政课实践教学拓展至校外,把思政教育的传统优势同海南建设自贸区、自贸港的时代方略相融合,增强思想政治教育的应用性和吸引力。通过构建"五位一体"的立体化实践教学体系,将我校的思想政治理论课程建设成大学生真心喜爱、终身受益、毕生难忘的热门课程。

"五位一体"的实践教学运作模式具有以下几个特征。

特征一：教学组织上的课程性。

按照教育部的要求，思想政治理论课实践教学被列入大学生的培养计划和课程设置体系中，有着单独的课程大纲和计划、内容和形式、学分和学时、教师和学生、考核和成绩等基本要素。因此，思想政治理论课实践教学要有计划、有组织地加以建设和实施。

特征二：突出的思想政治性。

思想政治理论课实践教学就是要解决大学生对思想政治理论的真学、真懂、真信、真用问题。开展多种多样的实践教学活动都是为使大学生在实践中学习领会马克思主义基本理论，特别是中国特色社会主义理论体系的真谛，树立正确的世界观、人生观和价值观，在实践中不断增强服务国家、服务人民的社会责任感，不断增强运用马克思主义基本理论观察分析社会现象和解决问题的实践能力。

特征三：教学形式和内容的多样性。

实践教学的课外活动形式更加丰富多样，如课外经典阅读、视频观看、合唱比赛、小品比赛、视频制作、情景剧表演、社会调查、劳动活动、公益活动、考察体验、"三下乡"活动、志愿服务等。灵活多样的实践教学内容和形式，可以提高实践教学的趣味性，激发学生参与实践教学的热情，培养学生参与实践教学的主动性和创造性，最终使思想政治理论课的实践教学取得明显成效。

特征四：教学对象上的广泛性和主体性。

思政课的教学对象为全校学生，是各个专业都必须开设的公共必修课程。思想政治理论课实践教学的重点不是给学生传授理论知识，而是增强学生服务国家、服务人民的社会责任感，勇于探索的创新精神和善于解决问题的实际能力。所以在实践教学课中,教师对学生的实践学习只能做出启发、导向、指引。从实践计划的设计,到实践行动的实施,再到实践结果的总结都需由大学生亲力亲为,学生主体地位得到提升。

特征五:考核评价上的灵活性。

思想政治理论课实践教学有独立的学分,考核评价环节侧重实践教学的效果和学生参与的程度,而不以单一分数为标准。

本书为思想政治课程实践教学的全方位改革成果,既可弥补思想政治课教学普遍存在的实践环节薄弱的不足,又对思想政治课的实践教学模式进行科学性和规范性的总结,为思想政治课程实践教学提供一种切实可行的新机制、新模式。同时,书中建立了对学生参与实践教学情况的考核制度,重点考核学生实践总结报告的质量、实践中理论联系实际解决问题的能力等;而且还对教师指导实践、学生参与实践的过程进行质量考评监控,并努力建立相应的激励机制,为思想政治课实践教学考核评价体系提供依据。

本实践教学成果已在海南热带海洋学院思想政治理论课的实践教学环节中得以充分运用,并取得了很好的效果,得到了中央电视台、海南省和三亚市电视媒体的现场采访,也得到了南海网、新浪网等网络媒体的宣传。

本成果为海南热带海洋学院马克思主义学院思政课教师实践教学的共同成果,由院长宁波、副院长李纪岩统筹,是以四门思政课教研室主任文江玲、魏茹冰、何化利、管小其为代表的思政课教师的集体成果,编写顺序以开课顺序编排。

此项目为2020年度海南省高校思想政治理论课教学方法改革择优推广项目(编号2020-30-6-3)及相关课题的研究成果之一。

目录

CONTENTS

第一章　思政课"五位一体"实践教学模式的建构

　　高校思政课是培养社会主义建设者和接班人的关键课程,也是高校实现"立德树人"根本任务的关键载体。高校思政课"立德树人"的重要途径是实践育人。高校思政课中的实践育人,与高校教书育人、管理育人、科研育人、服务育人一起,是高校育人体系的有机组成部分。但长期以来,高校思政课教学中存在着重理论、轻实践,内容缺乏多样性与丰富性,实践教学考核评价体系欠佳等问题,育人效果难以彰显。如何创新思政课实践教学,提高思政课实践育人的成效,是高校思政课教学的现实挑战。鉴于此,从 2015 年 9 月至 2017 年 7 月,海南热带海洋学院马克思主义学院成立课题组,加强顶层设计,统筹规划思政课实践教学,积极探索思政课实践育人的新载体、新形式、新内容以及新的考核评价体系,逐步构建了理论宣讲、情景实训、劳动教育、社会服务、考察体验"五位一体"的思政课实践教学新模式。自 2015 年 9 月以来,该教学模式经历了七年多的实践检验。实践证明,该教学模式更为科学、更有魅力、更受欢迎、更富成效。在该教学模式激发下,数万大学生增强了学习思政课的主动性、积极性,提升了理论联系实际的能力,更好地掌握了思政课的基础理论,进一步提高了思想政治素质。

第一节　思政课"五位一体"实践教学模式的建构背景

　　在高校思政课教学中建构"五位一体"实践育人教学模式,既是深入落实习近平总书记关于"重视实践育人"要求的需要,也是深入贯彻七部委"加强高校实践育人工作"若干意见的需要,更是正视高校思政课教学存在的薄弱环节、努力补齐高校思政课实践教学短板的需要。

一、深入落实习近平总书记关于"重视实践育人"要求的需要

　　习近平总书记多次强调,要"重视实践育人,坚持教育同生产劳动和社会实践相结合,广泛开展各类社会实践,让学生在亲身参与中认识国情、了解社会,

受教育、长才干"①。2019年3月,在全国学校思政课教师座谈会上,习近平总书记再次强调,要理直气壮开好思政课,推动思想政治理论课改革创新,坚持"八个相统一"②,其中第四个"相统一"就是"坚持理论性和实践性相统一"。在新的时代背景下,落实习近平总书记关于思政工作的重要讲话精神,亟待加强和改进思政课实践教学。

二、深入贯彻七部委"加强高校实践育人工作"若干意见的需要

教育部等七部委制定的《关于进一步加强高校实践育人工作的若干意见》,深入揭示了高校实践育人工作的重要性。实践育人已经与教书育人、管理育人、科研育人、服务育人一起,成为高校育人体系中不可或缺的重要组成部分。思政课是高校"立德树人"的主渠道,承担着对大学生进行系统的马克思主义理论教育的任务,在引导大学生坚定理想信念,增强道路自信、理论自信、制度自信和文化自信等方面,发挥着重要的作用。实践教学是思政课实践育人的主要形式,办好思政课,必须高度重视思政课实践教学,这已经形成广泛的共识。

三、正视薄弱环节,努力补齐高校思政课实践教学短板的需要

长期以来,高校思政课教学中普遍存在着重理论、轻实践的倾向,部分高校思政课实践教学环节薄弱,实践育人效果难以彰显。有的高校没有制定合理的思政课实践教学计划、教学大纲,致使师生无所适从;有的高校没有规划思政课实践教学的时间和空间,使得实践教学变得很随意,影响了实践教学的质量和效果;有的高校缺乏切实可行的思政课实践教学考核评价体系和质量监控体系,对思政课实践教学的过程和结果缺乏有效监督,对参与实践教学的教师和学生难以做到科学、公正、公平地考核和评价。面对这些问题,高校亟须创新实践教学的方法与机制,补齐思政课实践教学的短板。

---

① 中共教育部党组.深入学习贯彻习近平总书记关于青年学生成长成才重要思想 大力培养中国特色社会主义建设者和接班人[N].光明日报,2017－09－08(02).

② 新华社.习近平主持召开学校思想政治理论课教师座谈会[EB/OL].(2019－03－18)[2022－02－12].http://www.gov.cn/xinwen/2019－03/18/content_5374831.htm.

第二节　思政课"五位一体"实践教学模式的建构内容

建构"五位一体"的思政课实践育人教学模式,需要加强顶层设计,致力于"五个增强",即增强思政课实践教学的课程性,增强思政课实践教学内容的思想政治性,增强思政课实践教学形式的多样性,增强思政课实践教学对象的广泛性和主体性,增强思政课实践考核评价的灵活性。

一、增强思政课实践教学的课程性

人才培养方案是高校人才培养的依据。为增强思政课实践教学的规范性,海南热带海洋学院马克思主义学院与学校教务处充分协调,将思政课实践教学列入人才培养方案,单独设置学分学时、课程大纲、教学计划、教学内容、教学形式、教师和学生、考核和成绩等基本要素,有计划、有组织地实施教学。

二、增强思政课实践教学内容的思想政治性

思政课实践教学就是要解决大学生对思政理论的真学、真懂、真信、真用问题。开展实践教学活动是为了提高新时代大学生运用马克思主义理论观察问题、分析问题和解决问题的实践能力,引领新时代大学生在实践中深入领悟马克思主义理论特别是中国特色社会主义理论的真谛,树立正确的世界观、人生观和价值观,在实践中不断增强服务国家、服务人民的社会责任感。

三、增强思政课实践教学形式的多样性

丰富多彩的教学形式有助于增强课程魅力、激发学生学习兴趣。为此,海南热带海洋学院马克思主义学院组织各教研室集体备课,在思政课实践教学中运用了阅读经典、观看视频、合唱比赛、小品比赛、视频制作、情景剧表演、社会调查、劳动活动、公益活动、考察体验、志愿服务等丰富多样的实践教学形式。这些形式增强了实践教学的趣味性,激发了学生参与实践教学的热情,提高了学生参与实践教学的主动性、创造性,最终提升了思政课实践教学的实效性。

四、增强思政课实践教学对象的广泛性和主体性

思政课是各个专业都必须开设的公共必修课程,教学对象为全校学生。思政课实践教学的重点是增强学生服务国家、服务人民的社会责任感,勇于探索的创新精神和善于解决问题的实际能力。所以在具体实践中,教师对学生重在做出启发、导向、指引,从实践计划的设计,再到实践行动的实施,直至实践结果

的总结,都由大学生亲力亲为,学生主体地位由此得到提升。

五、增强思政课实践考核评价的灵活性

科学的考核评价体系是引领思政课实践教学的指挥棒。在"五位一体"思政课实践教学模式的设计思路中,思政课实践教学有独立的学分,但在考核评价环节不是以单一分数为标准,而是更加侧重考核学生参与思政课实践教学活动的记录,以及参加思政课实践教学后的思想提升效果。

第三节　思政课"五位一体"实践教学模式的建构方法

在推进"五位一体"思政课实践育人教学模式的过程中,海南热带海洋学院马克思主义学院重点实施了"五个推进",即推进理论宣讲类思政课实践教学,推进情景实训类思政课实践教学,推进劳动教育类思政课实践教学,推进社会服务类思政课实践教学,推进考察体验类思政课实践教学。通过这"五个推进",构建了"五位一体"的思政课实践育人教学体系。

一、推进理论宣讲类思政课实践教学

理论宣讲是课堂理论教学的延伸,是思政课教材内容走出课堂、走向校园、融入社会的实践教学形式,是实践育人的重要环节。理论宣讲类实践教学不是简单地邀请校内外专家举办学术讲座,而是引导学生在与校内外专家互动中深化对与思政课相关的重点、难点问题的认识。在此基础上,我校组织思政课师生成立了宣讲团,由思政课教师带领学生走向社会、深入基层,面向广大城乡社区居民、中小学生开展理论宣讲,在从"宣讲对象"向"宣讲主体"转化的过程中,全面提高学生的思想境界与理论水平。

二、推进情景实训类思政课实践教学

情景实训类实践教学主要是根据各门思政课的主题,结合形势政策和国内外热点,经教师指导、学生自选,通过专题讨论、观看视频、情景剧表演、DV 拍摄、漫画创作等形式,使学生成为思政课教学的主体。同时,我校通过组织"纪念抗战胜利 70 周年合唱比赛""纪念长征胜利 80 周年合唱比赛""十九大精神进课堂合唱比赛""我和我的祖国歌咏活动"和"纪念海南建省办经济特区 30 年图片展""庆祝新中国成立 70 周年图片展"等活动,引导学生在特定情景中领悟思政课内容。

三、推进劳动教育类思政课实践教学

重点结合"思想道德修养与法律基础"等课程,将劳动教育纳入思政课实践教学体系,以劳动实践提升学生的思想道德品质。在具体工作中,根据学生特点和校内外实际需求制定劳动教育内容,促进劳动教育与校内外服务活动有机结合。比如,2020年春季开学,为迎接延迟返校的毕业生,思政课教师组织提前返校的低年级同学,集体清扫久未住人的毕业生宿舍,一方面培养了低年级学生的劳动意识,另一方面增进了毕业生对母校的感情。

四、推进社会服务类思政课实践教学

以四门思政课为平台,以关爱社会、服务社会、奉献社会为宗旨,将原来以社团为主体推进的参与面较小的志愿服务推向全校,使每位大学生在校期间都能参与至少一次志愿服务,让学生在志愿服务中体会付出与奉献的意义,深刻体悟理想信念、中国精神、社会主义核心价值观等思政内容。五年来,学校已和敬老院、福利院、对口合作的中小学、三亚市戒毒中心等单位形成了长期合作关系,分批次带领学生进行志愿服务已经成为思政课实践教学的重要环节。

五、推进考察体验类思政课实践教学

"行万里路读万卷书"。本成果在实施中深入挖掘、充分利用历史文化与现实生活中丰富的思想政治教育资源,把思政课实践教学拓展至校外,同博大精深的历史文化相融合,同建设海南自贸港的伟大实践同频共振,增强思政课教学的历史感、时代性和吸引力。五年来,学校依托校外实践基地先后组织了井冈山、延安红色精神考察调研,海南环岛社会实践考察,赴山区小学支教,参与精准扶贫调研,赴海南民族博物馆、三亚市槟榔河村、三亚梅山老区革命烈士陵园、三亚市强制隔离戒毒所、三亚新农村玫瑰谷基地、红色娘子军实景等社会实践教学基地参观学习,连续三年在国家公祭日组织学生赴革命烈士陵园扫墓。

六、建构"五位一体"的思政课实践育人教学体系

本成果秉持"实践育人"理念,牢牢把握"立德树人"根本任务,以系统工程的思维,加强顶层设计,注重统筹兼顾,积极探索思政课实践育人新形式、新载体,通过推进理论宣讲、情景实训、劳动教育、社会服务、考察体验,构建了"五位一体"的思政课实践教学体系,打造了理论与实践相结合的思政课教学模式,促进了思政课课堂教学、校园文化活动与社会实践的深度融合,提升了思政课的吸引力、穿透力、震撼力与实效性,使思政课覆盖到了学生学习、生活的各个领域,真正成为大学生真心喜爱、终身受益、毕生难忘的"金课"。

第四节　思政课"五位一体"实践教学模式的创新之处

通过建构、实施"五位一体"的思政课实践育人教学模式,海南热带海洋学院马克思主义学院实现了思政课实践教学方法的创新、思政课实践教学形式的创新和思政课实践教学考核评价体系的创新。

一、创新了思政课实践教学方法

在实施"五位一体"的思政课实践育人教学模式过程中,综合运用了认知性实践教学、探究性实践教学、情感性实践教学、服务性实践教学、劳动性实践教学等教学方法,建构了理论宣讲、情景实训、劳动教育、社会服务和考察体验"五位一体"的立体化实践教学体系,推动了思政课实践教学方法的创新。

二、创新了思政课实践教学形式

在实施"五位一体"的思政课实践育人教学模式过程中,运用了丰富多样的实践教学形式,如阅读经典、观看视频、合唱比赛、小品比赛、视频制作、情景剧表演、社会调查、劳动活动、公益活动、考察体验、志愿服务等。这些形式增强了实践教学的趣味性,激发了学生参与实践教学的热情,提高了学生参与实践教学的主动性、创造性,提升了思政课实践教学的实效性。

三、创新了思政课实践教学考核评价体系

在实施"五位一体"的思政课实践育人教学模式过程中,注重考核评价的指挥棒作用,建立了对学生参与实践教学的考核制度,重点考核学生实践报告的质量、理论联系实际解决问题的能力等,还建立了对教师指导实践、学生参与实践过程的质量监控与激励机制,实现了思政课实践教学考核评价体系的创新。

第五节　思政课"五位一体"实践教学模式的应用价值

"五位一体"的思政课实践育人教学模式实施以来,思政课实践教学有了更清晰的思路,更科学、规范的路径,更多样化的形式,同学们在思政课实践教学中不仅思想境界得到了提升,思想理论水平也有了提升。在校内取得显著育人成效的同时,海南热带海洋学院马克思主义学院的思政课实践育人模式在校外也引起了关注,并经由媒体报道与学术交流,在省内外高校推广应用。

一、"五位一体"思政课实践育人教学模式的校内应用及育人成效

2015 年以来,"五位一体"的思政课实践育人教学模式已连续七年运用于海南热带海洋学院思政课实践教学环节,惠及近 10 万学子,取得了很好的效果。如在理论宣讲环节,累计宣讲 30 余场,覆盖师生及社会人士 8000 余人次。在情景实训类实践教学环节,坚持"不落一人,全员参与",通过精心设计、有序推进和过程监督,保证了"情景实训"实践教学活动的有效展开,调动全校学生共同参与,培养了学生的创新精神,锻炼了学生的组织和协作能力。2015 年以来,我们先后组织了 5 次环岛社会实践考察,开展了"纪念抗战胜利 70 周年""纪念长征胜利 80 周年""唱响新时代,十九大精神进课堂""纪念中国共产党建党 100 周年"等校级合唱比赛,"我为自贸区做贡献""我和我的祖国"等校园情景剧会演,"十九大精神入我心""我为自贸区做贡献"等校级演讲比赛,举行了"纪念长征胜利 80 周年""纪念中国共产党建党 100 周年"和"纪念海南建省办经济特区三十年图片展"等主题图片展,将以爱国主义为核心的民族精神植入学生内心深处。此外,我们将校园劳动纳入思政课平时成绩考评体系,由教师全程指导、组织学生进行手工制作、义务劳动,多措并举,以劳动教育实践提升了学生的思想道德品质。

二、"五位一体"思政课实践育人教学模式的社会反响及应用前景

本教学模式着眼于增强学生服务国家、服务人民的社会责任感,勇于探索的创新精神和善于解决问题的实际能力,对思政课实践教学进行了全方位改革,弥补了思政课教学领域普遍存在的重理论轻实践、实践教学联动机制不完善、实践教学考核评价机制不健全等不足,实现了思政课实践教学模式的创新,为思政课实践教学提供了切实可行的新机制、新模式,对推进高校思政课实践教学改革具有借鉴意义。本成果的实施引起了媒体的广泛关注,中央电视台、中国教育新闻网、海南电视台、三亚电视台、人民网海南频道、南海网、新浪网等媒体对本成果进行了深度报道,认为本成果理念先进、内涵丰富、方法可行、模式可复制,具有很好的应用前景,可在更多高校推广,让更多学生受益。2020 年10 月,本成果有幸入选首届"海南省高校思想政治理论课教学方法改革择优推广项目",作为"优秀教学方法"经海南省教育厅在全省高校推广,在省内外高校产生了良好的反响。

(撰稿人　宁波　李纪岩　刘湘洪)

第二章 "德法课""五位一体"实践教学模式的实施

第一节 "德法课""五位一体"实践教学大纲

为落实习近平总书记在全国教育工作会议的讲话精神,切实推进十九大报告精神和习近平新时代中国特色社会主义思想"三进"工作,全面贯彻落实中共中央、国务院《关于加强和改进新形势下高校思想政治工作的意见》有关加强实践教学的精神,按照中央宣传部、教育部关于《普通高校思想政治理论课建设体系创新计划》(教社科〔2015〕2号)、教育部《新时代高校思想政治理论课教学工作基本要求》(教社科〔2018〕2号)有关制定实践教学大纲的要求以及教育部《高等学校思想政治理论课建设标准(2021年本)》的有关精神,结合课程教学大纲和我校教学的实际,提高思想政治理论课实践教学的亲和力、吸引力、感染力,特制定思想道德与法治课(简称"德法课")实践教学大纲如下。

一、实践教学指导思想

坚持以马克思列宁主义、毛泽东思想、邓小平理论、"三个代表"重要思想、科学发展观、习近平新时代中国特色社会主义思想为指导,全面贯彻党的教育方针,结合当代大学生的成长规律,坚持理论与实践相结合的教育方针,把思想政治教育贯彻于大学生社会实践的全过程,进一步提升大学生运用马克思主义的立场、观点、方法去观察问题、分析问题和解决问题的能力。

二、实践教学目的

通过开展实践教学,引导学生将课堂上学到的理论知识内化于心,外化于行,达到"知、情、意、行"的转化,实现知行统一。实现学生思想政治理论教育与实际相结合,激发学生的主体意识,促进学生由理论学习到实际应用,由知识接受到生活经验转化。引导学生在丰富多彩的社会实践中拓展自己的视野,不断检验、丰富和运用自己所学的知识。充分尊重学生主体地位和激发学生新的学习渴望,从而培养学生的创新意识和探索精神。实现教学模式的多样化,使思政课教学充满生机与活力,切实增强思政课的针对性和实效性。通过实践教学环节深化课堂理论教学,使学生能够运用所学理论去认识社会、指导实践,在接触、参与社会实践中接受教育、加深对所学基本理论的理解,培养观察问题、分析问题和解决问题的能力,引导学生在思想道德知识和法律问题方面进行自主探究,在实践中增强道德观念和法治理念,将道德观念和法治理念转化为实际行动。

三、课时安排和基本要求

(一)课时安排

根据《海南热带海洋学院本(专)科生思想政治理论课改革方案》精神,全校各专业的思想道德与法治课程实践教学课时为 8 学时,计 0.5 学分。

(二)基本要求

1. 坚持以学生为中心,充分体现我国改革开放和社会主义现代化建设的新情况、新要求,反映社会现实的发展和时代特征,针对当代大学生的心理特点、文化层次和思想意识,积极推行因材施教,鼓励学生的个性发展。

2. 注重思想道德与法治实践教学的整体优化,注重课程之间和内容方面的有机联系,使课内与课外、校内与校外的教学活动形成统一的整体。

3. 实践教学必须纳入教学计划之中,要统筹安排,严格管理,根据不同年级、不同专业学生的特点和不同的活动内容,采取不同的实践形式,做到形式多样,保证全体学生参与。实践教学要在教师的指导下有组织地进行,开展过程中要结合实际,严格过程管理。

4. 制定活动激励性措施,实践教学的考核和评价要注重激发学生的参与性和积极向上精神,在活动管理和成绩评定中要鼓励学生不断进步,发现学生的优势和潜力,肯定学生一点一滴的成绩。

四、实践教学环节主要形式

思想道德与法治课实践教学环节主要形式分为课内实践教学、校园实践教学、校外社会实践教学、网络实践教学。

(一)课内实践教学

课内实践教学即课堂实践教学环节,是根据课程性质以及相应的教学内容确定的一系列课内实践教学活动。即在教师的指导或引导下,通过学生亲身参与而产生直接感知的学习、研究和实践过程相结合的动态互动性教学过程,这个过程贯穿应用于教材各章节中。完善合理的课内实践教学内容,主要包括围绕案例分析、材料阅读、资料分析、模拟教学等内容进行的课堂问答、课堂演讲、课堂讨论、模拟教学等。

项目一:"品味大学,规划人生"

由学生制作一份个人发展计划,内容包含对自身性格爱好的分析、所学专业就业方向及前景分析、职业选择分析、确定未来的努力目标和行动计划等,并在课堂上交流讨论。

项目二:课前五分钟主题演讲

以"青春、责任"为主题,结合自身实际,选取不同角度进行演讲,内容必须符合党的路线方针政策和国家法律法规,要求主题鲜明,观点正确。演讲安排于课前五分钟进行。

项目三:模拟法庭

模拟法庭是指在教师的指导下由学生扮演法官、检察官、律师、案件的当事人、其他诉讼参与人等,以司法审判中的法庭审判为参照,模拟审判某一案件的活动。通过亲身参与,学生可将所学到的法学理论知识、司法基本技能等综合运用于实践;通过分析和研究案例,模拟案件的处理,解释法律规定,掌握案情与法律之间的关系,了解熟悉法学理论,活学活用,达到理论和实践相统一。

项目四:好书分享

任课教师推荐经典书目作为本学期必读书目,学生精读并撰写读书笔记和体会在课堂上交流分享。部分推荐书目如下:

1.《给青年人的 100 个人生哲理》 张国强著

2.《人生》 路遥著

3.《平凡的世界》 路遥著

4.《史蒂夫·乔布斯传》 [美]沃尔特·艾萨克森著,管延圻等译

5.《如何发挥你的最大优势潜能》 [美]罗伯特·科利尔著,万信琼、万涛译

6.《毛泽东传》 [美]特里尔著,胡为雄、郑玉臣译

7.《中华文明大视野》 袁行霈主编

8.《自由在高处》 熊培云著

9.《我相信中国的未来》 梁晓声著

10.《道德经》 [春秋]老子著

11.《弟子规》 [清]李毓秀著

12.《论语》 [春秋]孔子著

13.《看得见的正义(第二版)》 陈瑞华著

14.《法律是什么》 刘星著

15.《国家底线:公平正义与依法治国》 俞可平主编

16.《法律的故事(增订版)》 [美]赞恩著,于庆生译

(二)校园实践教学

校园实践教学主要是指在教师指导下进行专题调查、勤工助学活动、校内志愿服务、辩论赛、演讲比赛、征文、校园情景剧、社团活动、专题报告会等校园文化活动。校园实践教学环节一般利用第二课堂的时间进行。

项目一:观看经典影视作品

任课教师依据教学内容,并结合时事,提供经典影视作品目录,安排学生利用课余时间自行观看,要求学生写一份不少于1000字的观后感。部分经典影视作品名单如下:

1.《永不消逝的电波》

2.《高山下的花环》

3.《苦菜花》

4.《闪闪的红星》

5.《南征北战》

6.《千里跃进大别山》

7.《野火春风斗古城》

8.《红色娘子军》

9.《东京审判》

10.《建党伟业》

11.《建国大业》

12.《集结号》

13.《中国合伙人》

14.《南京!南京!》

15.《烈火金刚》

16.《大决战》

17.《太行山上》

18.《审判》

19.《法网雄心》

20.《秋菊打官司》

21.《威尼斯商人》

22.《厉害了,我的国》

23.《悬崖之上》

24.《扫黑·决战》

25.《长津湖》

26.《我和我的父辈》

27.《1921》

28.《革命者》

29.《跨过鸭绿江》

30.《我的父亲焦裕禄》

项目二:校园情景剧会演

以情景剧的形式,从学生实际出发,学生自主选题、自主编创、自主排练完成,帮助学生主动发现问题、自主解决问题,达到自我教育的目的。

项目三:校内问卷调查

教师根据课程内容拟定若干调研题目,学生在备选题目中选择一个,以小组形式自行设计问卷调查内容,开展问卷调查,统计调查结果,以小组为单位撰写一份不少于2000字的问卷调查报告。

备选调研题目:

1.大学新生生活适应情况调查与分析

2.大学新生入学花费情况调查与分析

3.大学生理想状况调查与分析

4.大学生人生观调查与分析

5.大学生价值观调查与分析

6.大学生幸福观调查与分析

7.大学生恋爱问题调查与分析

8.大学生社会公德状况调查与分析

9. 大学生诚信状况调查与分析

10. 大学生社会责任感状况调查与分析

11. 本校大学生文明素质状况调查与分析

12. 本校大学生法律意识与法治观念状况调查与分析

13. 校园网络文明状况调查与分析

14. 大学生学习动机、态度状况调查与分析

15. 大学生心理健康状况调查与分析

项目四:"致敬劳动者,奋斗新时代"校园劳动

由学生自由组成实践小组,在校园内的操场、教学楼、体育馆、食堂、宿舍、绿化带等区域开展清除垃圾杂物、白色污染等校园劳动活动,培养学生正确的劳动观念,形成良好劳动习惯,弘扬艰苦奋斗的精神,营造劳动最光荣、最伟大、最美丽的氛围。学生可将活动过程及个人感悟制作成美篇上传至学习通。

项目五:制作法治微报纸

以"法治"为主题,围绕法治人物、法治故事、法律制度制作微报纸,并通过主题展板的方式在全校范围内进行优秀作品展览。通过法治微报纸制作可以使学生了解中国法治发展史,领悟中国法治的关键在党,党重视法治,则党兴,国家兴!

项目六:参加学者专家的讲座

由教研室邀请学者专家来我校开展讲座,对学生进行思想道德与法治教育,开阔大学生视野,激励学生将个人发展与社会和国家的需要结合起来,增强学生社会责任感和法治意识。

(三)校外社会实践教学

校外社会实践教学是在对学生进行课堂理论知识教学的前提下,通过各种实践性的手段,提高学生理论联系实际、观察问题、发现问题、分析问题和解决问题的能力,主要包括参观考察、社会调查、志愿服务、挂职锻炼、参加农业、企业生产劳动实践以及社会服务性活动等。社会实践教学内容主要利用第二课堂、周末、节假日、寒暑假等时间进行。

项目一:参观三亚市强制隔离戒毒所

组织学生前往三亚市强制隔离戒毒所进行参观,使学生感悟到毒品不但危害自己,也会危害到家庭和整个社会,树立起"珍爱生命,拒绝毒品"的意识。让

学生在接受教育的同时,也树立帮助他人、服务社会的责任感和使命感。活动结束后要求每位学生写一份不少于1000字的感悟笔记。

项目二:观看红色实景演出

组织学生观看三亚市红色娘子军演艺公园的《红色娘子军》实景演出。通过观看红色娘子军实景演出,让学生真实了解海南红色革命故事,体会革命先辈不屈不挠的革命抗争精神和他们充满激情、追求理想的爱国情怀,激励学生励志勤学、刻苦磨炼,矢志不渝,坚定跟党走,为实现"两个一百年"奋斗目标、实现中华民族伟大复兴的中国梦而不懈奋斗!活动结束后要求每位学生写一份不少于1000字的观后感。

项目三:参观革命烈士陵园

在清明节、国家公祭日前往革命烈士陵园开展"缅怀革命先烈"主题活动,对大学生进行革命历史和革命传统教育,弘扬爱国主义精神。活动结束后要求每位学生写一份不少于1000字的心得体会。

(四)网络实践教学

网络实践教学是指以网络教学平台为核心,借助数字媒体技术,通过线上线下混合开展实践教学。

项目一:微视频制作

由学生围绕特定主题,自主选题,自主编写剧本,自主拍摄,利用现代信息技术制作微视频,并上传至学习通进行分享交流推广。

项目二:美篇制作

结合校园劳动教育、大学生活初体验、榜样的力量等主题,以美篇方式记录分享个人感悟,并上传至学习通进行分享交流推广。

五、实践考核

学生实践成绩考核应坚持过程考核与结果考核相结合。过程考核主要以学生参与程度、实际表现为依据;结果考核主要以学生撰写的参观感想、调查报告、社会实践成果等作为考核评价的依据。

实践教学成绩纳入课程平时成绩,实践教学的成绩占本课程总成绩的20%,实践成绩不合格者本门课程不能及格。

(撰稿人　文江玲)

第二节 "德法课""五位一体"实践教学过程

习近平总书记在全国高校思想政治工作会议上指出:"做好高校思想政治工作,要因事而化、因时而进、因势而新。要遵循思想政治工作规律,遵循教书育人规律,遵循学生成长规律,不断提高工作能力和水平。"①高屋建瓴地为高校思想政治教育指明了方向。实践教学是人才培养方案的重要组成部分,是落实实践育人的关键环节。"德法课"实践教学过程是实践教学大纲的贯彻与落实。实践教学大纲是实践教学工作的重要指导性文件,是组织实践教学、规范教学过程、检查教学质量、指导教学工作的重要依据,具有相对的稳定性。而实践教学则是一个动态过程,教学内容与相应条件要经历不断优化的过程。在开展过程中,只有充分关注时事热点、结合学生的专业特色,才能做到"因事而化、因时而进、因势而新"。因此,在开展实践教学过程,我们以实践教学大纲为依据,结合教学实际情况、社会热点及学生关注的焦点问题,遵循目标性、对象性、协同性和规范性等原则,制定每一学期的实践教学方案。实践教学内容分为课内实践教学和课外实践教学,课内实践教学内容由任课教师根据教学需要自行组织开展,课外实践教学由教研室统一组织开展。以下实践教学方案为近三年教研室统一组织开展的实践教学项目。

一、2019—2020 学年第 1 学期实践教学方案

(一)"青春·使命·爱国"实践教学活动——参观仲田岭革命烈士纪念碑

1.实践目的

三亚仲田岭革命烈士纪念碑是三亚市爱国主义教育基地,是国家红色旅游经典线路之一,是帮助学生了解历史、认识社会,培养学生历史使命感和爱国情怀的主要基地。通过参观仲田岭革命史馆、聆听讲解员讲解、组织陵园祭扫、开展"青春·使命·爱国"主题宣讲及红色歌曲合唱等活动,使学生了解仲田岭革命烈士纪念碑的由来、历史和其中的烈士事迹,体会革命先烈在国家危难时刻的爱国情怀,明确青年学生肩负保卫国家、建设国家的重大使命,树立报效国家

---

① 张烁,鞠鹏.习近平在全国高校思想政治工作会议上强调:把思想政治工作贯穿教育教学全过程 开创我国高等教育事业发展新局面[N].人民日报,2016 - 12 - 09(01).

的志向以及服务社会的公民意识。

2. 实践教学内容

组织学生前往三亚仲田岭革命烈士纪念碑参观,并撰写参观心得体会。

3. 实践教学目标

(1)情感目标:使学生能够深刻体会革命先烈在国家危难时刻的爱国情怀,树立报效国家的志向以及服务社会的公民意识。

(2)知识目标:使学生了解仲田岭革命烈士纪念碑的由来、历史和其中的烈士事迹。

(3)能力目标:通过校内的筹备、交流及校外的考察、实践活动,引导学生主动参与实践活动,学会收集、处理信息方法;通过多样的形式反馈汇报,学习掌握交流、表达、总结的方法;以体验、感悟促进学生综合能力的提高。

4. 实践活动的要求

(1)学生查找仲田岭革命根据地的历史及烈士生平事迹等相关资料,对活动要求有初步了解。

(2)学生准备演唱歌曲,选出领唱人。

(3)由教师组织学生选出学生代表准备发言稿,主题为"青春·使命·爱国"。

(4)教师深入了解海南革命历史,搜集琼崖纵队的创立、主要事件及主要烈士的相关事迹材料,挖掘思想内涵。

(5)教师收集本班的活动影像资料及实践报告,活动结束后上交学院汇编。

5. 实践活动流程

(1)教师介绍性发言,阐明活动目标和要求。

(2)全体师生向革命烈士纪念碑献花并三鞠躬。

(3)学生以"青春·使命·爱国"为主题发言。

(4)合唱红色歌曲。

(5)合影留念。

(6)赴仲田岭革命史馆参观。

(7)整队返回学校。

6. 应对突发事件预案

如出现学生意外受伤,由跟班教师组织学生及时送往就近医院安置,活动继续进行;发生严重意外事件,导致活动不能继续进行,带队教师维护现场秩序,各班组织员负责疏散人员。

(二)"新时代·新使命"校园情景剧

1.实践教学目的

通过情景剧实践教学环节,把理论与实践结合起来,把课堂教学与实践教学结合起来,把学生直接的生活感受纳入课程体系,让学生在参与实践教学过程中主动接受教育和锻炼,着重锻炼和培养学生的创新能力、表演能力、观察能力、沟通能力、写作能力、组织能力以及解决实际问题的能力等,最终达到提升学生的道德品质、增强学生社会主义法治观念的目的。

2.实践教学内容

围绕"新时代·新使命"这一主题,从助力学生成长成才出发,联系学生进入大学后面临的实际问题以及当前我国的热点问题,由各小组自主选题、自主编创、自主排练完成校园情景剧。

3.实践教学目标

(1)情感目标:引导认识当代大学生的历史使命,明确时代新人要以民族复兴为己任。

(2)知识目标:正确认识中国特色社会主义新时代的含义和历史机遇。

(3)能力目标:引导学生主动发现问题、自主解决问题,为学生解决学习生活中面临的困扰提供更为开放的思路,达到自我教育、自我提升的目的。

4.活动流程及内容

第一阶段:组织排练。组织学生以自然班或小组为单位,自主确定主题,构思情节,组织排练,录制视频。以大班为单位,每个大班推荐一个节目参加全校初赛,每个节目都要录制视频,视频主要内容包括:剧情简介(1分钟)、主持人导入(1分钟)、表演(5—8分钟)。

第二阶段:初赛。组织全体指导老师观看各班选送参加初赛的视频,从16个节目中打分选出12个节目参加总决赛。

第三阶段:决赛。由指导教师组织本班参赛选手及观众(人数待定)提前到达赛场抽签,参赛作品按抽签顺序出场演出。

第四阶段:总结提升。情景剧会演活动介绍后,要求以班级为单位,每班撰写一份活动总结,字数在2000字左右。

5. 比赛规则

（1）参赛人员要准时到场，超时未到视为弃权。

（2）每个参赛作品在初赛阶段要提供一份剧情简介和参演演员名单（含角色名字和演员姓名，用 A4 纸打印），同时提交电子版给指导教师。

（3）参赛作品由主持人串讲，按事先抽签顺序出场。评委在前三个作品结束时统一打分，以后每个作品结束打一次分。

（4）参赛作品限时 5—8 分钟，由记时员计时、提示，超出规定时间 30 秒以上，相应扣分。

（5）参赛作品评分去掉一个最高分和一个最低分，所得平均分为参赛作品的最后得分。

（6）每个参赛作品选出 1 名最佳表演者，按照得票高低决出名次，票数一样，则按照平均分高低决出名次。

（7）比赛结束后，选出 2 名最佳编剧、2 名最佳主持。

（8）参赛选手应着装整洁，举止大方，自觉遵守比赛规则。

6. 奖项设置

为了激发学生的兴趣，调动学生的积极性，本次实践教学，根据活动环节中参与的角色不同，设置了如下奖项：

集体奖：一等奖 2 名，二等奖 4 名，三等奖 6 名

最佳编剧：2 名

最佳表演：10 名

最佳主持：2 名

7. 评分细则

评分指标	评分要求
主题内容 （35 分）	①主题鲜明，有教育和启发意义，弘扬真、善、美（15 分） ②选材紧密联系校园生活，解决方法实用有效，有启发性（10 分） ③切入点有创意，表现手法新颖（5 分） ④剧情完整连贯，整体思路清晰（5 分）
舞台表现 （30 分）	①表情自然流畅，表演生动，有一定的感染力（10 分） ②进场出场迅速有序，动作肢体语言恰当、得体（5 分） ③声音洪亮，吐字清晰（5 分） ④人物描写有代表性，充分体现角色心声（5 分） ⑤配合默契、应变灵活（5 分）

续表

评分指标	评分要求
语言表达 (10分)	①剧本台词紧扣主题,语言和谐(5分) ②语言准确到位,符合人物语境(5分)
道具配备 (10分)	①服装道具齐备且富有创意(5分) ②背景音乐和旁白适宜,具有一定的烘托感染力(5分)
现场感染力 (10分)	①能引发共鸣、能引人深思(5分) ②幽默、风趣(5分)
时间掌控 (5分)	进场、退场及时,表演时间累计不得超过10分钟(5分)

(三)参观海南省三亚强制隔离戒毒所

1. 实践教学目的

通过参观海南省三亚强制隔离戒毒所,开展"珍爱生命,远离毒品"实践教学活动,组织学生实地参观戒毒所真实环境,增强青年学生防毒、识毒、抗毒知识,提高青年学生自我保护能力,引导青年学生树立远离毒品、珍爱生命的意识,提高大学生的遵法守法意识。

2. 实践教学内容

组织学生实地参观三亚强制隔离戒毒所,进行现场警示教学,要求学生撰写参观心得体会。

3. 实践教学目标

(1)情感目标:使学生感悟到毒品不但危害自己,也会危害到家庭和整个社会,从而树立起"珍爱生命,远离毒品"的人生观。

(2)知识目标:提升学生鉴别毒品及其危害的能力,增强学生自觉防毒禁毒的意识。

(3)能力目标:使学生能够结合自己的专业知识以及个人的成长体会,以表演、心理辅导、励志演讲等形式开展交流互动,树立帮助他人、服务社会的责任感和使命感。

4. 实践教学要求

由于活动时间、场所和对象的特殊性,此次活动要求如下:

(1)学生自愿参加。

(2)以大班班组为单位,每组40人,由指导教师(任课教师)全程负责。

(3)活动过程中严格遵守戒毒所的纪律要求,服从戒毒所工作人员的安排,不得擅自离开队伍。

(4)严格遵守戒毒所相关规定,尊重戒毒人员的隐私,不能携带背包或者手提包、摄像机、照相机、手机、打火机及录音设备,不能戴帽子、墨镜,不能照相摄像。

(5)队列整齐,服从指挥;在参观过程中请不要大声喧哗,离开参观队伍。

(6)参观过程中,严肃认真,不得私自与戒毒人员接触、传递物品。

(7)在参观活动和听现身说法活动中,听从安排,不要擅自行动。需列队时,即刻按要求列队;在现身说法会场,应尽量靠前坐。

(8)参观、讲解员讲解和戒毒人员现身说法时,保持安静。

(9)每人完成一篇心得体会(1000字以上),优秀的心得体会将被选用作为本学期专项实践教学活动的成果,装订成册。

(10)指导教师负责收集学生参加社会实践的图片资料,并提交一份总结材料。

5.实践教学流程

(1)警官介绍毒品的种类、危害以及染上毒品的常见原因。

(2)参观戒毒所的内部环境。

(3)观看戒毒人员现身说法。

(四)观看《红色娘子军》实景演出

1.实践教学目的

本次社会实践教学活动是观看《红色娘子军》实景演出。通过观看《红色娘子军》实景演出,让学生真实了解海南红色革命故事,体会革命先辈不屈不挠的革命抗争精神和他们充满激情追求理想的爱国情怀,激励学生励志勤学、刻苦磨炼,矢志不渝,坚定跟党走,为实现"两个一百年"奋斗目标、实现中华民族伟大复兴的中国梦而不懈奋斗!

2.实践教学目标

(1)情感目标:培养大学生的爱国情怀,砥砺大学生的精神意志,坚定大学生的信仰追求。

(2)知识目标:使大学生深刻认识红色政权来之不易,新中国来之不易,中国特色社会主义来之不易,进一步筑牢大学生爱党、爱国、爱社会主义的情感基础。

(3)能力目标:从红色娘子军故事中总结历史规律,传承红色基因,赓续中国共产党人精神血脉。

3. 实践教学要求

由于活动时间、场所和对象的特殊性,此次活动要求如下:

(1)学生自愿参加。

(2)以大班班组为单位,由指导教师(任课教师)全程负责。

(3)活动开展时间为晚上,且离开校园,活动过程中要严格纪律要求,服从带队老师的安排,不得擅自离开队伍。

(4)遵守演出场所的相关规定,严格遵守规定时间,保持队形准时集合候车、登车。

(5)观看过程中,不得大声喧哗,不得随意走动。

(6)每人完成一篇心得体会。

(7)指导教师负责收集学生参加社会实践的图片资料,并提交一份总结材料。

4. 评选优秀实践报告

第一阶段:参加观看《红色娘子军》实景演出的学生,自主提交个人撰写的实践报告。

第二阶段:指导教师(任课教师)推荐优秀作品,比例为本班实际参与此项实践教学人数的40%。

第三阶段:由马克思主义学院组织评选委员会,对指导教师推荐作品进行匿名打分并评选优秀作品,获奖比例约为所有推荐作品的70%。

二、2020—2021 学年第 1 学期实践教学方案

(一)"大学生活初体验"美篇

1. 实践目的

通过开展"大学生活初体验"活动,展现丰富多彩的校园生活,捕捉校园精彩瞬间,用文字和照片记录大学生活点滴,感悟大学新生活,使大学新生了解大学新生活的变化与特点,尽快适应大学生活,实现自身角色的调整与转换,尽快适应人生新阶段,树立信心,开阔眼界,更好地为自己的大学生活树立目标,健康成长。

2. 实践教学目标

(1)情感目标:使学生能够正确理解和看待由中学生到大学生的角色转变,能尽快适应人生新阶段,树立新的学习和生活理念。

(2)知识目标:使学生正确把握时代特征与历史使命,明确大学生全面发展的素质和成才目标的内容。

(3)能力目标:使学生能主动发现问题,培养学生认识社会、探究社会问题的基本能力,形成综合思考问题的能力。

3. 活动过程

(1)布置任务

任课教师在实践前布置实践任务,就实践形式、要求、考核标准等问题进行说明。

(2)捕捉校园精彩瞬间

由学生从"我拍校园风采""拍我校园生活"角度出发,拍摄校园风采,记录校园生活,展现校园丰富多彩的活动,捕捉校园精彩瞬间。

(3)制作美篇

使用美篇 App 进行创作,并将作品提交至学习通。

(4)由师生按大班人数10%的比例评选优秀作品。

(5)优秀作品展示交流。

(6)表彰优秀作品。

4. 具体要求

(1)美篇的内容分标题、校园生活图文、个人感悟等内容。标题自拟,标题应当贴切、简洁、新颖;要求图文并茂,至少有 5 张以上组图,照片配以文字说明;个人感悟不少于500 字。

(2)所有学生参与,个人独立完成。

(3)美篇采用文章形式。

(4)美篇作业不能设置为私密文章,不能设置密码及可看时间。

5. 评分标准

(1)主题鲜明,内容丰富,积极向上,展现榜样力量,体现时代精神(60 分)。

(2)标题精练,图片清晰,文字描述准确,音乐烘托恰当,整体效果编排合理、富有感染力(30分)。

(3)篇幅符合要求(10分)。

(二)民法典手抄报大赛

1.实践目的

通过开展"民法典手抄报大赛"活动,在全校范围内开展民法典学习宣传活动,进一步提升大学生法律意识和法治素养,推进民法典深入人心。引导大学生树立正确的权利义务观,妥善处理学习、生活中遇到的法律问题和各种矛盾,不断提高自己的法治素养,在全校营造尊法学法守法用法的法治氛围。

2.实践教学目标

(1)情感目标:引导大学生理解法治兴则国兴,法治强则国强,不断增强建设社会主义法治国家的责任感和使命感。

(2)知识目标:掌握马克思主义法治理论,系统了解民法典的主要内容。

(3)能力目标:引导大学生树立正确的权利义务观,妥善处理学习、生活中遇到的法律问题和各种矛盾,不断提高自己的法治素养。

3.实践教学活动主题

围绕"学习民法典,护航新时代"制作法治手抄报,并进行优秀作品展览汇编。

4.活动过程

(1)准备阶段

①时间:2020年11月2日至2020年11月20日。

②实施办法:围绕"学习民法典,护航新时代"主题制作手抄报,要求手抄报包含报头、文字和插图,两版以上A4版面,以照片方式上传。手抄报采用生生互评、教师评阅等方式评分。

③评分标准为:主题内容方面,所有文章和插图紧扣主题,内容充实(60分);版面设计合理,整洁美观(20分);篇幅符合要求(20分)。

(2)汇展阶段

①时间:2020年11月21日至2020年11月30日。

②实施办法:各班任课教师以教学班为单位选拔出15个优秀作品,进行展板汇展及汇编成册。

(三)撰写实践报告

1.实践目的

通过撰写实践报告,进一步梳理升华实践过程中形成的感悟体会,巩固、深化已经学过的理论知识,提高综合运用所学知识的能力,并且培养自己发现问题、解决问题的能力,锻炼提升写作能力。

2. 实践时间

2020 年 12 月 1 日至 2020 年 12 月 20 日。

3. 活动内容

联系本学期开展的大学生活初体验美篇、"学习民法典,护航新时代"法治手抄报等实践活动,撰写不少于 2000 字的实践报告,以 Word 文档方式提交到学习通。

4. 具体要求

(1)题目自拟。

(2)要求报告中插入实践活动图片。

(3)实践报告字数不少于 2000 字。

(4)作业使用专用的作业纸模板。

5. 评分标准

(1)报告内容有联系个人实际,内容充实,观点正确,有个人真实感悟(60分)。

(2)报告结构清晰,层次合理,语言简练通畅,图文并茂(30分)。

(3)字数符合要求(10分)。

三、2020—2021 学年第 2 学期实践教学方案

(一)"致敬劳动者,奋斗新时代"校园劳动

1. 实践目的

通过开展"致敬劳动者,奋斗新时代"校园劳动实践活动,帮助学生把握劳动本质,加强学生的劳动素养,培养学生正确的劳动观念,形成良好劳动习惯,弘扬艰苦奋斗的精神,营造劳动最光荣、最崇高、最伟大、最美丽的氛围。

2. 实践目标

(1)情感目标:使大学生牢固树立"劳动最光荣、最崇高、最伟大、最美丽"的观念。

(2)知识目标:使大学生能够理解和形成马克思主义劳动观,培养勤俭、奋斗、创新、奉献的劳动精神。

（3）能力目标:使大学生具备满足生存发展需要的基本劳动能力,形成良好劳动习惯,接受锻炼、磨炼意志,培养学生正确劳动价值观和良好劳动品质。

3.实践内容

学生自由组成实践小组,在校园内的操场、教学楼、体育馆、食堂、宿舍、绿化带等区域开展清除垃圾杂物、白色污染等校园劳动活动,并由学生将活动过程及个人感悟制作成美篇上传至学习通。

4.具体要求

（1）学生将活动过程及个人感悟制作成美篇上传至学习通作业,注意不能将该美篇作业设置为私密文章。

（2）标题自拟。

（3）美篇采用文章形式。

（4）篇幅至少为6张以上组图,照片配以文字说明。

（5）含有500字以上个人活动感悟。

5.评分标准

（1）主题鲜明,内容丰富,积极向上,展现当代大学生风貌,体现新时代劳动精神（60分）。

（2）标题精练,图片清晰,文字描述准确,音乐烘托恰当,整体效果编排合理、富有感染力（30分）。

（3）篇幅符合要求（10分）。

（二）"感悟红色精神"美篇

1.实践时间

2021年3月10日至2021年4月12日。

2.实践内容

通过追寻百年红色人物、红色故事及身边的优秀党员,感悟红色精神,并制作成美篇上传至学习通。

3.具体要求

（1）美篇标题自拟。

（2）美篇采用文章形式。

（3）美篇中含照片及文字说明。

（4）美篇含有500字以上个人感悟。

4.评分标准

(1)主题鲜明,内容丰富,积极向上,展现红色人物、红色故事及身边的优秀党员风采,体现红色精神(60分)。

(2)标题精练,图片清晰,文字描述准确,音乐烘托恰当,整体效果编排合理、富有感染力(30分)。

(3)篇幅符合要求(10分)。

(三)"百年法治"微报纸制作

1.实践目的

2021年是中国共产党成立100周年,通过开展"百年法治"微报纸制作活动,呈现一百年来国家法治的变化,加深大学生对法律知识的认识,锻炼法治思维,提升法治素养。通过主题展板的方式在全校范围内进行优秀作品展览,引领广大学生做尊法学法守法用法的模范。

2.实践教学目标

(1)情感目标:使学生能够深刻理解法治兴则国兴,法治强则国强,不断增强建设社会主义法治国家的责任感和使命感。

(2)知识目标:使学生正确理解马克思主义法治理论,特别是习近平法治思想,生动了解社会主义法律的精髓。

(3)能力目标:使学生能自觉尊重和维护宪法法律权威,努力做尊法学法守法用法的模范。

3.实践内容

以"百年法治"为主题,围绕1921年至2021年的法治人物、法治故事、法律制度制作微报纸,并通过主题展板的方式在全校范围内进行优秀作品展览。通过"百年法治"微报纸制作使学生了解中国百年法治发展史,领悟中国法治的关键在党,党重视法治,则党兴,国家兴!

4.具体要求

(1)微报纸标题自拟。

(2)内容符合相应主题相求,包含刊头、文字和插图。

(3)微报纸版面为两版,每版为A4纸大小。

(4)微报纸可采用手绘、运用Word软件绘制或二者相结合等方式制作。

(5)微报纸以上图片方式传到学习通。

5. 评分标准

(1)思想内容健康向上,所有文章和插图紧扣主题,内容充实(50分)。

(2)版面设计合理,内容齐全(包含刊头、文字、编者等),书写工整流畅,整洁美观(30分)。

(3)主题鲜明,刊头设计简洁、醒目(10分)。

(4)篇幅符合要求(10分)。

四、2021—2022 学年第 1 学期实践教学方案

(一)"大学生活初体验"美篇

具体要求及开展过程与2020—2021学年第1学期实践教学"'大学生活初体验'美篇"活动方案一致,不再赘述。

(二)"致敬劳动者,奋斗新时代"校园劳动

具体要求及开展过程与2020—2021学年第2学期实践教学"'致敬劳动者,奋斗新时代'校园劳动"活动方案一致,不再赘述。

(三)"百年法治"微报纸制作

具体要求及开展过程与2020—2021学年第2学期实践教学"'百年法治'微报纸制作"活动方案一致,不再赘述。

五、2021—2022 学年第 2 学期实践教学方案

(一)"追寻职业榜样"美篇

1. 实践目的

通过开展"追寻职业榜样"活动,发掘某专业领域的典型或进步的优秀素材,找准"职业榜样"所体现出来的"热爱祖国""志存高远""爱岗敬业""乐于奉献""担当作为"等优秀品质。用"职业榜样"的力量,给大学生提供前进的力量,指明前行道路上的方向,用"职业榜样"引领大学生构建合理的职业规划,找准职业理想,树立就业目标,明确自己大学期间的努力方向,激发大学生追求上进,敢于有梦、勇于追梦、勤于圆梦,激励大学生奋发前行,汇聚青春正能量,在开拓人生、奉献社会中书写无愧于时代的壮丽篇章!

2. 实践教学目标

(1)情感目标:使学生能够以"职业榜样"的力量,激发大学生追求上进,树立干一行、爱一行、精一行的职业价值理念。

(2)知识目标:使学生明确本职业道德要求,培养忠于职守、爱岗敬业、担当

作为精神。

(3)能力目标:使学生能自觉构建合理的职业规划,找准职业理想,树立就业目标。

3.活动过程

(1)布置任务。任课教师在实践前布置实践任务,就实践形式、要求、考核标准等问题进行说明。

(2)追寻"职业榜样"。每位学生为自己寻找、树立一个"职业榜样",回顾其先进事迹,挖掘其优秀品质。

(3)制作美篇。使用美篇 App 进行创作,并将作品提交至学习通。

(4)由师生按大班人数 10% 的比例评选优秀作品。

(5)优秀作品展示交流。

(6)表彰优秀作品。

4.具体要求

(1)格式要求。美篇的内容分标题、人物事迹、个人感悟等内容。标题自拟,应当贴切、简洁、新颖。

(2)人物事迹。结合所学专业,追寻"职业榜样",回顾其先进事迹。要求图文并茂,至少有 5 张以上组图,照片要配以文字说明。

(3)个人感悟。通过"职业榜样"事迹,感受其优秀品格,并结合个人实际,谈谈从"职业榜样"中获得的启示。个人感悟不少于 500 字。

(4)所有学生参与,个人独立完成。

(5)美篇采用文章形式。

(6)美篇作业不能设置为私密文章、不能设置密码及可看时间。

5.评分标准

(1)主题鲜明,内容丰富,积极向上,展现榜样力量,体现时代精神(60 分)。

(2)标题精练,图片清晰,文字描述准确,音乐烘托恰当,整体效果编排合理、富有感染力(30 分)。

(3)篇幅符合要求(10 分)。

(二)法治微报纸制作

1.实践目的

参与法治实践活动是学习法律知识的有效途径。通过法治微报纸制作活动,加深大学生对法律知识的认识,锻炼法治思维,提升法治素养。通过主题展板的方式在全校范围内进行优秀作品展览,引领广大学生做尊法学法守法用法的模范。

2.实践教学目标

(1)情感目标:使学生能够深刻理解法治兴则国兴,法治强则国强,不断增强建设社会主义法治国家的责任感和使命感。

(2)知识目标:使学生正确理解马克思主义法治理论,特别是习近平法治思想,生动了解社会主义法律的精髓。

(3)能力目标:使学生能自觉尊重和维护宪法法律权威,努力做尊法学法守法用法的模范。

3.活动过程

(1)布置任务。任课教师在实践前布置实践任务,就实践形式、要求、考核标准等问题进行说明。

(2)报纸设计。学生使用 Word 软件或手绘方式进行报纸设计制作。

(3)提交作品。作品完成后,须制作成相应的图片素材。提交一份 Word 文档及一份 JPG 图片文档到学习通。

(4)由师生按大班人数10%的比例评选优秀作品,于第12周对优秀作品进行表彰和展览。

4.具体要求

(1)作品应包含报头、标题、正文、插图等纸质报纸要素。

(2)微报纸内容可涉及法律制度、法治人物、法治故事、法治新闻等。

(3)微报纸要注明编者的班级姓名。

(4)微报纸版面为双数,每版为 A4 纸大小。

6.评分标准

(1)主要内容(40 分)

内容充实、紧扣主题健康向上,能有效传达社会主义法律制度和法治精神。

(2)版面设计(25 分)

在设计上力求灵活新颖、内容齐全(包含刊头、文字、编者、插图等),书写工整流畅,整洁美观。

(3)版头设计(15 分)

要求主题鲜明、刊头设计简洁、醒目。

(4)插图(10分)

要求与内容相得益彰,自然合理,无牵强附会、画蛇添足之嫌;排版美观大方,错落有致。

(5)整体效果(10分)

要求层次分明,重点突出,各版块比例协调,版头、插图、标题等各个部分做到统一,色彩搭配合理,版面美观大方,篇幅符合要求。

七、考核表及作业模板

模板一:海南热带海洋学院大学生实践教学活动综合考核表

海南热带海洋学院大学生实践教学活动综合考核表

开课单位:马克思主义学院　　课程名称:思想道德与法治　　指导教师:

姓名		学号		学院		班级	
实践活动起止日期					联系电话		
个人自评	分数:		签名:		时间:	年　月　日	
参加社会实践的主要内容(活动名称、过程、收获)							
班组评分	分数:		签名(班长):		时间:	年　月　日	
综合评分	分数:		签名(指导教师):		时间:	年　月　日	

模板二:海南热带海洋学院马克思主义学院思想道德与法治实践报告

海南热带海洋学院马克思主义学院
思想道德与法治实践报告

学院＿＿＿＿＿＿＿＿　班级＿＿＿＿＿＿　姓名＿＿＿＿＿＿　学号＿＿＿＿＿＿

实践时间＿＿＿＿＿＿　＿＿＿＿学年＿＿＿学期　指导教师＿＿＿＿　评分＿＿＿＿

模板三:海南热带海洋学院马克思主义学院思想道德与法治小组实践作业

海南热带海洋学院马克思主义学院

思想道德与法治小组实践作业

学院＿＿＿＿＿＿＿＿＿＿＿＿＿＿　　班级＿＿＿＿＿＿＿＿＿＿＿＿＿＿＿

实践时间＿＿＿＿＿＿＿＿　＿＿＿＿学年＿＿＿＿学期　指导教师＿＿＿＿＿＿＿＿

小组成员、分工情况及成绩评定:

姓名	学号	实践内容或分工情况
指导教师评定	分数:	签名:

（撰稿人　文江玲）

第三节　"德法课""五位一体"实践教学特点

"德法课"在近年的实践教学中,进行了初步探索和有益尝试,根据教学目标、教学的客观规律、学生需要及社会发展,设计了课堂、校内、社会及网络四个层面的实践教学模式并付诸实践,形成了"德法课"实践教学原则及教学特点。

一、"五位一体"实践教学模式引领下"德法课"实践教学原则

并不是完成一项活动就等于实现了实践教学的目的,"德法课"实践教学涉及实践的形式、内容、教学资源以及与理论教学的结合等诸多问题,必须遵循一定的教学原则做好顶层设计,才能够真正将多层次的实践活动融合起来,才能建立起内化于心,外化于行的实践教学体系。实践教学原则需要围绕课程教学目标这一核心,根据教学的客观规律、学生需要及社会发展,在总结教学实践经验基础上确定。我们遵循理论与实践相结合、教育与自我教育相结合、主动设计与学生自主选择相结合、目标导向与过程控制相结合等教学理念,确定如下课程实践教学原则。

（一）目标性原则

目标性原则是指实践教学的设置要为教学目标服务。实践教学是将理论知识运用于实践的重要途径，实践教学是为实现教学目标服务的，并非简单开展课外活动，而是要通过实践教学将课堂教学内容转变为学生的切身体会，深化理论知识的理解和运用。所以，开展"五位一体"实践教学必须立足于课程的教学目标和任务，充分利用网络信息技术优势，构建实践教学活动体系。实践教学方案要围绕"德法课"的教学内容和社会生活现实进行设计，聚焦于培养"有理想、有本领、有担当的时代新人"这一根本任务，针对大学生关注的问题展开，有效提升学生的综合素质和增强其社会责任感，进而达到理论联系实际解决问题的目的。①

（二）对象性原则

对象性原则是指实践教学要根据大学生的个性化发展规律设置。解决学生实际问题是"德法课"开展实践教学的出发点和落脚点，也只有从学生个体实际出发，才能实现实践教学的实效性。所以，实践教学的内容设置要关注大学生的需求，结合学生的专业特点，契合大学生的身心发展特点，采用大学生喜闻乐见的形式，才能提升学生主动参与实践教学的积极性，提升学生对教学内容的认可度。

（三）协同性原则

协同性原则是指实践教学既要充分发挥师生的双向协作互动，又要实现各教学要素的同向同行，形成协同效应。一方面，要利用网络平台互动的即时性与多样性加强师生的互动协作，把实践教学作为师生的交流交往平台，打破传统师生的单向输出，通过师生间的信任与合作，共同完成实践教学任务。另一方面，要整合各教学要素的教学资源。首先要协同各类课程与"德法课"同向同行，提升"德法课"的亲和力和针对性；其次是整合团委、学生工作处、网络中心等实践教学过程中一切可以利用的人力、物力、财力资源形成合力以拓展教学空间和渠道。

（四）规范性原则

规范性原则是指"五位一体"实践教学必须要做好顶层设计，保证实践教学

---

① 钱锐.《思想道德修养与法律基础》课程项目化教学的研究与实践[J].湖北经济学院学报（人文社会科学版），2014，11（01）：175－176，197.

可持续规范化发展。实践教学不是单一、孤立的一项活动,而是课程教学有机整体的一部分,实践教学方案应当与课程建设统一筹划、同步推进。要合理设置与课堂教学衔接、配套的实践教学计划,明确教学进度、时间节点、实践项目及其要求等,指导并监控实践教学正常有序开展。

总之,实践教学模式的构建和应用是关乎实践教学质量的关键因素,把握好构建原则,是顺利实施实践教学的根本保证。目标性原则是根本,如果不围绕课程教学目标开展实践教学,就会无的放矢,教学活动就会背离教学目标的要求;对象性和协同性原则是基础,如果对学生成长需求和各教学要素把握不好,就很难做到针对性、时效性;规范性原则是保障,实践教学如果没有做好顶层设计,实践教学就会处于无序状态。因此,这四个原则是一个有机的统一体,不能孤立地看待。遵循统一协调的原则,才能充分发挥实践教学的作用,实现全员全过程全方位育人。

二、"五位一体"实践教学模式引领下"德法课"实践教学特点

"五位一体"实践教学模式是高校思想政治理论课教学在马克思主义关于理论与实践辩证统一理论指导下的多维立体的实践模式。"德法课"经过几年的教学实践,牢牢把握"立德树人"这一根本任务,瞄准"全员全过程全方位育人"的目标,结合"德法课"课程内容、课程特色、教学环境及教学对象等诸多方面进行了深入的探索,使"德法课"实践教学在"五位一体"实践教学模式引领下,呈现出以下突显学生主体性、紧扣社会热点等鲜明的特点。

(一)尊重个体差异,突显学生主体性

增强高校思想政治工作吸引力,使思想政治工作更加吸引人,既需要优化"供给侧",也需要着眼于"需求侧"。了解学生的关注点,从学生的需求甚至困惑出发,是我们开展实践教学的出发点,也是立足点。受教育者主观上对思想政治理论课内容的认可度,很大程度上决定着教育结果的实效性。因此,在进行实践教学课程设计时,我们应根据课程的教学目标和大学生的个性化发展规律来进行课程设计,充分尊重学生个体差异,突显学生主体性。一方面,要关注学生兴趣点和参与的积极性,在内容设计上充分体现学生的专业特点,寻找学生专业与"德法课"实践教学的结合点。比如将培养大学生社会责任感、提升思想道德素质与职业生涯规划、职业理想相结合的"追寻职业榜样"美篇、初试职场等实践项目,不仅做到了思政课与其他课程的"同向同行",还找到"同向并

行"的结合点,并以此为突破口大力推进教学实践,真正实现了"协同效应"。另一方面,可以结合大学生熟悉运用网络技术及活跃于网络平台的特点,充分利用网络技术和平台,开展线上线下混合实践教学,如微视频、美篇、微报纸等实践项目。通过线上实践教学活动充分发挥学生自主学习的能力,突显学生的主体地位。实践过程中,学生由被动逐渐转为主动,实践教学全程的"主角"是学生自己。学生通过网络实践教学平台自主查找学习资料,在线咨询问题,自行设置调查主题,自主拍摄视频,制作美篇、微报纸等,网上匿名评分评论,并通过学习平台和个人媒体平台在网络上发布,使得教学实践的成果具有辐射性,激发学生的参与热情,增强实践教学对学生的吸引力和感染力。

(二)注重平等交流,形成交互效应

"德法课"实践教学目的在于培养大学生良好的思想道德素质和法律素养。作为"培养人"的教师,要提升教育的亲和力。要使师生达到"同向同行,形成协同效应",教师必须走进学生中间,拉近与学生的距离,教育才能得以"入耳入脑入心"。师生良性的互动,对于学生而言,有利于激发学生学习的积极性与主动性,进而促进学生的有意义学习;对于教师而言,师生互动能够形成教师与学生的优势互补、教学资源的共建与共享。

所以,在实践教学设计、运行和管理环节,我们始终坚持教师主导性和学生主体性相结合,在教与学过程中突出教学主客体之间的平等对话和交流。同单向灌输化实践教学相比,立体多维的"五位一体"实践教学更好地实现了教师与学生之间的双向互动,学生由被动状态变为主动状态。教师从讲台前退到幕后,通过方向设计、服务管理等,指导学生按照各自的学科背景、专业特点、性格特点和兴趣爱好等,主动探索教育内容、自主创设教学情景与形式,发挥参与实践教学的主体能动性。实践教学以学生为中心,让学生从幕后走到前台,成为实践教学活动的主体并发挥主体能动性,教师则起组织、参与、引导和示范等作用,实现师生平等互助,教学相长。在实践教学中,通过微信、学习通、云班课等软件,师生互动交流频繁,使得整个实践教学过程呈现出明显的交互性。该交互过程有利于增强思想政治教育理论的课程魅力,促进教学的立体化,打造形式多样的教学空间,形成师生交互效应。

(三)精准定位目标,突显课程特色

实践教学活动不是走马观花,而是让大学生真正接受教育,是要引导学生深入思考和解决学习生活中实际问题,是要使学生通过体验与认知,对课堂教育内容所蕴含的价值、知识有来自实践层面的理解,并在教师的引导下思考,在实践中加深理解。高校思想政治理论课各有其课程特色,"德法课"着重于大学生思想道德素质和法治素养的提升。在实践大纲的制定过程,我们充分依据"德法课"的课程特点对具体内容进行处理,精准定位课程所要解决的实际问题,突显课程特色。同时,实践教学活动要充分与学生的专业和发展相结合,借助学生的发展需求,将实践育人落在实处,并形成实践特色,在实践教学中紧扣"德法课"教学内容的重点,在贴近生活、贴近学生、贴近社会的基础上,形成具体实践方案。例如,根据绪论"担当复兴大任,成就时代新人"的内容要求,设计切合实际的、操作性强的"大学生活初体验""大学生生活规划"等项目,要求大学新生了解大学新生活的变化与特点,尽快适应大学生活,实现自身角色的调整与转换;结合理想信念教育内容,组织"人生·理想"演讲、参观革命烈士陵园等实践项目;结合道德教育内容,设计"致敬劳动者,奋斗新时代""感悟红色精神""榜样的力量""追寻职业榜样"等美篇;结合法治教育内容,开展民法典手抄报、"百年法治"微报纸制作等实践内容。同时我们充分考虑学生的专业优势、兴趣喜好、学习特点等自由选择专题开展了相应的实践教学活动,如校园情景剧等活动。围绕课程内容,精准定位实践项目,既促进了大学生在实践教学中实现有效的身体力行,也促进了课堂教学与实践教学的深度融合,真正发挥了实践教学的育人效应。

(四)立足实际需要,紧扣时代脉搏

为满足时代发展需求,不断提升实践教学的实效性,我们在教学载体、教学内容方面力求立足实际需要,与时俱进,紧扣时代脉搏,为实践教学注入新活力,提供新契机。在实践教学载体上,借助了诸如情景剧表演、DV拍摄、微电影、摄影、绘画、美篇等新媒介、新手段、新平台、新途径,激发学生参与实践教学的主动性和积极性,利用学习通、云班课、微信等网络信息平台进行成果展示。这使得实践教学突破了传统界限,实现了课上与课下、校内与校外、线上与线下、现实与虚拟、教书与育人的多样化联动,不仅符合时代发展潮流,也满足了学生成长成才的需要。在实践内容上,我们立足实际需要,紧扣时代脉搏,"因事而化、因时而进、因势而新"。例如,结合民法典颁布实施,开展"学习民法典,护航新时代"法治手抄报;结合党史学习教育要求,开展"百年法治"微报纸制作;结合禁毒教育要求,开展参观强制戒毒所和禁毒知识讲座等活动,从爱国主义教育、感恩教育、生命教育、规则教育和社会责任感教育等方面教育引导学生,紧扣时代脉搏,回应社会关切,满足学生现实需求,与时代同频共振,切实提升实践教学的实效性。

(五)多层次混合实践,摆脱时空限制

单一的线下实践教学的开展受到地点、时间等因素的限制,随着手机和电脑等移动设备的出现,网络实践教学正好克服了单一的线下实践教学的缺陷。借助现代信息技术手段创新教学模式是高校思政课发展的必然趋势,网络信息技术的发展丰富了思政课的教学语境,提升了实践教学的实效性。近几年,我们在线上线下混合实践教学方面进行了许多探索,形成了多层次混合实践教学做法,如网络调研等研讨式线上实践教学活动,观点分享等感悟式线上实践教学活动,微视频、美篇、微报纸、微网页等建构式线上实践教学活动,网上博物馆、课程网络游戏等体验式线上实践教学活动,制作展板汇编光盘等成果展示推广式实践教学活动等等。网络实践教学因其便利优势,可以有效避开传统实践教学的困惑之处,同时,网络能够实现对全员开放,并且它具有全天候性,这些特点使得网络实践教学脱离了时间的束缚,学生可以自主安排学习时间。时空的灵活性为实践教学提供了广阔的天地。

(六)教学成本较低,实现全员参与

传统实践教学受到教学时间、教学经费、教学基地、学生的安全保障以及教师的精力等诸多因素的制约,普遍存在组织难度大、难以保证全员参与等问题。混合实践教学充分利用网络信息技术和资源,可以减少教学成本,这在很大程度上减少了教学费用,学生的个人安全也得到一定程度的保障,教师的个人精力不足和压力过大问题也能得到一定程度的缓解,最大限度地在教学过程中实现全员参与。

(七)实践载体新颖,实践内容丰富

实践教学必须包含"时代元素",只有不断地丰富和创新实践教学形式,以其生动活泼、丰富多彩等特点吸引学生参加,才能够促使实践教学不断拓展新局面,取得新成果。载体新颖、内容丰富是实践教学产生吸引力与取得实效的重要保证。当代大学生是网民的主要群体,用手机、电脑上网成为他们的生活习惯。对此,我们针对性地采取了线上线下混合实践教学模式,充分利用互联

网开展实践教学。通过微视频、美篇、Word 软件等契合学生兴趣特点的方式开展实践,载体的新颖性极大提升学生的参与热情。而多层次的实践载体,也丰富了实践的内容,内容涉及线下的研讨、举行辩论赛、参观等活动及线上的微视频、美篇、微报纸、交流推广等。

(八) 客观记录实践全程,多元立体考核评价

实践考核评价体系是教师开展实践教学活动、进行考核评价的重要依据。科学合理的考核评价体系能够规范教学、督促教师进一步改进教学方式,更有利于激发学生对实践活动的学习兴趣和积极创造性,切实实现实践环节的教学目标。为此,我们建立了考核主体多元化、过程性评价和终结性评价相结合、多维立体激励体制的考核评价体系。在考核主体方面,教师、学生个人、小组成员都是实践教学的考核主体,采用个人自评、生生互评和教师评价相结合的形式,形成多元化的考核主体;在考核内容方面,"德法课"实践教学是一个动态发展的教学环节,完善的考核体系应当涵盖过程和结果,在具体考核中,我们坚持过程性评价和终结性评价相结合。过程性评价一般涉及学生在实践中表现出来的学习态度、参与实践教学的次数等;终结性评价主要是指按预设的实践目标对实践成果做出总体性评价。此外,在考核评价体系中要引入多维立体的激励体制。对于教师而言,通过每学期评选优秀指导教师,对组织引导能力突出、认真负责、教学效果好的老师可以进行表彰;对学生而言,对于在实践教学中表现突出,态度良好,成绩优秀的学生,可以评选为优秀实践分子,并将其实践成果予以宣传。

总之,"德法课"实践教学是一个相对完整、独立、规范的教学环节,它既遵循高校思政课实践教学规律,又关注课程教学目标,形成课程特色。以上八个方面构成了"德法课"实践教学的主要特点,每一个特点都有其独立性,同时又彼此关联,相互作用,使"德法课"实践教学在内形成了有机的整体,在外呈现出立体化、多样化的特色,成为与课堂教学相互促进的思想政治理论课第二课堂教学体系。

（撰稿人　文江玲）

第四节 "德法课""五位一体"实践教学成效

美国心理学家加涅认为:"学习的每一个动作,如果要完成,就需要反馈。"反馈既是教学环节之一,是教学信息传递的过程,也是教学活动执行效果实用性和有效性的评估。为客观掌握实践教学实效性,我们从问卷调查、学生学习心得反馈及社会影响等三个方面,分析"德法课"实践教学成效,以此作为检查教学效果、调整教学内容、组织后续教学的主要依据,更好地明确实践教学改革的方向与主要目标。

一、"德法课"实践教学成效调研报告

为了掌握"五位一体"实践教学模式引领下"德法课"实践教学状况的第一手资料,"德法课"教研室于 2021 年 12 月对本学期修学"德法课"的学生进行了关于思想道德与法治实践教学状况的调查。调查分为网络问卷调查和访谈两种方式,其中网络问卷调查是通过问卷星发放,共收回有效问卷 428 份。访谈主要是由任课教师在任课班级随机了解学生对实践教学效果的反馈。从调查反映的整体情况来看,我校"德法课""五位一体"实践教学模式效果明显。

(一)学生对"德法课"实践教学认知程度较高

在问及"思想道德与法治课理论教学和实践教学的关系"时,仅有 3.27% 的学生认为理论教学和实践教学毫无关联,84.11% 的学生认为理论教学是实践教学的基础前提;62.15% 的学生认为实践教学是理论教学的外在表现,83.18% 的学生认为理论教学和实践教学具有内在统一性。如表 2-1 所示:

表 2-1:你认为思想道德与法治课理论教学和实践教学的关系是?〔多选题〕

选项	小计	比例
理论教学是实践教学的基础前提	360	84.11%
实践教学是理论教学的外在表现	266	62.15%
理论教学和实践教学具有内在统一性	356	83.18%
理论教学和实践教学毫无关联	14	3.27%
本题有效填写人次	428	

在问及"实践教学环节对理论教学的意义"时,仅有3.97%的学生认为没有多大意义,83.88%的学生认为能够调动学生学习的积极性,87.38%的学生认为有助于扩大学生的知识面,促进理论结合实践,81.78%的学生认为可以使学生走出校门接触社会,为将来工作积累经验。如表2-2所示:

表2-2:你认为实践教学环节对理论教学的意义有哪些?[多选题]

选项	小计	比例	
调动学生学习的积极性	359		83.88%
扩大学生的知识面,促进理论结合实践	374		87.38%
使学生走出校门接触社会,为将来工作积累经验	350		81.78%
没有多大意义	17		3.97%
本题有效填写人次	428		

以上调查显示,学生对"德法课"实践教学认知程度较高,在思想认识上,能较为准确理解实践教学和理论教学的相互促进关系,较为充分认识到实践教学的价值,这为开展"德法课"实践教学奠定了良好基础。

(二)学生对"德法课"实践教学的认可度和接受度较高

在问及"你是否愿意参加实践教学活动"时,30.14%的学生选择了非常愿意,43.69%的学生选择了愿意,22.66%的学生选择了一般,3.51%学生选择了不愿意或非常不愿意。如表2-3所示:

表2-3:你是否愿意参加实践教学活动?[单选题]

选项	小计	比例	
非常愿意	129		30.14%
愿意	187		43.69%
一般	97		22.66%
不愿意	10		2.34%
非常不愿意	5		1.17%
本题有效填写人次	428		

在问及"你如何评价思想道德与法治课采用的线上线下相结合的混合实践教学模式"时,15.42%的学生选择了非常喜欢,44.63%的学生选择了比较喜欢,41.59%的学生选择了一般,2.8%的学生选择了不喜欢,还有0.47%的学生选择了非常不喜欢。如表2-4所示:

表 2-4：你如何评价思想道德与法治课采用的线上线下相结合的混合实践教学模式？〔单选题〕

选项	小计	比例	
非常喜欢	66		15.42%
比较喜欢	191		44.63%
一般	178		41.59%
比较不喜欢	12		2.8%
非常不喜欢	2		0.47%
本题有效填写人次	428		

以上调查显示，学生对"德法课"实践教学的认可度和接受度较高，在访谈中，学生也表示线上线下混合实践模式能够提升学习的自由度，同时能够增加师生交流，满足学习需求。

（三）学生对实践教学实际效果较为满意

在问及"通过思想道德与法治课实践教学环节学习，你是否有收获"时，38.79%的学生认为收获很大，56.54%的学生认为还可以，有一定效果，3.27%的学生认为基本没有，持怀疑态度，1.4%的学生认为根本没有任何收获，纯粹浪费时间。如表 2-5 所示：

表 2-5：通过思想道德与法治课实践教学环节学习，你是否有收获？〔单选题〕

选项	小计	比例	
收获很大	166		38.79%
还可以，有一定效果	242		56.54%
基本没有，持怀疑态度	14		3.27%
根本没有任何收获，纯粹浪费时间	6		1.4%
本题有效填写人次	428		

在问及"思想道德与法治课线上线下相结合的混合实践教学模式给你带来了哪些收获"时，仅有 4.91%的学生选择了没有收获或其他，70.33%的学生认为掌握了理论知识，63.08%的学生认为提高了与人协作交流的能力，71.26%的学生认为提高了自主学习的能力，66.59%的学生认为提高了探究学习的能力。如表 2-6 所示：

表2-6:思想道德与法治课线上线下相结合的混合实践教学模式给你带来了哪些收获？[多选题]

选项	小计	比例
掌握了理论知识	301	70.33%
提高了与人协作交流的能力	270	63.08%
提高了自主学习的能力	305	71.26%
提高了探究学习的能力	285	66.59%
没有收获	18	4.21%
其他	3	0.7%
本题有效填写人次	428	

在问及"你认为思想道德与法治课线上线下混合实践教学模式有什么优点"时，仅有2.1%的学生认为没有优点，大部分学生认为思想道德与法治课线上线下混合实践教学模式具有学习时间灵活，创造更多自学时间空间;形式新颖，提高学生学习兴趣;线上完成更方便;促进师生之间的交流，学生之间合作;有助于记录学习全过程，反馈学习成果及评价等优点。如表2-7所示:

表2-7:你认为思想道德与法治课线上线下混合实践教学模式有什么优点？[多选题]

选项	小计	比例
学习时间灵活，创造更多自学时间空间	340	79.44%
形式新颖，提高学生学习兴趣	276	64.49%
线上完成更方便	241	56.31%
促进师生之间的交流，学生之间合作	205	47.9%
有助于记录学习全过程，反馈学习成果及评价	229	53.5%
没有优点	9	2.1%
本题有效填写人次	428	

调查结果显示，95%以上的学生认为"德法课"实践教学使自己有较大收获，自己在掌握理论知识、协作、自主探究等方面的能力得到提升，而且线上线下混合实践教学模式具有时空灵活性、形式新颖、有效交流反馈等优点。访谈中学生普遍认为"德法课"实践教学活动对个人在法律启蒙、自我认知、理想建立等方面有非常积极的帮助。

(四)在实践形式上,线上线下混合实践模式更受欢迎

在问及"你更喜欢哪种实践模式"时,65.65%的学生选择了线上线下混合实践模式,21.5%的学生选择了单纯的线上实践模式,12.85%的学生选择单纯的线下实践模式。如表2-8所示:

表2-8:你更喜欢哪种实践模式?[单选题]

选项	小计	比例
单纯的线下实践模式	55	12.85%
单纯的线上实践模式	92	21.5%
线上线下混合实践模式	281	65.65%
本题有效填写人次	428	

在问及"你最喜欢的线上线下混合实践教学活动"时,58.18%的学生选择了微视频、美篇、微网页等建构式线上实践教学活动,57.48%的学生选择了网上博物馆、课程网络游戏等体验式线上实践教学活动,46.5%的学生选择了网络调研等研讨式线上实践教学活动,45.33%的学生选择观点分享等感悟式线上实践教学活动,27.1%的学生选择了展板、汇编、光盘等成果展示推广式实践教学活动,2.8%的学生选择了其他。如表2-9所示:

表2-9:你最喜欢的线上线下混合实践教学活动是?[多选题]

选项	小计	比例
网络调研等研讨式线上实践教学活动	199	46.5%
观点分享等感悟式线上实践教学活动	194	45.33%
微视频、美篇、微网页等建构式线上实践教学活动	249	58.18%
网上博物馆、课程网络游戏等体验式线上实践教学活动	246	57.48%
展板、汇编、光盘等成果展示推广式实践教学活动	116	27.1%
其他	12	2.8%
本题有效填写人次	428	

调查结果显示,相比较单一的线下或线上的实践活动,大部分学生更倾向于融合二者优势的线上线下混合实践模式,而在具体的实践活动中,则更倾向

于线上开展的实践教学活动,尤其是更注重培养其创新能力和实践能力的建构式线上实践教学活动。

(五)在实践内容上,希望立足大学生需要

在问及"在实践教学活动中,你希望"时,86.68%的学生希望与大学生实际生活相结合,83.18%的学生希望与专业实践活动相结合,28.04%的学生希望与党团活动相结合,仅有11.68%的学生选择了单纯的"思政课"实践活动。如表2-10所示:

表2-10:在实践教学活动中,你希望?[多选题]

选项	小计	比例
与专业实践活动相结合	356	83.18%
与大学生实际生活相结合	371	86.68%
与党团活动相结合	120	28.04%
单纯的"思政课"实践活动	50	11.68%
本题有效填写人次	428	

调查结果显示,在选择实践内容时,更多学生希望立足学生需要,开展与专业、实际生活相结合的实践活动,以解决实际问题。

(六)在考核方面,考核成绩能客观反映实际情况,但仍有待完善

在问及"你认为当前思想道德与法治课实践考核成绩是否能够客观反映学生的思想素质实际情况"时,14.72%的学生选择了完全可以,62.15%的学生选择了应该可以,20.79%的学生选择了有一定局限性,效果打折扣,2.34%的学生选择了完全不能。如表2-11所示:

表2-11:你认为当前思想道德与法治课实践考核成绩是否能够客观反映学生的思想素质实际情况?[单选题]

选项	小计	比例
完全可以	63	14.72%
应该可以	266	62.15%
有一定局限性,效果打折扣	89	20.79%
完全不能	10	2.34%
本题有效填写人次	428	

在问及"你认为目前你所取得成绩是否符合你对该门课程的掌握程度"时，仅有 5.6% 的学生认为不相符合。如表 2 – 12 所示：

表 2 – 12：你认为目前你所取得成绩是否符合你对该门课程的掌握程度？[单选题]

选项	小计	比例	
完全符合	54		12.62%
基本符合	350		81.78%
不符合	23		5.37%
其他	1		0.23%
本题有效填写人次	428		

在问及"你认为线上线下相结合的混合实践教学模式能够记录学习全过程，促进深度学习吗"时，12.62% 的学生认为完全能，67.76% 的学生认为能记录大部分实践过程，18.22% 的学生认为只能记录小部分实践过程，1.4% 的学生认为完全不能。如表 2 – 13 所示：

表 2 – 13：你认为线上线下相结合的混合实践教学模式能够记录学习全过程，促进深度学习吗？[单选题]

选项	小计	比例	
完全能	54		12.62%
能记录大部分实践过程	290		67.76%
只能记录小部分实践过程	78		18.22%
完全不能	6		1.4%
本题有效填写人次	428		

在问及"除授课老师外，你认为对思想道德与法治课实践考核还可以综合哪些评价"时，过半的学生选择了同学评价和自我评价，仅有 1.87% 的学生认为授课教师评价就足够了。如表 2 – 14 所示：

表 2 – 14：除授课老师外，你认为对思想道德与法治课实践考核还可以综合哪些评价？[多选题]

选项	小计	比例	
班干部评价	157		36.68%
辅导员评价	125		29.21%
同学评价	275		64.25%
专业课老师评价	210		49.07%
已有的历年思政课老师考核评价	97		22.66%
自我评价	229		53.5%
授课教师评价就足够了	8		1.87%
本题有效填写人次	428		

在问及"你认为目前思想道德与法治课实践教学考核方式存在的弊端有哪些"时,仅有8.18%的学生选择了没有弊端。如表2-15所示:

表2-15:你认为目前思想道德与法治课实践教学考核方式存在的弊端有哪些?[多选题]

选项	小计	比例	
考核方式注重结果,忽视过程	205		47.9%
忽视学生主体地位	105		24.53%
重理论轻实践	191		44.63%
没有具体的考核标准	116		27.1%
缺乏激励机制	158		36.92%
没有弊端	35		8.18%
本题有效填写人次	428		

调查结果显示,尽管大多数学生认为实践考核结果能较为客观记录大部分实践过程,反映其真实情况,与自身实际相符,但是他们仍认为当前考核方式存在一定的弊端,例如考核方式注重结果忽视过程、忽视学生主体地位、重理论轻实践、没有具体的考核标准、缺乏激励机制,希望在考核主体上能更加多元化。

从以上调查结果来看,"德法课"组织的实践活动成效显著,但仍然有较大的改进空间。学生对实践教学的重要性有足够的认识,参与实践教学的积极性较高,认可度较强,但在实践教学的制度保障、活动内容和方式、评价机制等方面还需进一步加强。要使实践教学具有更大的吸引力、更强的实效性,我们应充分调动和提升教师实践教学积极性,全面了解当代大学生的特点和需求,紧扣时代脉搏,立足于解决学生实际问题,创造学生们全程参与、全面主导、精心设计的实践模式,引导学生们自觉发现问题、研究问题、解决问题,做到全员全过程全方位育人。

二、学生参加"德法课"实践教学心得体会

在 2016 年 12 月召开的全国高校思想政治工作会议上,习近平强调:"思想政治理论课要坚持在改进中加强,提升思想政治教育亲和力和针对性,满足学生成长发展需求和期待。"①他指出:"思想政治工作从根本上说是做人的工作,必须围绕学生、关照学生、服务学生。"②教学能否取得一定的效果,重要的是通过教学让学生"学有所获"。如何设计合适的教学内容、教学方式,直接关系到教学成效的优劣。了解学生的关注点,从学生的需求甚至困惑出发,是我们开展实践教学的出发点,也是立足点。为提高思想道德与法治课实践教学实效,激发学生的学习兴趣与热情,我们主动搜集学生的学习评价和学习体会,通过大量来自不同专业学生对思想道德与法治课程实践中的学习所思所感,进行教学反思,紧扣学生所需,不断探索,让学生在课程实践教学中学更具参与感、获得感。

(一)增强时代感提升吸引力

"德法课"的实践教学,既要坚定政治立场,也要深刻把握时代脉搏的变迁,创新教学方式,更接地气、更贴近青年,才更有成效。运用新媒体新技术可以使实践教学变得生动有趣,增强时代感和吸引力。

我之前从来没有剪辑过视频,在这一次的作业中,我开始尝试自己剪辑视频,并且去构思视频内容。尽管这次作业在我自己看来还有许多不完善的地方,但是我仍然感谢这次实践活动,因为它,让我又学会了一项新技能。我感谢每一次让我得到学习的机会,我也希望自己能够一直进步。

——2019 级新闻学(1)班廖雅晴

我觉得每次的"思修"实践任务都是新奇而有意思的挑战。这次是美篇。小组群里又开始了热烈的新讨论。下了这个 App 后我发现这也是个有意思的

---

① 张烁,鞠鹏.习近平在全国高校思想政治工作会议上强调:把思想政治工作贯穿教育教学全过程 开创我国高等教育事业发展新局面[N].人民日报,2016-12-09(01).

② 张烁,鞠鹏.习近平在全国高校思想政治工作会议上强调:把思想政治工作贯穿教育教学全过程 开创我国高等教育事业发展新局面[N].人民日报,2016-12-09(01).

玩意儿,容易上手,就是很多功能有限制,比较遗憾。

——2019 级中文(5)班涂婧

思想道德修养与法律基础课安排的实践活动真可谓全面而到位,对于我们来说也是丰富而具有挑战性。就我个人而言,无论是微视频的第一次创作,还是令我头大的手抄报再次"为难",又或是美篇制作的第一次尝试,过程都令人充满活力与激情。

——2019 级新闻学李先婷

这次实践活动促使我这个"宅女"去更多地关注社会时事热点,鼓励我走出去感受、观察周围的环境,让我从虚拟的网络中抽离出来,用心感受这个真实多彩的世界。以后的生活中我要多留心生活,对生命充满敬畏,认真完成每一项目标、任务,反思每一次实践中表现出的不足。这次法治手抄报的实践活动圆满结束了,虽然有遗憾——自己应该再将版面布置得漂亮一点,文字再充实一点,可是我依然很开心,因为我真的用心去完成了我的实践活动。

——2019 级社会工作(1)班谭佳琦

本没想过,大学的作业还可以这么"玩",不再限制于书上的练习,让人每天埋头苦写了,而是实践中调动了学生的积极性和行动性。在这次的实践活动中,我学到了很多,开阔了视野,增长了才干,发现了自己的不足,对自身价值能够进行客观评价。这在无形中使我们对自己的未来有一个正确的定位,增强了自身努力学习知识并将之与社会相结合的信心和毅力。果然行动才是发现真知的启明灯。

——2020 级船舶电子(1)班林蕾

老师在十月份布置了一篇美篇作业,刚开始我并不知道美篇是一个 App 的名字,还在纠结于如何将图片加到作业中。在同学的提醒下我开始使用美篇 App,在使用过程中,我觉得这个 App 挺好用的,不仅可以给每个图片添加说明文字,还可以添加背景图片和背景音乐。

——2020 级旅游管理(中奥合作)钱峥宇

匆匆忙忙来到大学校园,我对周围的一切充满了未知的恐惧,不知道会遇到什么样的人,不知道这里适不适合自己生活。"思修课"那一堆令我大开眼界的作业,也为我的平淡生活,增添了几丝趣味。每一次的作业就像一次冒险,挑战了自己不擅长的领域,也了解了自己未知的地方。尽管最后的完成还是不能被称为完美,但我已经很满意了,也许下次就能做得更好了呢。

——2020级旅游管理(中奥合作)令狐杏岐

(二)形成朋辈相携交互性效应

对于作为网络"原住民"的新一代青年大学生而言,他们更注重交互性,也要求我们要充分利用新媒体育人实践平台构建起"教师引导、朋辈引领、知行合一"的新机制。在实践过程中,师生及同学间的交流互动协作、作品展示、师生同向同行实现了朋辈相携交互性效应。

"思修"作业的互评环节中,我看到同学们的作品,各式各样,都带有自己的创新设计。学习每个人的作品中精彩的部分,修改自己的不足,这个过程就是相互学习的过程。我很喜欢这种相互学习的方法,这个实践活动能够提高我们的实践能力。

——2019级中文(2)班王小娜

这几周做了几次"思修课"的实践作业:微视频、法治手抄报、"榜样的力量"美篇。在收集素材、摸索制作,以及后期的互评过程中,我们可以取长补短,学习别人的长处。我学会了许多,体验了许多,收获了许多。这次的实践报告,也是一次很好的总结。

——2019级中文(5)班涂婧

这次的作业就像一次冒险,令我挑战了自己不擅长的领域,也了解了自己未知的地方。无从下手,无所适从,这是我们收到这作业的第一反应。怎么做?怎么拍?怎么剪辑?无数的问题在我们每个人的脑海中缭绕。不过总还是要面对的嘛,我们开始一点一点完善。前期工作还算顺利,不过事情果然没我们想得那么简单,落实的时候还是遇到了很多问题。在哪里取景?转换时机如何安排?台词怎么承接……又是诸多的困难在等待着我们。不过在我们齐心协力的努力下还是搞定了。开始实拍的时候,同样有很多问题,毕竟大家都不是习惯在镜头前展现自己的人,所以免不了很多次的笑场、忘词、时机错误,不过也正是因此,让原本困难的拍摄工作多了不少欢声笑语。我们也在这活泼的气氛中,完成了一次又一次的拍摄,大家都过了一把演员的瘾。虽然辛苦是绝对避不开的,但是每个人脸上挂的笑容也是发自内心的。

——2020级旅游管理(中奥合作)令狐杏岐

通过这次情景剧表演,我感受到了每个同学身上潜藏着的可贵的才能,有的同学拿到剧本就会表演,有的同学不擅长表演,但会组织剧本。这样的活动推动了同学之间的互助,施展了大家的各种才能,培养了大家的团队精神,让同学们真正地懂得一些社会问题,同学们乐于接受,每个同学都获得了成长。这次的活动虽然结束了,但这不是终点,我们应该把它当作我们奋斗的一个起点。不管是工作或者是学习,困难永远没有想象的那么大,从我做起,从现在做起,方法永远比困难多。

——2019 级船舶电子陈磊鹏

(三)实现铸魂育人实效

习近平总书记在 2019 年学校思想政治理论课教师座谈会上指出,"思想政治理论课是落实立德树人根本任务的关键课程","要坚持显性教育和隐性教育相统一"①。"德法课"的实践教学目的就是让学生在实地体验和亲身经历中深化自我管理和自我教育。

这次观看《红色娘子军》实景演出,使我们感触颇深,很多同学在观影过程中默默哭泣,我们深刻地感受到革命先辈与旧社会的艰苦抗争,激发出我们强烈的爱国热情。我真的要感谢老师组织我们去看这次演出,真的很值得,真的让我体会到和学会了很多。也感谢我所生活的这个美好时代,我相信在未来一切会变得更加美好,我衷心地祝福我们的祖国更加繁荣富强。

——2018 级社会工作(2)班陈霞淞

这一刻,我感谢这种教学模式,我感谢有这种实践,它把我们的距离拉近,把我们的娇气去除,用结果来反驳我们一开始的不自信,使我们从刚开始的震惊变为后来的埋头苦干,从开始的抱怨到后来的行动,让一切从刚开始的不可能到后来的实现,更让我们懂得了"先苦后甜""合作"与"团结力量大"的道理。看似简单的一次劳动却教会了我们许多道理,也让我们知道,在日后工作生活、学习中,遇到困难时不要先说"难"与"不",因为不去尝试、不去努力就不会成功,任何事用口头说是不会完成的,只有付诸行动,才能实现我们的目标。这给我们步入社会之前上了深刻的一课,让我们将理论与实践结合,体验"实践出真知"的道理。这次活动让我们慢慢体会到了未来生活的艰辛,更让我们懂得人生的不易,让我们知道在日后的道路中遇到困难与挫折需要更加坚强、更加理

---

① 新华社.习近平主持召开学校思想政治理论课教师座谈会[EB/OL].(2019 - 03 - 18)[2022 - 02 - 12].http://www.gov.cn/xinwen/2019 - 03/18/content_5374831.htm.

智地去寻追正确的解决方法,而不是无所事事地等待。

——2019 级汉语国际石榆眉

当我一开始得知"思修课"的实践活动要去戒毒所,并且我也要去的时候,我是不情愿的。因为,我对戒毒所的了解只来源于听说,而且觉得那里会像精神病院。但是,当我去过之后,我只能说我是如此幸运能得到这次机会。

警官在给我们介绍关于毒品的知识和危害时,提到毒品对人的大脑的损伤是不可逆转的,所以很多人出去之后会再次步入毒海。他说这里很多人都是进进出出的。我就在想,造成这样的结果会不会不只是他们自身的原因,还有我们这些正常的健康的人的原因呢?也许有不少人和我一开始的想法一样,会害怕他们,甚至还有些瞧不起他们。在现实中如果我们遇见他们,会不会蔑视他们?可能我们一个小小的表情就会摧毁他们一切想要重新开始面对世界的信心。他们需要的不只是关心,他们更需要我们的正视与公平。就像我竖大拇指,是因为我认为竖大拇指是一种肯定,是一种正能量,是一种暖心的举动。我想,若我对成功戒毒的人也竖起大拇指,那么他以后再遇到什么困难又使他想要逃避,想要在黑暗中寻求庇护时,会不会想起这个小小的大拇指而找到一点温暖和撑下去的动力?所以我们应该更加主动地去正视他们,去给予他们公平,去与他们分享阳光,让阳光也可以拥抱他们,让他们再次和我们一样沐浴着阳光,怒放着生命!

——2018 级俄语罗媛媛

在这一段时间里,我们遇到了以前从未遇到过的作业。我们和刚刚相识的同学合作打破了一个又一个窘境。我们领略到了这片校园的美丽风景,知道了大学与之前十二年教育的不同之处。我们知道了民法典的很多知识,也开始扩展自己的技能点。虽然老师留下的作业做起来有些许的烦琐,但也让我从中得到了很多,知道了自己或许还有这样那样的天赋。除了知识的拓展,我们的综合能力也得到了提升。讲到这里,课堂上的学习也不由得让我怀念,一道又一道选择题,不同的思想在一个教室,疯狂地碰撞,气氛是那么的活跃。老师把控着整场的节奏,引导我们一步一步走,最后点睛总结。不是灌输什么思想,而是开阔你的眼界,让我们知道,原来不只是善恶,还有很多多姿多彩的思想。"思修课"让我学到了很多,让我们重新审视自己,反思自己,寻找自己的方向,坚定自己的脚步,想着我们人生的目标奋勇前进。感触很多,收获也很多。从人生的方向到生活的态度,从个人的情感到家国之爱,每一节课,我都有所收获,虽然看不见摸不着,但我们能感觉得到。真的感谢学校开设了这门课程,感谢"思修"老师为我们的付出。

——2020级旅游管理(中奥合作)令狐杏岐

在大学,学习不再拘泥于课堂,我们可以在课后真实地体验,也可以通过切身感受来体会。作业不仅仅是写来应付,它更像是一个个用心浇灌的作品,像是我们亲自操刀的艺术品,形式多样——就像手抄报、情景剧,每一件都是我们极致用心创作出来的。为了加深理解民法典对我们的深远影响,我们不再死记硬背,而是亲手用最擅长的方式将它表达在纸上,用缤纷的色彩来灌溉这个作品。这便是实践的魅力,它让知识不再枯燥地被动运输,让快乐融入学习的过程。民法典手抄报几乎算得上是我们大学生活中探索知识的第一步,从这一步起我们深刻了解知识的重要性,明白了探索知识、实践学习的重要性。这是至关重要的一步,这是充满教育意义的一步,这是全新定义的一步。我们对自己的实践能力,也再一次肯定,再一次渴望提升。

——2020级旅游管理(中奥合作)袁子健

通过本学期的实践活动,我受益匪浅,掌握得了制作美篇和微报纸的技能。通过参与校园劳动任务,我懂得了劳动创造了美,劳动是生存的本能,劳动使整个世界充满了希望,劳动在改变着我们的生活环境,只有每个人都携手起来,我们的环境才能越来越好。制作微报纸,让我了解了更多的法律知识和法治英雄人物。回答老师发起的各种讨论,让我对人生有更深刻的认识。"初试职场"的模拟面试,让我更深刻地了解了面试的一些相关要求。总而言之,现在做的一切都是为未来奠定基础,一步一步慢慢积累,相信有一天我会成功实现自己的愿望!

——2021级思想政治教育韦英娴

一切教学活动既是信息不断传递和反馈的管理过程,也是探索新时代思政课守正创新的重要途径。教学反馈是师生之间以及学生相互之间形成的交互效应,是构建教与学之间和谐统一关系的重要环节,通过不断反馈、调节,不断与学生贴近、弥合,准确捕捉信息、深入分析信息、不断优化学习过程,使整个实践过程更加科学、系统和规范化,有效地提升了实践教学实效。

三、"德法课"实践教学社会影响与媒体报道

思政课实践教学是立体的教学体系,实践教学通过实践达到育人的目的,实践是必需的平台,但绝不停留于实践本身。它是一门显性的思政育人课程,

教学成果不应仅留存于课堂上或电脑里,而得不到应用和推广。实践教学成果不仅是学生学习交流的宝贵资源,也是树立榜样和先进典型的示范,更是思政课程服务社会、实现立德树人根本任务的具体体现。为此,我们根据实践教学成果的不同形式,采用不同的推广途径,通过参加竞赛、成果展示、新闻报道等形式将实践教学成果面向全校师生乃至全社会进行展示。

（一）与竞赛结合,形成了良好的激励机制

学生作品在教育部主办的第四届"我心中的思政课"全国高校
大学生微电影展示活动中获优秀奖

开展校园情景剧会演活动

（二）成果展示推广，扩大社会影响力

民法典手抄报成果校园展示

百年法治微报纸成果校园展示

(三)宣传报道,延伸育人效果

报道1:高真同志应邀赴我校做防毒禁毒专题讲座

为了加强我校思想道德修养与法律基础课程实践教学,提升同学们鉴别毒品及其危害的能力,增强同学们自觉防毒禁毒的意识,2018 年 11 月 28 日,我校马克思主义学院邀请海南省三亚强制隔离戒毒所党委委员、副所长高真同志来我校做了题为"刀尖上的舞蹈,沾满血的玫瑰"的专题讲座。讲座由马克思主义学院副院长李纪岩主持,王芝兰、马春来、黄爱妹等老师组织全校四个学院 220多名学生聆听了讲座。

高真副所长长期奋战在戒毒工作一线,多次组织和参与禁毒戒毒宣传工作,有着丰富的戒毒和禁毒宣传工作经验。高真副所长首先凭借渊博的专业知识、翔实的数据介绍了毒品的种类、危害以及涉毒的相关法律知识,让同学们深刻认识到毒品离我们并不遥远,需要高度重视、时刻防范。接着他通过真实的案例,揭示了毒品犹如"刀尖上的舞蹈,沾满鲜血的玫瑰",一旦染上毒品,就会踏上万劫不复之路,不但危害自己,也会危害到家庭和社会。最后,高副所长语重心长地提出"十个不要",告诫同学们要远离毒品,同时指出,构建一个无毒的和谐社会,需要人人参与,同学们不仅要自觉防毒,还要积极参与禁毒宣传。

此次讲座是思想道德修养与法律基础教研室开展的"珍爱生命、拒绝毒品"系列实践教学的第一阶段活动,下一阶段将组织我校540名学生到海南省三亚强制隔离戒毒所参观考察,开展现场警示教学。

报道2:"基础课"教研室组织全校学生代表到戒毒所开展现场警示教学

为了增强我校思想道德修养与法律基础课实践教学环节,促进理论与实践结合,让学生在参与实践的过程中主动接受教育,2018年12月19日至21日,教研室组织全校2018级学生代表400余名,由教研室黄爱妹、文江玲、孙秀丽、师新华、褚蘅等五位老师带队,分九批次到海南省三亚强制隔离戒毒所,进行现场警示教学。这是马克思主义学院继邀请戒毒所警官进入学校做专题讲座后,在思想道德修养与法律基础课实践教学领域组织进行的第二个阶段教学活动。

本次活动第一个环节是参观戒毒基地。戒毒所工作人员通过大量图片和样本,向学生介绍了什么是毒品、新型毒品有哪些、毒品为什么会使人产生依赖;通过实例图片展示了吸食毒品后对个人、家庭和社会带来的危害后果。第二个环节是参观戒毒所生活区及住宿区。戒毒人员现身说法,向学生们讲述染上毒品的失足经历。戒毒人员组成的乐队还向学生献唱了歌曲《妈妈,再原谅我一次》。活动整个过程,同学们都自觉服从活动的有关要求,井然有序。

活动结束后,同学们纷纷表示,通过此次活动,他们深刻地认识到毒品对个人、家庭和社会的巨大危害,以后会更加珍惜自由、珍爱生命,自觉遵纪守法、好好学习。同时,也有部分同学表示,他们对戒毒人员这一特殊社会群体有了新的认识,希望他们能战胜心魔,早日戒毒成功,回归社会。

报道3:"新时代·新使命——学习、践行'勇当先锋,做好表率'"校园情景剧会演圆满落幕

12月16日,由马克思主义学院主办、校团委协办的"新时代·新使命——学习、践行'勇当先锋,做好表率'"校园情景剧会演在四栋报道厅举行,此次会演同时也是思想道德修养与法律基础课实践教学活动成果展示。出席本次活动的有马克思主义学院院长宁波、党总支书记邢启敏、副院长李纪岩、校团委曹超老师以及"基础课"教研室黄爱妹、文江玲、师新华、李晓凤、梅娟等老师。

出席活动的领导与老师

通过初赛选拔,共有12个作品进入决赛。在决赛中,各参赛作品的选题从校园、家庭到社会,从学习、生活到工作,都充分体现了学生们建设海南、报效祖国的理想和热忱。经过激烈角逐,2018级食品工程的《暑假计划》和2018级中奥(2)班的《新桥·新梦·新使命》获得一等奖。此外,《筑梦琼州》《汽车站的"快客"》《爱国无小事,发展我做起》《青春新征程》等作品也有不俗表现。

表演结束后,马克思主义学院副院长李纪岩进行了点评。他充分肯定同学们紧扣思想道德修养与法律基础课程主题,从不同视角弘扬了正能量,同时,也指出了部分作品还存在很大的提升空间。

"新时代·新使命"情景剧会演,有效地引导了学生学习、践行十九大精神,

响应海南省委省政府发出的"勇当先锋,做好表率"的号召,进一步提高了学生的思想素养和政治觉悟,学生的创新能力、组织能力、沟通能力和解决问题的能力也得到很好的锻炼。

报道4:"基础课"课程群开展"新时代·新使命"校园情景剧会演

5月17日,由马克思主义学院主办、校团委协办的"新时代·新使命"校园情景剧在四栋教学楼报告厅举行,此次会演同时也是思想道德修养与法律基础课实践教学活动成果展示。出席本次活动的有马克思主义学院邢启敏书记、李纪岩副院长、校团委余立闯老师以及黄爱妹、文江玲、于华、师新华、梅娟、肖垚垚等老师。

出席活动的领导与老师

本次比赛在本学期开设思想道德修养与法律基础课的2018级全体文科班级中开展。通过初赛选拔,12支代表队进入决赛。参赛作品紧扣主题,展示的内容丰富多彩,选题涵盖了校园生活、家庭生活及社会生活。剧情或跌宕起伏,或婉转抒情,或慷慨激昂。

经过激烈角逐,2018级汉语言和2018级酒店管理的《女包公审现代案》和《守岁海岛》获得一等奖。此外,《筑梦新时代》《新西游记之21世纪"丝绸之路"》《人民公仆》等作品也有非常好的表现。

《女包公审现代案》舞台照

此次实践教学活动引导学生从自身的视角思考新时代赋予大学生的新使命,增强了青年学生对改革大业、民族复兴的关注程度,深化了青年学生对建设美丽新海南的认知,引领青年学生自觉将个人发展与国家发展、社会进步有机结合起来,把理论和实践结合起来,达到自我教育、自我提升的目的。

报道5:汪腾副会长应邀赴我校做毒品预防教育专题讲座

2019年12月4日至6日,海南省学校毒品预防教育协会副会长、全国青少年禁毒培训师汪腾应邀赴我校做毒品预防教育专题讲座。讲座过程中,汪腾老师通过现场展示的样品、讲述生动的事例和提供大量的数据,告诫同学们吸食毒品会给个人、家庭、社会带来巨大危害,并引导同学们详细学习如何辨别毒品,如何预防、拒绝毒品的诱惑,提高了广大同学的自我防护意识,帮助同学们树立起"珍爱生命,远离毒品"的思想观念。

此次讲座是思想道德修养与法律基础课程的实践教学活动之一。讲座历时三天,共开设五场次,听报告同学达1800余名,覆盖本学期学习思想道德修养与法律基础课程的全体学生。五场讲座分别由马克思主义学院宁波院长、邢启敏书记、李纪岩副院长以及学校就业处处长吴健主持,黄爱妹、文江玲、孙秀丽、师新华、张伟、李晓凤等任课老师现场组织并旁听。

报道6:【实践教学】学习民法典,护航新时代——思想道德修养与法律基础教研室举办实践教学成果展

为激发大学生学习法律热情,引导大学生做学习、遵守、维护民法典的践行者,鼓励大学生投身到民法典的学习宣传实践中,马克思主义学院教工第一党支部、思想道德修养与法律基础教研室组织开展"学习民法典,护航新时代"主题手抄报实践教学活动,通过生生互评与教师评分相结合的方式,推选出优秀实践作品,并于12月4日国家宪法日进行汇展。

展板分为总则编、物权编、合同编、人格权编、婚姻家庭编、继承编、侵权责任编,共七个板块。每一板块均由学生手绘主题手抄报和创意介绍组成,内容涵盖民法典的基本原则、各编主要内容及修订亮点。

2020年5月28日,十三届全国人大三次会议审议通过了《中华人民共和国民法典》,这是新中国成立以来第一部以"法典"命名的法律,是新时代我国社会主义法治建设的重大成果。习近平总书记深刻指出:"民法典在中国特色社会主义法律体系中具有重要地位,是一部固根本、稳预期、利长远的基础性法律。"①

《中华人民共和国民法典》将于2021年1月1日施行,民法典普法工作是"十四五"时期普法工作的重点。通过开展民法典手抄报活动,可以引导新时代大学生做学习、遵守、维护民法典的表率,自觉养成守法意识,学好用好民法典,依法有力护航美好生活。

实践教学成果的展示、推广,能让学生看到学习结果的价值,有利于提高学习主动性和积极性。同时,以优秀作品为鉴,在对比中激发创新意识,使师生对成果的质量有了高标准要求,也使师生能更好地在比较中学习,在反思中成长,最大效度地发挥了思政课实践教学的育人功效,实现了高校思政课实践教学立德树人的育人目标。

(撰稿人　文江玲)

第五节　"德法课""五位一体"实践教学案例

"德法课"在高校思想政治理论教学中占有极其重要的地位和作用,是一门融思想性、政治性、科学性、理论性、实践性于一体的思想政治理论课。针对大学生成长过程中面临的思想道德与法律问题,开展马克思主义人生观、价值观、道德观、法治观教育,能够帮助大学生提升思想道德素质和法治素养,成长为自觉担当民族复兴大任的时代新人。为使"德法课"真正贴近学生、贴近实际、贴近生活,打造成学生真心喜爱、终身受益的精品课程,必须加强其实践教学环节。根据本门课程的特点,我们对"德法课"实践教学进行了有益的尝试。

一、案例一:拍摄《强军战歌》视频,体验军人血性情怀

1.实践教学案例背景

强军,是实现第二个百年奋斗目标和中华民族伟大复兴中国梦的重要保

---

① 习近平在中央政治局第二十次集体学习时强调:充分认识颁布实施民法典重大意义依法更好保障人民合法权益[N].人民日报,2020-05-30(01).

障。党的十八大报告提出,要"培养大批高素质新型军事人才"。这是党和人民对国防和军队现代化建设提出的新要求。"强军梦"凝聚了几代中国人的共同夙愿,体现了中华民族和中国人民的整体利益,奏响了中国发展强大不可逆的时代强音。军歌在我国音乐史上有着相当高的地位,是军队音乐文化的主体,它以诗的语言配以符合军事特点的旋律来表达一支军队的价值取向和思想情感,被称为军队的"音乐形象",是军队精神文化教育与传承的有效方式之一。

《强军战歌》创作于 2013 年,由印青作曲,王晓岭作词,是中国人民解放军原总政治部宣传部为营造深入学习宣传贯彻党在新形势下的强军目标的浓厚文化氛围而创作的,并推荐全军和武警部队官兵学唱。这首歌不仅坚定了广大官兵的强军信念,并且在全军掀起了创作强军主题歌曲的高潮。总政宣传部以这首歌为样板,在全军范围内征集强军主题歌曲创作,短短半个月就征集到了400 多首歌曲。

歌曲《强军战歌》是一首帮助青年学生了解当代军人、弘扬革命精神、学好思想道德与法治课程的优秀作品。学习和崇尚军人的品格是激发当代大学生立志成才、报效祖国的重要途径。每当听着铿锵有力的《强军战歌》,大学生们心中不由得对军人们充满敬佩,为他们舍小家,为大家,保家卫国,甘于奉献的精神而感动。

演唱这部作品,目的是使大学生以一名"军人"的身份严格要求自己,以军人的情怀,军人的姿态,遵守纪律,听从指挥,服从命令,敢于吃苦,团结友爱,互帮互助,文明礼貌,热爱集体,不当逃兵;培养大学生领略军人无私奉献的伟大精神以及不怕困难的崇高品质,发扬"同心协力,艰苦奋斗"的光荣传统,磨炼意志,以铁一般的纪律规范自己的行为,把学习军人养成的良好品德、作风带到今后的学习生活中去,力争在新的起跑线上做新时代高素质的合格大学生。正因为《强军战歌》有着独特的震撼力和感染力,我们在 2018—2019 学年第 1 学期把"拍摄《强军战歌》视频,体验军人血性情怀"作为思想道德与法治课程的实践教学项目。

2. 实践教学案例内容

本次实践教学通过"蓝墨云班课"在线进行。教师通过"蓝墨云班课"平台发布实践教学方案以及《强军战歌》的原唱网络链接,并在课堂教学时就实践教学的相关要求和考核办法进行了说明。

　　具体要求是:由同学们自由组队,拍摄集体演唱《强军战歌》的视频,撰写300字以上的心得体会,并按要求上传到"蓝墨云班课"平台。该项实践教学共20个"经验值",先由同学们在线互评形成基础"经验值",再由任课教师在尊重学生互评成绩的基础上,结合心得体会撰写质量,适当调整"经验值",最后选出优秀作品若干名。

　　任务下达后,同学们经过认真准备,积极排演并按时提交了视频和心得体会。下面是2018级计算机科学与技术教学班部分获奖的实践教学心得体会。

　　当《强军战歌》歌声响起的那一刻,男儿的热血不禁在我的胸膛沸腾起来。听到这首歌,我感觉到自己就像着一名勇敢无畏、报效国家的战士。"听党指挥,能打胜仗,作风优良,不惧强敌",新时代中国军人应当具备这四个品质。"中国梦"对于军队来说就是"强军梦"。实现强国梦,必须先强军,必须有巩固的国防和强大的军队。古语说:"好战必亡,忘战必危。"我们必须有一支强大的军队为我们国家的和平发展提供强有力的保障,只有这样,才能实现"中国梦",维护国家领空、领海、领土不受侵犯,保障国家利益不受侵犯。

　　目前我国经济社会越是快速发展,越有可能面临更为错综复杂的国际局势,越有可能面对更多更复杂的国家安全问题,这也对国家安全提出更高的要求。"履不必同,期于适足;治不必同,期于利民。"对于今天的中国来说,深化改革不停顿,强国强军不止步。我们要通过强军梦打造强国梦,通过深化国防和军队改革,锻造钢铁长城;通过强军,为世界安全保障贡献中国力量,提供中国智慧。中国和世界收获的,将不仅是国防的往来,还有友谊的沟通;不仅是力量的连接,更有团结的交融。勿忘国耻,振兴中华,强军强国,民族复兴。作为一名本科生,我们应将个人梦想和国家的强国、强军梦相结合。

　　　　　　　　　　　　——2018级计算机科学与技术(1)班祁宪涛

　　这首《强军战歌》中的"听吧,新征程号角吹响",唱的不仅是如今中国的新征程,更是中国的全面深化改革。它唱的是持续释放活力的新征程,是中国与时俱进、创新发展方式的新征程,是进一步走向世界发展更高层次开放型经济的新征程,是以人民为中心向往美好生活的新征程,是推动构建新型国际关系推动构建人类命运共同体的新征程。"强军目标召唤在前方",如今中国的强军总体要求是,必须全面贯彻党领导人民军队的一系列根本原则和制度,确立新时代习近平强军思想在国防和军队建设中的指导地位,力争到2035年基本实现国防和军队现代化,到本世纪中叶把人民军队全面建成世界一流军队。"国要强,我们就要担当",正如歌词一样,如今中国的强大离不开我们的担当。"战旗上写满铁血荣光",如今的战旗便是那辉煌的五星红旗,曾经有多少前辈为了这面红旗浴血奋战。红旗,其红色代表着革命先烈的鲜血染红了旗帜,这面红旗的铁血荣光是我们必须牢记在内心不能忘却的,如今看到飘扬的五星红旗,我们内心总会有一种感动在心中回荡。

"将士们听党指挥,能打胜仗作风优良,不惧强敌敢较量,为祖国决胜疆场……"歌词中的"将士们"不仅是指军人更是指我们这一代青少年。听党指挥,拥护中国共产党的领导,为我们深爱的祖国效力,是新时代青年大学生的使命所在。录完视频,歌声响毕,但我那激动的心情却停不下来,要报效祖国的决心就像这首《强军战歌》一样铿锵有力,战歌的旋律还在我的脑海中回荡,久久不能忘怀。

——2018级计算机科学与技术(1)班钱恩慈

大一军训时有聆听和演唱过这首歌,其激荡的旋律和鼓舞人心的歌词让我不禁满腔热血,想象出一幅铁血男儿驰骋沙场,捍卫边疆,为祖国抛头颅洒热血的画面,强烈的爱国情绪满怀于胸。我也曾想成为其中一员,可由于种种原因未能实现,我为此深感遗憾。这次实践活动,让我拥有了体验军人风采的机会,我便积极投入到此次活动中。我们对演唱的歌曲进行了仔细挑选,最后选择了由阎维文演唱的这首《强军战歌》进行演唱。这首歌让人荡气回肠,表达了我国强军的决心,表现了我国对疆土永不退让的坚定决心。"听吧,新征程号角吹响,强军目标又召唤在前方",歌词首句把强军目标形象地比喻成冲锋号角。"国要强,我们就要担当,战旗上写满铁血荣光",这句用战士的口吻写强军梦和强国梦的关系,前面一句写出党的召唤,后面一句是将士们的决心。歌曲铿锵有力,有时代性,非常大气,鼓舞人心。

在正式开始录制之前,我们进行了多次排练。我们用自己特有的方式让自己的情感更充分地融入其中。军队,永远是一个国家力量的象征,青年大学生要以军人为榜样,刻苦学习,学好本领,报效祖国。

——2018级计算机科学与技术(1)班曹昊然

3.实践教学案例评析

该教学班113人参加了本次实践教学活动,并按时在"蓝墨云班课"提交了摄制的视频和心得体会。从学生互评与教师综合考核结果看,大多数同学获得了本次实践教学的较高绩点,说明同学们对此次实践教学高度重视,认真组织,积极投入。活动的内容和形式契合学生实际,学生参与热情高涨,在参加实践教学活动中陶冶了情操,激发了斗志,增强了立志成长成才的责任感和使命感,达到了良好的教育效果。从学生提交的视频和心得体会看,这次实践教学总体上达到了以下四个预期效果。

其一,通过拍摄《强军战歌》视频,使大学生传承了红色基因。军歌伴随着人民军队发展壮大,是人民军队在不同时期的真实写照。红色基因是我军特有的红色血液密码,是人民军队从无到有,从弱到强,从胜利走向胜利的关键所在。红色基因也是我们党在百年奋斗史中形成的政治优势,内涵极其丰富,承载了中国共产党人及人民军队波澜壮阔的奋斗史与革命史。军歌用最简明、最鲜活、最生动的方式表达了红色基因的丰富内涵和精神价值,因而成为红色基因传播的重要载体,这是军歌特有的优势特点。大学生通过这个最光荣、最豪迈、最富有感染力的载体,让红色基因、红色精神通过军歌的演唱发扬和传承下去,从而保持更加旺盛的活力。

其二,通过拍摄《强军战歌》视频,让大学生更好接受国防教育。军歌源自生活,取材于部队的实践活动,是理想化、精神化的军人生活反映。大学生通过演唱军歌,对军歌中的歌词进行正确理解和精准把握,既了解了军队精神文明建设的情况,又用军歌中蕴含的丰富内涵进行自我教育,本身就是在润物细无声中接受国防教育。《强军战歌》反映了新时代实现强军目标所需发扬的革命精神,体现了人民军队不断向前发展、走向辉煌的时代要求。通过演唱这首歌能更好地帮助大学生放眼未来,继承革命优良传统,将国防教育的血脉融入乐谱之中,感染同学们的灵魂,让同学们在军队现代化的进程中坚定信念,增强信心,继续前行。

其三,通过拍摄《强军战歌》视频,激发大学生的报国之情。血性是军歌的本源,是军歌存在和发展的直接动力,是军人战斗意志的原始支撑。军歌是音乐化了的军旅诗,熔铸了浑厚、清脆和刚猛的元素,它的壮丽、威武,使一支队伍的外在更加刚猛,内在更加丰富。一首激发血性的军歌,比空洞的说教更具有教育意义。大学生通过演唱《强军战歌》,其旋律、乐感、内涵、氛围交集于一体,将大学生激发出来的报国之情推到了一个新高度,这种契合焕发大学生内生动力和激扬情感的精神乐章,是其他激励形式所不能替代的。因此,《强军战歌》深受大学生们的喜爱、拥戴与推崇。

其四,通过拍摄《强军战歌》视频,陶冶了大学生的高尚情操。有的同学在心得体会中说到,当雄壮嘹亮的军歌在耳边响起,每每唱起那一首首军歌时,总让自己热血沸腾,这些军歌给他们力量,催他们奋进,让他们难忘。军歌,顾名思义,是军营之歌、军旅之歌,也是军队之歌,它传承铁血荣光,也记录时代故事。军歌中有铿锵和阳刚,军歌中蕴含铁与钢,军歌中有军魂驰骋,军歌里饱含军心昂扬。在拍摄《强军战歌》视频的过程中,同学们在嘹亮的军歌中淬炼青春,在军歌中追求梦想,既表达了对祖国和人民军队的忠诚热爱,又有高雅的精神熏陶和优美音乐带来的心灵洗礼。

从此次实践教学的整体效果来看,同学们在拍摄视频和撰写心得体会的过程中,谈及实现强军目标任务的重要意义和作用的较多,较少谈及如何结合实际学习和弘扬军人的高尚品质及立志成长成才的有效途径。这反映出本次实践教学在思想教育上虽然达到了预期的效果,但还有待进一步完善和改进。特别是在推进实践教学的过程中,更要注重用大学生喜闻乐见的方式开展本科生的实践教学,实现"课堂教学+实践教学"的深度融合,充分挖掘各种实践教学形式中蕴含的博大精深的思政教育资源,将实践教学与思政教育深度融合,促进实践教学更好地体现文化育人,并赋予实践教学新的时代内涵。

（撰稿人　邢启敏）

二、案例二:"新时代·新使命——勇当先锋　做好表率"情景剧会演

1. 实践教学案例背景

2018年4月13日,习近平总书记在庆祝海南建省办经济特区30周年大会上强调指出:"经济特区处于改革开放前沿,对全面加强党的领导和党的建设有着更高要求。广大党员、干部要坚定维护党中央权威和集中统一领导,自觉在思想上政治上行动上同党中央保持高度一致,自觉站在党和国家大局上想问题、办事情,在践行'四个意识'和'四个自信'上勇当先锋,在讲政治、顾大局、守规矩上做好表率。"①在习总书记的重要指示下,海南省委省政府开展了"勇

---

① 谢环驰.习近平在庆祝海南建省办经济特区30周年大会上发表重要讲话强调:党中央支持海南全面深化改革开放　争创新时代中国特色社会主义生动范例[N].人民日报,2018-04-14(01).

当先锋做好表率"主题活动,以实际行动落实习总书记重要讲话和重要指示精神,激励广大干部在新时代有新担当、新作为,大胆探索、脚踏实地,全力推进海南自由贸易试验区和中国特色自由贸易港建设,加快建设美好新海南,争创新时代中国特色社会主义生动范例,让海南成为展示中国风范、中国气派、中国形象的靓丽名片。

为了有效引导学生学习、践行习近平总书记在庆祝海南建省办经济特区30周年大会上的讲话精神,响应海南省委省政府发出的"勇当先锋,做好表率"的号召,进一步提高学生的思想素养和政治觉悟,思想道德修养与法律基础课程教研室在2018—2019学年第1学期开展了"新时代·新使命——勇当先锋做好表率"情景剧会演实践教学活动。

2.实践教学案例内容

(1)实践教学活动的目的

思想道德修养与法律基础是一门实践性很强的课程,从助力学生成长成才出发,通过情景剧实践教学环节,能够有效地把理论与实践结合起来、把课堂教学与实践教学结合起来、把社会热点与课程目标结合起来,把提升学生思想觉悟与解决实际问题纳入课程体系,让学生在参与实践教学过程中主动接受教育和锻炼。本次活动旨在通过主题鲜明的情景剧实践教学,在提升学生的思想素养和政治觉悟的同时,着重锻炼和培养学生的创新能力、表演能力、观察能力、沟通能力、写作能力、组织能力以及解决实际问题的能力等。

(2)实践教学活动的过程

实践教学活动分五个阶段:一是制定方案,开学第一周,由教研室负责人提出方案初稿,经由教研室集体备课会讨论通过;二是确定剧情组织排练,由任课教师以任课班级为单位分若干小组,在教师指导下,学生自主确定主题、自主构思情节、自主排练,并录制视频;三是初赛,任课教师按照一定比例推荐作品,由全体指导老师通过观看视频,以无记名投票的方式选出10个节目参加决赛;四是决赛,决赛为现场表演,在多功能报告厅举行,由指导教师组织本班参赛选手及观众,提前到达赛场抽签,参赛作品按事先抽签顺序出场,决赛由现场评委打分,产生一、二、三等奖;五是总结提升,情景剧会演活动结束后,要求以小组为单位,每个小组撰写一份活动总结,字数为2000字左右。

(3)情景剧会演部分优秀剧目简介

在决赛中,各参赛作品的选题从国家、社会、校园到家庭,从学习、生活到工作,都充分体现了学生们对身处新时代,肩负新使命的思考,充分展现了学生在"勇当先锋,做好表率"的精神鼓舞下,报效祖国、建设海南自贸港的志向和热忱。

2018级食品工程班推荐的作品《暑假计划》,主要人物为一家四口三代人,奶奶是海南农垦早期的建设者、父母亲是海南建省时的热带作物专业技术人才,孙子是一名大一新生。剧中一家人对大学生孙子的暑假计划展开了讨论,长辈以自身的经历,鼓励年轻一代要继承艰苦奋斗的精神、勇于实践,未来才能担起时代使命。

《暑假计划》剧照

2018级中奥(2)班推荐的作品《新桥·新梦·新使命》,介绍了主人公黎明,从小心怀梦想要建造一座跨海大桥,经过不懈努力,跨过重重关卡,他终于实现梦想,建成了"海粤大桥"。这座大桥的建成,犹如一道亮丽的彩虹,让海南与祖国大陆紧密相连。

2018级中奥(1)班推荐的作品《筑梦琼州》,主要介绍了四位大学生在毕业前夕骑游时,遇到了已经毕业的校友胖虎,他们和胖虎畅谈人生,深受胖虎的创业精神和对海南的热爱所感染,他们决定毕业后留下来,建设海南!几年后他们皆有所成,都打拼出自己的一片小天地。海南已成为他们的第二故乡,他们和成千上万的"海南人"一起,继续为建设海南自由贸易港而热忱奉献。

《新桥·新梦·新使命》剧照

《筑梦琼州》剧照

　　2018级酒店(1)班推荐的作品《守岁海岛》,描述了除夕之夜,海岛上的哨所里一阵急促的手机铃声牵起了留守海岛的士兵和家人们的年夜话,战士们通过视频让千里之外的家人们看他们包好的饺子、贴好的春联。在万家团圆的日子,他们在边陲海岛,为祖国守岁,请家人宽心,请人民安心,请祖国放心!

《守岁海岛》剧照

3.实践教学案例评析

本次实践教学,在初赛阶段,要求本学期开设思想道德修养与法律基础课的班级全员参与,学生参与面广。从编剧、排练到拍摄,都是学生自主完成,学生的组织能力、协调能力、创新思维、表达能力、写作能力、发现问题解决问题的能力等得到比较全面的锻炼。在进入决赛的十个作品中产生一个一等奖、三个二等奖、六个三等奖。本次实践活动总体上呈现以下三个特点:

(1)选题视角涵盖面广。从进入决赛阶段的作品看,选题视角独特,覆盖面广。从社会生活领域看,选题涵盖了校园生活、家庭社会、社会生活,充分展示了学生对学习、生活、工作的态度和理想。作品《新桥·新梦·新使命》《筑梦琼州》《创业时代》等就展示了青年学子建设海南自由贸易港、服务社会的满腔热忱。《守岁海岛》《爱国无小事,发展我做起》《恰同学少年》等作品就从个人和国家的关系的角度,表达了青年学子的爱国之情、报国之志。《暑期计划》《和谐社会》《汽车站的"快客"》综合涵盖了校园、家庭和社会,展示了新时代莘莘学子孜孜不倦的求学精神、时代青年改革创新的创业精神以及为人民服务构建和谐社会的奉献精神。

(2)作品内容紧扣活动主题。本次活动的主题是"新时代·新使命——勇当先锋 做好表率",是为了宣传和践行习近平总书记在庆祝海南建省办经济特区30周年大会上的讲话精神,同时也是为了响应海南省委省政府发出的"勇当先锋,做好表率"的号召。作品《暑期计划》中,大一新生瑶瑶深受奶奶和父母亲在不同时期建设家乡海南的精神所感染,决定将自己的暑期计划,融入了解、参与海南自由贸易港的建设之中。作品《新桥·新梦·新使命》也是立足于海南自由贸易港建设,讲述了几位不同专业背景的人,为了共同的目标,最终建成了一座象征海南与外界沟通、联通、互通的新桥。作品《筑梦琼州》和《创业时代》分别从美丽乡村和创新海南的角度,展示了青年学子建设海南自由贸易港的拳拳之心。《暑期计划》《守岁海岛》《爱国无小事,发展我做起》《青春新征程》《恰同学少年》《和谐社会》《汽车站的"快客"》等也都是从不同的角度,体现了青年学生对身处新时代,如何才能更好担起时代新使命的思考。

(3)实践活动有效回应课程培养目标。实践教学是理论教学的延伸,能够突破传统课堂的局限性,使学生学习更加自主,能够更好地实现课程的培养目标。本次情景剧实践教学活动,能让学生参与到特定的情境中,使学生通过亲身实践参与其中,产生思想、认知、情感上的共鸣,从而对理论知识有更深刻的认识。本次进入决赛的作品,紧扣思想道德修养与法律基础课程培养目标,主要体现在三个方面:首先,体现了服务人民、奉献社会的责任感。如《暑期计划》《和谐社会》《汽车站的"快客"》《新桥·新梦·新使命》《筑梦琼州》等作品,反映了大学生应该有高尚的人生追求,保持积极进取的人生态度,应该自觉为自己人生价值的实现创造良好的条件。作品同时也表达了大学生应当以高度的责任感,树立并践行服务人民、奉献社会的正确的人生观。其次,体现了建设家乡、报效国家的使命感。《暑期计划》《新桥·新梦·新使命》《筑梦琼州》《守岁海岛》体现了学生对家乡和祖国怀有强烈的归属感与认同感,展示了青年学子建设家乡、报效祖国、实现中华民族伟大复兴的使命感。《爱国无小事,发展我做起》凸显了青年学子要确立总体国家安全观,增强国防意识,自觉履行维护国家安全的义务。最后,提出大学生要努力实现人生价值,成就出彩人生。《暑期计划》《恰同学少年》等作品,从国家、民族发展和大学生成长的角度,充分展示了"青年一代有理想、有本领、有担当,国家就有前途,民族就有希望"。《青春新征程》凸显了大学生在为实现中国梦而奋斗的过程中实现个人理想,是大学生自身成长成才的现实需要,也是国家和人民的殷切期盼。

总而言之,此次实践活动引导学生从自身的视角思考新时代赋予大学生的新使命,加强学生对海南自贸港建设、国家改革大业、民族复兴的关注程度,增强学生对建设美丽海南的认知与信心,自觉将个人发展与国家发展、社会进步有机结合起来,把理论和实践结合起来,达到自我教育、自我提升的目的。作品从不同的层面,能够紧扣活动主题,从不同的视角弘扬"勇当先锋,做好表率"的正能量。正如《新桥·新梦·新使命》小组总结报告中指出:"从最初排练到决赛会演,我们得到了很全面的锻炼,特别是思想上,更是深刻领悟到新时代赋予我们的历史责任,唯有与历史同向、与祖国同行、与人民同在,才能在实践中创造有价值的人生,才能以奋斗为青春底色,才能在新时代中成就出彩人生。"

(撰稿人 黄爱妹)

三、案例三:珍爱生命远离毒品——参观戒毒所及禁毒知识系列讲座

1. 实践教学案例背景

2018 年习近平总书记就禁毒工作做出重要指示,强调"禁毒工作事关国家安危、民族兴衰、人民福祉,毒品一日不除,禁毒斗争就一日不能松懈……要坚持关口前移、预防为先,重点针对青少年等群体,深入开展毒品预防宣传教育,在全社会形成自觉抵制毒品的浓厚氛围"①。

同年,海南省禁毒委员会办公室发出《2018 年全民禁毒宣传月主题活动方案》的通知,要求紧扣国际禁毒日等重要节点,营造全社会参与禁毒三年大会战的浓厚氛围,提高广大人民群众特别是广大青少年抵御毒品侵害的能力,创造一个绿色无毒的社会环境。

为了把习近平总书记对禁毒工作的重要指示精神和海南禁毒委的通知及时引入思政课课堂,在大学校园形成自觉抵制毒品,珍爱生命的氛围,思想道德修养与法律基础课程教研室决定在全校范围开展"珍爱生命,远离毒品"实践教学活动,深入开展毒品预防宣传教育。

2. 实践教学案例内容

"珍爱生命,远离毒品"实践教学活动本着"请进来,走出去"的原则,总体分两个阶段。第一阶段是请戒毒所警官到学校为学生做防毒禁毒专题报告,第二阶段是组织学生到戒毒所参观考察,开展现场警示教育教学。

第一阶段:防毒禁毒专题报告。

为了加强思想道德修养与法律基础课程实践教学,提升学生鉴别毒品及其

---

① 新华网. 习近平就禁毒工作作出重要指示[EB/OL].(2018 – 06 – 25)[2022 – 02 – 11]. http://www.xinhuanet.com/politics/2018 – 06/25/c_1123032441.htm.

危害的能力,增强学生自觉防毒禁毒的意识,2018 年 11 月 28 日,教研室邀请海南省三亚强制隔离戒毒所党委委员、副所长高真同志来我校做题为"刀尖上的舞蹈,沾满血的玫瑰"防毒禁毒专题报告。本学期开设思想道德修养与法律基础的 4 个学院 220 多名学生聆听了讲座。

第二阶段:参观戒毒所现场警示教育教学。

2018 年 12 月 19 日至 21 日,思想道德修养与法律基础课教研室组织全校 2018 级 540 名学生代表,由该教研室的黄爱妹、文江玲、孙秀丽、师新华、褚蘅等五位老师带队,分九批次到海南省三亚强制隔离戒毒所,进行现场警示教学。这是继邀请戒毒所警官进入学校做专题报告后,进行的第二个阶段的实践教学活动。

该阶段实践教学过程主要分三部分:

(1)警官介绍毒品的种类、危害以及染上毒品的常见原因

在戒毒基地,戒毒所警官通过大量图片和样本,让学生近距离观察到了毒品的真面目,向学生介绍了什么是毒品、新型毒品有哪些、毒品为什么会使人产生依赖;通过大量的实例图片展示了吸食毒品后对个人、家庭和社会带来的危害后果,让学生对毒品及其危害有了更深的了解。

（2）参观戒毒所的内部环境

戒毒所警官带领同学们依次参观了戒毒学员的生活区、食堂、学习区、活动区等。据工作人员介绍，在戒毒所除了常规的戒毒活动外，还要接受再教育，学知识、学技能，争取让他们能够早日回归正常的生活轨迹。

（3）现身说法

在戒毒生活区，戒毒人员现身说法，向学生们讲述染上毒品的失足经历，以及走上这条不归路的原因。这个环节对学生触动非常大，2018级环境设计（1）班的李帅同学在实践报告中说："戒毒人员组成的乐队为我们演奏了一段原创歌曲《我错了，妈妈》。当演唱者用情至深时，仿佛令我们进入到他的世界中，当他双膝下跪的同时唱出'我错了，妈妈'这句动人的话，真是让我们倍感触动，让我们感受到了戒毒人员对戒掉毒品的决心，对回归正常生活的急切与渴望，更让我们感受到毒品不仅对自己有不可修复的创伤，而且对家庭中的每一位成员都是一种折磨与伤害。"

3.实践教学案例评析

本次活动两个阶段都取得比较好的效果，特别是第二阶段，学生通过亲身体验，目睹了毒品对个人、家庭和社会造成的巨大危害，产生的教育效果更加明显。本次实践教学总体上呈现三个特点：

首先，有助于增强学生对毒品及其危害性的认识。戒毒所民警通过介绍毒品危害、讲解典型案例、互动提问答疑、展示仿真毒品等环节，使学生深入了解鸦片、海洛因、可卡因、大麻、冰毒等毒品的构成与危害，引导学生树立正确的人生观、价值观和法治观，保持健康向上的生活方式，提醒大学生慎重交友，远离不健康的娱乐场所,坚决做到不好奇、不相信、不尝试,不断增强识毒、防毒、拒毒意识。

其次,有助于大学生树立"珍爱生命,远离毒品"的意识,通过戒毒所工作人员的讲解和介绍,以及对戒毒所的参观,使学生感悟到毒品不但危害自己,也会危害到家庭和整个社会,从而树立起"珍爱生命,拒绝毒品"的人生观。活动结束后,同学们纷纷表示,通过此次活动,他们深刻地认识到毒品对个人、家庭和社会的巨大危害,以后会更加珍惜自由、珍爱生命,珍视和家人生活的时光,自觉遵纪守法、好好学习。

最后,有助于大学生形成帮助他人、服务社会的责任感。实践教学中,通过戒毒人员的现身说法,有的学生看到戒毒人员被毒品残害而扭曲的灵魂,痛恨他们对家庭和社会的反复伤害。有的学生被戒毒人员对重返社会、被社会理解和接纳的强烈渴望所感动。他们表示,通过这次实践活动,对戒毒人员这一特殊社会群体有了新的认识,希望他们能战胜心魔,早日戒毒成功,回归社会。有些同学甚至说,只有对戒毒人员有正确的认识,给他们必要的帮助、尊重、关爱、信任和包容,才能更好地帮助他们戒毒,少一个吸毒人员,这个社会就多一点安定。

本次"珍爱生命,远离毒品"实践教学活动,很好地促进了理论教学与实践教学的结合,让学生在参与实践的过程中主动接受教育,不仅提高了学生的防毒禁毒意识,也加深了学生珍爱生命、珍惜家人情感,学生们对消除毒品对社会的危害、构建和谐社会也有了更多的使命感和责任感。

(撰稿人　黄爱妹)

四、案例四:"致敬劳动者,开创新时代"劳动实践活动

1. 实践教学案例背景

"劳动最光荣",劳动者值得尊敬!"五一"国际劳动节,是全世界劳动人民共同的节日。恩格斯领导的第二国际明确将1890年5月1日定为第一个国际劳动节。新中国成立后,劳动人民登上历史舞台,成为国家的主人。新时代需要德智体美劳全面发展的时代新人积极投身到国家和民族的伟大建设中,为国家富强、民族振兴奉献力量!开展以"致敬劳动者,开创新时代"为主题的社会实践活动具有重要意义。

中华民族是勤劳勇敢的民族,"勤"是中华民族的传统美德,培养学生树立劳动意识,树立多劳多得、不劳不得的理念,让学生感受到劳动人民的辛苦与不易,在树立文明新风尚方面具有重要作用。

思想道德与法治课是培养大学生正确的人生观、价值观、世界观,提高大学生道德素质与法治素养的关键课程,以"致敬劳动者,开创新时代"为主题开展实践课符合课程的教学目标,利于培养大学生的勤劳品质。正因为这一活动有这样的作用,我们在 2021—2022 学年第 1 学期把"致敬劳动者,开创新时代"这一活动作为了思想道德与法治课程的实践教学主题。

2. 实践教学内容

由学生自由组成实践小组,在校园内的操场、教学楼、体育馆、食堂、宿舍、绿化带等区域开展清除垃圾杂物、白色污染等校园劳动活动,培养学生正确的劳动观念,形成良好劳动习惯,弘扬艰苦奋斗的精神,营造劳动最光荣、最伟大、最美丽的氛围,并由学生将活动过程及个人感悟制作成美篇上传至学习通。

实践作业布置后,同学们热情高涨,积极组织开展实践活动,生物科学类班级 150 人、体育学类 158 人全员参加了此次实践活动并提交了自己的实践感想。下面是部分学生的实践感想。

踏着晨曦去劳动,不管睡眼惺忪,不管挥汗如雨;忍着酸痛去劳动,不管灰尘弥漫,不管气喘吁吁。从楼梯扫到走廊,从墙壁擦到玻璃,这几天的劳动课,来也匆匆,去也匆匆,苦中有乐,酸中有甜,给我留下无尽思索。

一周的劳动如白驹过隙,但它使我的思想发生了质的飞跃,它促使我摒弃懒散的思想,从而树立起正确的世界观、人生观、价值观,我将会在漫漫人生路上勇挑重担,锐意进取,不畏艰险,奋发有为!

劳动使我认识到"团结就是力量,众人拾柴火焰高"。这次劳动课,我和三个女生负责打扫教学区的清洁卫生,可谓人少任务重。我们合理分配,各司其职,配合默契,互帮互助,提高劳动效率,提高劳动质量。

劳动启示我无论做什么事情,都必须持之以恒,不达目的誓不罢休。劳动如此,学习如此,工作也如此。只有认定目标,脚踏实地,才能"绳锯木断,水滴石穿"。我会在以后的人生道路上,发扬吃苦耐劳的优秀品质,正视一切挫折,不屈不挠,勇往直前。

劳动培养了我们的社会实践能力,它使我认识到,课本知识是不够的,我们应积极投身于社会实践,经风雨,见世面,丰富人生经历,为以后的工作打下坚实的基础,为社会主义建设添砖加瓦。

劳动还培养了我的责任心,使我树立了要回报社会,回报人民的人生观。它使我认识到,职业没有高低贵贱之分。我要在自己的岗位上,兢兢业业,尽职尽责,鞠躬尽瘁,吃苦在前,享受在后,努力做一个合格的社会主义接班人。

张瑞敏曾说过:"把一件简单的事做好就是不简单,把一件平凡的事做好就是不平凡的。"劳动改造人,通过这次学校劳动实践,我明白了许多道理。我在劳动实践中慢慢地长大了,并且改变了自己。劳动中,我知道了许多自己的不足之处,并会加以改正。谢谢你,学校实践劳动!

"劳动创造幸福,实干成就伟业!"一切的伟大成就,都离不开劳动者点点滴滴的创造;国家的繁荣昌盛,离不开人民群众辛辛苦苦的付出。是啊!劳动是世界上一切快乐和一切美好事情的源泉。劳动是光荣的,正值年华的我们也应向劳动靠近。

——2021级生物科学类敬雅轩

上大学不久的我也积极参与劳动,成为志愿者中的一员。虽不能做一些更有意义的事情,但我坚信志愿者做的每件事情都是在为人民的方便付出。这周,我随室友一起报名成了志愿者,这次的任务是打扫图书馆。图书馆是我们汲取知识的地方,是考研、复习、自学扩展知识的重要场所。我们学校的图书馆很大,有的书架都已经积灰了。于是,老师安排一些同学擦书架,一些同学去提水。由于时间有限,我们就只擦一层楼的所有书架和顶楼会议室积灰的桌椅。虽然听起来是很简单的工作,但两个小时都在不停地重复着擦书架洗抹布、擦书架洗抹布……结束时我的手已经被水泡出褶皱了,衣服也打湿了,但这一切都值得!

劳动给我带来价值。征途漫漫,唯有劳动才能创造美好生活,才能开启属于我们的时代。

——2021级生物科学类古雪亭

我们在生活中,劳动是必不可少的,不管是脑力劳动还是体力劳动,它都会给我们带来不同的知识、不同的感悟、不同的收获。

在劳动过程中,我们要想到为他人服务也是为自己服务,打扫宿舍卫生,这是寝室每个人应尽的责任。在个人活动中,我们要学会享受这个过程。

集体活动不同于个人劳动,在集体活动中我们需要学习更多的知识,不能一意孤行,要学会互相帮忙,这样我们才可以学到更多有趣的知识。

在一个集体活动中,我们不仅仅需要完成自己的本职工作,还需要配合大家去完成一些工作。在集体劳动这个过程中,我们需要服从领导者的安排,配合自己队友的进度,这样才能够更加有效率地完成一件事。服从安排,各司其职,互相配合,共同进步,这是我在集体活动中最大的收获。

这次,我很荣幸得到了去图书馆做志愿的名额。我的任务很简单,仅仅是整理书籍和擦拭桌子。可这小小的任务,却让我这好久没有劳动的身体疲惫不堪。在结束志愿活动后,我整个人都灰头土脸,轻松的工作把我搞得气喘吁吁,我想我应该加强锻炼了。在整个活动中大家都积极地配合老师,完成自己的工作,互相帮忙。

在学校里,我体验了许许多多的劳动,个人的、集体的,每次都带给了我不同的体验。因此,我们要致敬劳动者,以劳动为荣,积极参加活动,丰富自己,充实自己。

——2021 级生物科学类姜木奇

伴随着清晨的阳光,我和同学们一起来到了图书馆,准备参加清洁图书馆的社会活动。大家一起在图书馆一楼台阶上拍照留念,然后在图书馆老师和学生会成员的带领下我们准备开始图书馆清洁活动。我穿上了志愿者的蓝马甲,一股想要劳动的热情从心底涌出。

此次活动的主要内容是排列图书馆内的图书和清理图书馆内书架上的灰尘。我们合理分工,男生负责倒换污水,女生则负责擦拭书架和排列书籍。每个人手中挥舞着抹布,各自在岗位上努力着,劳动着,使图书馆变得一尘不染。

大家共同擦拭着图书馆书架,不仅使图书馆变得更加干净整洁,还增进了我们学院内部同学间的亲密程度。

这次劳动使我们认识到了团结的重要性,看上去遥不可及的目标只要我们合理分配,坚持不懈,总能在最短的时间完成。

这次劳动更让我们认识到了劳动的真实意义。

劳动意味着用双手去为社会做奉献,不论是体力劳动还是脑力劳动并没有高低贵贱之分,因此我们身为大学生不应该只待在学校的象牙塔内,不应该脱离社会,更应体验劳动,认识劳动的艰辛和劳动创造世界的道理,只有这样我们才能珍惜每一个人的劳动成果,才能树立劳动意识和责任意识,才能真正从内心想要劳动并想要为社会奉献。

——2021级生物科学类高金美

劳动最光荣、劳动最崇高、劳动最伟大、劳动最美丽。时代大潮浩浩荡荡，正是这一颗颗平凡而又不平凡的"螺丝钉"，一代代挥洒汗水、贡献智慧的产业工人和劳动群众，凝心聚力、锐意进取、勤于创造、勇于奋斗，创造起现代化的中国。身为当代大学生，我们更应该进行劳动，致敬劳动者，奋斗新时代。

在图书馆清洁活动中，我积极参加活动，认真按照图书馆工作人员的安排，积极完成作为一名志愿者应该完成的义务。在短暂的志愿活动结束后，我有了深刻的感悟。身为一名大一新生，我很高兴可以为同学以及老师做一些力所能及的事情，我也在劳动中体会到了劳动者的辛苦与不易。

劳动者在校园里随处可见，我说不出他们的名字，也记不清他们的模样，可我清楚地知道，他们为生活服务，为校园服务，为学生服务。他们穿着蓝色的衣服在灼热的阳光下打扫着校园；他们穿着白色的衣服在闷热的房间里为学生们打饭；他们穿着便服在高温下为学生们分发快递。这就是我们校园里的劳动者，我们应对他们满怀崇高的敬意。

结束活动后，我深深体会到了劳动者的艰辛与不易，他们默默无闻为我们奉献他们所有，身为新时代新青年的我们应继承父辈艰苦奋斗、为国家奉献一切的精神。

——2021级生物科学类姜楠

通过这一阶段的劳动，我认为劳动教育具有重要的价值：

（1）劳动教育帮助我们树立了正确的劳动观点，使我们懂得劳动的伟大意义。

（2）劳动教育帮助我们了解人类的历史，知道生产发展的历史，是劳动人民创造的历史；让我们懂得辛勤的劳动是建设社会主义和共产主义的根本保证；让我们知道轻视体力劳动和体力劳动者是数千年来剥削阶级思想残余；使我们了解了把脑力劳动同体力劳动相结合的重要意义，更能培养我们热爱劳动和劳动人民的情感。

（3）劳动教育使我们养成劳动的习惯，形成以劳动为荣，以懒惰为耻的品质。我们要抵制好逸恶劳、贪图享受、不劳而获、奢侈浪费等恶习。学习是学生的主要劳动，学生应从小勤奋学习，将来担负起艰巨的建设任务。

作为一名大学生，我认为劳育活动是我们学习当中不可或缺的一部分，我们既能够从中得到快乐又能够从实践中获得课堂上学不到的知识。这样我们何乐而不为呢。我们的学习生活也应该这样丰富多彩，不仅要学习，还要积极参加各类的劳动、活动。

——2021 级体育学类席智豪

11 月 2 日对于我来说是特殊的一天，那天我们班集体做了一件对社会有意义的事情——在三亚湾海滩捡垃圾。下午一点半，我们准备就绪，大家拿好塑料袋和手套，到胜利桥集合，踏上去三亚湾的征程。我们坐着公交大巴到达目的地，车上人很多，也很挤，但是令人欣慰的是，老人们都有座位，因为有人主动为他们让座。我们一路颠簸到达三亚湾，到达海滩，大家的心情格外激动。大海真的很大，一望无垠，水上烟波浩渺，好美啊！看着波涛汹涌的大海，迎面而来的是清爽微凉的海风，吹得人神清气爽，唯一美中不足的是海水不是我在电视上看到的那样蓝蓝的，而是浑浊的，像黄河的水一样，而且水上漂着许多难以分解的垃圾，细细闻一下，有微微的臭味。大家马上投入这次活动的主题——清洁海滩。我们按照原先的活动策划，以宿舍为单位开始捡垃圾的志愿活动，舍长为小组长，每宿舍出两个人向游客宣传保护海洋的重要性，其余人每个人戴着手套拿着个垃圾袋沿着海边捡垃圾。先说说捡垃圾的状况吧，海边游客较多，许多游客带着帐篷，也带着许多零食，大多数游客还是有环保意识的，吃完零食主动把垃圾袋扔进垃圾桶中，但是有些游客却会随手把垃圾扔到沙滩上，我们走过去将垃圾捡起来，并且耐心给他讲解爱护海洋重要性，请他不要随便乱扔垃圾。我们告诉他海洋是大家的，保护海洋每个人都有责任，而且塑料不易降解，不仅会破坏海滩，更有甚者被风吹到海里，会危害海洋生物的生命，同时乱扔垃圾也是有损公民素质的表现。经过我们的劝告，他们也为自己的行为表示愧疚，并答应为保护海洋贡献自己的力量。海滩上的垃圾也是各种各样，我们有点目瞪口呆，好多垃圾啊，除了树枝之外，还有很多难以降解的塑料盒、塑料袋、塑料鞋等。我们并不是抱怨，只是心痛、悲伤。垃圾是脏的，对于平时爱干净的我来说，这未尝不是一次考验。但我知道，要想重现海滩的美丽，就得牺牲我们个人的利益，而这一点辛苦又算什么呢！垃圾都藏在沟里面，有的必须得用手去掏出来。沟内表面的垃圾比较好处理，但是有的垃圾一半裸露在外面，一半埋在了海沙里，要想捡起来，必须得用力，即使这样我们仍然感到很开心，因为我们做了一件好事。就这样,我们一边捡垃圾,一边欣赏着大海的美丽壮阔。

不仅我们同学们捡垃圾捡得很认真,也有一些其他的人加到捡垃圾的队伍中来。我看到一对外国大学生情侣也同我们一样捡垃圾。我还看见一个捡垃圾队伍,他们好像是有备而来的,手上拿了好多的垃圾袋,他们的队员捡到什么,他们的负责人就记录下来,只见一下午,他们捡的垃圾就装满了所有的垃圾袋,真是让人佩服啊!我们宿舍六个人塞满了我们拿来的垃圾袋之后,就把我们捡的垃圾塞到别组的垃圾袋里,当然他们也很乐意。就这样,我们捡了一下午,到下午四点左右,我们把所有的垃圾集中到海滩边的大道上。过了一会,来了一辆处理垃圾的车,许久,这辆车才把所有的垃圾"吃掉",随后我们都在欢呼,为我们捡了一天的成果而感到无比高兴。最后,我们和其他组的同学拍了一张合影留作纪念,这又一件美事。

——2021 级体育学类孙源

靠双手实现梦想、用劳动创造价值,既是人之为人的朴素道理,也是社会发展的根本规律,更是我们时代深植于每个劳动者内心深处的真诚信仰。

尊重劳动,尊重劳动者,是事关社会根基的大命题。亚当·斯密在《国富论》开篇即提出主张,劳动是国民财富的源泉;马克思的劳动价值理论更进一步提炼了劳动的意义;因为历来重视勤劳致富、信奉劳动创造价值,中国的变革甚至被称为"勤劳革命"。回溯历史,从"铁人精神"到"红旗渠精神"再到"载人航天精神",正是劳动者手不停歇、抓铁有痕地实干,才成就了今日的辉煌中国。不可否认,社会上一度对劳动的价值有所怀疑,但时至今日,当蓝领工种薪酬普遍提升,一些企业的大工匠年薪甚至高达百万,劳动价值在回归。这些都构成了十九大报告中"营造劳动光荣的社会风尚和精益求精的敬业风气"的艰苦奋斗精神。

在校园中我们每一个人都要扮演好劳动者这个角色。这是一个创新追逐的时代,"不创新不行,创新慢了也不行"。近来,"缺芯少魂"的问题,再次严峻地摆在人们面前,激发广大劳动者立志经过自主创新掌握核心技术。

知识型、技能型、创新型劳动者,是科学技术和工业制造结合的"传动轮",是自主创新的生力军。拿出逢山开路的闯劲、永不满足的创新精神,未来中国绝不会用别人的昨日来装扮自我的明天。

——2021 级体育学类陈俊羽

在这一次校园环境打扫活动的中,我们参加活动的同学都从劳动中体会到了劳动的意义,知道了劳动的不容易,之后也会更加尊重劳动者。因为这个季节正好是树木长新叶子换掉旧叶子的季节,只要风一吹,树下就会堆积起树叶,让之前的清扫白费功夫了,所以学校的保洁阿姨和大叔这段时间的工作特别累。学校就组织了这个活动,让同学自己报名参与到校园的打扫中来,共同维护好校园环境,我和我的室友们就报名参与了这次的劳动,虽然最开始的时候是因为参加这个活动可以赚素拓分,但是劳动结束后的我们才发现,原来劳动有更大的意义。

我们校区的面积是比较大的,校园里面种植的又是树叶比较多的樟树,所以即使参加活动的同学非常多,可是我们每个人的工作量依旧比较大,再加上我们现在的大学生比较缺乏锻炼,所以一次劳动下来,大家都是汗流浃背,累得要虚脱了,尽管外面刮着大风,大家依然热得要脱衣服。再看大叔、阿姨们气定神闲的样子,我就更加羞愧了,平时没有我们的帮助,他们每天的工作量可想而知了,可是他们都坚持下来了,而且还不会觉得累。

这次的劳动虽然非常累,但是给我的反思却也是同样的多。我们身为当代的大学生,是不是真的很少劳动了呢?不要求我们会插秧割禾,可是现在的大部分大学生恐怕连做饭都不会了吧,平时也很少参加劳动,锻炼就更加少了,所以才会在这样小的劳动中(参加的人多,所以劳动量小)累得不成样子,由此可见我们体质之差了。这次的工作虽然特别累,但是真的让我得到了锻炼,也让我意识到了劳动的重要性,我们只有多参加劳动才会在之后遇到挑战的时候以积极主动的态度去面对。

——2021级体育学类李威燃

爱,是一种无声的诺言,只要轻轻一点火花,就能让世界充满温暖;爱,是一种无偿的交换,只要小小一缕奉献,就能让彼此真诚相待。作为一名大学生,更作为一名志愿者,我愿意把我的爱心化为行动。

作为新时代青年,作为一名大学生,我们应积极学习志愿者精神,将奉献、友爱、互助、进步这八个字落实到我们的生活中去,为祖国复兴、民族幸福、社区发展奉献出自己的力量!

志愿服务是奉献社会、服务他人的一种方式,是传递爱心、播种文明的过程。对被服务对象而言,它是感受社会关怀,获得社会认同的一次机会;对社会而言,它是提升社会礼貌风气,促进社会和谐的一块基石。在志愿服务过程中,我自己也得到了提高、完善和发展,精神和心灵得到了满足。志愿服务既是"助人",亦是"自助",既"乐人"也"乐己"。所以,志愿服务是一举两得的好事,我们每个人都应当积极参与。

被需要是一种幸福,这感觉是我在参与志愿服务之后才获得和理解的。把志愿服务当作一种自我需要,时时刻刻去帮忙需要帮忙的人,去做奉献爱心的事,我想这就是当一名志愿者的真谛。

我们应当更加努力地去服务社会,为更多的人送去温暖,让更多的人看到期望。

——2021 级体育学类邱芬伟

3.实践教学案例评析

这两个教学班共计 308 人全部参加了本次实践教学活动,按时在学习通作业平台提交了自己的实践心得体会。从学生互评及教师点评来看,优秀率达到96%。这一方面说明本次实践教学组织得好,主题鲜明,深受学生喜爱;另一方面说明同学的学习态度积极,踊跃参加实践教学,学习效果较好。从学生提交的观后感的内容看,这次实践教学总体上具有以下三个特点。

首先,本次实践活动提高了学生对"劳动"的认知。例如,2021 级生物科学类的敬雅轩同学认为,"踏着晨曦去劳动,不管睡眼惺忪,不管挥汗如雨;忍着酸痛去劳动,不管灰尘弥漫,不管气味吁吁。……苦中有乐,酸中有甜,给我留下无尽思索……劳动启示我无论做什么事情,都必须持之以恒,不达目的誓不罢休"。2021 级生物科学类的古雪亭同学认为,"劳动给我带来价值。征途漫漫,唯有劳动才能创造美好生活,才能开启属于我们的时代"。2021 级体育学类的陈俊羽同学认为"靠双手实现梦想、用劳动创造价值,既是人之为人的朴素道理,也是社会发展的根本规律,更是我们时代深植于每个劳动者内心深处的真诚信仰"。

其次,本次实践活动引起了学生对人生更深入的思考。如 2021 级生物科学类的敬雅轩同学认为,"劳动使我认识到'团结就是力量,众人拾柴火焰高'……'劳动创造幸福,实干成就伟业!'"2021 级体育学类的陈俊羽同学认为,"在校园中我们每一个人都要扮演好劳动者这个角色。这是一个创新追逐的时代,'不创新不行,创新慢了也不行'"。2021 级体育学类的邱芬伟同学认为"被需要也是一种幸福"。

再次,活动激发了学生将理论应用于社会实践的积极性。如2021级体育学类的陈俊羽同学在实践报告中引用亚当·斯密在《国富论》中的观点"劳动是国民财富的源泉";2021级生物科学类的敬雅轩同学在实践报告中引用张瑞敏的观点"把一件简单的事做好就是不简单,把一件平凡的事做好就是不平凡的"用以论证自己的实践感受,说明实践活动激发了学生将理论应用于实践,用于指导实践的主动性、积极性。

总体来看,学生谈思想认识、实践感受的多,谈理论认识的少,这说明本次实践活动在思想教育方面取得了不错的效果,但在理论教育方面未能取得预期效果。思想道德与法治课不但强调培养学生的"三观"、培养道德素质和法治素养,还需要注意培养学生的辩证思维,提升学生理论水平,加强学生以理论指导实践的能力,这一点需要我们在今后的"德法"实践课中加强。

(撰稿人　史庆春)

五、案例五:观看《红色娘子军》舞台剧实践教学

1. 实践教学案例背景

"红色娘子军"作为海南岛独有的红色学习资源,无论是价值意义还是育人目标都与思政课实践教学具有高度的耦合性,助力高校思政课入脑、入心、入行。新时代下,在高校思政实践教学的引领下,在知行合一的学习进程中,要让学生深刻体会中国共产党为什么"能",中国特色社会主义为什么"好",马克思主义为什么"行",从而坚定"四个自信",提升学生的政治认同感,明确个人的理想信念与实现中华民族伟大复兴的时代大任相结合。

"红色娘子军"这一家喻户晓的革命形象在海南革命史乃至中国新民主主义革命史中都留下了浓墨重彩的一笔。在女性深受帝国主义、封建主义的迫害,男女极度不平等的社会背景下,红色娘子军奋勇杀敌、英勇善战,激发了女性的革命热情,对民族独立解放、世界妇女解放都产生了深刻的影响。它是中国妇女争取解放斗争的光辉典范,为琼崖革命斗争立下了不朽的功勋,写下了光辉的一页。

(1)"红色娘子军"诞生背景

红色娘子军是1931年5月由中共广东琼崖特委组建的,在乐会县第四区赤乡内园村(今琼海市阳江镇)正式成立,全称为中国工农红军第二独立师女子军特务连。受旧社会封建礼教的影响,海南当地的妇女长期受男尊女卑思想禁锢,除了在田间劳作还需要照顾一家老小的生活起居,琼崖妇女成了当时海南家庭中的顶梁柱。随着第一次国共合作的失败,中国共产党开启了武装夺取政权的革命,随后全国各地燃起了星星之火,面对封建束缚与革命动荡时局,琼崖妇女在"五四精神"的影响下,在中国共产党的各级组织下,纷纷投入战斗,高举革命的旗帜,纷纷参军、参政,积极加入中国共产党。

海南岛特殊的社会历史背景使妇女解放思想的广泛传播,加上中国共产党党组织的先进民主领导,为广大红色娘子军埋下了革命的火种,琼崖妇女们力求变革,推动女性权益进步,在前线英勇善战,为红色娘子军的诞生提供了依托。

(2)"红色娘子军"在海南革命形象中的重要地位

2021年是中国共产党建党100周年,也是红色娘子军建立90周年,海南多地开展了以纪念红色娘子军为主题的主题党日活动。"向前进,向前进,战士的责任重,妇女的冤仇深,古有花木兰,替父去从军,今有娘子军,扛枪为人民……"这段朗朗上口的歌词来自《红色娘子军》军歌。正如纪念雕像碑文所写:"斯为妇女解放运动之旗帜,海南人民之荣光。"①作为中国新民主主义革命中第一支女性革命武装队伍,红色娘子军奋勇杀敌、顽强不息的革命斗争精神鼓舞着一代又一代的海南人民,创造了孤岛斗争的范例。红色娘子军向往自由、临危不惧,争取男女权益、地位平等,坚定中国共产党信仰的革命精神走进千家万户,她们用自己的鲜血书写了琼崖革命根据地"二十三年红旗不倒"的红色经典。

直到今天90多年过去,海南人民没有忘记那120名年轻的娘子军战士,她们在500天里进行了50次战役,是她们用热血与战火谱写了绚丽的生命华章;也是她们,在那个特殊的年代解下红装换军装,创造了中华民族革命的奇迹。

2.实践教学案例内容

1956年,海南省军区政治干部刘文韶在翻阅琼崖纵队史册时,偶然瞥见关于琼崖独立师领导的女兵连,经过多方走访询问与调查,最终成稿为一篇2万余字的报告,命名为《红色娘子军》。至此,全国各地铺天盖地传来对海南革命红色娘子军的高度关注,作为人民群众喜闻乐见的精神典范,《红色娘子军》也

---

① 李纪岩,李梦婕.建党百年视域下"红色娘子军"革命形象的源·流·魂研究[J].北京科技大学学报(社会科学版),2021,37(4):389-397.

成为全国文艺舞台上的经典之作。① 作为全国最南端的公办高校,海南热带海洋学院马克思主义学院结合海南红色教育资源,自大型椰海实景演出《红色娘子军》在三亚开演以来,连续 3 年组织学生们在思想道德与法治课程实践教学环节中前往观演。《红色娘子军》舞台剧以演员精湛的演出与多媒体呈现的光影盛宴、特技爆破效果,结合海南岛的海岛风情,深度还原了当年红色娘子军在血雨腥风的革命中谱写出的感人事迹。舞台剧分为四篇,分别为"红色劫难""红色新生""红色火焰""红色森林",通过移动的舞台和令人仿佛身临其境的"枪林弹雨"效果,广受学生们的喜爱。

情景剧结束了,但它对我的影响将持续永久,我被她们不屈不挠,永不放弃的精神所折服,我深刻地意识到了现在的生活多么的美好,我要好好地珍惜。现在的我吃得饱,穿得暖,国家安定,我可以做一切自己想做的事情,这是多少革命先辈的牺牲和奉献才换来的啊! 我们生在了最好的时代,国家没有战争,人们没有颠沛流离,国家从站起来、富起来再到今天的强起来,是革命先烈们抛头颅、洒热血为我们铺就的道路。在我今后的人生中,我一定要秉持这种精神,永远砥砺前行,永不放弃,向红色娘子军们学习,为了梦想,奋勇拼搏。通过这次情景剧实景演出的学习,让我更加直观而深刻地认识到了革命年代的艰辛以及革命人的身不由己。

——2018 级俄语(2)班毛佳佳

《红色娘子军》舞台剧成为实践教学环节以来,从观影反响再到学生的自我感悟,其育人内容都与思想道德与法治课程实践教学的教学目标具有高度耦合性。正是因此,每一次《红色娘子军》舞台剧演出结束后,场内总留有久久不肯散去的学生和不绝于耳的掌声。学生们通过教材理论的学习,再到实践教学后写下实践报告,分析自己的感悟,使革命战争年代的先烈们不再局限于书本,而是以舞台歌剧的形式生动呈现在学生眼前,这巩固与深化了课堂理论教学效果,是理论付诸实践的重要环节。学生通过这一实践教学感悟中国精神、感悟中华儿女的理想信念,确立好自己的人生观,明确个人的人生目的,自觉将个人理想信念与祖国的伟大复兴紧密结合,深刻认识到中国革命时期的革命道德是能够战胜艰难险阻、不断夺取新胜利的强大精神力量。在这百年未有之大变局

---

① 刘文韶. 我创作《红色娘子军》的历史回顾[J]. 军史历史,2007(03):70-73.

下,增强学生对爱国主义精神的学习,在和平年代中忆苦思甜,感悟革命先辈浴血奋战为我们换来今天的安定,具有十分重要的意义。通过舞台剧的张力表演,使学生代入了那个艰苦的年代下人民对于民族独立与解放的期冀,在"五位一体"的实践教学模式下,贯穿理论与实践相结合,实现了学生对于理论知识的建构,坚定了学生对于中国革命的认同感,增强了学生的历史使命感,并严厉回击了社会当前各种不良思潮,如历史虚无主义、新自由主义等。

3.实践教学案例评析

思政课不应仅成为"被教授"的学问,更需成为一门"被启发"的学问。① 要以多元化的实践形式和途径,深度融合地方红色教育资源、旅游资源,开拓旅文协同、打造海南高校独有的实践教学手段,在新时代立德树人的主要目标中,实现全员全程全方位育人。

"红色娘子军"事迹作为具有海南特色的红色文化资源与旅游资源,无论是在地缘优势上还是学生心理情感契合上,都具有开展海南岛高校思政课实践教学的优势。习近平总书记强调:"红色资源是我们党艰辛而辉煌奋斗历程的见证,是最宝贵的精神财富。……要用心用情用力保护好、管理好、运用好红色资源。"②作为中国共产党人的精神力量源泉,红色资源是最宝贵的精神财富。"红色娘子军"事迹作为海南岛特色的红色文化资源,具有鲜明的地域特征和崇高的精神内涵,其具有的政治性、历史性能够深度还原当民族处于水深火热之际爱国志士对于马克思主义的坚定信仰以及共产党人崇高的革命理想信念。将《红色娘子军》舞台剧这样独具地方特色的红色资源融入地方高校思想道德与法治实践教学,充分发挥了地域红色资源优势,使学生在精神上、视觉上都能够与红色教育资源高度融合,从本质上更加坚定"四个自信",能够更好地将中国革命道德、坚定的马克思主义信仰同新时代大学生的新思维相结合,做到了革命精神同新时代伟大复兴的中国梦相结合,一脉相承的中国精神与共产党人的理想信念在实践教学中得到更好的感召。

---

① 程梅婷,季爱民.从隐匿到实显:浅析高校思政课实践教学具身化转向[J].吉林省教育学院学报,2022,38(1):90 - 94.

② 新华网.习近平在中共中央政治局第三十一次集体学习时强调 用好红色资源赓续红色血脉 努力创造无愧于历史和人民的新业绩[EB/OL].(2021 - 6 - 25)[2022 - 03 - 11].http://www.xinhuanet.com/politics/leaders/2021 - 06/26/c_1127601143.htm.

实践成果的展示是思政理论课堂与实践教学课堂的有机统一,考核则是检验学生们在实践教学中真情实感流露的评价手段。本次实践教学案例分析中,共收取 80 份学生观看《红色娘子军》舞台剧实践报告,实践报告主要从学生对于红色娘子军事迹的了解、红色娘子军在海南革命历史上的重要地位、个人观看舞台剧后的心得体会,以及是否结合自己理论所学进行升华作为重要的考核指标。学生撰写实践报告,经过生生之间互评,评选出优秀学生的实践报告,这些优秀报告的作者将在班级中通过多媒体形式分享《红色娘子军》舞台剧的心得体会与照片,使同学们在理论课堂中再一次通过回忆,感受舞台带来的视觉冲击与育人情感。在 2018 级泰语和俄语专业中,共有 80 名学生观看了此次舞台剧,其中优秀实践报告 7 份,良好实践报告 68 份。实践报告当中学生以图文形式进行感悟,80% 的学生实践报告内容聚焦在"红色娘子军"为海南争取革命胜利中英勇无畏、艰苦奋斗的事迹,对比当下的幸福美好生活而更加坚定了要将个人理想与中华民族伟大复兴大业相结合,15% 的学生在舞台剧当中体会到了中国革命时期女性"巾帼不让须眉"的动人事迹,"红色娘子军"是中国女性地位崛起的重要象征,也是妇女解放的一面旗帜。

以山为幕,以水为媒,将自然景观变成舞台;在暮色之下,在山水之间,回首那段奋勇不屈的激情岁月,体验热血精神的生生不息!

——2018 级泰语(1)班粟慧

"知行合一"是高校思政课实践教学的主要目的,重理论、轻实践的教学手段已无法满足当前思政课改革创新的需求。无论是在立德树人的视阈下,还是全员全过程全方位育人的要求下,走到理论课堂外的实践教学是理论知识的升华,是学生自我情感教育的体现。在直观、生动的《红色娘子军》舞台剧实践课堂中,学生从客观实际出发,在沉浸式的实践教学中产生了与革命先辈们的共鸣,实现了地域红色教育资源精神与思政教学成果的最大化。

（撰稿人　肖垚垚）

六、案例六："大学生活初体验"美篇制作实践教学活动

1.实践教学案例背景

大学阶段是人生发展的重要时期,是大学生世界观、人生观、价值观形成的关键时期,需要大学生去观察、思索、选择、实践。步入人生新阶段,树立新目标,需要大学生对新时代有深入的了解和真切的感悟。进入大学,学生们面临着如何处理好理想与现实、个人与集体、自由与纪律的关系等问题,这就要求学生们积极适应大学生活,这也是新生入学教育的重要组成部分。

本次实践教育活动利用的教学平台是学习通,在实践教学开始前,教师在学习通公布了实践教学方案,并在线下课堂教学时就实践教学的实施路径和考核办法进行了说明。本次实践教学活动要求学生以"大学生活初体验"为主题,从"我拍校园风采""拍我校园生活"角度出发,拍摄、记录校园风采、校园生活,展现校园丰富多彩生活,捕捉校园精彩瞬间,感悟大学新生活,并制作成美篇,上传至学习通。通过"大学生活初体验"教学活动能了解学生对大学生活的适应情况,帮助大学生适应大学生活,使学生从思想上和心理上完成从高中到大学的转变。

2.实践教学案例

大学生活初体验

2021级海科(3)班　高炯

弹指一挥间,在这个校园里生活了一段时间后,我们对大学生活也逐渐熟识,由迷茫走向明确,由慌乱走向平静。我们在面对新生活时也变得从容不迫起来!

军训篇

在九月中旬,我们离开父母和可爱的小伙伴,开始了自己的大学生活。首先经历的就是军训,军训刚开始时,大家可能会害怕军训的辛苦,但随着十五天的训练结束,这场军训让我们磨炼了意志,让我们明白辛苦只是一时的,只要坚持过来,就能获得胜利。以后,我们面对困难时也不再逃避,面对未知时也不会轻易害怕。

生活篇

在大学里我们会交到许多朋友,和舍友们打成一片,和同学们一起学习。同学们来自不同的地方,各自的生活习惯也不太一样,在平时生活中或多或少会有一些小小的摩擦,但唯有经过相互理解和让步,我们才能更好地协调在一起,他们会是我们永远的好朋友,让我们感受到家人般的温暖。

校园活动篇

我们怀着憧憬的心情进入大学的校园,期待多姿多彩的校园活动。朗诵比赛、电竞比赛、辩论赛、新生杯篮球比赛、运动会等校园活动层出不穷,让我们摩拳擦掌,跃跃欲试。每一次的校园活动都是宝贵的经历,让我们知道了做好事情的方法、懂得了团队协作的重要性等。在参与活动的过程中,我感受到了大家的热情,也得到了许多帮助。

学习篇

大学是学习知识的殿堂,是梦想启程的地方。在这里,我们认真学习,有足够的时间培养自己的兴趣爱好,有许多书籍可供我们查阅。图书馆里也总是座无虚席,安安静静的自习室和充满着琅琅书声的朗读区,都萦绕着一股求知的氛围,也促使我们不断学习充实自己。刚进入学校时,很多的闲暇让人不知所措,我们会彷徨和迷茫。但是,进取向上仍然是我们的主旋律,确定前行的目标,我们终会像鸟儿一样飞得更远,不断奋斗,实现自己的梦想。

大学是一个新的开始,我们应该积极向上,珍惜这四年美好的时光。一起加油吧,做更好的自己!

大学生活初体验有感

2021 级海科(2)班　代瑛琪

大学是每个学子心目中的"象牙塔"。在读高中期间,我也曾对大学有过幻想与憧憬,想象着我将要进入的大学是怎样的,想象着大学中会发生的事。大学,成为我心中的一片圣土。

当我有幸迈入大学的门槛,却发现与其说大学是一片圣土,不如说它是一个熔炉。大学校园融入了天南地北与社会方圆,有来自五湖四海的同学,有形

形色色、丰富多彩的活动,形成了独有的校园文化;大学校园融入了中学时代的纯真,更包罗了世间百态、人间万象。无论是社会上常见的琐事俗事,还是学校独有的趣闻逸事,都会时常呈现在你面前,关键就要看你怎样去感悟与理解。于是,有些人步入大学后成了"神雕侠侣",有些人却"笑傲江湖",而另一些人只能"侠客行"了。

在大学生活了一段时间,我发现这座"象牙塔"是有棱有角的,一不小心就有可能撞上。在中学时代,我们大多习惯于问老师该怎么做;但在大学,老师不会给你明确的答案,需要你自己去思考,去选择。举个例子,当你同时面临观摩全国英语演讲比赛和观看世界著名交响乐团的演奏时,你如何选择呢? 对于我来说,我会选择去听演讲,因为我认为观摩演讲比赛带给我的收益更多。当然不同的人有不同的看问题的角度,不同的问题又有不同的处理方法。其实,学会如何去思考问题,如何在两难中取舍也应被视作大学课程之一,这也是对自我的一种锻炼。

大学,是梦开始的地方。为了不使这个梦在毕业时落空,我们就要认真地去规划与度过大学生活。大学也是我们人生中最集中的可以扬长避短的时期,可以尽情"折腾"的时期,所以如果谁的大学默默无闻了,平平淡淡了,那他就没有真正地理解大学的含义与作用。因为青春的激情一旦失去,便永远也找不到了,所以对于大学生活一定要且行且珍惜。

人生目标是人生道路的航标,是人生前进的动力。在自我迷失一段时间以后,我通过与高年级同学的交流以及与老师的沟通,初步确立了我的大学奋斗目标:全面发展。我决定通过大学四年的学习成为思想觉悟高、心理素质好、专业技术精、工作能力强的复合型人才,这也是新时代对大学生的要求。

3. 实践教学案例评析

该教学班72人全部参加了本次实践教学,并按时在学习通提交了实践成果。从学生互评与教师综合考核结果看,本次实践活动取得了较好的成绩,这一方面说明本次实践教学组织得好,主题贴近学生,与学生生活息息相关,受到学生欢迎;另一方面说明该教学班同学的学习态度积极,踊跃参加实践教学,学习效果较好。从学生提交的内容看,这次实践教学活动达到了思想教育的目标。例如,2021级海科(3)班高炯从大学军训、日常生活、校园活动和学习四个方面来进行观察和描述,从而得出"大学是一个新的开始,我们应该积极向上,珍惜这四年美好的时光。一起加油吧,做更好的自己!"这样深刻的感悟。2021级海科(2)班的代瑛琪写道:"大学,是梦开始的地方;为了不使这个梦在毕业时落空,那我们就要认真地去规划与度过大学生活……我决定通过大学四年的学习成为思想觉悟高、心理素质好、专业技术精、工作能力强的复合型人才。这也是新世纪对大学生的要求。"从这些同学提交的作品中可以看出同学们已经较好地适应了大学生活,展现了当代大学生风貌,体现了时代精神。而且,同学们的美篇制作主题鲜明,内容丰富,标题精练,图片清晰,文字描述准确,音乐烘托恰当,整体编排合理、富有感染力。

(撰稿人　杨月朗)

七、案例七:"致敬劳动者,奋斗新时代"校园劳动

1. 实践教学背景

劳动教育是新时代高校思政教育的重要构成部分,也是德法课"五位一体"实践教学的要求。根据马克思主义的劳动学说,劳动创造了人的本身,劳动和自然界一起构成一切财富。劳动与人的发展息息相关,是人类社会进步的前提,在新时代,劳动方式发生了巨大的变化,被赋予了新的时代价值。新时代劳动教育必须将立德树人作为课程建设的核心价值目标,促使德育思想与劳动教育的目标实现融合。因此,劳动教育内容要紧贴社会的脉搏,紧密结合"德法课"育人目标,帮助学生把握劳动本质,加强学生的劳动素养,树立正确的人生观,是这次劳动实践教学展开的背景。

2. 实践教学案例内容

本次实践教学活动由学生组成实践小组,在校园内的操场、教学楼、体育馆、食堂、宿舍、绿化带等区域开展清除垃圾杂物、白色污染等校园劳动活动,并将活动过程和个人感悟形成美篇。

3.实践教学案例评析

学生在劳动实践后为我们呈现了精彩的实践成果,基本上完成了课程设计的目标,也起到了一定的效果。

(1)增强劳动观念。此次实践教育活动中,学生采用了不同劳动场景切换的新型表现形式,从教室到宿舍再到体育馆,让人眼前一亮,并且学生们以认真饱满、积极热情的工作状态完成了此次校内的劳动实践任务。现在的大学生以"00后"居多,由于大部分学生都是来自独生子女家庭,对劳动没有深入正确的认知,不了解劳动的艰辛,因此只有切身参与实践劳动,才能理解劳动的重要性。比如夏静怡同学谈道:"劳动必将是一笔难得的人生资源和财富,人生的绚丽和精彩都是在不断的劳动中和勇于创造的过程中写出来的。"将劳动与人生紧密结合,从劳动体验中升华劳动观念。

(2)树立劳动自觉。通过劳动教学实践,学生对劳动有了更深层次的理解,加深了对自己所学知识的认知,提升了自己的精神面貌,也有助于养成良好的劳动习惯。在经过辛苦的打扫后,认识到平凡的劳动是伟大的创造行为,干净整洁的校园有着许多人在背后默默地坚守,在刘哲铭同学的作业中就有指出,实践活动让我们懂得了应该珍惜别人的劳动成果,尊重别人的劳动,并要把这种观念用到以后的学习和工作中去。学生在实践活动中提高了道德素养,从干净整洁中获取劳动的成就,并从劳动体验中树立了劳动自觉。

(3)培养劳动意识。学生学会了团队协作,重新定位了人与人、人与社会的关系,并且学会正确应对在劳动过程中遇到的问题,锻炼了劳动技能,也提高了实践能力,从劳动中感悟了劳动的真谛。学生将日常劳动作为切入点,营造了干净整洁的校园环境的同时,以小见大,指出劳动离我们并不遥远,应该在日常的劳动中找寻到了劳动的意义与生命的价值,在劳动体验中培养劳动意识。

(撰稿人　王姗姗)

八、案例八:百年法治微报纸制作

1.实践教学背景

法治兴则国家兴,法治强则国家强。高校的"德法课"是传承和弘扬爱党爱国主义教育的主渠道,恰逢2021年是中国共产党成立100周年,将爱党爱国的内容融入实践教学活动中,增强学生使命感与责任感,是实践教学活动的重点。这次实践教学活动以"百年法治"为主题,要求以微报纸的制作呈现100年来国家法治的变化,寓教于行,采用实践活动代替课堂的传统授课方式,与教材中的内容相互呼应,以这种更贴近生活的方式进行爱党爱国教育实践活动,提高实践活动的实效性,从而升华学生的情感。

2. 实践教学案例内容

以"百年法治"为主题,围绕1921年至2021年的法治人物、法治故事、法律制度制作微报纸,通过"百年法治"微报纸制作使学生了解中国百年法治发展史,领悟中国法治的关键在党,党重视法治,则党兴,国家兴!

以下是学生的优秀实践成果:

3. 实践教学案例评析

(1)把握关键。在报纸的制作上,学生以各种鲜活、生动的形式呈现了中国百年法治的变化。中国百年法治进程较为复杂,随着时代的更迭产生了巨大的变化,但依法治国始终是不变的主题。学生能准确把握百年法治发展的关键,详细地阐述了每个阶段的法治探索和法治成果,全面地体现了我们国家的法治精神和法治力量。

(2)深入挖掘。这次教学实践活动,培养了学生的动手操作能力,也锻炼了学生的逻辑思考能力,呈现的作品生动地反映了微报纸的主旨,同时在实践中调动了大学生对学习的积极性和主动性。学生们对知识的获取由被动转变为主动,遵循了时间的逻辑顺序,深入发掘百年法治中的重大历史事件,全面解读了法治人物的先进事迹。这些作品展示出来的时候,也同时能加深其他学生对法治发展的了解,提升法治素养的培育。

(3)情感共鸣。法治微报纸的制作融入"德法课"的人才培养方案和实践教学设计中,符合学生的成长规律,也达成了"德法课"实践教学价值引领的预期目标。在这种学习过程中,学生受到了法治精神潜移默化的熏陶,增强了对法治理论的理解,深刻地掌握了法治的内容与内涵,明白了良法善治是时代的追求。此次活动实现学生的认知与国家法治发展同行同向,使其对整个国家与民族产生情感上的共鸣,激发大学生爱党爱国真挚的感情。

习近平总书记在学校思想政治理论课教师的座谈会上指出:"把思政小课堂同社会大课堂结合起来,在理论和实践的结合中,教育引导学生把人生抱负落实到脚踏实地的实际行动中来,把学习奋斗的具体目标同民族复兴的伟大目标结合起来,立鸿鹄志,做奋斗者。"[1]"德法课"的目的是育人,实践教学是"德法课"的重要构成部分。目前我们处于复杂多变的社会环境,落实"五位一体"的实践教学模式,合理安排实践教学环节,与学生自身发展相统一,与课程改革方向相统一,与社会发展目标相统一,才能够加深学生对课程的理解,加强正确的价值观念的导向,扩展学生的思考广度和认知高度,并树立正确的政治立场导向,为青年创造平台走进基层,真正地联系群众打好坚实的基础,最终培养能扛起建设社会主义的接班人。

(撰稿人　王姗姗)

---

[1] 习近平.思政课是落实立德树人根本任务的关键课程[J].求是,2020(17):4-16.

第三章 "纲要课""五位一体"实践教学模式的实施

第一节 "纲要课""五位一体"实践教学大纲

根据十九大精神要求,结合《国家中长期教育改革和发展规划纲要(2010—2020年)》、教育部《新时代高校思想政治理论课教学工作基本要求》(教社科〔2018〕2号)和中共中央办公厅、国务院办公厅印发的《关于深化新时代学校思想政治理论课改革创新的若干意见》,依据海南热带海洋学院马克思主义学院实践教学计划,制定本方案。

一、实践教学指导思想

中国近现代史纲课(简称"纲要课")要除了具有历史学课程的一般功能外,因课程定位是思想政治理论课,其核心教学目标是凸显中国近现代史中的"两大历史任务"和"四个选择"。"两大历史任务"是指民族独立与人民解放,"四个选择"是指历史和人民选择了中国共产党、选择了马克思主义、选择了社会主义道路、选择了改革开放。实践教学遵循十九大精神和国务院、教育部相关文件进行,旨在凸显"两大历史任务"和"四个选择"的目标。

二、实践教学目的

中国近现代史纲要课的实践教学活动目的在于利用课余时间,结合校内外多种资源,寓教于乐、寓教于行,开展适合学生身心发展的学习活动,起到配合课堂教学多渠道、全方位、全覆盖育人的效果。通过富有创新性的实践,让学生获得沉浸式体验,加深学生对"四个选择"必然性的理解,将历史和现实、理论和实践相结合,牢铸对中华民族共同体的认同,树立对中华民族伟大复兴的信心。

三、实践教学课时安排和基本要求

1. 课时安排

本课程总共48学时,根据《海南热带海洋学院本(专)科生思想政治理论课改革方案》精神,实践教学为8课时,其中6课时由学生根据教学方案进行实践活动,2课时进行课堂实践成果展示。活动分必选项目和可选项目,其中必选项目两项,全员参加;可选项目三项,学生任选一项参加。合计实践项目总数三项。每项占总评 10 分。

2.基本要求

正式上课前由集体备课会决定本学期实践主题,教师告知学生并进行相应统筹安排。

实践教学活动应有预案,活动后须留存图片或文字并归档。

评价成绩计入学生总评成绩中,占总评成绩的 30%。

四、实践教学活动方式

1.红歌合唱比赛(必选)

(1)指导思想

每学期以纪念年度重大历史事件为主题,弘扬爱国主义精神,培养和践行社会主义核心价值观,展示大学生的时代风采,教育和引导广大师生团结砥砺、敬业奉献,积极投身社会主义事业建设。

(2)组织机构

马克思主义学院中国近现代史纲要课教研室。

(3)参赛对象

所有开设中国近现代史纲要课程的专业学生参加,按专业分队,全体参赛,比赛成绩计入平时分,占期末总评 10%。

(4)实施步骤

准备阶段(开课后即可开始):任课教师通知到位,学生自选曲目,利用课间或课下自行组织排练。

组队要求:推荐以"纲要课"上课时的大班编制为单位组队,如果人太多或排练不便,也可以按专业组队。

依据教学时间安排,选择比赛时间并告知各队伍。

每个队唱完后,进入报告厅观众席就座,为下一队当观众。下一队表演完毕,前一队再离场,以此类推。

(5)参赛要求

每个队准备两首歌曲。歌曲主题应展示红色革命精神、讴歌先烈事迹、弘扬时代精神及优秀文化、展示人民幸福生活。此外,鼓励学生报自选节目,形式不限,单独评奖,自选节目参加人数限制在 5 人以内。

（6）评分标准

评分标准由歌曲内容、精神面貌、艺术效果三部分组成，满分 10 分。评分标准如下：

进出场迅速有序、队形整齐、服装统一（白色上衣深色裤子或班级自定）、仪态大方。（2 分）

演唱形式丰富，如设计有领唱、轮唱、动作或其他演唱形式，音乐表现完整，具有一定艺术技巧，整体编排新颖。（2 分）

参赛团队精神面貌积极向上，舞台表演恰当，配合默契。（2 分）

能够准确把握歌曲的主题思想，具有良好感染力。音乐处理得体，音色优美、声音洪亮、吐字清晰、气势磅礴，声部均衡和谐，层次清晰，有感染力、表现力。（4 分）

（7）评分规则

起评分 8 分，最高不得超过 9.9 分，小数点后保留一位小数。

去掉一个最高分和一个最低分后取平均分，小数点后保留两位小数。

鼓励学生表演自选节目，单独评分，和合唱分数共同计入表演者期末总评，合计最高不超过 15 分。

（8）奖项设置

比赛设一等奖 1 名、二等奖 2 名、三等奖 3 名。自选节目设一等奖 1 名、二等奖 2 名、三等奖 3 名。获奖名单于全部表演完成后公布。

（9）工作要求

请各位任课教师及时通知到位，明确参赛人员，随堂安排练习。参赛曲目要围绕活动主题，突出时代特色，体现积极向上的精神风貌。本着"安全第一，预防为主"原则，确保排练、比赛的安全有序。

（10）部分有代表性的主旋律歌曲名单（可学生自选、教师把关）

①《红船向未来》 周羽强词，张红旗曲

②《红军战士想念毛泽东》 陈亚丁、任红举词，时乐蒙、彦克曲

③《红星歌》 邬大为、魏宝贵词，傅庚辰曲

④《中国人民解放军军歌》 公木词，郑律成曲

⑤《情深谊长》 王印泉词，臧东升曲

⑥《好日子》 车行词，李昕曲

⑦《五月的鲜花》 光未然词,阎述诗曲

⑧《黄河大合唱》 光未然词,冼星海曲(可选组曲中某一单曲,如《保卫黄河》《黄河船夫曲》等)

⑨《在太行山上》 桂涛声词,冼星海曲

⑩《二月里来》 赛克词,冼星海曲

⑪《游击队歌》 贺绿汀词曲

⑫《延安颂》 莫耶词,郑律成曲

⑬《南泥湾》 贺敬之词,马可曲

⑭《东方红》 陕北民歌 李有源、公木词

⑮《歌唱二小放牛郎》 方冰词,劫夫曲

⑯《团结就是力量》 牧虹词,卢肃曲

⑰《谁不说俺家乡好》 吕其明、杨庶正、肖培珩词曲

⑱《红梅赞》 阎肃词,羊鸣、姜春阳、金砂曲

⑲《没有共产党就没有新中国》 曹火星词曲

⑳《咱们工人有力量》 马可词曲

㉑《革命人永远是年轻》 劫夫词,劫夫、中艺曲

㉒《歌唱祖国》 王莘词曲

㉓《草原上升起不落的太阳》 美丽其格词曲

㉔《我的祖国》 乔羽词,刘炽曲

㉕《英雄赞歌》 公木词,刘炽曲

㉖《毛主席的话儿记心上》 傅庚辰词曲

㉗《远方的客人请你留下来》 范禹词,金国富原曲,麦丁整理改编

㉘《说中国》 曾宪瑞词,蒋大为曲

㉙《我们的田野》 管桦词,张文纲曲

㉚《让我们荡起双桨》 乔羽词,刘炽曲

㉛《人民军队忠于党》 张永枚词,肖民曲

㉜《我爱祖国的蓝天》 阎肃词,羊鸣曲

㉝《我们走在大路上》 劫夫词曲

㉞《唱支山歌给党听》 焦萍词,践耳曲

㉟《我们的生活充满阳光》 秦志钰等词,吕远、唐诃曲

㊱《我爱你,中国》 瞿琮词 郑秋枫曲

㊲《边疆泉水清又纯》 凯传词,王酩曲

㊳《中国,中国,鲜红的太阳永不落》 任红举、贺东久词,朱南溪曲

㊴《我爱五指山,我爱万泉河》 郑南词,刘长安曲

㊵《中国人》 李安修词,陈耀川曲

㊶《爱我中华》 乔羽词,徐沛东曲

㊷《同一首歌》 陈哲、迎节词,孟卫东曲

㊸《祝福祖国》 清风词,孟庆云曲

㊹《走进新时代》 蒋开儒词,印青曲

㊺《春天的故事》 蒋开儒、叶旭全词,王佑贵曲

㊻《我和我的祖国》 张藜词,秦咏诚曲

㊼《在中国大地上》 晓光词,士心曲

㊽《青藏高原》 张千一词曲

㊾《五星红旗》 天明词,刘青曲

㊿《红旗飘飘》 乔方词,李杰曲

2. 手抄报比赛(必选)

(1)主题

结合教材,以"历史上的一天"为主题,在教材每一章选一个重大历史事件发生的日期,学生从中自选一项,结合当天发生的历史事件,制作手抄报。通过学生亲手制作图文并茂的手抄报,巩固学生对历史知识的把握,提高学生的书法、绘画、设计、写作等综合技能。

(2)实施方案

任课教师在开课初布置任务,及时收取作业。学生自备手抄报专用纸,自由运用各种写绘技能设计完成制作,不得使用网上模板打印,手抄报要求统一为 A3 尺寸,左侧留出 2 厘米页边距。教师在所教班级中选出优秀作品,经教研室评议后选出获奖作品,在学期末向全校师生展示。

(3)评价标准

优秀(9—10 分):手抄报主题明确、内容充实,图文和谐、版面美观。文字或绘画有独特亮点,效果突出。

良好(7—8 分):主题比较明确,图文搭配基本协调,无明显文字或史实

错误。

合格(6分):及时交作品,主题不够明确,图文搭配混乱,不美观。

不合格(0分):不交作品,或抄袭、复制他人作品。

(4)部分参考选题(学生也可以在教师指导下自拟)

①鸦片战争爆发的那一天

②太平天国农民战争爆发的那一天

③武昌起义爆发的那一天

④五四运动爆发的那一天

⑤中国共产党第一次全国代表大会举行的那一天

⑥长征开始的那一天

⑦三大主力红军会师的那一天

⑧九一八事变发生的那一天

⑨日本无条件投降的那一天

⑩中华人民共和国成立的那一天

⑪中国第一颗原子弹成功爆炸的那一天

⑫小岗村农民在包产到户契约上摁下红手印的那一天

⑬香港回归的那一天

⑭北京奥运会开幕的那一天

⑮中国共产党百年华诞的那一天

⑯你对中国近现代史印象最深的一天

3.红色电影观看心得(可选)

(1)设计目的

红色电影可以诠释时代精神,弘扬和谐社会的价值观念。红色影片以"革命主义"和"英雄主义"为核心价值,在包含了爱国主义、集体主义、科学精神和高尚道德情操的情节设计中,演绎出具有正面引导作用的人物和故事,展现出各种场合中的英雄人物的榜样力量。红色电通过荧幕将历史生动真实地展现在眼前,让学生通过观影和写作心得,获取对历史情境的沉浸式体验和深入思考。

(2)实施方案

要求学生认真观看一部红色电影,影片可以在推荐片单中选择,也可以自行选择。学生观看须后撰写 1 篇不少于 1500 字的心得。

推荐片单：

《林海雪原》《烈火金刚》《红岩》《红色娘子军》《南征北战》《烈火中永生》《青春之歌》《红色娘子军》《野火春风斗古城》《地道战》《地雷战》《平原游击队》《董存瑞》《铁道游击队》《洪湖赤卫队》《狼牙山五壮士》《渡江侦察记》《闪闪的红星》《大决战》《大转折》《大进军》《建国大业》《建党伟业》《辛亥革命》《建军大业》。

（3）具体要求

心得应包括以下几个部分：

剧情简述：把握红色电影故事的精神实质，感受英烈的人格魅力。

历史背景：结合教材知识，说明电影故事的发生背景，把握相关事件的历史意义。

观看感受：可结合实际展开，谈谈从电影中获得的启示，以及怎么将这些经验运用于实践中。

4. 历史微视频（可选）

（1）设计目的

将历史情景和视频制作结合，深入情境、感悟历史，同时充分锻炼学生的创意表达技能。通过让学生创作历史微视频，可以增强学生团队配合能力，提高学生将创意转化为实际作品的能力，提升学生的交流沟通协作水平，同时也引导学生通过历史剧微视频创作来感悟人生价值，追求高尚的理想境界。

（2）实践要求

微视频拍摄时长为 3—5 分钟，拍摄格式为 mp4、avi、mpeg、mov、wmv 等。推荐高清 1080P（1920 * 1080），最低要求标清 720P（720 * 576），视频比例为 16 : 9 或 4 : 3。在统一提交的创作作品中，各机位的视频应统一画幅宽高比。视频大小 200M 左右（请小组自行保存好高清版本的源文件）。

文件标题：【历史微视频】姓名 + 班级 + 联系方式。

压缩包内容：每小组提交一份文字说明、一个微视频文件到任课教师指定邮箱。

视频创作以小组为单位。每小组由召集人和若干成员组成，小组成员不超过 5 人，必须有明确的分工。小组召集人可以在小组成绩的基础上加分，直至课程平时成绩为满分。

（3）建议内容

讲述革命故事、表演经典红色影视片段；其他创意形式经任课教师把关通过均可。

（4）注意事项

微视频必须为原创。内容不得违背国家法律法规，不得含有历史虚无主义倾向或其他不良内容。

（5）评判细则

微视频将在云班课进行展示，由班级同学使用云班课投票功能进行打分，教师最后把关，优秀者选送学校展示。

教师从五方面对提交的微视频进行评价：

画面质量（2分）：主要评判该作品的清晰度、整体性，如画面、音质是否流畅，场景布局是否合理。

艺术创意（2分）：主要评判该作品的内容创意，如是否在剧情方面进行过艺术加工，最后剧情呈现时的艺术欣赏价值如何。

制作效果（3分）：主要评判该作品的技术性，如剪辑是否能很好地呈现剧情，特效是否能够配合整部作品，配乐是否适合等。

主题立意（3分）：主要评判该作品的内容是否切合主题，如能否在剧情方面升华主题，能否让主题深入人心。

不交或复制他人作品得0分。

5.实地参观（可选）

（1）设计目的

组织学生参观三亚红色景点，全方位沉浸式体验鲜活的英雄事迹，深化学生对琼崖精神这一红色精神谱系中重要篇章的理解，帮助大学生了解海南、了解三亚，开阔视野，培养对家乡、对海南的深厚情感和认同，增进思想政治教育的针对性和实效性，增强课程的吸引力和感染力。通过参加校外活动，培养学生独立自主能力，最终引导大学生培育和践行社会主义核心价值观，牢固树立"四个自信"和为实现中华之崛起而读书的理想信念。

（2）实施方案

教师在开课初向学生介绍实践项目，告知参观地点和注意事项。梅山革命史馆参观自愿报名,人数控制在班级人数8%左右。红色娘子军演艺公园门票由学生自费购买,不限人数。报名学生应配合带队教师安排,遵守安全纪律。参观结束后,学生须撰写不少于1500字的参观学习心得,打印作业纸模板手写,同时要求拍照并打印照片贴在学习心得上。

(3)参观地点

梅山革命史馆、红色娘子军演艺公园。

(4)考评标准

优秀(9—10分):能积极参与实践,态度认真,纪律意识强;参观心得体会内容充实,图文并茂,可读性强。

良好(7—8分):能积极参与实践,态度比较认真,纪律意识比较强;参观心得体会内容比较充实,有图片。

合格(6分):能参与实践,态度较认真,小组分工较合理;心得体会内容敷衍,照片模糊或无照片。

不合格(0分):不认真参与实践,纪律意识差;心得体会抄袭或未交心得体会。

(5)纪律要求

以大班班组为单位,由任课教师带队,全程负责纪律和安全。

活动在校园外,活动过程严格纪律要求,学生须服从带队老师安排,不得擅自离开队伍。

严格按照规定时间、地点集合候车登车。参观中遵守相关规定,不大声喧哗,不随意走动。

心得体会由指导教师负责收集,优秀作品作为专项实践教学活动成果装订成册。

6.微家史(可选)

(1)实践宗旨

百余年来中华民族经历了从农业社会向工业社会再向信息社会的急速转变。当下,社会经济飞速发展,城乡风貌瞬息万变,生活中的许多事物正在加速成为历史。宁静的乡村、古老的街道、有特色的民俗活动、热闹的邻里社区,以及或沧桑或温馨的家族往事都随时光的推移迅速转换。收集和传承家庭、家族和社区的历史,是帮助学生深入体会中国近现代史纲要课程教学内容的重要方式,也是培养青年人个体自信和民族、国家认同感的有效手段。

(2)参考主题

①我的家族来自何处

②我家老照片

③记忆中的童年

④家乡饭

⑤爷爷奶奶说当年

⑥长辈的职场

⑦爸妈的青春时代

⑧老家的今昔

⑨我家的传家宝

(3)要求

通过访谈和文献研究,了解亲人的经历、家乡的变迁,探究国家社会的发展是怎样改变了个体生活,以真实的细节展现先辈的努力。

(4)格式(任选一)

文字形式:根据自己的访谈记录撰写,不得虚构,字数在 800 字以上,打印空白作业纸手写。引用文献需注明,配图片可加分。

PPT 形式:根据访谈中拍摄的照片,配文字解说,制成完整 PPT。要求主题明确,内容真实,文图配合恰当,不少于 15 张 PPT,上交电子文档。

视频形式:自己拍摄和进行后期处理,要求画面清晰,解说完整,时长 3 分钟以上。视频格式为主流视频格式,如 mp4、rmvb、avi、mkv 等均可。

(5)评分规则

本次实践教学作业占期末总评 10 分,具体要求为:主题鲜明,中心明确(3 分);内容真实、细节丰富、时间线索清晰(3 分);语言流畅、表达完整、文图结合紧密(2 分);形式创新、效果出色,如文章情感真挚、描写生动、细节充实,制作美观或带创意效果等(2 分)。

抄袭、雷同者记为 0 分。

(撰稿人　魏茹冰)

第二节 "纲要课""五位一体"实践教学过程

近三年,"纲要课"实践教学严格按照教学方案进行,仅 2020 年春季学期,"纲要课"在线上实行,实践教学方案随之调整,取消校外实践,依托云班课平台进行线上实践。以 2019—2020 学年第 2 学期中国近现代史纲要实践教学工作方案的实施为例,具体过程如下:

1. 方案宗旨

为更好配合群防群控国家战略,落实思政课育人功能,基于本课程教学班级大、学生基础参差不齐、网课效果受限制等实际情况,中国近现代史纲要课程群调整教学计划,从原定开学日期(2020 年 3 月 2 日)起,通过网络进行实践教学,课堂教学推迟到正常开学后进行。

2. 授课年级

2019 级理科专业。

3. 实践教学开展时间

初步定为 2020 年 3 月 2 日至 2020 年 3 月 29 日,共 4 周,每周 4 学时。后期安排按学校统一开学时间调整。

4. 授课方式

线上线下混合式,使用超星学习通和云班课移动平台开展。

5. 教学要求

任课教师应按学院统一方案,及时组建班课,提供教学资源,向学生布置学习任务,并通过云班课在线组织、指导、学生实践教学活动以及实践作业评阅、成绩核定。

6. 教学计划

周次	学时	实践教学形式	实践教学内容
第一周　第一次课 2020 年 3 月 2 日至 3 月 8 日	2	线上	组织学生观看纪录片《中国通史之中国近代史》(第 96—100 集任选一集),学生须在云班课提交 800 字的观后感

续表

周次	学时	实践教学形式	实践教学内容
第一周　第二次课 2020 年 3 月 2 日至 3 月 8 日	2	线上	经典诵读:从教师提供的文献中选一篇朗读并上传音频到云班课; 从云班课资源库中任选一部视频观看
第二周　第一次课 2020 年 3 月 9 日至 3 月 15 日	2	线上	经典诵读:从教师提供的文献中选一篇朗读并上传音频到云班课; 以"天下兴亡,匹夫有责——新时代中国大学生的使命担当"为主题,撰写文章,分班级进行云班课交流。每位同学发言不少于 200 字
第二周　第二次课 2020 年 3 月 9 日至 3 月 15 日	2	线下	经典诵读:从教师提供的文献中选一篇朗读并上传音频到云班课; 唱一首经典红歌,录音上传
第三周　第一次课 2020 年 3 月 16 日至 3 月 22 日	2	线上	玩"重走长征路"游戏,在云班课提交结局截图; 唱一首经典红歌,上传录音
第三周　第二次课 2020 年 3 月 16 日至 3 月 22 日	2	线下	访谈家人长辈,查阅资料,为撰写微家史做准备; 唱一首经典红歌,录音上传; 从教师提供的观影名单中选看一部电影,撰写心得体会课上传云班课,要求 500 字以上
第四周　2020 年 3 月 23 日至 3 月 29 日	4	线下	完成微家史写作,要求 2000 字以上

备注:如开学时间早于 3 月底,则将第三周和第四周的实践内容压缩在一周完成

第三节　"纲要课""五位一体"实践教学特点

中国近现代史纲要是 2005 年中共中央宣传部、教育部《关于进一步加强和改进高等学校思想政治理论课的意见》及实施方案确定的高校思政理论必修课,在大学生思想政治理论教育中发挥着重要作用。"纲要课"实践教学应在党和国家基本方针指引下,依托校园内外实际环境,紧密结合地方资源,同时将网

络平台和现实渠道充分结合,将知识目标、德育目标和能力目标融为一体,通过实践教学培养学生知行统一、脚踏实地、求真务实的能力,促进青年人可持续发展,让学生更好地担当起中华民族复兴事业建设者的使命。

经过几年不懈尝试,"纲要课"教学团队在过往经验基础上初步形成了一套比较完整的实践教学体系,以教学需求为引导,以项目流程为载体,以能力提升为宗旨,开展了丰富多彩的实践活动,推动"第一课堂"(课内实践教学)、"第二课堂"(校内实践教学)、"第三课堂"(社会实践教学)和"第四课堂"(网络实践教学)"四位一体",致力达成全方位、全覆盖、多渠道协同育人的效果。

在"纲要课"课堂,教师依据近现代史发展的主题主线、标志性事件和历史趋势,结合当前政策方针及国内外热点,指导学生将历史和现实结合,通过专题讨论、观看红色影视剧、情景剧表演等实践,使学生真正成为课堂教学的主体,让学生在增强理论素养同时提高口头表达能力、创造力和团队合作能力。

在校内,立足学校现实条件,从 2015 年开始,教研室每年结合重大历史纪念事件开展红歌合唱比赛,全体学生参加。同学们自选歌曲、自行组织排练,很多学生在准备阶段积极展现创意,主动担任指挥、领唱或领诵,或是表演乐器、舞蹈、武术。学生的多才多艺,也印证了国民素质的逐渐提高。赛后颁发奖状奖品,合影留念,并组织相关图片展,进一步扩大赛事影响。不少学生自发向教师索取表演视频和照片作为留念,让合唱比赛成为大学生活中值得珍藏的回忆。

校外实践主要依托三亚本地红色文化资源开展,学校组织学生参观梅山老区革命烈士陵园、梅山革命史馆,观看《红色娘子军》全景演出,让学生进入历史场景,通过看、听、问等多种渠道获得同英雄人物的共鸣。学生们从情感上体会革命英雄为家国大义英勇奋斗,成就小我于大我之中的人生境界,从而将自己的发展生涯同国家振兴、民族复兴相结合,以更长远的尺度衡量人生,用更从容的心态面向未来。学生须在参观结束后撰写心得。

基于互联网开展实践教学,是近年来教研室探索的新课题。实践教学依托与学校合作的云班课、智慧树等多个平台,将网络作为教学反馈的有效通路,并结合自媒体趋势,创造性发挥"第四课堂"网络课堂的实践育人功能。

"纲要课"实践教学的特征主要有以下几个方面:

首先,在实践教学设计上体现了"纲要课"在思政课体系中的独特定位。在高校思政教学体系中,"纲要课"同另三门思政课相比,在教学内容和教学目标定位上具有特殊性。作为"德法课"的后续课程,"纲要课"为学生提供了站在历史高度,引导小我融入"大我",进一步巩固社会主义核心价值观的路径。作为"原理课"的先修课,"纲要课"使用唯物史观解读近代中国逆境重生、艰辛而辉煌的奋斗历程,通过阐释"四个选择"向学生展示人类社会基本规律在近现代中国的运作过程,印证了马克思主义的科学性和实践性,为学生进一步学习"原理课"奠定了知识基础和理论基础。作为"概论课"的先修课,"纲要课"使学生明确近现代历史的主题、主流和主线,展示了党和共和国从何而来、向何处去的历史趋势,使学生能站在人类命运共同体和中华民族伟大复兴的高度去俯瞰纷繁复杂的当下,夯实信念、站稳脚跟、认清方向。"纲要课"为"德法课"提供了以民族、国家命运为借镜的宏大参照系,为"原理课"提供了马克思主义和世界社会主义革命中国化的落脚点,为"概论课"提供了新时代中国特色社会主义事业的历史佐证和精神动力源泉。独特的定位赋予"纲要课"独特的魅力,也对实践教学提出了更高的要求。"纲要课"实践教学在与其他思政课程实践教学共同构成全程全方位育人体系之外,拥有自己的特点。"纲要课"实践教学要在整体思政课实践教学中找准定位,将抽象理论具象化,为日常生活赋予超越性,将碎片化的历史认知进行整体形塑,实现全程全方位立德树人功能。

其次,在实践教学设计上遵循了马克思主义的实践观。整个马克思主义哲学建立在人类以实践为基础的探索历程上,人在实践中才能印证自身的存在价值。马克思主义理论也只有同实践结合,才能充分发挥其自身的批判功能和指引功能,将"解释世界"和"改变世界"辩证统一。一百年来,中国共产党领导中华民族进行革命、建设和改革的历程,有力地验证了马克思主义的科学性和有效性。也正是通过和中国现实的充分结合,马克思主义在中国找到了存在的土壤,为一代代中国青年赋予了为国家民族奋斗的精神武器。当前,中国社会在政治、经济、文化、生态等各领域的面貌都已同百年前迥然相异,青年人面对的形势、关心的问题也在发生巨大改变,很多人对马克思主义在当下的理论指导价值产生了疑惑。"纲要课"能否充分实现传道授业解惑的功能,取决于教师能否引导学生用马克思主义准确把握历史前进的方向、有效解释青年人关注的核心问题。如果说课堂教学让师生以历史后来者的身份站在前人肩上，全景式"俯瞰"百年中国，那么实践教学就赋予了师生历史"参与者"的角度，通过视听、歌咏、考察、创作等多种形式促进学生挖掘自己的关注点和需求，将历史和现实打通，形成对问题的独立观点，将意识形态教育的统一性和个体发展的差异性融合，将对"大我"的认同和对"小我"的表达融合，实现学生个体的全面发展。

第三，在实践教学设计上突出了全员全方位育人理念。"纲要课"实践教学面对全体学生，不同专业、不同基础的学生在学情上差距较大。根据学生群体不同特征，"纲要课"教研室设计了多层次的教学模式，既有锻炼学生协作能力的集体大合唱、小组情景剧项目，也有锻炼学生个人创意、写作能力的手抄报和微家史项目。梅山考察让学生深入了解三亚当地革命文化，《红色娘子军》观演为学生提供沉浸式的感官体验。这些实践活动既有长时间、分散性的实践项目，也有短时集中性项目。实践教学在执行过程中，做到了个人和集体统一、家史和国史相融，既体现了思政教育的理论性，又贴近学生的生活学习实践，确保了良好的教学成效。

（撰稿人　魏茹冰）

第四节　"纲要课""五位一体"实践教学成效

一、"纲要课"实践教学成效调研报告

"纲要课"教研室于2022年春季学期对修读本课程的部分本科生进行了有关实践教学状况的问卷调查。问卷通过云班课平台发放，回收有效问卷452份，比较完整地呈现了"五位一体"实践教学模式的效果。通过调查问卷，从学生对"纲要课"实践教学的认知、影响"纲要课"实践教学效果的因素以及"纲要课"实践教学的创新方式等方面进行了数据收集和分析。

1. 学生对"五位一体"实践教学模式的认知情况

在问及"你是否认为进行实践教学对实现'纲要课'教学目标很有必要?"这一问题时，有32.07%的学生表示"很有必要"，有56.63%学生表示"有必要"，有8.4%学生表示"一般必要"，仅有2.9%学生表示"没必要"。这说明学

生对实践教学的需求是客观存在的,实践教学是课堂教学不可或缺的辅助环节。

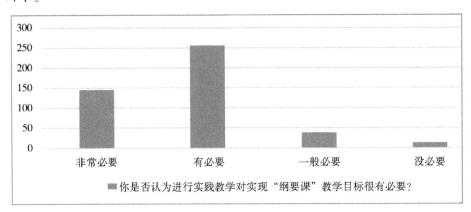

你是否认为进行实践教学对实现"纲要课"教学目标很有必要?

对"你是否适应现有的'纲要课'实践教学形式?"这一问题,数据显示有29.2%的学生表示"非常适应",48.69%学生表示"比较适应",14.15%学生表示"基本适应",仅有7.96%学生表示"不适应"。

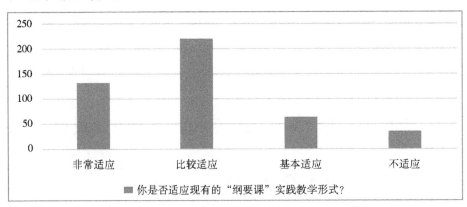

你是否适应现有的"纲要课"实践教学形式?

2."五位一体"实践教学模式有利于激发学生的参与性

就学生喜欢的教学形式而言,有26.12%的学生最欢迎大合唱的实践教学方式,33.18%的学生选择参观红色景点,13.05%的学生选择情景剧微视频,15.48%的学生选择手抄报,12.17%的学生选择微家史。比起传统的课堂讲授,多样化的实践教学形式充分体现了学生的主体性,让学生得以通过集体、小组和个人的不同方式完成实践项目,既能培养协作能力,也增进了独立探索能力。

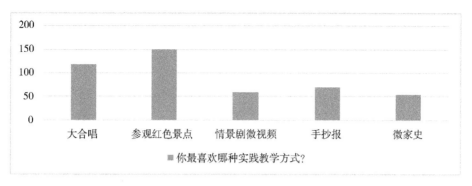

3. "五位一体"实践教学模式有效地将理论知识和能力拓展结合

"五位一体"实践教学模式弥补了传统课堂教学形式单一、过于偏重理论、缺乏反馈等短板。基于学生学情和学校实际设计多种实践教学项目,让学生得以按照个人兴趣特长选择,主动参与、发扬创意,将所学知识融会贯通,形成成果,弥补课堂教学不足的环节,在理论和实践之间构建良性循环。

27.43%的学生认为通过实践教学,提高了团体协作、沟通交流能力。30.75%学生认为提高了写作、绘画等表达能力,29.21%学生认为实践教学加深了自己对课堂知识的掌握,也有12.61%学生认为收获不大。可见实践教学总体上促进了学生个人能力的提升,对实现全程全方位思政育人目标起到不可替代的作用。

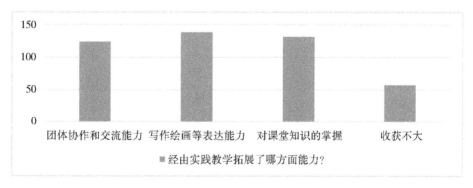

4. "五位一体"实践教学模式的创新空间

在"你对哪些实践教学主题感兴趣"的问题上,27%的学生选择"同教材内容相关"的主题,17.03%学生选择"家史、家乡相关"的主题,13.94%学生选择"个人提升"主题,42.03%学生选"国家、民族等宏大命题"。

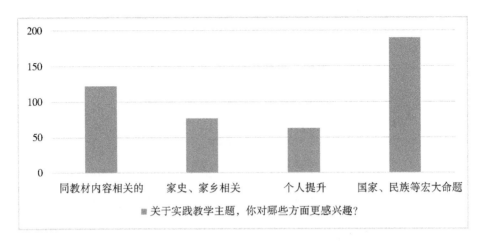

对于"你觉得自己更适合怎样的实践教学形式?"这个问题,28.09%的学生选择"集体式,如大合唱等",34.96%的学生选择"小组协作",11.95%的学生选择"个人独立完成",25%的学生选择"通过互联网或其他方式"。大部分学生倾向于多人协作方式完成实践教学,说明学生更乐意通过协作来减少个人完成任务的压力,提升实践的成果,也说明实践教学是培养学生社会交往、协作能力的重要手段。

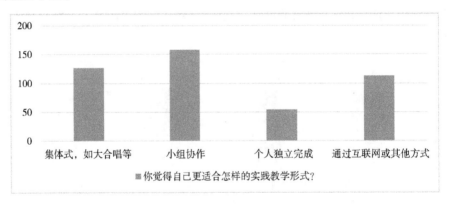

对于"你比较想要通过实践教学获得哪方面的体验?"这一问题,44.03%学生选择"更丰富的知识",26.77%学生选择"同先辈的情感共鸣",25.67%学生选择"磨炼实用技能",仅有3.53%学生选择"获得荣誉表彰等外界认可"。大一学生处于高中到大学的过渡阶段,多数还没有确立将来职业发展方向,仍停留在传统的学生思维中,将提升成绩、丰富知识作为理所当然的选择。对这个阶段的青年人,应注重通过实践教学,丰富他们对社会、对自我的认识,引导其确立学习的主体地位,从"要我学习"转向"我要学习",及时将学业和职业发展结合起来。

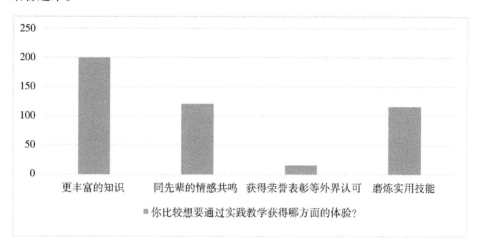

你比较想要通过实践教学获得哪方面的体验?

对于"你希望任课教师在哪些方面加强对实践教学的指导?"这一问题,42.03%学生选择"实践项目设计上的创新",15.93%的学生选择"实践主题的选择",19.04%的学生选择"实践过程中的具体技巧",23%学生选择"实践结束后的总结提升"。在传统的大班教学模式中,教师同学生个体交流的机会较少。实践教学赋予师生课后交流协作的机会,教师通过实践教学,对有领导才能、有特殊才艺的学生加深了解,有利于因材施教。同时,学生也对教师提出了在"讲好课"之外的进一步要求。教师不仅要把握好、阐述好教材内容,还要有能力结合学生的现实需求,不断挖掘实践教学新主题、设计新项目,以实践教学为平台,搭建师生跨学院、跨专业协作的体制框架,将思政课同课程思政结合起来,这是实践教学改革中一个重大的创新领域。

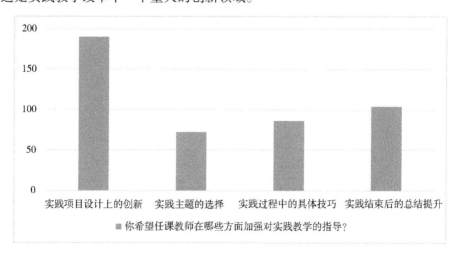

你希望任课教师在哪些方面加强对实践教学的指导?

对于"如果将互联网引入'纲要课'实践教学,你觉得可以利用哪些平台?"这一问题,38.5%的学生选择云班课 App,27.65%的学生选择微信,26.55%学生选择智慧树 App,7.3%学生选择微博。网络化是时代趋势,互联网是意识形态教育的重要领域。教师要积极挖掘网络教学中的丰富实践资源,基于网络传播的特点,对实践教学内容和形式进行守正创新,充分发挥互联网时间和空间上的自由性,把思政小课堂同网络大阵地结合起来。

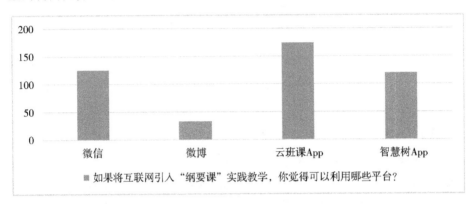

■ 如果将互联网引入"纲要课"实践教学,你觉得可以利用哪些平台?

对于"你认为当前'纲要课'实践教学存在哪些短板?(多选)",63.94%的学生认为短板是"实践形式和内容比较单调",61.06%的学生认为是"缺少场地、设备等物质保障",7.08%学生认为"考核方式不够科学",6.64%学生认为"缺少更专业的师资指导"。经过几年探索,我校"纲要课"基本形成了实践教学的操作框架,即在"五位一体"理念指导下,将班集体项目、小组项目和个人项目相结合,实现全员全方位实践教育。同时也要注意到,作为普通地方应用型本科院校,我校在开展实践教学时,物质和人力等方面的约束条件比较多,能开

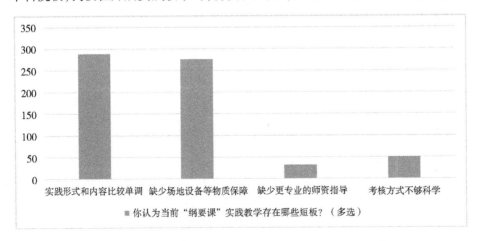

■ 你认为当前"纲要课"实践教学存在哪些短板?(多选)

展的项目比较有限,形式和内容上也更贴近传统。为不断提升实践教学效益,满足培育青年、立德树人的需要,应当不断挖掘资源,探索更多校地、校企合作开展实践教学的可能。

对于"你对现在'纲要课'实践教学活动总体感觉如何?"的问题,40%的学生表示"很满意",51.6%的学生表示"比较满意",8%的学生表示"基本满意",也有0.4%的学生选择"不满意"。可见,"纲要课"实践教学总体效果得到了学生的认可,它开阔了学生的视野,对学生形成正确的世界观、人生观和价值观起到不可替代的作用,是提升思政课实效的有力手段。今后,教学团队仍将紧跟时代发展趋势,在党和政府的指引下努力探索,谋求"纲要课"实践教学的不断提升。

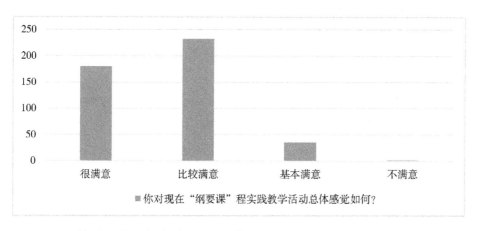

■你对现在"纲要课"程实践教学活动总体感觉如何?

5.通过教学改革不断完善"五位一体"实践教学模式

实践教学的安排应结合现实做好科学规划。过去几个学期,实践教学通常被安排在课堂教学完成后的两周内进行。通过多次实际操作显示,大合唱这样的集体实践教学项目如果在课堂教学结束后举办,就不便于举行集体颁奖仪式,不利于充分展现对学生的激励,因此最好放在期中进行。情景剧等小组项目也应尽量在课堂教学期间完成,以便教师挑选比较优秀的作品在课堂上展示,并发动学生集体投票,让学生们亲眼看到自己的劳动呈现出的效果,并通过和他人比较,取长补短,获得进步的动力。个人项目比较灵活,适宜放在课堂教学结束后,由学生自主完成。这样,在时间上张弛有度,也有利于师生合理分配工作内容。

实践教学的设计应进一步突出课程特色。为了更好地体现实践教学的科学性和实效性,每个学期开学初,教研室都会在集体备课会上讨论决定实践教学的内容和形式,不断调整完善细节。从实践效果看,大合唱、情景剧、手抄报等项目都取得了良好效果。尤其是大合唱项目,既使学生在歌唱中体会到爱国情感,也让有才艺的学生获得充分展现的机会,同时还能在各届学生之间形成一定的口碑效应。不过,也要注意到现有的实践教学项目同"纲要课"教学内容和课程定位的结合还不够紧密,对课程特色的体现还不够充分。在今后的项目设计中,既要坚持实践教学为思政教学目标服务,也要兼顾学生的兴趣和时代发展趋势。

实践教学的考核方式应不断完善。在实践教学过程中,大部分学生态度比较认真,同时也难免有少数人应付了事。尤其在集体项目和小组项目中,教师客观上无法完全掌握项目实施全程细节,在给学生打分时通常按项目总成绩赋分,难以杜绝搭顺风车的情形。为改变这种状况,教研室采取了合唱积极分子额外加分和小组内相互评分的方式。不过,对态度敷衍的学生还没有很好的制约手段,这一点有待于今后继续探索完善。

(撰稿人　魏茹冰)

二、学生参加"纲要课"实践教学心得体会

习近平同志在庆祝中国共产党成立100周年大会上指出:"中华民族近代以来180多年的历史、中国共产党成立以来100年的历史、中华人民共和国成立以来70多年的历史都充分证明,没有中国共产党,就没有新中国,就没有中华民族伟大复兴。"[①]学生通过学习中国近现代史纲要,参与实践教学,领悟到青年一代赓续红色血脉的重要责任,将学习成果转化为继续前进的勇气和力量,立足党的百年历史新起点,服务于中华民族伟大复兴,满怀信心投身全面建设社会主义现代化国家的伟大事业。为更好了解学生对"纲要课"实践教学的实际感受,教研组收集了学生参加实践教学的心得感悟,并进行总结,从而更好地把握学生的各方面需求,为今后的教学改革提供依据。

(一)学史明理,通过实践深入领悟历史发展规律

历史是最好的教科书,习近平总书记指出:"对历史进程的认识越全面,对

---

① 新华社.习近平:在庆祝中国共产党成立100周年大会上的讲话[EB/OL].(2021 – 07 – 01)[2022 – 03 – 11].http://www.gov.cn/xinwen/2021 – 07/01/content_5621847.htm.

历史规律的把握越深刻,党的历史智慧越丰富,对前途的掌握就越主动。"①学生通过实践,整理总结"纲要课"所学的知识,更深刻认识中国近现代史发展的主题、主线和基本规律,铸魂育人、坚定信念,从内心形成对党、对国家的认同,为争取民族独立、人民解放和实现国家富强、人民幸福而不懈奋斗。同学们只有高举中华民族伟大复兴理想的旗帜,才能形成去学习、去奋斗的强大精神动力。

2021级俄语(1)班的童心同学认为,通过制作手抄报作品"阐述百年征程不忘初心使命,体现了青年新时代的担当,把个人梦和中国梦紧密相连,奋进新时代,开启新征程"。

2021级旅游管理(2)徐婧同学认为,应当"从青年担当出发,以中华民族伟大复兴为己任,展示中国共产党历经磨难、不屈不挠的革命精神,从压迫寻求解放,从解放步入小康,从小康走向富强,这一步步都印刻在人民的心里,在中国共产党领导下,中国青年时刻保持着奋斗不息的精神,坚守着为人民服务的初心,不负时代,不负韶华,不负党和人民的殷切期望"。

2021级舞编(1)班戴芳鸣同学认为,"手抄报作品《转折点》主要介绍中国共产党的成立,这是中国开天辟地的大事件;八七会议确定了土地革命和武装斗争的总方针;遵义会议扭转了危局,是中国共产党第一次独立自主地运用马克思列宁主义基本原理解决自己的路线、方针和政策的会议,是中国共产党从幼年走向成熟的标志,是生死攸关的转折点;十一届三中全会是新中国历史上的重要转折,成为实行改革开放和开辟中国特色社会主义道路的起点"。

2013级食品营养专业的蒋苗苗同学从梅山老区革命烈士陵园活动中认识到了"自己作为青年的历史使命。这次特殊的教学活动带给我们不一样的课堂、不一样的感受。我们要了解和认识历史,勿忘国耻、铭记历史,让血的教训得到纪念和传承。在当下中国,我们要发挥自己的作用,使我们的国家更加富强,使我们的祖国更加美好"。

2018级音乐表演专业薛雅匀同学观看《红色娘子军》实景演出后,写下"自古巾帼不让须眉,看了《红色娘子军》后,我的心情久久不能平静。在那个被压迫、被剥削,没有自由、没有光明的社会,中国妇女在挣扎。《红色娘子军》中的

---

① 中共中央政治局召开专题民主生活会强调:弘扬伟大建党精神坚持党的百年奋斗历史经验 增加历史自信增进团结统一增强斗争精神[N].人民日报,2021-12-29(01).

娘子们不相信自己的命运掌握在别人手中。她们相信,只要自己拼死挣扎,就会见到光明。她们敢于向邪恶势力做斗争,英勇无敌,面对敌人比男儿还勇敢。印象最深刻的就是庞琼花了。她的哥哥被冯朝天残害,她一心想要报仇雪恨,但为了国家利益,将复仇放在心中。这样的胸怀可以做大事。……在激烈的战斗过程中,身边的战友们一个个倒下,可娘子军战士们却擦干眼泪不屈不挠,继续与敌人进行生死搏斗。娘子军的这种精神值得我们每一位中国人学习。当她们枪决冯朝天后,我情不自禁鼓起掌来"。

(二)学史增信,通过实践深入领会马克思主义唯物史观

中华民族历经百年风雨,能够逆境重生,屹立于世界,关键在于中国共产党坚持马克思主义唯物史观,深刻认识人类社会发展的内部动力,创造性地把马克思主义基本原理同中国具体实际相结合、同中华优秀传统文化相结合。在认识国情的基础上,中国共产党理论结合实际,形成正确的路线、方针和政策,建立坚固的统一战线,领导人民推翻三座大山,开启社会主义革命、建设和改革,推动了中华民族有史以来最为广泛而深刻的社会变革。通过实践教学,学生认识到马克思主义的科学性和真理性,认识到马克思主义理论是中华民族复兴事业的指引。

2021级中文班的石豪禹同学认为通过手抄报的制作,"让我们更加深刻地了解国史国情,更加深刻了解帝国主义对中国的入侵给中华民族和中国人民带来的深重苦难,能激发我们的爱国情感。我们了解了中国近现代的历史,懂得中国必须首先推翻半殖民地半封建的社会制度,争取到民族独立和人民解放,才能集中力量进行现代化建设,我们要充分认识革命的必要性、正义性和进步性,自觉地继承和发扬近代以来中国人民的爱国主义思想、民族精神和革命传统,这能够增强我们的民族自尊心、自信心和自豪感"。

2021级旅游管理专业牟颖喆同学通过制作手抄报作品《强国有我,逐梦青春》,感受到"以李大钊《青春》为引,以青春之我,创建青春之家庭,青春之国家,青春之民族,青春之人类,青春之地球,青春之宇宙,资以乐其无涯之声。我们应当青年之责任,聆听青年之声音,坚定信念,争做新时代赶考路上的传承者,勇于担当,以青春之活力,唤青春之梦想,书写青春之诗篇,铸就青春之未来。手抄报使我们能更好地了解'纲要课',培养自主学习能力,更好激发学习兴趣,还能培养动手动脑能力,激发创新意识和求知欲望,提升在搜集信息、美术设计、书法写字等方面的综合素养"。

（三）学史崇德，通过实践树立爱国主义精神信念

历史是最好的教科书。中国从农业文明衰亡末世走向新生社会主义国家的历程中，蕴藏着民族兴衰存亡的规律。中国近现代史是中华民族灿烂历史的重要组成部分，更是人民的宝贵精神财富。党和政府高度注重总结历史经验，善于用历史映照现实、远观未来。党在百年奋斗中弘扬伟大建党精神，形成了完整的红色革命精神谱系，集中体现了党的坚定信念和优良作风。通过实践教学，学生从鲜活的历史人物和故事中感悟到革命先辈们的崇高精神和品德，跟随榜样不断自励自省，树立坚定理想信念，将青春贡献给民族复兴的伟大使命。

2013级应用心理学专业胡星泰同学在参观梅山老区革命烈士陵园后写道：

"我不是第一次走进烈士陵园，但每一次都让我感到一种莫名的心酸。因为有革命烈士的牺牲，才有我们今天的幸福生活，我们才有机会幸福地读书，才有机会跟家人朋友时常相聚。在这样幸福的时刻，我们怎能忘记那段峥嵘岁月。

"落后就要挨打，是多么惨痛的教训。时至今日，这样的教训依然在不同的国家、不同的地区上演。听着梅山老区革命先烈的英勇事迹，我的内心又一次受到了震撼。那时候的中国和日军在武装力量上的差距不是一星半点，但是梅山民众在中国共产党的坚强领导下，没有放弃，用自己的方式保卫着祖国的领土，保卫着他们的家园。不管是青年还是妇女，都当仁不让地扛起保家卫国的责任，即便是儿童也组织起来，成立儿童团，发挥着他们的长处，为祖国、为家园，贡献自己的力量。他们团结一致，共同抵抗外来侵略者，誓死捍卫家园的情怀让我感动不已。

"作为当代大学生，我需要检讨自己，一直过着安逸的生活，忘了理想，忘了责任，不思进取，碌碌无为，没有一点生气，这是很糟糕的事情。今天祭奠革命先烈活动，让我反省自己的不足，深刻认识到自己的责任和使命。"

2021级学前教育专业耿婉彤同学在观看《红色娘子军》实景表演后说："红色娘子军攻打冯府时，我被突然打响的枪声惊了一下……琼花、阿兰、大娥三人入党时，所有共产党员随着开合式舞台整整齐齐同时出现，让人眼前一亮，很有气势，展现了我们党的精神风貌……高尚的理想，像是明亮的光划过夜空，点亮了在场所有人的心。当所有的目光聚焦在台上，那段荡气回肠的革命历程，那场穿越时空的心灵对话,那种不怕牺牲的奋斗精神都化成观众的感动和掌声。"

2021级中文专业朱德平同学认为,"当战争来临,一切都会变得微乎其微。在战争下,庞琼花和哥哥庞琼海之间的亲情被切断,阿兰和红军战士的爱情被破坏,红色娘子军战士之间的战友情被阻断。亲情、爱情和友情得不到和平的保障,在战争面前变得支离破碎。当今天我们沐浴在和平的阳光下,接收着父母无私的爱,与朋友谈笑风生,享受着爱情的时候,是否还记得在这一片土地上曾经也有人期待过我们现在的模样,是否还记得我们今天幸福的模样是曾经的他们用鲜血换来的呢? 现在,和平之花开遍海南岛,我们应该细嗅花香,珍惜今日美好,也应该记得海南岛土中血与泪的浇灌,迟早有一天,这片红色土地是需要我们继续守护和浇灌的"。

(四)学史力行,从实践教学中汲取学生自我提升的能力

习近平总书记强调:"学史力行是党史学习教育的落脚点,要把学史明理、学史增信、学史崇德的成果转化为改造主观世界和客观世界的实际行动。"[①]学史力行,就是要将思政课上学习所得同学生的专业结合,融入学生生活学习实际,提升青年人的实干本领,强化责任担当。通过实践教学,学生们不仅要拓宽知识,还要找到行动的标杆,树立奋斗目标,提高青年人自我提升能力,应对个人生涯道路上的各种挑战,把人生理想的蓝图早日变成现实。

2021级环境设计专业的徐慧杳同学认为,"制作手抄报能提升我们的动手能力,拓展自己的知识面,巩固我们的课本知识,同时也是对理论知识的实践,可以培养学习兴趣,能让我们对历史有一个更全面、更深刻的认识。制作手抄报可以锻炼我们收集和分析信息的能力,使我们学会去网上收集资料、去图书馆收集资料、向懂的人请教。收集回来的资料还需要提取、编排、加工,这有助于发挥我们的美术特长,提高自己的审美观"。

2021级视觉传达专业马兴荣同学认为,"手抄报作品《抗日战争》从抗日战争胜利的原因和意义两方面内容进行整体设计,深刻阐述了伟大抗战精神,体现了中国共产党领导下,中国人民宁死不屈、不畏强权、视死如归的民族气概,体现了以爱国主义为核心的民族精神,坚定了中国人民追求民族独立、人民解放的意志和决心。手抄报的制作首先能提高我们的动手能力,有利于发扬创新

---

① 习近平在西藏考察时强调:全面贯彻新时代党的治藏方略　谱写雪域高原长治久安和高质量发展新篇章[N].人民日报,2021－07－24(01).

精神,大家兴趣高涨,积极性被充分调动起来,思维也空前的活跃起来,这往往会产生一些创造性火花,有利于提高个人素养,完善个性品质。这种活动多了,并且能深入下去,我们在积极参与的过程中,就会逐渐养成坚韧、顽强的优良品性,养成务实的学习态度和生活作风,不断提高自己"。

2021级泰语(2)曹红卓在制作手抄报《学百年党史,记百年恩情》的过程中体会到,可以"从党史小故事和人物小故事展开,以故事的形式呈现出不怕牺牲、勇于革命的精神,有陈望道品尝'真理的味道';有反帝反封建运动中工人的'怒吼';有长征途中感人肺腑的故事;更有无数仁人志士'抛头颅洒热血'的豪迈。手抄报的制作可以激发学习兴趣,培养自主学习能力,激发探索欲望,拓宽视野。把自己的知识呈现的过程,有利于提高资料收集整理归纳能力,甄选出适合自己主题设计的内容,并合理地排版,培养布局的能力"。

不断提高实效性是思想政治理论课改革的核心使命。从2013年马克思主义学院成立以来,学院整合多方资源,坚持全员全方位育人原则,立足应用型本科院校实际,将实践教学的创新性、开放性、全面性和思政课铸魂育人的宗旨充分融合,创造出具有海洋特色、民族特色和自贸岛特色的实践教学模式。从学生的评价中,可以看出实践教学模式对塑造学生正确价值观、涵育学生可持续发展能力起到了重要的作用。当然,由于多种条件局限,"纲要课"实践教学仍然存在许多需要改进之处,如缺少专门的实践教学场所,每年合唱比赛都必须借用学校学术报告厅进行;缺少专业的实践教学师资队伍,教师在学生创作过程中能提供的技术支持比较薄弱;实践作业评价和反馈机制还不够科学,等等。这些问题有待于教研团队在今后的教学中进一步去探索和解决。

三、"纲要课"实践教学社会反响

全体"纲要课"教师充分发挥探索精神,基于地方本科院校实际,充分利用三亚本地红色文化资源和校园资源,不断优化"纲要课"实践教学,有效提高了"纲要课"对学生的吸引力和影响力,实现了教学相长,建立了以红色娘子军演艺公园、梅山革命史馆为代表的一批社会实践基地,拓宽了实践教学的空间和渠道,提升了学校、学院的社会影响。"纲要课"实践教学改革收获了良好的教学效果,被人民网等媒体报道,产生了良性的社会效应。

海南热带海洋学院：海洋为本铸校魂 实干兴校谱新篇

2019-12-26 14:48:09   来源：人民网-海南频道

人民网·海南频道

人民网海南视窗依托人民日报及……

关注

编者按：文明是城市进步的标志，校园则是文明生长的沃土，丰富的校园文化影响着孩子的一生，如何帮助孩子"扣好人生第一粒扣子"成为热点话题。人民网海南频道推出策划"展美丽校园，显文明之风"系列报道，采访全省特色文明校园，展现海南省在推进文明校园建设工作中取得的成效。

1954年创办的海南黎族苗族自治区师范学校和1958年创办的海南黎族苗族自治州师范专科学校是海南热带海洋学院的前身，历经半个世纪，学校初步形成了以海洋、旅游、民族、生态为特色的学科专业体系。海南热带海洋学院砥砺创新，紧紧围绕立德树人的根本，重视思政课堂教学改革，以海洋特色丰富校园文化生活，让爱国教育浸润校园，化育人心。

最近文章

海南服务贸易易取得持续性成果 将扩大开放港澳服务业

海南全面对外开放海运服务 进一步降低港口物流成本

海南一季度GDP-4.5% 未来经济走势如何看这里

我校与三亚红色娘子军演艺公园举行"爱国主义教育基地"签约暨授牌仪式

作者：马克思主义学院 时间：2019年06月14日

6月10日上午，海南热带海洋学院与三亚苑鼎演艺有限公司互设爱国主义教育基地签约授牌仪式在我校报告厅隆重举行。校企双方还以"牢记初心铸红色经典，献礼新中国七十周年"为主题开展了系列活动。三亚苑鼎演艺有限公司董事长吕力、海南热带海洋学院马克思主义学院宁波院长出席活动仪式。三亚苑鼎演艺有限公司副总经理郭滨、海南热带海洋学院校团委书记林丽菲、马克思主义学院党总支书记邢启敏、副院长李纪岩及部分老师和学生参加了活动。

从2015年开始，"纲要课"教研室连续多年举办全校性红歌合唱比赛，以歌声传播爱国主义精神，培养了学生的合作意识和参与精神，促进了班集体内部的互助协作，打造了良好的实践教学品牌效应。

我院举办"荣光与梦想，为祖国歌唱"《中国近现代史纲要》实践教学活动

作者：马克思主义学院 时间：2019年12月18日

　　为纪念中华人民共和国建国一百周年，弘扬爱国主义精神，马克思主义学院于11月30号早上8∶30在学术报告厅举办"荣光与梦想，为祖国歌唱"大型合唱比赛暨《中国近现代史纲要》实践教学活动。

我院开展"弘扬五四精神 谱写青春华章"思政课实践教学活动

作者：马克思主义学院 时间：2019年05月14日

　　5月11日上午，我校《中国近现代史纲要》课程系列实践教学活动"弘扬五四精神　谱写青春华章"纪念五四运动100周年合唱比赛在一食堂门口举行。马克思主义学院宁波院长出席比赛，中国近现代史纲要课程群全体教师担任评委，现场2000余名同学参加了比赛。

　　比赛以理学院18级同学们带来的《我和我的祖国》拉开帷幕。参赛队伍用《我和我的祖国》、《光荣啊中国共青团》、《同一首歌》、《团结就是力量》等昂扬向上的主旋律歌曲向祖国人民表达了新时代青年的拳拳挚爱之心。本次比赛还设置自选节目环节。生态环境学院的符倪、陈圣帅同学声情并茂表演了原创诗歌《红色娘子军的

【实践教学】吟唱红色曲，畅抒爱国情

四月的艳阳，映红同学们青春的笑脸；昂扬的歌声，抒发同学们满怀的激情。 4月17日,为隆重庆祝中国共产党建党100周年,我校马克思主义学院举办"百年奋斗写辉煌,国富民强谋复兴——庆祝建党100周年红歌合唱比赛暨《中国近现代史纲要》实践教学活动"。马克思主义学院院长宁波、副书记陈张承等院领导出席,1400多名同学参加并观看了比赛。

在我院领导及老师的悉心指导下,同学们以朝气蓬勃的姿态、饱满的热情演唱了《没有共产党就没有新中国》、《我和我的祖国》等一系列爱国歌曲,表达了新时代青年对党、对祖国、对社会主义的浓厚情感和由衷赞颂。

比赛自始至终贯穿着感怀和奋进的基调,一首首歌曲时而深情追忆,时而激情澎湃。自选节目形式多样、内容丰富,同学们展示了歌唱、舞蹈、小提琴独奏、手指舞等多元才艺。整个赛程精彩纷呈、高潮迭起,展现了我校师生良好的精神风貌,更彰显了继承和弘扬建党精神,以坚定的信念、优良的品德、丰富的知识和过硬的本领,担负起中华民族伟大复兴历史重任的决心和信心。

2019年4月30日,由海南热带海洋学院马克思主义学院主办的"弘扬五四精神,谱写青春华章——纪念五四运动100周年图片展"在图书馆四楼展厅开幕。这次展览是我校"百年五四"纪念活动的一部分,也是中国近现代史纲要课程系列实践教学之一。中国近现代史纲要课程群全体教师负责展览的组织和解说。

热海院党委书记王长仁、校长陈锐、副校长刘湘洪等多位领导莅临展览并发表了重要指示。领导们指出,美好未来属于青年,广大青年要深入学习习近平总书记在纪念五四运动100周年大会上的重要讲话精神,深刻领会五四运动的历史意义和五四精神的时代价值,深刻领会总书记对新时代青年健康成长的谆谆教诲和殷切嘱托,为实现中华民族伟大复兴中国梦不懈奋斗。

我院举办纪念五四运动100周年图片展

作者:马克思主义学院 时间 2019年05月05日

为纪念"五四运动"100周年,弘扬"五四"精神,激发爱国热情,4月30日,由海南热带海洋学院马克思主义学院主办的"弘扬五四精神,谱写青春华章——纪念五四运动100周年图片展"在图书馆四楼展厅开幕。

这次展览是我校百年五四纪念活动的一部分,也是中国近现代史纲要系列实践教学之一。中国近现代史纲要课程群全体教师负责本次展览的组织和解说工作。

第五节 "纲要课""五位一体"实践教学案例

一、案例一:百年奋斗写辉煌,国富民强谋复兴——庆祝建党 100 周年红歌合唱比赛

1. 实践教学案例背景

2021 年是中国共产党成立 100 周年,全国上下都在举办各种形式的庆祝活动。2021 年 12 月 4 日,海南热带海洋学院马克思主义学院举办了"百年奋斗写辉煌,国富民强谋复兴——庆祝建党 100 周年红歌合唱比赛暨中国近现代史纲要实践教学活动"。红歌作为红色文化的重要组成部分,不管是在战火纷飞的革命年代,还是在社会主义革命、建设和改革时期,都起着传播正能量、唱响社会主旋律、催人奋进、激励斗志的重要作用。举办这次实践活动,旨在通过红歌比赛缅怀和歌颂百年来在争取民族独立和人民解放、实现国家富强和人民幸福历程中做出贡献的革命先烈、社会主义建设者和改革开放的贡献者以及致力于中华民族伟大复兴的爱国者们,发扬伟大的建党精神,继承革命传统,赓续红色基因,进一步激发同学们爱党、爱国、爱社会主义的热情,从而增强学生们为实现中华民族伟大复兴的使命感和责任感。

2. 实践教学案例实施过程

该活动是在 2021—2022 学年第 1 学期举办的。在 2021 级大一学生开学的第一堂课上,老师布置了这次实践作业,使同学们明晰合唱比赛的重要意义和具体的实践要求。

参与方式一:诗朗诵与大合唱结合,即朗诵一首诗歌,演唱一首红色歌曲。

参与方式二:演唱两首红色歌曲。

具体要求:

(1)由各班班长、学委、文艺委员组成联合工作小组,负责演出的具体推进工作(第一周第一次课完成)。

(2)联合工作小组广泛征求同学们的意见,选出两首大家喜欢的红色歌曲或一首红歌、一首诗歌(第二周第二次课完成)。

(3)由各班班长和文艺委员共同商定整个大班演出的曲目,并下载相应歌曲视频交给老师,由学生在"蓝墨云班课"平台投票选出参演诗歌和歌曲。

（4）商定排练时间，由学委负责考勤。

在实施过程中，班长或文艺委员需将各班级练习情况、出勤情况及时与教师进行沟通和交流。在此期间，教师可利用课间或课余时间，到各个班级进行指导，点评他们的练习情况，督促他们做好这次实践活动，从而提高他们的积极性和主动性。

3.大合唱实践教学案例评析

在2021年大合唱实践活动中，因主题突出，平时练习认真，同学们表现水平超过以往各届，感染力极强，现场效果好，甚至有的班级能达到专业水准。下面以所教授的三个获奖班级为例，进行案例分析。

（1）特等奖获得者——2021级音乐学（1）班、（2）班

2021级音乐学经过集体商讨，选定的表演歌曲是《我和我的祖国》《强军战歌》。因为他们是专业出身，音乐基础好，教师对其寄予厚望，希望他们在比赛中获得佳绩。但是在平时练习中，同学们积极性不算高，有些懒散，而且男女没有分声部。教师建议他们分成两个声部，表现自己的专业特点。为了激励他们平时认真练习，教师用激将法告诫他们务必体现他们的专业性，否则在非专业同学面前会有失颜面。于是，在班干部积极组织下，音乐学同学以极高效率完成了练习。在比赛现场，男女声部配合相得益彰，表现出极强的专业性。在全场雷鸣般掌声的鼓励下，他们情绪更加饱满，热情更加高涨，毫无悬念地取得了特等奖的好成绩。

在教师将比赛成绩在课堂上发布后，每一个学生都喜笑颜开，为自己的班级骄傲，为自己的付出骄傲，极大增强了班级的凝聚力。2021级音乐学（1）班学委刘荣宇感慨："这次的大合唱比赛是我们表现最好的一次，同学们相当配合，每一个人都表现出自己最美好的一面。感谢马克思主义学院给我们展现的机会，希望多举办这样活动，让红歌代代相传，让红色基因永远传颂下去。"2021

级音乐学(2)班学委赖宣铭也深有体会,他说:"我们以前也唱过红歌,但在学习了中国近现代史纲要后,将红歌的背景和内容融入中国近现代史课程中,融入建党百年的历程中,才感觉到红歌真正的魅力所在,红歌确实起到振奋人心的巨大作用。"班长胡安然同学则从活动影响方面表达了想法:"这次实践活动意义重大,经过这次活动,班级凝聚力得到极大提高,班干部能力得到了锻炼,在同学们中的影响扩大,也为今后开展活动奠定了重要基础。"

在课堂上,教师对音乐学同学获得的成绩给予了高度认可:"你们整个练习过程,我虽然没有全程参与,但是通过班委介绍,也大体知晓你们每一次的练习情况。我见证了你们的付出和辛苦,同时也见证了你们的进步,见证了你们的成功。这是一个良好的开端,希望你们将这个热情保持下去,在期末考试中也获得好成绩。另外,唱红歌作为一种传承红色基因的最直接表达方式,你们应该深刻理解红歌创作的历史背景和表达的内容,应该以自己特长去弘扬和践行红色文化。这是你们作为音乐人的责任和使命。"这些激励和赞扬的话语深深影响着音乐学的同学,让他们以极大的热情继续传唱红歌,课间和课后经常找机会与教师进行交流,比如对《黄河大合唱》创作背景的理解等,教师以此引导他们知史爱党、知史爱国,指出这是他们学党史、悟思想的实践路径。

(2)一等奖获得者——2021级海事管理班

2021级海事管理班表演的节目是原创诗朗诵与《我和我的祖国》。歌曲选定、彩排训练、朗诵融入等各个环节中都凝聚了老师和同学们的努力和汗水。2021级海事管理能在十几个队伍中脱颖而出取得第一名的好成绩,源于几个方面的努力:第一,2021级海事管理班班干部组织力、号召力、行动力和执行力较强。几名班干部在"纲要课"第一堂课后就在同学们中间广泛征集红歌曲目,最早确定了歌曲内容。之后,他们利用课余时间多次带领同学们进行练习,班干部调动有力,有一定的领导能力。第二,熊煜勉同学奉献了自己的原创诗歌,将其融入歌曲表演中。第三,同学们积极参与,热情较高,许多同学牺牲自己的休息时间进行排练,无怨无悔,难能可贵。第四,教师的指导和帮助为他们节目锦上添花。教师在选用指挥、推荐诗朗诵的人选方面对该班级进行了及时指导。在几个方面的因素相互影响下,该班级一鸣惊人,取得了第一名的好成绩。

大合唱结束后,该班级同学得知成绩结果,都兴奋异常。班长李博友激动地说:"我们就是抱着参与的目的进行了实践活动,每一次都是努力练习,同学们积极配合,没有想到能获得第一名。这次经历告诉我们,做事情要一步一个脚印,踏踏实实地去做,只要努力就会有所回报。"学委冯慧影同学认为:"这次大合唱让我们受到了一次爱国主义教育,也受到了革命传统教育。我们在合唱中感受到了革命先烈不屈不挠的斗志,感受到红色歌曲强大的精神引领作用,班级的凝聚力进一步增强。"唐琳贺同学说:"我喜欢历史,喜欢上中国近现代史纲要课,就是因为历史中有启迪我的智慧,大合唱让我将对历史的热爱之情抒发出来,用慷慨激昂的语言进行表达。不管是理论课还是实践课,都是红色历史的体现,是我兴趣点所在。"

教师也从该班级大合唱实践中受到很大的启发。教师在他们平时排练中发现熊煜勉同学很有朗诵功底,通过与她交流得知,该同学是海南热带海洋学院举办的"海南自由贸易港法"演讲比赛的第一名,很有表现天赋,于是建议她在大合唱中发挥引领作用。于是,她将原创的朗诵诗有效地融合在大合唱中,4名同学分工朗诵。该诗歌内容题材新颖,表现形式活泼,富有感染力,将"中国人民站起来、富起来、强起来"几个发展阶段像一幕幕舞台剧般呈现在观众面前,引起全场的一致赞叹。课下,该教师注意培养这个朗诵和创作的好苗子,将朗诵表演中好的方法传授给她,同时希望她能继续创作,尤其是将一些红色历史文化的内容以诗歌的形式呈现出来,并且要与时俱进,在红色文化宣传的网络上或平台中加以宣传和推介,传递社会正能量,扩大影响,让更多人知道中国故事,倾听中国声音。

（3）三等奖获得者——2021 级工商管理（1）班、（2）班

2021 级工商管理 2 个班级的表演曲目《我和我的祖国》《歌唱祖国》。虽然只获得三等奖,但他们在大合唱实践中的表现是可圈可点的。首先该班班干部有较强的组织力和号召力,两个班长和两个文艺委员能力较强,且具有担当精神,在同学中具有较强的威望,这是他们组织有力的基础。两个班长一拍即合,协调两个班的同学,在歌曲伴奏、指挥选定、朗诵展现等方面进行了有效分工和合作。要组织 100 个多同学团结起来进行训练是不容易的,足可以体现出班委们的组织能力。其次,该班在演唱曲目中插入了诗朗诵《少年中国说》,在实施过程中,王泽等同学的无私奉献和全力支持使得该班级充满团结友爱的浓厚氛围。王泽同学自幼学习太极拳,并在全国大赛中多次取得过好名次。这次大合唱中,他克服地面太滑没有摩擦力的阻碍,在同学们朗诵《少年中国说》时,他零失误完成了太极拳表演,完美呈现出中华传统文化的独特魅力,令当场的老师和评委叹为观止。该班级班干部和同学们空前的团结合作,在大合唱实践过程中经常出现令人感动的一幕幕温馨画面。

　　同学们对这次大合唱活动也深有体会。班长赵书宜说:"这次大合唱活动让我们两个班级同学熟悉起来,促进了同学之间的相互理解和交流,同时这也是一种较好体现班级凝聚力的形式,让我们每一个人在这次活动中都感受到集体的力量,集体的荣耀才是我们前进的方向。"文艺委员陈露说:"全班大合唱使新迈入大学校门的同学们加速互相了解,更好地融入班集体,大家为了同一个目标而努力也增强了班级集体荣誉感。同时,唱红歌还增强了新青年对国家的热爱和崇高的敬意。"表演武术的王泽同学认为:"梁启超的《少年中国说》寄希望于中国少年,使其成为能够挽救中国未来的栋梁,那么新时代的我们应该为国家和民族做点什么呢? 那就需要我们在日常学习和生活的每一环节中都思考这个问题,所以我愿意为集体做贡献,这也是展现自我价值、自我奉献的良好契机。"

　　教师对该班级的表现也深表满意。在课后,教师多次与班长、文艺委员针对彩排中的细节进行交流。教师认为《少年中国说》运用到大合唱中立意深刻,将资产阶级维新派对中国未来社会的向往、对青少年的期望与我们新时代青少年表现形成鲜明对照。维新派所描述的新社会在中国共产党领导下已经完全实现,中国共产党百年仍是风华正茂,从中可以得出中国共产党的领导是历史和人民选择的道理。红歌传承也需要深刻剖析其立意,了解其历史的发展脉络,这不也是一种传承历史、学习历史的路径吗? 教师的解读使这次活动的意义不断升华,激发了同学们对中国共产党的政治认同和思想认同,对于他们坚定"四个选择"意义深远。老师对王泽同学的卓越表现给予表扬和认可,鼓励他继续努力,培养爱国主义情感,践行社会主义核心价值观,小到为班级、为集体,大到为社会、为国家、为民族都拼搏努力,这是有志青年应该奋斗的方向。老师的点评话语激发了同学们爱党、爱国的情愫,让家国情怀融入日常学习生活中,也增强了他们为中华民族伟大复兴的担当意识和使命感。

4.大合唱实践活动的启示

通过对以上"百年奋斗写辉煌,国富民强谋复兴——庆祝建党100周年红歌合唱比赛暨中国近现代史纲要实践教学活动"获奖的三个典型案例进行剖析,展示了实践教学实施过程、内容和影响三个方面所呈现出的不同特点。同时,教师在总结案例过程中也深受启发,从而得出以下结论。

大合唱是传承红色基因直接生动的表达形式,有利于传播中国声音,赓续红色血脉。红歌承载着所处时代中华民族集体的历史记忆,是我国红色历史文化的重要构成。中国共产党的百年党史,也是红歌传唱的百年历史。在四个历史时期,文化艺术界爱国人士创作出了足以令国人感动的旷世绝响,如《黄河大合唱》《义勇军进行曲》等歌曲催人奋进,鼓舞斗志。一方面,同学们通过唱红歌分析红歌产生的历史背景和所传颂的内容,加深对那段红色历史文化的了解和认知,有利于学生进一步学习党史、中国近现代史;另一方面,红歌比文字更具生动性和直观性,歌曲曲调或铿锵有力,或委婉悠扬,通过传唱更容易铭记歌词内容,了解那段历史,也传播了中国声音,赓续了红色血脉。故传唱红歌比赛必须代代相传,坚持和弘扬下去。

大合唱让学生们接受了一次爱国主义教育的重要洗礼,有利于增强同学们爱党爱国的情感,巩固中国特色社会主义共同的思想基础。爱国主义是人民对国家和民族的一种深厚的感情,是一种深沉的精神品格,是一种强大的价值力量,是激励中华儿女自强不息强大的精神动力。百年来,无数仁人志士前仆后继,为国家独立、人民解放、国家富强和人民幸福努力奋斗。《南泥湾》《十送红军》《社会主义好》《东方红》《团结就是力量》《歌唱祖国》表达了各个时期党和人民的鱼水深情、血肉联系,表达了人民对党、国家和民族的热爱之情,展现了各族人民努力奋斗的精神风貌,成为中国人民传唱的经典爱国主义曲目。如歌词"五星红旗迎风飘扬,胜利歌声多么响亮;歌唱我们亲爱的祖国,从今走向繁荣富强。歌唱我们亲爱的祖国,从今走向繁荣富强。越过高山,越过平原,跨过奔腾的黄河长江;宽广美丽的土地,是我们亲爱的家乡,英雄的人民站起来了!我们团结友爱坚强如钢",这种包含爱国主义情感的歌词与激昂的旋律融为一体,通过同学们的传唱,使其受到了爱国主义教育,增强了他们爱党爱国的情感,使他们进一步了解了中国共产党为什么能,中国特色为什么好,马克思主义为什么行,从而使学生团结一致,同心同德,承担起这一代人的历史重任,凝聚起为中华民族伟大复兴而奋斗的强大精神力量。

大合唱是增强班级凝聚力和感召力的有效方式,有利于培养班级集体荣誉感,促进良好班风的形成。如何体现班级和集体的凝聚力一直是中国教育工作者探讨的问题。从有无凝聚力到凝聚力的大小和强弱,都直接关系到一个班级和集体能否克服艰难险阻、齐心协力向前而最终达成目标,获得成功。如果班级缺乏凝聚力,则如一盘散沙,是一个涣散的集体,无法完成既定的目标,这不仅对于集体的发展不利,对于个人成长来说,也是百害而无一利的。实践证明,举办红歌大合唱的比赛活动,是增强班级集体凝聚力的有效形式。班干部率先垂范、以身作则、无私奉献的工作态度能影响广大同学,使之团结一致,集思广益,积极参与,共同奋斗,班级凝聚力也逐渐增强。同时,大合唱活动也利于培养同学们的集体荣誉感。为了达成共同的目标,他们需要克服个人主义和英雄主义,遵循个人服从集体、集体利益高于自身利益的原则,树立团结合作、互助互爱的集体观,促进良好班风的形成。教师从这次大活动中发现,凡是获奖的班级,班级的凝聚力强,学生的集体荣誉感也更强。大合唱比赛时间安排在学期第7或8周是最佳选择,会极大调动同学们的学习热情,会增强班级的凝聚力和组织力,让他们的责任感和使命感剧增,对于激励后续学习大有裨益。这些班级在接续的课堂授课中都表现优秀,同学们最后都取得了优异成绩。

大合唱是"纲要课"学习过程中的成功实践,有利于催人奋进,激励学生奋发向上和努力奋斗的热情。这次大合唱活动使红歌传遍校园的每一个角落,使校园增添了一缕缕鲜红的色彩。学生从活动中领悟了什么是建党精神,什么是中国共产党红色精神的真正内涵。这比课堂上的单纯讲授更具有感召力和说服力。大合唱不仅激发了同学们的爱党爱国热情,也激励了同学们努力向上的学习热情。尤其是在大合唱获奖的班级,在老师鼓励下,同学们的学习热情更为高涨,在接续的课堂教学中,他们情绪饱满,认真学习,具有拼搏和奋斗的动力,在期末考试中往往能获得好成绩。总体来说,获奖班级期末考试的挂科率较低。总结出的这些规律和特点,让教师更为重视红歌大合唱活动,督促每一个同学都参与进来,借此活动培养他们爱国主义精神和奋斗拼搏精神。少年强则国强,教师分析他们在实现中华民族伟大复兴中的地位和作用,从而激励他们为实现第二个百年目标和中华民族伟大复兴积极贡献力量。

(撰稿人 张万杰)

二、案例二:史海峥嵘,百炼成钢——历史情景剧表演融入中国近现代史纲要课

将历史情景剧表演融入课堂教学已经成高校思想政治理论课教学的主要方式之一。这一方式对于创新教学模式、提升教学效果、激发学生学习兴趣、培育学生历史思维和创新热情等均具有重要作用。自 2018 年起,海南热带海洋学院马克思主义学院中国近现代史纲要课程组开始探索情景剧表演融入课堂的教学模式,这也是"五位一体"实践教学模式探索和研究的重要方式之一。

1. 实践教学案例背景

自 2018 年至 2021 年,历史情景剧表演融入"纲要课"课堂教学已经开展了完整的四个学年即 8 个学期,而这一实践教学方式的选择是建立在对于学情持续关注和调研的基础上。

随着高考制度的改革,学生对历史基础知识的掌握也发生了较大变化。高中学习由原来的文理分科改革为"3 + 3"新模式,学生学习历史知识也经历了由文科必修科目学习转变成了自选科目学习。这一情况显现到高校"纲要课"的教学课堂上便呈现出了以下特点:以当前文科大类和理科大类招生方式作为基本划分依据,一个 90 人左右的理科大类教学班中便融合了选择历史学科作为高考科目的学生、高中时历史学科作为会考科目的学生、初中曾学过基础历史知识的学生和从未系统学习过历史知识的学生,而文科大类的学生也呈现出上述特点,只是在人员比例上有所差别。

针对上述情况,如何平衡四类学生对于历史知识学习的实际需求,提升"纲要课"教学的时效性,便成为当前"纲要课"教学所面临的重要挑战。基于此,选择历史情景剧表演作为"纲要课"实践教学方式的原因就在于:学习程度不同的学生可以结成学习小组,以教材为科学理论依据,以课程进度为时限选择依据,鼓励历史知识储备丰厚的学生带领历史知识储备相对浅薄的学生,共同研究和学习,同时提升中国近现代史纲要课程的生命力,从而达到相互帮助共同进步的学习效果。

2.实践教学案例内容

(1)历史情景剧表演融入"纲要课"实践教学的总体原则

以教师为主导、以学生为主体,以教材为科学指导、以客观史实为依据,允许学生进行合理的艺术创作,旨在通过表演,让学生切身体悟到革命、建设和改革不同历史背景下,革命先烈、英雄人物、爱国志士、劳动模范、时代楷模等群体所蕴含的爱国热情和奉献精神,深刻理解中华民族伟大复兴就是近代以来中国人民一直追求的主题。

(2)历史情景剧表演融入"纲要课"实践教学的总体要求

首先,学生创作可以借鉴已有的成功的剧本,但必须标明出处。在创作过程中所使用史料或资料也必须标明出处。同时,鼓励学生在历史情景剧表演时全程配以 PPT、背景音乐、旁白等辅助要素,图文并茂地进行剧情提示。

其次,鼓励学生发挥创新精神自己制作相关道具、搭配相应服饰,不建议学生租借或购买相关道具,全剧演出的过程中重点关注的是情节呈现合理、理论依据科学、中心思想突出、精神正向饱满、情感自然流畅。

再次,小组内每一位成员均要参与演出,在团队合作中展示当代大学生积极、认真、努力和团结的精神面貌。

(3)历史情景剧表演融入"纲要课"实践教学的任务安排

教师要在充分调研的基础上进行小组分配,调研的目的在于摸清楚所教班级内学生历史知识积累情况,以此作为小组分配的重要依据,贯彻历史知识积累较好的学生带领历史知识积累一般或较差的学生这一原则,以便在日后的创作和演绎中形成良好的合力。

依据教材章节设置,将所教学生分配为 10 个小组(2021 版教材之前分成 11 个小组),随后采用抽签的方式确定各小组所演出的情景剧章节。

排定表演时间:前三组对应"纲要课"前三章的内容,教师要为学生留下三周左右的时间进行创作和排练,此三组同学可以选择在课堂进行表演,也可以选择提供表演视频,任课教师在课堂进行播放;从第四组即第四章开始,历史情景剧表演正式在课堂演出,以作为课堂教学最生动的素材。情景剧融入课堂的表演时间控制在8分钟左右,15分钟内完成现场评价。

(4)历史情景剧表演的参考剧目

任课教师在实践教学的过程中担任主导性角色,从前期小组任务分配、任务要求、剧本审核,到中期表演安排、学生点评,再到后期成绩评定,均在以学生为主体的情况下,由教师发挥引导、指导和启发性作用。

为保证历史情景剧表演的科学和合理性,任课教师先期进行表演剧目主题推荐,但仅供学生参考,鼓励学生自选题目。在规定的时间内表演小组需提交所创作剧本、PPT和角色扮演名单。

历史情景剧表演推荐剧目列表

章目名称	剧目主题
第一章 进入近代后中华民族的磨难与抗争	一位美国记者眼中的旅顺 一位传教士的图谋 虎门销烟 三元里抗英
第二章 不同社会力量对国家出路的早期探索	马克思眼中太平天国运动 如何应对"三千年未有之大变局"? 公车上书 我自横刀向天笑,去留肝胆两昆仑!
第三章 辛亥革命与君主专制制度的终结	奏响时代强音 黄花岗起义 武昌起义 革命前后的百姓生活
第四章 中国共产党的成立和中国革命新局面	新文化运动 五四运动 巴黎和会 中国共产党的诞生
第五章 中国革命的新道路	南昌起义 遵义会议 长征故事组歌 西安事变

续表

章目名称	剧目主题
第六章 中华民族的抗日斗争	九一八事变 一位日本记者对正义的呼唤 抗日英雄组歌 抗日影视剧集复原或配音
第七章 为建立新中国而奋斗	重庆谈判 民主协商 赶考之路 开国大典
第八章 中华人民共和国的成立与中国社会主义建设道路的探索	英雄儿女 工业化的意义 穷棒子社的故事 同仁堂风云 买电视还要"票"？
第九章 改革开放与中国特色社会主义的开创和发展	小岗村的红手印 小渔村的三个青年 高考中的我们 春天的故事
第十章 中国特色社会主义进入新时代	玫瑰谷的故事 呈公主殿下书 新春天的故事 我们的新时代 一起向未来

（5）优秀情景剧展示与评析

历经4年、8个学期的探索，覆盖学生上千人次，历史情景剧表演融入"纲要课"的实践教学模式日渐成熟，受到学生广泛地欢迎和认可。现结合"纲要课"理论教学章节要点、学生作品和学生感悟，将历史情景剧融入"纲要课"课堂精彩案例评析如下：

第一章 进入近代后中华民族的磨难与抗争

2018 级酒店管理专业张美心小组表演《虎门销烟》

2018 级酒店管理专业学生认真观看此次情景剧表演

任课教师评价:这是情景剧表演融入"纲要课"课堂教学的第一次尝试,学生表演非常稚嫩,但有关虎门销烟的历史背景和基础知识均较为准确,对于课堂教学起到了很好的辅助作用。

2019 级中文类(2)班邵杰小组表演《三元里抗英》

任课教师评价:该小组是为数不多地将目光聚焦于"三元里抗英"反侵略斗争的小组,重点弘扬的是三元里老百姓所具有的保家卫国的牺牲、斗争精神,这是中华民族反侵略斗争的一面先锋旗帜。

2019 级物流管理专业孙巍小组表演《甲午海战》

任课教师评价:该组的突出特点是自制道具的使用和重点人物服饰的设计,体现了学生的自主创新性。该组情景剧表演着力刻画《马关条约》的谈判过程,突出弱国无外交主题,揭示民族危亡之际,民族意识普遍觉醒的重要性。

第二章　不同社会力量对国家出路的早期探索

2018 级新闻专业胡倩红小组表演《太平天国运动》

　　任课教师评价:太平天国运动是学生极少选择的表演主题,这是持续开展情景剧表演四年来的唯一一次表演。难能可贵的是,该组同学抓住了这一历史事件的核心问题,即农民阶级无法承担挽救民族危亡重任的原因在于其缺乏科学的理论指导,没有先进的领导阶级,没有完整正确的政治纲领和社会改革方案。

2019 级酒店管理专业赵亮小组表演《维新变法运动》

2018级新闻(2)班周智灵小组表演《我自横刀向天笑,去留肝胆两昆仑》

任课教师评价:这是每学期历史情景剧表演学生们均会选择的表演剧目,令我料想不到的是2018级新闻(2)班周智灵小组的女孩们真正演出了谭嗣同为变法流血牺牲的英雄气概,2019级酒店管理专业则侧重对维新变法运动全局性的复原,重点突出资产阶级改良派无法承担挽救民族危亡的使命。

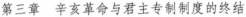

第三章 辛亥革命与君主专制制度的终结

2018级酒店管理(3+4)班卢城良小组表演《南京临时政府成立》

任课教师评价:该组同学是高职升本科的学生,他们几乎没有系统学习过中国近现代史,因此,在进行情景剧创作和设计时,知识点的选择要做到既重要集中又是参演者比较熟悉的内容。该组学生重点再现孙中山先生就任中华民国临时大总统的场景,在尊重史实的前提下,表演略显夸张,但却吸引了全场所有学生的注意力。该组学生的后期反馈是:最初排斥情景剧表演,但在完成之后,再听老师讲课,似乎就对这一段历史融入了感情。

第四章 中国共产党的成立和中国革命新局面

2019 级酒店管理专业贺冰莹小组表演　　　　2019 级酒店管理专业郑婉莹小组表演
《女校风云》　　　　　　　　　　　　　　《学生演说》

2019 级物流管理专业吴文汛小组表演《五四运动》

任课教师评价:此组情景剧表演集中在"五四运动"主题之下,这是同学们比较喜欢主题之一,但难度就在于如何创新。真正能够创新的同学们大都集中于文科专业,因为基础知识掌握较好,同学们可以把精力放在创新和演绎的环节中。令人欣喜的是,在创作时,这几组同学均采用对核心情节进行深挖和演绎方式,着力展示五四运动时期一批批热血青年的爱国情怀和激昂斗志。其中《我的1919》充分表现出顾维钧拒绝在《巴黎和约》上签字的勇毅、《女校风云》着力展示女子温婉而坚毅的爱国情怀、《学生演说》重点突出在民族大义面前学生对时局的看法和观点,旨在以己之力唤起民众觉醒。《五四运动》主要再现爱国学生在游行过程中不畏强暴勇敢前行的场景,用饱满坚毅的表演唤起观看学生对五四时期青年爱国学生敬意。

2018级新闻专业郑诗敏小组表演《中国共产党的诞生》

任课教师评价:中国共产党的诞生,是同学们非常感兴趣却又谨慎选择的一个剧目,原因在于怕自己的表演不够庄重而无法表达中国共产党诞生的开天辟地的重要意义。一般而言,同学们都会采取模仿电影《建党伟业》中南湖红船开会的场景,而该组同学的表演则完整地再现了中国共产党第一次代表大会的全过程,展现了中国共产党人勇担时代使命、扛起救国伟业的决心和意志。同学们的表演,全程庄重而自信、凝重而激情,认真表达出对中国共产党的热爱之情。

第五章 中国革命的新道路

2019 级应用心理专业王宝翔小组表演《纪念刘和珍君》

2018 级新闻专业陈世兢小组表演《南昌起义》

2018 级酒店管理专业庄园园小组表演《井冈山根据地建设》

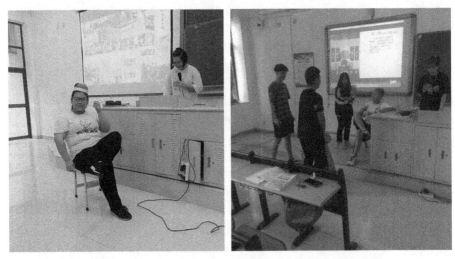

2018 级酒店管理专业林娇妮小组、2019 环境设计王贞祥小组表演《打土豪分田地》

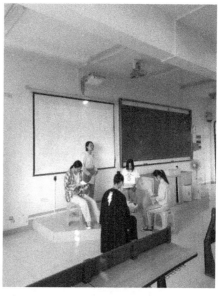

2019 级视觉传达李迪迪小组表演
《金色的鱼钩》　　　　2018 级国际关系专业孙霞连小组表演
《遵义会议》

2019 级中文类专业文贵芳小组表演《红色娘子军》

任课教师评价：与以往章节表演剧目集中的特点相比，第五章情景剧表演剧目呈现出多样性的特点，从白色恐怖下爱国军民的抗争到打响武装反抗国民党第一枪，从井冈山上打土豪分田地到长征路上的动人故事，从遵义会议的重要意义到地方红色故事的讲述，均是学生热衷的题材，突出表现了中国共产党带领中国人民探索中国革命和建设新道路的实践。

第六章　中华民族的抗日斗争

2018 级酒店管理专业马秋泠、伍顺英小组表演《卢沟桥事变》

2018 级酒店管理专业谷天靓小组表演
《金陵十三钗》

2019 级中文专业谢志民小组表演
《老梁的转变》

2018 级国际关系专业胡韵仪小组、2019 级酒店管理专业张凤小组表演《西安事变》

2018 级音乐学专业黄伟斌、吴何亮小组表演《狼牙山五壮士》

2019 级视觉传达专业任志晨、刘海龙小组表演《全民族抗战》

2019 级应用心理专业周香君小组表演《一位日本女记者的正义呼唤》

任课教师评价:第六章是同学们非常感兴趣的内容,涵盖了从卢沟桥事变国民党爱国官兵的反抗,到金陵十三钗、老梁和狼牙山五壮士等人民群众的牺牲。本章情景剧表演剧目设计突出的核心主题是:中国共产党领导中国人民掀起全民族抗战并担当了中流砥柱的作用。

第七章 为建立新中国而奋斗

2018 级酒店管理专业李婷小组表演《重庆谈判》

2019 级环境工程专业王贞祥小组表演《实现耕者有其田》

任课教师评价:第七章情景剧表演集中在"重庆谈判""耕者有其田"两个主题,重点突出抗日战争之后,中国共产党和中国人民对和平的向往以及所做出的努力。

第八章　中华人民共和国的成立与中国社会主义建设道路的探索

2019 级环境工程专业田自豪小组表演《进京赶考》

2018 级酒店管理专业吴炳泰小组表演《巩固新政权的伟大斗争》

2019级中文(1)班李晋小组表演《平凡的世界》

2019级中文(1)班纪佳佳小组表演《恢复高考》

任课教师评价:在本章情景剧表演中,显示了"00后"大学生直面问题、分析问题和解决问题的能力,他们不仅勇于再现如"进京赶考"等重大历史事件的意义,更勇于分析中国社会主义建设曲折探索的原因。同学们也深深感叹艰难

155

困苦时期,平凡人的努力以及他们对美好生活的向往,感恩于高考制度,如今它依旧是催青年奋进的重要方式。最后同学们呼吁:解放思想、实事求是才是中国建设社会主义的良方!

第九章　改革开放与中国特色社会主义的开创和发展

2019 级视觉传达专业蔡颖斯小组表演《十八个红手印》

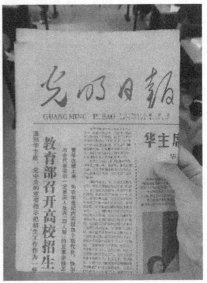

2019 级应用心理专业冉伊小组表演《宝安县小茶馆的 40 年》

任课教师评价:改革开放是同学们通过情景剧方式进行表达的重要主题,

同学们在表演过程突出改革开放40年风雨兼程的故事性,并在道具使用上着力贴近于当时的时代,可以说在情景剧表演的尾声时,展示出了同学们对用演绎的方式理解历史的认可。《十八个红手印》小组的学生表演积极,即便是饰演"太阳"也满怀热情,小组同学发挥合力共同再现了农民兄弟拉开改革大幕的伟业。《宝安县小茶馆的40年》以三个青年人三种不同选择的人生为主题,让同学们感悟到不同时代不同青春的底色都是努力拼搏。

3. 实践教学案例评析

历时四年的摸索,覆盖近20个专业上千人次,共收集历史情景剧作品300个左右,可以说将历史情景剧表演融入"纲要课"教学走过了一条艰辛探索之路。从最初学生排斥到最后学生不舍,师生在真正的实践过程中获得了思想的引领、精神的洗礼、知识的积累和能力的提升,综合概括呈现出如下特点:

首先,同学们纷纷认可了历史情景剧表演的实践教学方式。有同学认为这是人生中独一无二的经历,有同学表示这可能是人生中唯一一次再现历史大事件、模仿历史人物、呈现英雄精神的机会,也是唯一一次能走入历史的机会。基于此,大部分同学都表示这样的经历无比珍贵,值得记忆和珍藏。

其次,同学们强调参演历史情景剧表演是一个有效地学习历史知识的方式。尤其是对于历史基础知识薄弱的同学而言,既有任课教师的指导,又有同组优秀学生的带动,参演历史情景剧便成为他们快速学习和积累的良好方式。更难能可贵的是在表演的过程中,同学们所获得的是思想、情感、行动、能力等多层面的正向提升。

最后,通过对历史情景剧的演绎,同学们均能够意识到此项实践教学真正的目的和意义在于培育大唯物史观和正确的党史观。实际上,在远离历史、蓬勃发展的今天,如何理解中国共产党带领中国人民在近现代史上为了挽救民族危亡、实现民族独立、人民解放、国家富强、人民幸福的艰难历程,进而自觉继承和弘扬中华民族宝贵的民族精神和时代精神,成为开设和学习"纲要课"的根本目的。基于上述原因,历史教学要解决的便是让学生真的理解、真的认可、真的信仰的问题,显然将历史情景剧融入"纲要课"课堂便是为了引导学生亲自查阅资料、主动学习历史、切身再现情景,这无疑是更为直接而有效的学习方式。在翻阅学生感悟时,当看到学生从不同角度阐释"这种浸入式学习更新了我的认识""让我知道实事求是的意义""让我清楚马克思主义与中国现实相结合的重要性""让我记住革命先烈的英雄事迹和宝贵精神""是人民群众创造历史""是人民群众选择了中国共产党"等等,这让我们确信历史情景剧表演融入"纲要课"教学课堂取得了一定成效,对于学生大历史观和党史观培育有重要作用。

综上所述,历史情景剧表演融入"纲要课"课堂教学,无论在提升历史教学生命力、激发学生学习兴趣,还是创新教学模式、改善教学效果均起到重要作用,是一项可以长期推进的实践教学方式。不过,在日后的教学过程中仍有一些问题需要进一步改进。首先,历史情景剧融入课堂的教学目的在于辅助各章节核心内容的讲授,因此,要严格做到表演内容不能和章节讲授内容脱节、表演时间严格控制在8分钟以内,不能喧宾夺主地占用主课堂时间;其次,任课教师要不断提升自己的综合能力。在历史情景剧融入"纲要课"教学的全过程中,任课教师要充分发挥自己的主导性作用。例如加强知识积累以便有效指导学生进行剧本的创作,提升语言表达能力以便给予学生最科学的点评以及有效地将情景剧融入主体内容的讲述。最后,引导学生要将科学的理论融入历史情景剧创作和表演,使其真正发挥"实践教学——深化理论认同——思想提升"的功能。在接下来的历史情景剧融入"纲要课"课堂教学的探索和研究中,要融入《中共中央关于党的百年奋斗重大成就和历史经验的决议》,以史为鉴深化学生的理论认同,提升学生为实现第二个百年奋斗目标、实现中华民族伟大复兴而不懈奋斗的思想认识,进而形成当代大学生迈进新征程、奋进新时代的行动指南。

(撰稿人　张燕)

三、案例三:"百年大党,百年家史"主题征文比赛

1. 实践教学案例背景

作为思想政治理论课的四门主干课程之一,中国近现代史纲要在大学生思想政治教育中担负着重要的责任。实践教学是高校思想政治教育的重要环节,也是提升"纲要课"教学实效性的重要落脚点。家史是一份独特的德育资源。个人、家庭的发展同民族国家的宏观命运密不可分,家史是社会变迁史、国家发展史的重要组成部分,家史中渗透着家风、家训,彰显着中华民族精神和时代精神。搜集和传承家庭、家族和社区的历史,是深入体会"纲要课"教学内容的重要方式,也是培养个体自信和对集体、对民族、对国家的认同感、责任感的重要手段。近年来,"纲要课"教研室的教师们经过积极探索,以"家史"为主题的实

践教学活动取得了良好的教学效果,积累了一定的教学经验。

2.实践教学案例的内容与实施

第一,确定主题。家史涉及的内容非常丰富,如何确定一个合适的选题,既能调动学生的积极性,又能让学生有充分的发挥空间,还能让学生对近代180多年的历史,尤其是建党百年来的历史有深刻体会显得尤其重要。基于此,"纲要课"教研组在主题的设定上采取了参考主题和自拟主题相结合的方式,一方面保证了多数学生主题选择的鲜明性和目的性,另一方面给予部分学生充分的发挥空间,有助于挖掘出选题内容的多样性和创新性,这一做法也遵循了教育学当中普遍性和特殊性相结合的原则。

"纲要课"教研组结合课程要求和学生实际情况设定了"我的家族来自何处""我家老照片""记忆中的童年""家乡饭""爷爷奶奶说当年""长辈的职场""爸妈的青春时代""老家的今昔""我家的传家宝"9个参考主题,分别从家族的发展变迁,长辈们的生活、学习、工作以及学生个人的生活、成长等微观史中窥探宏观史的变迁。通过这种从个体、家庭到国家,从过去到现在的对比和联动,引发学生对当下生活的珍惜,对长辈的理解、尊敬和爱护,对党和国家的信任和感恩,让学生深刻认识到自己是家庭的一分子,更是实现中华民族伟大复兴中国梦的重要一员,从而培养学生的团体意识、家国意识、主人翁意识,坚定对社会主义的信念,全面提升学生的思想政治素质,为社会主义现代化培养德才兼备的人才。

第二,确保具体实施过程贯彻到位。"纲要课"的教学时间为12周,48学时,其中理论教学为40学时,实践教学为8学时。为保证家史实践教学活动的效果,其实施过程一般包括活动动员、活动开展、活动评选、活动反馈等环节,具体安排见下表。

家史实践教学活动的具体实施过程		
时节节点	具体安排	意义
第1周	教师进行活动动员及安排;教师教会学生搜集资料的方法	良好的动员是活动成功的一半
第2—3周	学生集中精力,搜集资料	全面的资料搜集是活动成功的重要保证
第4—6周	学生完成家史的撰稿	锻炼学生的思维、表达和写作能力

续表

家史实践教学活动的具体实施过程		
时节节点	具体安排	意义
第7—8周	采用教师集体评阅和学生代表投票的方式,选出优秀作品	遵循活动评选的公平公正公开原则
第9周	各大班分别召开大会,进行表彰	及时的反馈和激励是活动的重要组成部分
第10—12周	在校内进行优秀作品展	在校园内形成厚植家国情怀的良好氛围

第三,教师充分发挥主导作用,确保指导到位。首先,教师应宣讲阐明家史的重要意义。家史文化是中华民族传统文化的根基。"国家有史,地方有志,家族有谱",个人的历史、家族的历史与国家的历史息息相关。当今,世界面临百年未有之大变局,当代青年大学生更应知史爱国,从家史中触摸国史,感悟家国命运与共。其次,教师要教会学生搜集资料的方法。在资料搜集中,学生要把握历史的横向维度和纵向维度,全方面深层次搜集家史相关材料,为写作做好充分准备。个人史、家史、地方史、国史之间是息息相关的,学生在搜集资料的过程中,要充分利用线上线下多种手段,注意由点(个人)及线(家族),由线及面(区域史),由面成体(国史)地全面搜集相关资料,把家史置于宏观史的背景中去考察,勾勒出历史洪流中的多维体系视角。与此同时,学生要着重搜集对家史产生重大影响的人、事、物,使家史的写作更加立体、饱满,更具说服力。

第四,采用教师集体评阅和学生代表投票相结合的方式选出优秀作品。评选第一阶段由教师进行集体评阅,每个大班选出优秀作品20份。第二阶段由学生代表进行投票,在第一阶段选出的20份作品中,票选出一、二、三等奖共10名,剩下10份作品为优秀奖。投票过程中,作者的信息将会被隐藏,教师和学生代表都不会看到。教师集体评阅和学生代表投票相结合的评选方式,遵循了活动评选的公平、公正和公开原则,保证了学生对实践活动的全过程参与。

3.实践教学作品展示

(1)作品一

作者在文中讲述了太爷爷作为一名军人,在解放战争中用生命践行了爱国的初心与家训。太爷爷留下的爱国、自强、勤勉的家训深刻影响了整个家族,作者的父母、舅舅以及作者本人都深受家训熏陶,并立志要为国家为社会做贡献。

美中不足的是文章中几张颇具特色的配图,如神枪手证书、教练员证书以及江西省第七届人民代表大会保工组的工作证等没有做出相应说明。

(2)作品二

作者讲述了从1965年到1978年,爷爷在社会主义建设事业中历经20余年跨越近三千公里的奋斗之路。1965年至1970年,爷爷从河南老家到中朝边境当兵10年,当兵期间因表现优秀进入长春的中国第一汽车集团公司学习。1970年,爷爷退役后到湖北十堰发展二汽事业,不久后响应国家号召回到河南南阳油田,最终为石化事业奋斗终生的故事。爷爷的一生是光荣的,无论是参军保家卫国,苦学汽车技术为新中国汽车工业艰苦奋斗,还是响应国家号召投身石油事业,爷爷永远都把国家的需要摆在第一位。爷爷的爱国精神,勤俭节约、艰苦奋斗的作风深深影响了作者。生长在21世纪的作者也用实际行动传承着爷爷留下的好家风,一步一步走好新时代的长征路。

(3)作品三

作者在文中描述了知识分子上山下乡活动中,作为亲历者的外婆的人生经历。在知识分子上山下乡的时代大潮中,作为北京人的外婆被迫中断学业,征兵入伍到云南成为一名卫生兵。面临艰苦的时代环境和个人经历,外婆从不自怨自艾,一直坚强、乐观,把光和热都奉献给了自己的医护岗位,这种高贵的精神和品格深深影响着作者。

(4)作品四

作者在文中着重讲述了抗日战争期间,红色抗战之城保定的抗战经历以及太爷爷作为八路军抗战联络员不惧个人安危为八路军提供情报,在掩护群众撤离时左肩被日军击中受伤的经历。如今作者的整个家族早已从农村搬入城市,生活水平日益提高,爷爷仍然教导作者做人不能忘本,这个"本"就是不忘先辈们用热血和生命为我们换来的美好生活。

(5)作品五

这是一篇关于"最可爱的人"的文章。作者用饱含深情的语言描述了父亲1978年至1980年的军营生涯,时间虽短但却锻造了父亲钢铁般的意志和不怕牺牲、勇于奉献的精神。1979年,在祖国面临危险时,父亲毅然写下参战书,虽然最终未能参战,但在作者心里,父亲一直都是他的光荣和骄傲。

4. 学生感想

经过家史实践教学活动的开展,学生们的感受和反响都十分强烈,主要表现在以下几方面。

密切了家庭关系,培养了家庭责任感。不少同学表示,以前认为父母只会管束自己,教育自己,根本不尊重不了解自己。经过本次活动,他们了解了家族的由来,知道了父母过去的艰苦生活,对于长辈多了理解与尊重、亲密与感恩,少了情绪与反抗,并表示十分感恩现在的生活,接下来要用自己的努力让父母生活得更好。

感悟到家国相依、命运与共,增强了爱国主义情怀。本次活动中,相当一部分同学都访问了自己的祖辈或曾祖辈,从他们口中了解到旧社会的黑暗,了解到党带领人民浴血奋战、艰苦奋斗走向新社会的历程。部分同学的亲人参加过抗美援朝战争、对越自卫反击战等,经过近在咫尺的保家卫国精神的教育,同学们纷纷表示今天的幸福生活来之不易,作为一个中国人感到很幸福,接下来要增强本领,用实际行动去守护祖国的和平。

传承好家风,做新时代新青年。经过本次活动,不少同学们表示发掘出了家族里的宝藏,那就是深埋在几代人身上的好家风。贫穷时不自怨自艾,富裕时仍能勤俭节约、不忘初心,面对困难时团结一心、艰苦奋斗、永不放弃,这些长辈们身上的优秀品质,让当下抗压能力几乎为零的当代大学生感慨颇多。大家纷纷表示,生在红旗下,长在新时代的我们有什么理由不去传承家族精神,做好新时代青年?

5. 教师点评

自 2018 年以来,"纲要课"家史实践教学活动已经连续开展四年。家史实践教学活动,一方面充分发挥学生的主体性,有效提升了学生课堂效率和积极性;另一方面让学生不仅学到了书本上没有的知识,培养了学习能力,而且提高了思想觉悟,他们的人生观、价值观等方面发生了明显变化。

活动主题鲜明,可操作性强,效果良好。家史作为一项实践教学活动,从内容上讲,家史作为微观史,其背后是宏观史,是中国共产党带领人民从站起来、富起来到强起来的历史。从微观的历史线索中勾勒出宏观的历史走向,能够让同学们更加深刻地认识到当下的美好生活来之不易,今天在实现中华民族伟大复兴的征程中,我们更要不忘初心,砥砺奋进。从形式上来讲,家史活动易于组织安排,可操作性强,活动本身的可操作性既节省了时间成本和经济成本,又保证了把足够的时间和精力用于活动内容的准备和实施,取得了良好的活动效果。

活动使学生逐步领会到历史和人民为什么选择了中国共产党,选择了马克思主义,选择了社会主义道路,选择了改革开放,有效抵制了部分学生中存在的历史虚无主义。通过对曾祖辈和祖辈生活的了解,学生们了解到从旧中国到新中国,人们从战乱不幸走向了和平稳定,更加坚定了对社会主义的信念。透过一张张老照片,通过与父辈的对话,同学们深刻领会到了"改革开放是决定当代中国命运的关键一招"。通过家史的实践教学,学生深刻感受到家史就是活生生的国史,国史不再是课本上冷冰冰的文字和知识,而是有温度和热度的,在这样的家史、国史面前,历史虚无主义不攻自破。

6. 活动反思

活动中对于学生关注度较高的敏感问题,要在课堂上予以回应并进行正面引导。思政课宣传的是主流意识形态,毫无疑问宣传主流的意识形态需要多宣传正面的东西,但负面的信息也需要正确、积极面对。通过阅读学生的家史文章,我们会发现一些同学对家史中的某些阶段表现出一些不解的态度。这就需要教师在"纲要课"课堂教学中对这些问题予以回应,对学生进行正面引导教育,使同学们在这些问题的理解上和党中央保持一致。

充分发挥学生干部的组织管理功能。"纲要课"为大班教学,一般包括3至4个自然班,人数在100人左右。学期初,教师在完成活动前期的布置和动员后,监督和收取主要是依靠学生的自律和学委的督促。过去几年的经验表明,部分学生在活动中不够积极、拖拖拉拉,严重影响整个班级的进度。因此,在本学期活动开展中,教研组尝试实行班委负责制,每班5名班委,每人负责20名同学实践活动的开展、监督和作品收取,并定期向老师汇报。目前这种方式仍在实践当中,但在推行的几周中已明显感受到活动具有更强的针对性和跟踪监督性。

对于部分表现不积极的同学,教师要及时了解情况并进行引导。针对部分学生在学习中存在的从众主义心理,教师在活动实施过程中,对于起到模范带头作用的同学要及时进行表彰,在课堂上营造出争先创优的良好氛围。对于表现不积极、活动效果较差的同学也要进行及时沟通和引导,做到有的放矢、兼顾全局。

（撰稿人　王贝）

四、案例四：庆祝建党 100 周年手抄报比赛

1. 手抄报实践活动案例背景

手抄报是学生自由发挥创作的一种形式，可在有限的空间内来展示一定的知识内容，并辅以设计、书写、编辑、排版，是一种开放性的创作形式，具有原创性、观赏性、可塑性、自由性和群众性等特点。手抄报制作充分体现了学生的文化底蕴、精神面貌、艺术修养等，注重学生综合能力素质的培养与发展，有助于学生发挥想象力，增强主动性，激发创造性。手抄报实践活动创新发展高校思政课教学理念，特别是与中国近现代史纲要课程内容相结合，寓教于乐、寓教于行，凸显"两大历史任务"和"四个选择"的学习目标，同时起到配合课堂教学多渠道全方位全覆盖育人的效果。

手抄报实践活动利用课余时间开展，通过不同主题的设定，丰富教学内容和形式，让学生在制作手抄报过程中了解历史事件的背景、体验历史人物的真实情感，增强课程学习的趣味性，让学生更好地了解国史、党情，使学生认识到近现代中国社会发展和革命发展的历史进程和内在规律，学习革命先驱的牺牲精神和奋斗精神，真正做到理论与实践相统一，加深学生对"四个选择"必然性的理解，增强学生热爱生活、热爱祖国、奉献社会的决心，铸牢对中华民族共同体的认同，树立对中华民族伟大复兴的信心。

手抄报实践活动以学生亲身参与体验为主，要做到以学生为中心，由学生选定主题、收集资料、分析整理、创作发挥，实践过程增强了学生对知识的掌握，加深了学生对知识的理解和表达，发挥了他们的主观能动性，提升了创新意识和解决问题的能力，提高了学生的书法、绘画、设计、写作等方面的综合技能，符合当代大学生的身心发展特点，更好地完成立德树人的根本任务，增强学生学习的主动性、积极性和创造性。

2. 手抄报实践活动案例内容

中国近现代史纲要手抄报实践教学的核心部分是主题设计，考查学生对理论知识的掌握，对实际问题的分析以及综合分析能力等，体现出特有的时代性、价值性、整体性、科学性的特点。在主题选材上要从教材出发，结合时事政策，可与特定的事件主题相联系，既不脱离实际也给学生自由拓展的空间。参考主题有中国近代历史人物、党史小故事、两次"鸦片战争"、戊戌变法、百年辛亥、中国共产党成立、长征、抗日战争、新中国成立、改革开放、庆祝建党 100 周年、人

民日报、中国梦、强国有我以及青年担当等。

手抄报实践活动成果以整理编辑成图片册的形式呈现,如《中国近现代史纲要实践教学庆祝建党 100 周年手抄报图片册》,从而使手抄报实践活动更具有整体性、传承性和创新性。下面对其中一些作品进行列举分享。

手抄报作品《建党百年,薪火相传》从中国共产党成立开启新纪元展开,以重温入党誓词、四个伟大成就来阐述百年征程不忘初心使命,体现了青年新时代的担当,把个人梦和中国梦紧密相连,奋进新时代,开启新征程。通过手抄报的制作,我更深入地了解历史,通过全方位地查找资料,钻研设计,思考各元素的搭配,我把自己所学的知识进行了整理和总结,用形象的方式将其表达出来,锻炼了自己的总结表达能力。

——2021 级俄语(1)班童心

手抄报作品《强国有我,青年担当》从青年担当出发,以中华民族伟大复兴为己任,展示中国共产党历经磨难、不屈不挠的革命精神。从压迫寻求解放,从解放步入小康,从小康走向富强,这一步步都印刻在人民的心里。在中国共产党领导下,中国青年时刻保持着奋斗不息的精神,坚守着为人民服务的初心,不负时代,不负韶华,不负党和人民的殷切期望。通过手抄报的制作,我认识到,首先要对主题有所了解,了解的过程就是对知识重新思考认知的过程,只有这样才能整理出属于自己的认识,并且通过自己的思考获得个别更深层次的认知。

——2021 级旅游管理(2)班徐婧

手抄报作品《学百年党史，记百年恩情》从党史小故事和人物小故事展开，以故事的形式呈现出不怕牺牲、勇于革命的精神，有陈望道品尝"真理的味道"；有反帝反封建运动中工人的"怒吼"；有长征途中感人肺腑的故事；更有无数仁人志士"抛头颅洒热血"的豪迈。手抄报的制作可以激发学习兴趣，培养自主学习能力，激发探索欲望，拓宽视野。把自己的知识呈现的过程，有利于提高资料收集整理归纳能力，甄选出适合自己主题设计的内容，并合理地排版，培养一种布局的能力。

——2021级泰语（2）班曹红卓

手抄报作品《转折点》主要介绍中国共产党的成立，这是中国开天辟地的大事件；八七会议确定了土地革命和武装斗争的总方针；遵义会议扭转了危局，是中国共产党第一次独立自主地运用马克思列宁主义基本原理解决自己的路线、方针和政策的会议，是中国共产党从幼年走向成熟的标志，是生死攸关的转折点；十一届三中全会是新中国历史上的重要转折，成为实行改革开放和开辟中国特色社会主义道路的起点。通过手抄报制作，我培养了自己动手、动脑的习惯，提高了创新意识和创造能力，这正是时代的迫切需要。我通过平时的积累，精心安排，大胆设想，给手抄报加上了巧妙设计。尤其是版面设计上，我根据自己所要描绘的内容添加了图画，让版面图文并茂、活泼新颖，既陶冶情操又提高了自己的审美能力和绘画能力。

——2021级舞编（1）班戴芳鸣

手抄报作品《强国有我，逐梦青春》以李大钊《青春》为引，以青春之我，创建青春之家庭，青春之国家，青春之民族，青春之人类，青春之地球，青春之宇宙，资以乐其无涯之声。我们应当青年之责任，聆听青年之声音，坚定信念，争做新时代赶考路上的传承者，勇于担当，以青春之活力，唤青春之梦想，书写青春之诗篇，铸就青春之未来。手抄报使我们能更好地了解"纲要课"，培养自主学习能力，更好激发学习兴趣，还能培养动手动脑能力，激发创新意识和求知欲望，提升在搜集信息、美术设计、书法写字等方面的综合素养。

——2021 级旅游管理牟颖喆

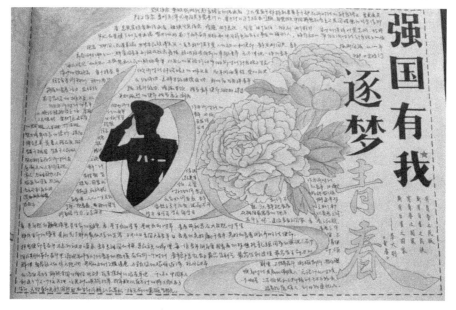

手抄报作品《龙腾中国》主要表达了中国成长之历程，幸福奋斗之表达；凝望红旗，坚定信念，把蓝图变成现实，将改革进行到底；踏实工作，努力奋斗，在历史的年轮上刻下自己的印记，在时代的进步中贡献自己的力量。通过手抄报的制作，让我们更加深刻地了解国史国情，更加深刻了解帝国主义对中国的入侵给中华民族和中国人民带来的深重苦难，能激发我们的爱国情感。我们了解了中国近现代的历史，懂得中国必须首先推翻半殖民地半封建的社会制度，争取到民族独立和人民解放，才能集中力量进行现代化建设，我们要充分认识革命的必要性、正义性和进步性，自觉地继承和发扬近代以来中国人民的爱国主义思想、民族精神和革命传统，这能够增强我们的民族自尊心、自信心和自豪感。

——2021 级中文石豪禹

手抄报作品《庆祝建党100周年》中，阐述了中国共产党的成立结束了近代以来中国内忧外患、积贫积弱的悲惨境地，开启了中华民族发展进步的新纪元。中国共产党人不忘初心，始终为中国人民谋幸福，为中华民族谋复兴，履行党的责任，始终以人民为中心，为人民美好生活的需要不懈奋斗。制作手抄报也是别样的学习方式，对于提高动手能力、知识收集能力有很大的帮助。制作手抄报需要查阅资料，这可以让我更好地了解课外知识；需要梳理学习的知识点，突出学习重点，让学习的内容一目了然，这能够培养思维能力；需要对手抄报进行排版和搭配，这能使我的思维方式更灵活……通过手抄报的制作，我提高了学习兴趣和学习效率。

——2021级中文朱德平

手抄报作品《抗日战争》从抗日战争胜利的原因和意义两方面内容进行整体设计，深刻阐述了伟大抗战精神，体现了中国共产党领导下，中国人民宁死不屈、不畏强权、视死如归的民族气概，体现了以爱国主义为核心的民族精神，坚定了中国人民追求民族独立、人民解放的意志和决心。手抄报的制作首先能提高我们的动手能力，有利于发扬创新精神，大家兴趣高涨，积极性被充分调动起来，思维也空前的活跃起来，这往往会产生一些创造性火花，有利于提高个人素养，完善个性品质。这种活动多了，并且能深入下去，我们在积极参与的过程中，就会逐渐养成坚韧、顽强的优良品性，养成务实的学习态度和生活作风，不断提高自己。

——2021级视觉传达马兴荣

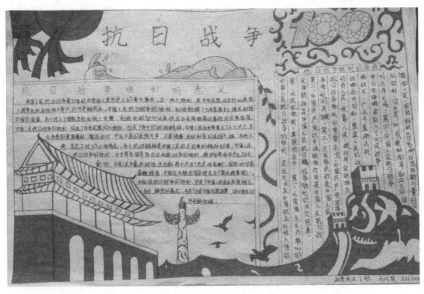

手抄报作品《红色百年》从四个伟大成就出发进行整体设计,让自己更好地认识历史,铭记历史,培养自己的爱国主义精神。只有铭记历史,才能更好地实现民族复兴,这是当代每个青年人都要为之奋斗的共同目标。制作手抄报能提升我们的动手能力,拓展自己的知识面,巩固我们的课本知识,同时也是对理论知识的实践,可以培养学习兴趣,能让我们对历史有一个更全面更深刻的认识。

制作手抄报可以锻炼我们收集和分析信息的能力,使我们学会去网上收集资料、去图书馆收集资料、向懂的人请教。收集回来的资料还需要提取、编排、加工,这有助于发挥我们的美术特长,提高自己的审美。

——2021级环境设计徐慧杏

3.手抄报实践教学案例评析

同学积极参与并独立完成了此次手抄报实践活动,从不同的主题、不同的视角展示了自己的设计,把教材的知识模块与手抄报实践相结合,做到以小见大、转换角色、聚点成线,密切联系实际,对时事政治、国家大事、热点话题进行思考和整理,提升自己的学习能力和学习兴趣。同样老师也对手抄报实践活动感触颇深。

(1)丰富了传统教学形式,增强教学效果。手抄报实践活动对学生"纲要课"课堂学习效果起到很好的推动作用,通过手抄报的制作,学生增强了对党史知识点的理解,巩固了所学知识,起到了温故知新的作用。同时,与传统的讲述式、灌输式的授课方式不同,手抄报是学生亲自选题、构思设计的作品,作品中融入了自己的思考,是一种主动接受再教育的过程,可以激发学生的想象力和创造力。这些作品是思政理论与当前实际结合的产物,更加精准地对学生的理论知识进行拓展,也是对学生所学知识的检验,有利于形成创新性的实践教学模式,丰富教学方式,增强"纲要课"教学效果。

(2)活动实操性强,提升学生创新能力。手抄报实践活动是一个交流的平台,在活动实际操作中,所需材料简单,制作成本相对较低,而其完成度相对较高,能有效地增强学生的自信心和自豪感。学生在实践中挖掘自己的特长,在设计思考中提升自己的归类总结能力和创新能力,在实操中提升自己的动手能力,从选题、设计到完成看似是作业的完成,但其中饱含着学生为此付出的时间、经历和情感,形成一种潜移默化的教育,培养出一种原创性思维方式和创新能力,从而使学生综合素质得到全面提升。

（3）强调学生主体性，增强育人效果。手抄报实践活动是以学生为主体核心的。学生在教师的指导下进行创造性、参与性的实践活动，围绕着教材知识点精准分析、主动构思、查找资料、亲身实践，提升自己分析问题解决问题的能力，从课堂到课外，从知识学习到表现展示，从理论到实践，真正成为学习的核心，成为学习的主人。学生通过实践活动得到充分的肯定和认同，增强"纲要课"的学习积极性，达到一切为了学生的育人效果。

（4）强化思想，落实立德树人根本任务。手抄报实践活动推动了同学们对"纲要课"知识的思考，让学生通过实践过程增长见识，对理论知识进行深度挖掘，感受历史的选择，了解历史，尊重历史。手抄报的制作过程也是同学们学习历史、研究历史、宣传历史以及总结历史经验的过程，在这过程中，他们坚定信念，增爱国情，立报国志，真正做到理论与实践相统一，落实立德树人的根本任务，努力成为中国特色社会主义事业的建设者和接班人。

通过手抄报实践活动，通过参与式实践方式，为学生增添全新的学习体验，增强了"纲要课"学习的趣味性，锻炼了学生的独立思考能力、动手能力、分析能力、创新能力，培养了学生主动学习的能力，提升了他们的综合素质，引导学生爱国、爱党，牢固唯物史观，明确中国近现代历史的主题主线、本质主流，警惕和反对历史虚无主义，发挥以史鉴今、资政育人作用，使广大青年树立正确的世界观、人生观和价值观。

4.手抄报实践教学效果与反思

（1）手抄报实践教学效果

从实践对象上看，手抄报实践活动增强了学生的主动性和创造力，特别是在对历史知识的拓展方面，加深了同学们对已学知识的理解。学生在作品制作过程中有了全新的参与式体验，能把自己的思想认识融入作品当中，养成独立分析的能力，学会运用历史唯物主义观看待问题，改变了过去对历史的看法和对人物的偏见，形成了正确的历史观。

从作品质量上看，学生全程投入，精心设计，准备充分，参与热情高涨，作品整体表达有深度、有广度，加深了对史学、时事的理解和表达，找准切入点图文并茂地表达主题思想，提升了学生的综合素质，增强了大学生的自信心和责任感，提升了教学效果。

（2）手抄报实践活动反思

分组实践。由于大班上课,人数大约 100 人左右,加之学生们基础稍有不同,为提升手抄报实践活动效果,可以考虑采取 2—4 人一组,分组来完成作品。组员之间可以实现能力互补,最大限度地发挥自己的特长,合理分工安排,准备过程中也可通过彼此间的互动增强沟通交流能力,锻炼组织协作能力和团队配合能力,提升手抄报实践活动的整体教学效果。

专业融合。根据专业、学科背景和个人基础的不同,设计有针对性的培养方式,使手抄报实践教学与专业学习相融合,更好地发挥学生的专业特长,使其专业能力在实践活动中得到充分体现,增进课程思政的融合,丰富思政课的实践教学资源,拓展思政课实践教学途径,增强功能性和创新性,突破传统实践教学和理论教学的时空性。学生在真实、丰富、鲜活的实践融合中,对知识进行观察、思考、认知、体验、感悟和实践,达到知识互进的目的,产生协同效应,从而增强"纲要课"教学的吸引力和实效性。

优化教学评价。在对作品进行评价上可以增加学生互评环节,小组之间对彼此的作品进行评价,根据要求进行打分并写下评语。学生通过作品对比,取长补短,有所收获,达到教学相长的目的。教师评价环节,可以邀请与手抄报设计有关专业的教师,对手抄报作品进行专业评价,从专业角度给予指导,使学生技能上得到提升,受益更大。

（撰稿人　马泽霖）

五、案例五:红色基因永流传——红色梅山革命之旅

1. 红色梅山革命之旅实践教学案例背景

红色革命文化是构建"纲要课"实践教学体系和长效机制的重要组成部分,是增强"纲要课"实践教学效果和感染力的重要环节。红色梅山革命之旅是实现理性与感性相结合的过程,是检验与印证课堂上理论真理性的必要渠道,有利于学生形成正确的党史观,升华学生对中国道路的认同感,自觉坚定"四个自信",将其内化于心。

（1）知识目标

让学生近距离地了解近代以来中国人民为争取民族独立、人民解放和实现国家富强、人民幸福这两大历史任务接续奋斗的历史,懂得中国共产党领导中国人民走上社会主义道路的历史必然性。深化学生对中国近现代社会发展,对革命、建设、改革的历史进程及其内在规律的认识。特别是深化对历史和人民为什么选择中国共产党、选择马克思主义、选择社会主义道路、选择改革开放的认识,强化对红色政权来之不易、新中国来之不易、今天的幸福生活来之不易的理解。

(2)政治素质目标

以史鉴今、资政育人。"纲要课"兼具历史与政治功能,是承载着意识形态功能的通识教育。如何做到"以史鉴今、资政育人"? 传承红色基因是其根本路径。习近平总书记指出:"革命博物馆、纪念馆、党史馆、烈士陵园等是党和国家红色基因库。要讲好党的故事、革命的故事、根据地的故事、英雄和烈士的故事,加强革命传统教育、爱国主义教育、青少年思想道德教育,把红色基因传承好,确保红色江山永不变色。"①红色实践教学是对课堂教学的补充,通过具体的革命场景、革命实物、革命故事和事件等,增强学生的直观体验,从感性角度强化学生对课堂上抽象历史知识的理解,深化学生对没有中国共产党就没有新中国、只有社会主义才能救中国道理的认识。

(3)价值目标

"纲要课"实践教学应立足地方,让学生近距离地感受到当时的革命战争环境,更直观地感受到红色革命文化传递的价值和精神,深挖海南红色革命资源。"二十三年红旗不倒"的琼崖革命精神是海南红色文化的精神象征,通过红色梅山革命之旅,让学生对红色基因产生共鸣,自觉担负起传承红色革命基因的重任。在红色革命文化之旅过程中,近距离地理解了老一辈革命先烈们的艰苦奋斗、不怕牺牲、勇往直前,以及"功成不必在我,功成必定有我"的革命情怀。结合课堂上的理论学习,更有利于学生形成正确的党史观,自觉接过为中华民族伟大复兴继续奋斗的接力棒,完成学生的自我教育、自我情怀的升华。

2.梅山实践教学案例内容

(1)梅山红色革命之旅实践教学策划

中国近现代史是中国遭受屈辱和苦难的历史,也是中华民族不断觉醒和抗争的历史。就其主流和本质而言,是中国一代又一代的志士仁人和人民群众为救亡图存和实现中华民族伟大复兴而英勇奋斗、艰苦探索的历史,尤其是全国各族人民在中国共产党的领导下,进行伟大的艰苦斗争,经过新民主主义革命,

① 习近平.论中国共产党历史[M].北京:中央文献出版社,2021:111.

创建中华人民共和国,赢得民族独立和人民解放的历史,是经过社会主义革命、建设、改革,把一个极度贫弱的旧中国逐步变成一个持续走向繁荣富强、充满生机和活力的社会主义新中国的历史。在"纲要课"课堂上,只能对这么一个有血有肉的生动的历史进行提纲挈领、纲举目张的大脉络地讲解,对于历史中生动细节很难面面俱到。对于"95后""00后"学生而言,中国近现代史离他们的生活太过久远,他们对于历史中革命先烈的革命热情、家国情怀往往难以理解,需要从具体的图片和历史遗物中直观地来认识这段历史,从而提升学生对中国近现代史的理解和认同。

讲历史实质是在讲文化,讲革命历史就是在讲红色革命文化,在学习历史中实现红色革命基因的传承。"纲要课"注重对历史经验的总结,关照对推进党和国家事业发展的现实需要,都说明了"纲要课"的资政育人目的,从一个侧面反映了红色革命文化内容是"纲要课"程的主干和精髓,加强红色革命文化内容教学是实现课程教学目标的关键。要加强红色革命文化内容教学,在有限的课堂教学中是很难达到要求的。通过实践教学的辅助作用,可以让红色革命基因经"纲要课"得以埋在学生心中。

红色革命文化遍布祖国大地,就地取材有两点好处:一是学生对当地革命历史有了进一步了解,懂得近代中国人民的苦难是普遍的,是深重的,只有中国共产党的领导才能改变这一切,懂得中国共产党是如何领导人民进行斗争,中国人民又是如何响应中国共产党的坚强领导;二是提升学生对当地人民不怕牺牲,为了实现美好生活而进行的艰苦卓绝的奋斗的革命精神的认识。

（2）实践教学地点选择

红色革命文化不是抽象的,是具体的,主要表现在对地方红色文化的挖掘和传承上。海南岛孤悬于我国南海,在中国共产党领导的人民解放运动中形成了独特的红色革命文化,其内涵可以概括为:红旗不倒,信念坚定;孤岛奋战,自立自强;依靠群众,甘于奉献;五湖四海,民族团结。① 其核心是"二十三年红旗不倒"的革命精神,这是马克思主义基本原理与海南优秀传统文化相融合的优秀成果,是"纲要课"立足地方,助力地方发展的优秀实践教学内容。

革命纪念馆是红色基因库,是传播红色文化的重要场所,具有不可估量的

---

① 李德芳.琼崖革命精神论[M].武汉:武汉大学出版社,2007:3.

红色文化价值。纪念馆中的讲解员是红色文化传播的重要媒介,讲解员运准确、生动、流畅的语言,对革命纪念馆中具体图片和真实物品的讲解,会激发学生的情感共鸣,深化学生对革命历史的认识和理解,是对"纲要课"教堂教学的有益补充。

选择实践教学地点时应主要注意以下几点:具有海南革命事迹的代表性;已建立革命纪念馆;距离学校路途远近适中,交通较为便利。梅山革命老区完全符合条件。梅山位于海南三亚市最西端,是海南著名的革命老区之一。梅山革命老区在琼崖革命斗争中起着重要作用。在抗日战争和解放战争时期,在中国共产党的领导下,这里创建了坚不可摧的革命根据地,梅山人民全面动员,参军参战奋勇杀敌,捐款捐粮支援前线,革命热情高涨,在长期艰苦的斗争岁月里,梅山民主政权屹立不倒,成为琼南革命的一面旗帜,为海南的解放事业乃至全国人民的解放事业做出了卓越贡献。梅山革命史馆建立于2006年12月26日,占地4200平方米左右,建筑面积5000平方米左右,是海南省和三亚市廉政教育基地、三亚市爱国主义教育基地,距离我校54公里。

(3)梅山实践教学的设计思路

时间选择:梅山红色革命之旅是"纲要课"实践教学必选内容之一。一般每学期举行一次,下半年多选在国家公祭日前后的某个周六,分上午下午两批学生。

参加学生人数：鉴于梅山革命史馆在校外，要租车带领学生前往，学生可自行决定是否参加这个实践内容。每批学生的参加人数控制在300—400人。

主讲教师：魏茹冰等"纲要课"老师。

前期准备：开学初向学生公布实践教学内容，说明活动要求和时间安排。活动前两周确定最终学生名单，要求学生以班级为单位，选一人为小组长，主要负责管理参与活动的本班学生，确保学生不掉队。要求每位学生制作纸花，颜色不限，每人至少一朵；活动结束后写心得。由学院根据参加人数租借大巴车。

具体行程：梅山红色革命基地由两部分组成，一是梅山老区革命烈士陵园，二是梅山革命史馆。我们计划先到梅山老区革命烈士陵园，对革命先烈进行祭奠，然后再来到梅山革命史馆进行学习。

7点半，学生在学校后门集合，由每班小组长清点学生人数。

8点准时出发，大约有五六台车，安全起见，每台车上都必须跟随一名老师。

9点半左右，首先来到了梅山老区革命烈士陵园，全体人员下车，来到革命烈士纪念碑前，由魏茹冰老师进行现场教学，对梅山革命历史进行讲解，对梅山红色革命基地的由来进行介绍。

9点45分，同学们重温团的章程和宣誓，学生代表进行主题发言。

10点，由老师向纪念碑敬献花圈，之后学生列队把自己做的小花摆放在纪念碑的石台上，向纪念碑默哀。

10点半，学生们步行50米来到梅山革命史馆，听讲解员介绍"琼崖红旗不倒，梅山功垂千秋"的英雄先烈故事。梅山革命史馆共二层，第一层主要由"梅山革命斗争大事录""红色火种""抗日烽火""解放号角"几个板块组成；第二层则分为"功垂千秋""发扬革命传统""领导的关怀前辈的希望"三部分。在梅山革命史馆外面还设有"红诗长廊""抗战时期生产大运动劳动工具展台""双百英雄暨琼崖红旗不倒展馆"等，在这里参观至少需要一个小时时间。

11点半，组织学生集合，返回学校，学生在1周内提交活动心得。

下午1点15分，开始第二批学生的红色梅山革命之旅。

（4）学生心得选录

2014年12月13日，今天是国家公祭日，我们在马克思主义学院陈张承老师的带领下来到三亚梅山老区革命烈士陵园祭奠英烈。通过祭奠死英烈，增强我们现代大学生对这段惨痛历史的记忆，勿忘国耻，铭记历史。

祭奠活动中，带队老师向同学们介绍了国家公祭日的历史背景及意义，组织我们向革命烈士纪念碑献花，随后进行了入团仪式。我们大家举起右手，庄严地宣誓志愿加入中国共青团，坚决拥护中国共产党的领导。随后，我们又参观了梅山革命史馆，听史馆讲解员讲解梅山老区革命烈士陵园相关烈士事迹。

从梅山老区革命烈士陵园这次活动中，我认识到了自己作为青年的历史使命。这次特殊的教学活动，带给我们不一样的课堂、不一样的感受。我们要了

解和认识历史,勿忘国耻、铭记历史。让血的教训得到纪念和传承,在当下中国,我们要发挥自己的作用,使我们的国家更加富强,我们的祖国更加美好。

——2013级食品营养蒋苗苗

今天是南京大屠杀死难者国家公祭日。为了祭奠逝去的同胞,马克思主义学院组织我们去了三亚市爱国主义教育基地——梅山老区革命烈士陵园进行祭奠。

在公祭开始之前,魏老师先向大家介绍了国家公祭日的历史背景,然后组织同学们向革命烈士纪念碑献花并三鞠躬。接着是重温入团誓词,场面十分庄严肃穆。之后是集体唱红歌,感受当时的革命烈士为国家抛头颅、洒热血的豪迈气概。

随后,在老师的带领下,我们有序地列队来到梅山革命史馆。史馆以图、文、实物等形式全面展示了梅山地区乃至整个三亚风起云涌、波澜壮阔的革命斗争历程。梅山革命史馆讲解员向我们讲解了当时梅山烈士以及当地人民同日本侵略军斗智斗勇的事迹,还向我们展示了他们当时的作战工具以及日本军队的装备。烈士们的作战工具十分简陋,多是就地取材,与日军的装备天差地别,让人不禁为烈士们顽强拼搏的勇气、永不放弃的精神所折服,也让我们感叹新中国取得胜利的不容易。

通过此次活动,我深深了解到了人民的解放来之不易,今天的幸福生活来之不易。在未来的日子里,我们要充满感激地生活,珍惜来之不易的幸福。我们要好好学习文化知识,努力成为国家栋梁之材,让烈士们的牺牲有意义。我们要永远铭记12月13日这个日子,勿忘国耻。在以后的日子里,我们要坚决向实现现代化强国的中国梦目标不断前进,只有我们自身强大了,才能保护我们的家乡和祖国。

勿忘国耻,铭记我们今天的幸福是用革命烈士的鲜血换来的,要更加珍惜现在的生活,努力地生活,认真地生活!

——2013级应用心理学杨忆忠

今天是个凝重的日子,多年前的今天,南京遭受了一场惨绝人寰的大屠杀。今天那幅惨烈的图像又在我们眼前重现,今天是第一个国家公祭日,我们一行人到梅山祭奠战争中为国捐躯的烈士。

我不是第一次走进烈士陵园,但每一次都让我感到一种莫名的心酸。因为有革命烈士的牺牲,才有我们今天的幸福生活,我们才有机会幸福地读书,才有机会跟家人朋友时常相聚。在这样幸福的时刻,我们怎能忘记那段峥嵘岁月。

落后就要挨打,是多么惨痛的教训。时至今日,这样的教训依然在不同的国家、不同的地区上演。听着梅山老区革命先烈的英勇事迹,我的内心又一次受到了震撼。那时候的中国和日军在武装力量上的差距不是一星半点,但是梅山民众在中国共产党的坚强领导下,没有放弃,用自己的方式保卫着祖国的领土,保卫着他们的家园。不管是青年还是妇女,都当仁不让地扛起保家卫国的责任,即便是儿童也组织起来,成立儿童团,发挥着他们的长处,为祖国、为家园,贡献自己的力量。他们团结一致,共同抵抗外来侵略者,誓死捍卫家园的情怀让我感动不已

作为当代大学生,我需要检讨自己,一直过着安逸的生活,忘了理想,忘了责任,不思进取,碌碌无为,没有一点生气,这是很糟糕的事情。今天祭奠革命先烈活动,让我反省自己的不足,深刻认识到自己的责任和使命。

勿忘国耻,奋发图强,逝者安息,生者奋发!

——2013级应用心理学胡星泰

3.实践教学案例评析

"纲要课"作为高校思想政治公共课之一,有着自己独特的课程逻辑。中国共产党为争取民族独立、人民解放和实现国家富强、人民幸福的不懈努力,百年奋斗铸就的辉煌成就,彰显了中国近现代史的主流、主线、主题、本质。百年党

史成为"纲要课"的依托,成为"纲要课"的理论支撑和学术源泉。习近平总书记指出,注重"用党的奋斗历程和伟大成就鼓舞斗志、指引方向,用党的光荣传统和优良作风坚定信念、凝聚力量,用党的历史经验和实践创造启迪智慧、砥砺品格"①。"纲要课"在课堂上注重从学理层面讲清楚"四个选择",在实践教学环节则从具体个案着手,从感性认识着手,进一步深化学生对中国共产党为什么能,马克思主义为什么行,中国特色社会主义为什么好的认知力和感悟力。

红色梅山革命之旅进行多年,一直受到学生的欢迎和认可,取得了良好的育人效果,已成为我院"纲要课"实践教学的核心内容之一。

首先,从实践教学基地的甄选看,梅山是琼南革命老区,在抗日战争和解放战争时期斗争最激烈、最艰苦、牺牲最多、贡献最大,这里成立了梅山乡抗日民主政府,崖县(今三亚市)党委长期在梅山活动,领导全县革命斗争。梅山群众组织也较完备,有梅山游击队、青年团、妇女团、民兵团、儿童团等组织,全县老百姓都投身到革命斗争中。梅山老区是中国共产党领导琼南地区革命运动做得最好、最突出的典型,完全符合"纲要课"让学生"了解近代以来中国先进分子和人民群众为救亡图存而进行艰辛探索、顽强奋斗的历程及其经验教训"的要求,从感性层面验证了课堂上所讲的理论真理性,有利于学生树立正确党史观,提升学生自觉批判历史虚无主义的能力。

其次,从实施过程看,红色梅山革命之旅已是我院"纲要课"较成熟的实践内容。在做计划时已经对可能的学生数量、经费预算、出行安全、制度保障等方面进行了较充分的规划。因多安排在课余时间,我们在确定时间时也会考虑国情、校情、院情,考虑任课教师和学生的时间可能性,尽量降低任课老师的负担和对学生课余时间的占用。

再次,从师生评价看,任课教师很认同"红色梅山革命之旅"的实践形式和内容,都认为这是教师自我教育的重要渠道,近距离地走进革命历史,重温革命先烈的英雄事迹,使理论有了温度。在实践过程中,学生的表现令人充满感动和惊喜。红色梅山革命之旅是选修实践课程,每次选修人数都能达到本学期选修"纲要课"人数的近一半。学生自制的纸花形态各异,数量超过了要求。更有

① 新华网.习近平在中共中央政治局第三十一次集体学习时强调 用好红色资源赓续红色血脉 努力创造无愧于历史和人民的新业绩[EB/OL].(2021-6-25)[2022-03-11].http://www.xinhuanet.com/politics/leaders/2021-06/26/c_1127601143.htm.

学生自带其他物品,现场祭奠革命烈士,表达对先烈的怀念之情,整个过程充满仪式感。当然,红色革命文化实践教学不能仅停留在现场的仪式感,更在于在理性与感性的交织中,升化学生认知,达到"纲要课"的教学目标,坚信"四个选择",深刻领会中国共产党为什么能、马克思主义为什么行、中国特色社会主义为什么好,更加坚定地在中国共产党坚强领导下为实现中华民族伟大复兴而不懈奋斗。从学生活动结束后所写的心得中,能够欣慰地看到学生对"四个选择"的认同、对民族复兴的信念、对自己使命的深刻认识。应该说,红色梅山革命之旅起到了资政育人的作用。

同时,我们也应注意梅山考察活动仍存在一定短板,应在今后教学中设法改善。

首先,无法完全解决所有学生参与的问题。由于实践活动场所在校外,梅山老区革命烈士陵园还在建设中,空间有限,因此不能安排两千多学生同时活动。从"纲要课"整体性和系统性的育人要求和效果而言,缺少一部分学生的参加,意味着全员育人的效果没有充分体现。

其次,对实践活动效果的考核和检验方式单一。由于参加的学生较多,仅参观活动就用了半天,主要是通过撰写活动心得来考核和检验学生的认知,手段方法单一。实践教学注重自我教育,注重情感的升华,表达方式不仅仅只有写心得方式。因实践活动已经占用了半天时间,返校后已到吃饭时间,不适合再占用师生时间进行交流活动,而情感的升华需要"临门一脚",这"临门一脚"应该由老师与学生共同完成,由老师引领学生完成从理性到感性再到理性的认识升华,实现学生的自我教育。

(撰稿人 郎扬)

六、案例六:观看大型实景演出《红色娘子军》,沉浸式体验琼崖革命精神

1. 实践教学案例背景

红色娘子军是新民主主义革命时期活跃于海南的一支特殊革命武装,全称为中国工农红军第二独立师女子军特务连,成立于1931年,归属琼崖苏区红三团领导。特务连连长先后由庞琼花、冯增敏担任,指导员王时香。特务连下辖三个排,成员绝大多数为农村青少年妇女。特务连女战士们革命信念坚定、作战机智勇敢,在第二次琼崖苏区反"围剿"中立下卓越功勋。她们的英勇事迹于建国初期被写成报告文学《红色娘子军》,1961年被改编成同名电影,在广大城乡热映。1964年,相关部门组织力量创作了芭蕾舞剧《红色娘子军》,受到国内外群众的热烈欢迎,中央芭蕾舞团曾远赴美、英、俄、法等国演出,收获了很高的赞誉。

特务连的女战士们在艰苦卓绝的革命年代,展现了中国妇女勇于斗争、不惧牺牲的英雄气概,展现了为国为民、敢于担当的高贵情操,她们的事迹呼应着历史上花木兰、穆桂英、秦良玉等巾帼英雄的传奇,更鼓舞了新中国成立后千万中国青年为社会主义建设添砖加瓦。多年来,人们基于红色娘子军的事迹进行了无数再创作,不断丰富娘子军故事的表现形式。红色娘子军精神已经升华为中国共产党革命历程的代表性精神成果之一,同红船精神、井冈山精神、遵义精神、大庆精神等等一同列入红色精神谱系。红色娘子军的动人故事经报告文学、电影、舞剧等多种形式展现,成为琼崖革命精神最知名的符号。

《红色娘子军》从独特角度展现了海南基层青年妇女群体威武不屈的战斗群像,格外能体现中国共产党彻底斩断"四条绳索"、解放劳苦大众,改天换地的伟大贡献。女战士英雄事迹的影响力不仅远远超出海南岛地域范围,在国内家喻户晓,更跨越了国境线,成为中国共产党对外宣传的一张宝贵文化名片。娘子军故事的内涵极为丰富,不仅具有高度的历史文化价值,也具备极高的审美价值。既是红色精神谱系中不可或缺的一页,也是当代海南发展红色旅游、建设地域文化极珍贵的历史文化资源。

在新中国成立初创作宣传的基础上,陕旅集团邀请文艺界知名人士创作大

型红色旅游实景演出《红色娘子军》,基于同名报告文学的内容,利用三亚市天涯区槟榔河自然山水景观,结合移动舞台、光电特效等现代技术手段,在美丽的琼崖大地重现了革命女战士的英姿。2019 年 6 月 10 日,海南热带海洋学院与三亚红色娘子军演艺公园运营方签约,设立爱国主义教育基地,以"牢记初心铸红色经典,献礼新中国七十周年"为主题开展了系列活动。

通过观看《红色娘子军》实景演出,让青年大学生沉浸式、多角度体验中华民族从苦难中涅槃重生的不屈意志,感受革命事业必将胜利的豪迈情怀。促使学生将"纲要课"所学知识同真实历史相融,将个人命运同整个国家的革命、建设和改革事业相融,唤起青年人的家国情怀和担当意识。通过今昔对比,让年轻一代更珍惜今日的和平生活,更加明确代际间的使命传承。

2.实践教学执行流程

在开学初,教师将实践教学方案和观看演出的相关安全注意事项告知学生,学生自愿报名观演。具体流程为:

教师收集观演学生名单,由教研室主任汇总统计后上报学院,学院同演艺机构商定观看日期和场次,统一租赁车辆,安排往返。教师通知学生到位,每5—6 名学生组成一组,指定学生组长担任联络工作。任课教师领队随同学生往返,教研室主任跟全程,落实校外实践教学全流程责任制,确保每位师生路上的人身安全。学生应严格听指挥、统一行动,按指定时间地点集合,往返乘坐同一车辆,不得擅自离队,在剧场不喧哗或随意走动,以免舞台移动时发生危险。

演出结束后随即整队回程,教师当场点名,确认后告知教研室主任。全部学生平安返校后,教研室主任向院领导汇报,观演活动正式结束。观演结束后一周内,学生撰写1500字以上心得感想,附照片交给任课教师。由任课教师结合观后感写作质量给予平时成绩。

3.实践教学案例展示

12月17日,我们观看了大型椰海实景演出——《红色娘子军》。红色娘子军的故事我在中学课本中曾稍微了解过。1931年,在中国海南,有120名年轻的娘子军战士。她们从连长到士兵,大都是十七八岁的姑娘,最大的不过20岁,最小的只有15岁。她们在500天里进行了50次战斗,是她们用热血与战火谱写了绚丽的生命华章;也是她们,这样一群年轻善良且坚韧、顽强的女子,在那个特殊的年代下红装换军装,创造了中华民族革命的奇迹!

演出以曾经的红色娘子军战士的回忆为线索,开始讲述这支传奇的队伍。主人公阿兰、琼花、大娥攻打恶霸冯朝天,解救被逮捕受刑的革命战士们。镜头一转,采取回忆方式,从头讲述阿兰、琼花、大娥加入红色娘子军的初心,以及她们为了成为优秀的战士所做出的努力。攻打敌人的红色娘子军们,不慎迷路在了森林中。阿兰身受重伤,没能挺过去,但其他战士们依旧没有放弃,在坚定信念支撑下,走出森林,队长琼花高举党旗归队。她们在琼崖燃起的革命烽火中,为了寻找光明和信仰执着坚守,浴血奋战,用青春谱写了壮丽的红色篇章。其中,最让我动容的是红色娘子军们证明了女子不比男子差、女孩子也能做军中花木兰,上战场为国征战。她们为了自己的价值体现,为了家乡的解放,为了中国的解放,克服困难,不惧死亡,勇于战斗,勇于同敌人斗争到底。

当然，令我震撼的不止红色娘子军伟大的革命精神，还有情景剧带给我的真实感。本剧利用实景山体作背景，大量运用电影技术和高科技光影效果，真实还原了20世纪30年代革命战场场景。当第一声枪声响起后，我被吓了一跳。那一刻是多么真实，仿佛自己置身于战场，同娘子军一同作战。枪声、炮声、呐喊声，还有观众的鼓掌声交织在一起，组成了别具一格的视听体验。舞蹈演员们以优美的舞姿、敬业的精神、美妙的歌声带给我们观众别样的体验。

三亚的美，美在阳光沙滩、椰林海风；三亚的美，美在黎族民宿、崖州风情；三亚的美还有一种内在美，那就是来自红色娘子军可歌可泣的革命精神之美。今年是建党100周年，也是红色娘子军成立90周年。90载光阴过去，海南岛上沧桑巨变。虽然我们现在身处和平年代，但时代同样要求我们发扬红色精神、发扬娘子军的伟大精神，为实现中国社会主义现代化注入精神支撑与无尽的力量。

——2021级学前教育耿婧彤

让我印象深刻的片段有很多。第一个是红色娘子军攻打冯府时，我被突然打响的枪声惊了一下，随着枪响还伴随着火花，真的是很真实了，细节做得很棒。第二个是琼花、阿兰、大娥三人入党时，所有共产党员随着开合式舞台整整齐齐同时出现，让人眼前一亮，很有气势，展现了我们党的精神风貌。第三个是冯某人被勇敢的红色娘子军活捉时懦弱求饶的场景，演员的演技也很精湛，把人物特点体现得淋漓尽致。第四个场景是阿兰在海南热带森林中受伤后又迷路，在弥留之际想到了自己从前和父母的快乐时光以及想到了自己的爱人。

高尚的理想，像是明亮的光划过夜空，点亮了在场所有人的心。当所有的目光聚焦在台上，那段荡气回肠的革命历程，那场穿越时空的心灵对话，那种不怕牺牲的奋斗精神都化成观众的感动和掌声。

——2021级学前教育耿婉彤

当战争来临，一切都会变得微乎其微。在战争下，庞琼花和哥哥庞琼海之间的亲情被切断，阿兰和红军战士的爱情被破坏，红色娘子军战士之间的战友情被阻断。亲情、爱情和友情得不到和平的保障，在战争面前变得支离破碎。当今天我们沐浴在和平的阳光下，接收着父母无私的爱，与朋友谈笑风生，享受着爱情的时候，是否还记得在这一片土地上曾经也有人期待过我们现在的模样，是否还记得我们今天幸福的模样是曾经的他们用鲜血换来的呢？现在，和平之花开遍海南岛,我们应该细嗅花香,珍惜今日美好,也应该记得海南岛土中血与泪的浇灌,迟早有一天,这片红色土地是需要我们继续守护和浇灌的。

——2021级中文朱德平

虽然是老剧,也有过多次的演出,但现场观众席上仍然座无虚席。可见即使数十年过去,优秀历史文化对于百姓来说仍有相当程度的审美价值。舞台的布置是超出我的认知的,相当的宏伟华丽。在剧情最开始的地方,是红色娘子军小队攻占地主炮楼。炮楼建造的真实感,以及各种灯光音效的应用使历史老剧焕发出新的生机与活力。其后每一幕,都有特色场地以及相当现代化的道具,都为这场演出添上了跨越时空的色彩。连观众席也设计得别具一格,在演出过程中,我真切体会到从不同视角观看演出的有趣体验,移动观众席可以获得额外加分!

——2018级应用心理学屆洪鑫

自古巾帼不让须眉,看了《红色娘子军》后,我的心情久久不能平静。在那个被压迫、被剥削,没有自由、没有光明的社会,中国妇女在挣扎。《红色娘子军》中的娘子们不相信自己的命运掌握在别人手中。她们相信,只要自己拼死挣扎,就会见到光明。她们敢于向邪恶势力做斗争,英勇无敌,面对敌人比男儿还勇敢。印象最深刻的就是庞琼花了。她的哥哥被冯朝天残害,她一心想要报仇雪恨,但为了国家利益,将复仇放在心中。这样的胸怀可以做大事。琼花和战友们把悲痛化为力量,不怕敌人前堵后追,日夜在丛林中穿梭行军打仗。大家紧紧抱在一起,不管条件多么艰苦,她们的意志都始终坚强如钢。在激烈的战斗过程中,身边的战友们一个个倒下,可娘子军战士们却擦干眼泪不屈不挠,继续与敌人进行生死搏斗。娘子军的这种精神值得我们每一位中国人学习。当她们枪决冯朝天后,我情不自禁鼓起掌来。

——2018级音乐表演薛雅匀

4.实践教学案例评析

观演活动使学生对娘子军战士的革命功绩入脑入心,收到了良好的教育效果。同学们均能严格遵守纪律,展现了热海院学生优良的风范。由于是自愿报名观看,选择观演的同学们通常对革命历史比较感兴趣,完成作业的积极性也比较高。从观后感可以发现,同学们从娘子军艰苦卓绝而又英勇壮烈的事迹受到强烈的震撼,也被现代技术造就的绚丽视觉场景打动,留下了鲜明记忆,获得了在课堂上通常难以获得的情感和知识体验。应该说,通过沉浸式观看,该活动达到了以情动人、以事感人的教学效果,作为单一实践教学项目是有作用的。

存在的问题主要在于,学生的理论基础和现实阅历还有一定不足,还不具备充分的能力来深入解读红色娘子军的文化符号意义,观感主要停留在浅层面。同中学阶段的中国近现代史教学相比,"纲要课"更强调突出历史发展的主题和主线,通过充分运用唯物史观武器,解析近现代中国的基本国情,剖析两大基本矛盾,有力论证"四个选择"的合理性,引导学生充分认识到个人命运和国家民族前途密不可分,从而主动将个人发展嵌入民族伟大复兴的宏观坐标系,选择为国家、为民族而奋斗。从这点看,仅通过"观看"还不够,需要全体教师进一步精研深思,将思政课同课程思政相结合,在更大的空间,凭借更多维度的手段,让学生不仅停留在单纯对革命故事的"观看""接受"上,更要将红色文化同当下的学习和生活进行结合;不仅只满足于做红色文化的消费者,而是进一步成为红色文化的再生产者,实现理论和实践的正向反馈,让实践教学真正落实。

(撰稿人　魏茹冰)

第四章 "原理课""五位一体"实践教学模式的实施

第一节 "原理课""五位一体"实践教学大纲

根据党的十九大精神,结合《国家中长期教育改革和发展规划纲要(2010—2020年)》、中共中央国务院《关于加强和改进新形势下高校思想政治工作的意见》有关加强实践教学的精神,以及教育部《新时代高校思想政治理论课教学工作基本要求》(教社科〔2018〕2号)"实践教学作为课堂教学的延伸拓展,重在帮助学生巩固课堂学习效果,深化对教学重点难点问题的理解和掌握。要制定实践教学大纲,整合实践教学资源,拓展实践教学形式,注重实践教学效果"和中共中央办公厅、国务院办公厅印发的《关于深化新时代学校思想政治理论课改革创新的若干意见》"坚持开门办思政课,推动思政课实践教学与学生社会实践活动、志愿服务活动结合,思政小课堂和社会大课堂结合,鼓励党政机关、企事业单位等就近与高校对接,挂牌建立思政课实践教学基地,完善思政课实践教学机制"的要求,依据海南热带海洋学院马克思主义学院实践教学计划,特制定本课程实践教学实施大纲。

一、实践教学指导思想

坚持以马克思列宁主义、毛泽东思想、邓小平理论、"三个代表"重要思想、科学发展观、习近平新时代中国特色社会主义思想为指导,全面贯彻党的教育方针,通过实践教学拓展教学空间,通过理论和实践的有机结合,引导学生不断深入实际、拓宽视野,在实践中实现理论水平和实践能力的不断提升,进一步增强原理课的教学实效性。

二、实践教学目的

马克思主义基本原理课(简称"原理课")的实践教学活动,旨在加深学生对马克思主义基本立场、观点和方法的把握,通过马克思主义基本原理实践教学的开展和实施,使学生把握时代脉搏,完成从书本到现实,从理论到实践的飞跃,内化共产主义信仰、中国特色社会主义信念,以及对改革开放的信心、对党和政府的信任,充分激发大学生的参与意识,引导大学生以马克思主义理论为指导正确认识我国国情和社会主义建设的客观规律,不断增强同学们的道路自信、理论自信、制度自信和文化自信,增强推进中国特色社会主义现代化建设的自觉性。

三、课时安排和基本要求

1. 课时安排

本课程总共 48 学时,根据《海南热带海洋学院本(专)科生思想政治理论课改革方案》精神,实践教学为 8 课时,由学生根据教师布置的任务进行实践活动并进行实践成果展示。

2. 基本要求

(1)教师结合本课程的特点,确定实践教学主题,制定活动流程,明确实践教学要求。

(2)学生以小组方式完成实践活动。小组成员一般不超过 3 人。小组成员共同完成任务,实践成果中需指明每位成员在完成任务过程中所承担的具体工作。学生自主进行的实践教学活动环节必须有相应的自主管理机制。

(3)教师和学生代表根据各小组上交的实践活动资料和成果汇报情况,结合实践活动的具体要求,对小组的实践活动做好检查和评价。评价成绩计入学生总评成绩中,占总评成绩的 20%。

四、实践活动方式

1. 微视频比赛

(1)设计目的

理论联系实际是马克思主义基本原理课程学习的能力目标之一,在实践教学过程中,注重引导学生利用马克思主义的立场、观点、方法来分析社会现象,能够充分发挥学生的主体作用,达到素质教育的目标,这对培养其综合能力及增强自主探究能力有重要作用,有助提高学生的思想政治觉悟,使他们关心世界、关心国家、关心他人,具有爱国主义、集体主义和社会主义思想情感。微视频比赛通过要求大学生拍摄家事、国事、天下事、校园事和身边事,激发青年大学生的主人翁意识、责任意识、参与意识、使命意识,通过让学生进行团结协作,合力播报新闻时事、社会热点,引导学生读"国情"书、"基层"书、"群众"书,让学生更好地认识世界,了解国情民生,掌握发展规律,通晓天下道理,学会理性思考,面向实际,深入实践。教师通过教育点评,给学生心灵埋下真善美的种子,厚植爱国主义情怀,引导学生扣好人生第一粒扣子,引导学生增强"四个自信",引导学生立鸿鹄志、做奋斗者。

(2)实施方案

准备阶段:任课教师根据教材内容及教学进度,列举马克思主义的基本观点。

课后讨论:要求学生以小组为单位(不超过 3 人一组),以教师所列的观点为主题,结合自己的生活、学习、专业、兴趣等对该观点进行说明。

作品准备:结合小组讨论的内容,完成一个微视频作品。

课堂展示:学生自荐优秀的作品,并在课堂上展示。教师现场打分,评选出第一名、第二名和第三名。

(3)评分标准

画面质量(10 分):主要评判该作品的清晰度、整体性,如画面、音质的流畅度,场景布局的合理性。

艺术创意(10 分):主要评判该作品的内容创意,如在剧情方面是否进行过艺术加工,剧情呈现时的艺术欣赏价值如何。

制作效果(10 分):主要评判该作品的技术性,如剪辑是否能很好地呈现剧情,特效是否能够配合整部作品,配乐是否适合。

主题立意(30 分):主要评判该作品的内容是否切合主题,如能否在剧情方面升华主题,能否让主题深入人心。

视频内容(40 分):突出用马克思主义原理来分析素材,从素材中悟原理。

(4)相关表格

微视频活动作品推荐表

作品名称		获奖名次			
作者姓名		专　　业		联系电话	
指导教师					
作品内容					
讨论(展示)照片					
教师评语					

2."观经典视频,悟基本原理"活动

(1)设计目的

为引领学生深刻理解马克思主义基本原理,按照理论与实践相结合的基本原则,根据人才培养方案和教学大纲的要求,组织开展马克思主义基本原理概论课程实践教学"观经典视频,悟基本原理"比赛活动。这一类型的实践教学旨在通过引导学生用马克思主义的立场、观点和方法学习和分析社会现象,深刻领悟马克思主义基本原理课程中的相关理论,深刻体会马克思主义理论的科学性、人民性、发展性和实践性。

(2)实施方案

课堂观影:任课教师指导学生观看经典电影、视频。

课后讨论:要求学生以小组为单位(不超过3人一组),以该电影(视频)为素材,运用马克思主义基本原理中的相关理论对素材进行分析讨论。

撰写观后感(以小组为单位):结合小组讨论的内容,完成一篇观后感。

课堂演讲:学生自荐优秀的观后感,然后进行现场演讲比赛。教师现场打分,评选出第一名、第二名和第三名。

(3)评分细则

评分指标	评分要求
内容(70分)	突出用马克思主义原理来分析素材,从素材中悟原理; 与"原理课"教学内容无直接联系,未直接体现马克思主义基本原理的,不纳入评选范围
题目(15分)	题目精准地概括内容
原创性(15分)	自主原创,禁止抄袭

(4)相关表格

作品推荐表

作品名称		获奖名次			
作者姓名		专 业		联系电话	
指导教师					
作品内容					
讨论(展示)照片					
教师评语					

（5）经典视频推荐名单

《领风者》

《马克思是对的》

《美丽中国》

《冰冻星球》

《下一波流感》

《大自然在说话》

《人体的奥妙之细胞的暗战》

3."读经典,悟原理、增信念"朗诵活动

（1）设计目的

1818 年 5 月 5 日,马克思诞生在德国特里尔城的一个律师家庭,这个本来平凡的日子,因为一个人——卡尔·马克思的名字而永载史册。1848 年 2 月马克思、恩格斯发表的《共产党宣言》,是世界上第一个无产阶级政党——共产主义者同盟制定的纲领,是关于科学共产主义的第一个纲领性文献,标志着马克思主义的诞生。《共产党宣言》发表 170 多年来,马克思主义在世界上得到广泛传播。在人类思想史上,没有一种思想理论像马克思主义那样对人类产生了如此广泛而深刻的影响。为激发青年大学生诵读马列经典的兴趣,培养青年大学生的马克思主义理论思维,响应习近平总书记在纪念马克思诞辰 200 周年大会上提出的"要把读马克思主义经典、悟马克思主义原理当作一种生活习惯、当作一种精神追求,用经典涵养正气、淬炼思想、升华境界、指导实践"[①]号召,"原理课"教研室举办了"读经典,悟原理、增信念"朗诵比赛活动,在缅怀马克思的伟大人格和历史功绩、重温马克思的崇高精神和光辉思想的同时,增强大学生的共产主义信念。

（2）实施方案

由学生选取朗诵材料,教师负责审核。各小组设计朗诵形式,鼓励配乐、配舞。

全班进行为期一周的排练。拍摄 20 张排练照片、5 段排练小视频供制作宣传视频。

---

① 新华网. 习近平:在纪念马克思诞辰 200 周年大会上的讲话［EB/OL］. (2018 - 05 - 04)［2022 - 03 - 11］. xinhuanet. com/politics/leaders/2018 - 05/04/c_1122783997. htm.

组织开展朗诵比赛,教师现场打分,评选出第一名、第二名和第三名。

(3)评分细则

测评项目	朗读要求(分值)		得分
朗读姿势 (4分)	双手捧书,书本与眼睛约成135°角(4分)		
正确 (42分)	发音正确 (10分)	优:读音完全正确、标准(10分)	
		中:读错的字音不超过5个(7分)	
		差:读错的字音超过5个(4分)	
	不唱读 (14分)	优:没有唱读(14分)	
		良:略有拖腔拖调现象,但比较轻微(10分)	
		中:有些唱读,但比较轻微(6分)	
		差:基本属于唱读(2分)	
	不漏字, 不添字 (10分)	优:没有漏字、添字现象(10分)	
		中:漏字和添字不超过5个(8分)	
		差:漏字和添字超过5个(6分)	
	不重复, 不颠倒 (8分)	优:没有重复或者颠倒现象(8分)	
		中:重复和颠倒不超过3次(6分)	
		差:重复和颠倒超过3次(4分)	
流利 (26分)	声音响亮, 吐字清晰 (8分)	优:声音清脆、响亮,吐字非常清晰(8分)	
		良:声音清脆、响亮,吐字不清晰现象不超过2次(6分)	
		中:声音比较清脆、响亮,吐字不清晰现象不超过5次(4分)	
		差:声音低沉,吐字模糊不清(2分)	
	不读破句, 不断读 (10分)	优:没有读破句和断读现象(10分)	
		良:读破句和断读现象不超过2次(8分)	
		中:读破句和断读现象不超过5次(6分)	
		差:读破句和断读现象超过5次(4分)	
	停顿恰当 (8分)	优:标点停顿恰当,句中停顿比较恰当(8分)	
		中:标点停顿和句中停顿都比较恰当(4分)	
		差:标点停顿没有区别,句中停顿含糊不清(2分)	

续表

测评项目		朗读要求(分值)	得分
有感情 **(28分)**	语速恰当 (10分)	优:语速适中,基本能根据朗诵材料的情感需要确定朗读速度 (10分)	
		中:语速适中,基本能根据朗诵材料内容确定朗读速度(8分)	
		差:语速不当,不能根据朗诵材料内容、情感需要确定朗读速 度(6分)	
	语调适中 (9分)	优:能根据表达思想感情的不同,自然运用各种不同的语调(9 分)	
		中:语调运用错误不超过5处(6分)	
		差:没有明显的语调变化(3分)	
	读出不同 的语气 (9分)	优:能根据语言环境正确地读出不同的语气(9分)	
		中:语气变化比较明显,不正确的地方不超过5处(6分)	
		差:语气自始至终没有变化(3分)	
合计			

(4)推荐朗诵材料

《德谟克利特的自然哲学和伊壁鸠鲁的自然哲学的差别》

《黑格尔法哲学批判》

《1844年经济学哲学手稿》

《论犹太人问题》

《神圣家族》

《关于费尔巴哈的提纲》

《德意志意识形态》

《罢工和工人同盟》

《哲学的贫困》

《工人联合会》

《共产党宣言》

《雇佣劳动与资本》

《中国革命和欧洲革命》

《〈政治经济学批判〉导言》

《政治经济学批判(第一分册)》

《福格特先生》

《剩余价值理论》

《国际工人协会成立宣言》

《工资、价格和利润》

《法兰西内战》

《资本论》

《反杜林论》

《路德维希·费尔巴哈和德国古典哲学的终结》

《自然辩证法》

《家庭、私有制和国家的起源》

《英国工人阶级状况》

4."读中国共产党故事,悟马克思主义原理"文学、艺术、科学作品比赛

(1)设计目的

为深入贯彻学习党的十九届五中全会精神和习近平总书记在党史学习教育动员大会上的讲话,庆祝建党100周年,推进党史、新中国史、改革开放史、社会主义发展史学习教育,加强思想政治引领,推动校园精神文明建设,培育当代大学生的理想信念与责任担当,引导广大青年凝心聚力跟党走,建功立业新时代,根据马克思主义基本原理课程实践教学的理论与实践相结合的要求,决定开展庆祝中国共产党成立100周年"读中国共产党故事,悟马克思主义原理"文学、艺术、科学作品大赛。活动旨在通过引导学生用马克思主义的立场、观点和方法学习和分析中国共产党的历史、成就,深刻体会中国共产党为什么能,马克思主义为什么行,中国特色社会主义为什么好。

(2)实施方案

任课教师指导学生读中国共产党故事。

学生制作文学、艺术、科学作品(表现形式可以是读后感、手抄报、诗歌、音乐作品、手工作品等),要求以中国共产党的历史故事为素材,运用马克思主义基本原理课程中的唯物辩证法、认识论、实践论、历史观对该故事进行分析。

作品在课堂展示,教师现场打分,评选出第一名、第二名和第三名。

（3）评分细则

评分指标	评分要求
内容（70 分）	突出用马克思主义原理解读故事,从故事中悟原理
题目（15 分）	题目精准地概括内容
原创性（15 分）	自主原创,禁止抄袭

5."感受新变化,走进十九大"演讲比赛

（1）设计目的

"感受新变化,走进十九大"演讲比赛旨在宣传中国共产党带领全国各族人民在艰苦卓绝的奋斗历程和不懈努力下创造的丰功伟绩,深刻把握十九大精神,深化学生对马克思主义基本原理的认识,提高其利用马克思主义理论分析和解决问题的能力,巩固大学生坚持中国共产党领导、坚持走中国特色社会主义发展道路的信念和信心。

（2）实施方案

本次演讲比赛分初赛、决赛两个阶段。

初赛:任课教师指导学生观看纪录片《还看今朝》,了解学生籍贯所在省份以及海南省十八大以来的新变化;组织学生听十九大报告,把握十九大的内容和精神。任课教师指导学生撰写心得体会,并组织学生以小组为单位,在班上开展演讲比赛。要求演讲稿题目自拟,紧扣"感受新变化,走进十九大"的主题,内容积极向上,思想性强;语言表达准确、流畅、自然;脱稿演讲。每班选拔 1 名选手参加决赛,并将参赛名单报到负责人处。

决赛:进行脱稿演讲比赛。参赛选手按事先抽签顺序出场,届时由主持人提示;参赛选手演讲限时 7 分钟,超出规定时间 30 秒以上,相应扣分;评分去掉一个最高分和一个最低分,所得平均分为选手的最后得分;参赛选手应着装整洁,仪表端庄,自觉遵守比赛规则;演讲稿用 A4 纸打印,演讲结束后将演讲稿交大赛工作人员。

（3）评分细则

评分指标	评分要求
主题内容 （30 分）	1. 思想内容能紧紧围绕主题,观点正确、鲜明,见解独到,内容充实具体,生动感人 2. 材料真实、典型、新颖,事例生动,能反映客观事实,具有普遍意义,体现时代精神 3. 讲稿结构严谨,构思巧妙,引人入胜 4. 文字简练流畅,具有较强的思想性

续表

评分指标	评分要求
语言表达 (20分)	1. 演讲者普通话语音、语法、词汇运用规范,吐字清晰,声音洪亮圆润 2. 演讲表达准确、流畅、自然 3. 语言技巧处理得当,语速恰当,语气、语调、音量、节奏张弛符合思想感情的起伏变化,能熟练表达所演讲的内容
仪表风范 (20分)	1. 演讲者仪表端庄,表情自然,形体动作大方得体,体现朝气蓬勃的精神风貌 2. 精神饱满,能较好地运用姿态、动作、手势、表情,表达对演讲稿的理解
现场感染力 (10分)	1. 演讲者声情并茂,富有韵味和表现力,具有较强的感染力、吸引力和号召力 2. 气氛活跃,能与观众产生共鸣,营造良好的演讲效果
时间掌握 (10分)	演讲时间控制在7分钟之内,缺时、超时酌情扣分(计时从"我演讲的题目是……"开始,到"我的演讲完毕"结束)
演讲水平与 技巧(10分)	1. 节奏处理得当,演讲技巧运用自如;表演自然得体 2. 表现力、应变能力强,能活跃气氛,引起高潮,有感染力,观赏性较强 3. 上场、下场应致意答谢

(4)计分表

评分指标	各项得分	总分
主题内容 (30分)		
语言表达 (20分)		
仪表风范 (20分)		
现场感染力 (10分)		
时间掌握 (10分)		
演讲水平与 技巧(10分)		

6.社会调查

(1)活动目的

"学原理,看现实,思发展",运用马克思主义基本原理,结合具体实际,以服务地方经济和促进学生发展为重点,组织学生进行社会调查,通过社会调查,让同学们了解三亚市乃至海南省社会主义改革和建设事业取得的成就以及前进中的问题与矛盾,加深对马克思主义基本原理的理解,引导学生逐步树立科学世界观、人生价值观,提高学生运用马克思主义的立场、观点和方法认识问题、分析问题、解决问题的能力,增强政治理论素养和观察能力,努力把握事物的本质和规律,坚定社会主义和共产主义的理想信念。

(2)实施方案

由马克思主义学院统一组织,紧紧围绕马克思主义基本原理课教学中的重点、难点、热点问题,专业教师按主题商定约 20 个调查题目,任课老师负责指导任课班级。学生 4 至 6 人分为一小组,以小组的形式,分工合作,共同完成作业。

教师在开学后第三周布置任务,要求学生进行分组和选题,做好调查前期的准备工作,包括提交调查方案和调查问卷。在实践周里,由任课教师组织任课班级的学生就所选课题进行社会调查。社会调查完成后,提交实践报告,要求学生对社会调查活动进行总结汇报,指导教师进行讲评,其后,教师对实践报告进行评阅,将评定成绩计入平时成绩。最后,由教师收集实践报告及学生开展社会调查的有关图片、视频、问卷等资料,统一装订存档。

(3)参考选题

海南热带海洋学院大学生自主创业情况调查

海南热带海洋学院大学生运用网络情况调查

海南热带海洋学院大学生消费状况调查

海南热带海洋学院大学生参加社会实践途径调查

海南热带海洋学院大学生海洋观调查

三亚市(或其他同学居住地)人民群众精神文化需求的新特点、新变化调查

三亚市(或其他同学居住地)居民生活方式的改变与生活满意度调查

三亚市(或其他同学居住地)政府的社会公众形象及公信力调查

三亚市(或其他同学居住地)社会公德现状调查

三亚市(或其他同学居住地)农村三代人的文化结构调查

三亚市(或其他同学居住地)社会治安问题调查

三亚市(或其他同学居住地)全面建设小康社会的新思路、新举措调查

三亚市(或其他同学居住地)基层民主发展、基层组织建设的现状与问题调查

三亚市(或其他同学居住地)生态环境问题调查

三亚市(或其他同学居住地)社会诚信度现状及其影响调查

三亚市(或其他同学居住地)实施对外开放战略调查

三亚市(或其他同学居住地)培育社会主义核心价值观的实践和经验调查

第二节 "原理课""五位一体"实践教学过程

实践教学作为课堂教学的延伸拓展,重在帮助学生巩固课堂学习效果,深化对教学重点、难点问题的理解和掌握,要制定实践教学大纲,整合实践教学资源,拓展实践教学形式,注重实践教学效果。网络教学作为课堂教学的有益补充,重在引导学生学习基本知识、基本理论等内容,要深入研究网络教学的内容设计和功能发挥,不断创新网络教学形式,推动传统教学方式与现代信息技术有机融合。因此,在实践教学过程上,要坚持理论与实践相结合的方针,让学生走出课堂,走出校园,接触社会,了解实际生活。这样既可以在运用科学理论对现实问题的思考中,加深学生对理论的理解与运用,又可以锤炼学生的意志品质,提升学生的马克思主义理论水平,坚定学生的共产主义信仰,为建设好中国特色社会主义而努力奋斗。实践教学与理论教学有很大的不同,其最大的特点是通过搭建合适的实践教学平台,帮助学生实现知行合一。同时,实践教学过程与理论教学过程也有着相当大的差别,主要包括以下几个方面:

一、精心选择实践教学形式

开展实践教学,首先要选择合适的实践教学形式。近三年来,我们确定了原著选读、社会调查、朗诵、微视频以及文学艺术科学作品展等5种实践教学形式。原著选读是马克思主义理论学习的一种基本方法,将其作为一种实践教学方式,有助于营造读原著、学原理的学习风气。社会调查是马克思主义倡导的一种实践方式,可以引导学生学会描述事实、解释现象和探索本质,并在此基础上进行科学预测和对策研究,达到引导学生用马克思主义的立场、观点、方法去认识、分析、综合问题的目的。朗诵可以帮助学生在读马克思主义理论著作中整体感知,在读中有所感悟,在读中培养语感,在读中受到情感的熏陶,激发阅

读马克思主义理论著作的兴趣。微视频是指个体通过电脑、手机、摄像机、DV等多种视频终端摄录、上传互联网进而播放共享的视频短片,短则30秒,长的一般在20分钟左右,内容广泛,视频形态多样,涵盖小电影、纪录短片、DV短片、视频剪辑、广告片段等。"短、快、精"、大众参与性、随时随地随意性是微视频的最大特点。将微视频作为一种实践教学方式,是引导学生用视频终端记录事实、解释现象和探索本质,达到引导学生用马克思主义的立场、观点、方法去认识、分析、综合问题的目的。文学艺术科学作品展则是考虑到学生兴趣爱好的多样性,引导学生用他们擅长和喜欢的方式来捕捉社会现象,进行分析和探索。在选择实践教学形式的过程中,要把握以下几个原则:

一是符合马克思主义基本原理的课程性质。马克思主义基本原理课是2005年中宣部、教育部《关于进一步加强和改进高等学校思想政治理论课的意见》及实施方案确定的思想政治理论课4门必修课之一。课程体现了马克思主义与时俱进的理论品格,更好地适应了时代发展的要求。课程将马克思主义哲学、马克思主义政治经济学和科学社会主义三个组成部分作为一个有机整体。这种结构有助于帮助大学生从其内在有机联系上学习马克思主义基本原理,掌握马克思主义的基本立场、观点和方法。它的基本要求是,通过学习马克思主义基本原理,树立科学的世界观、正确的人生观和价值观,更好地理解党的路线方针政策。

二是充分考虑学情。马克思主义基本原理课是面向全体大学生的公共课,课程面向的学生在专业背景、知识结构、心理特点、实践方式上都有很大的差别。因此,在选择实践教学形式时,一定要在尊重教学规律的基础上,充分考虑学生的特点,只有这样,实践教学才能充分兼容学生的需求,吸引学生的注意力。

三是充分考察实践开展的可行性。开展实践教学需要充分考虑现有条件,考虑是否有足够的软硬件支持,尤其是考虑学生实践的安全性。

二、确定实践教学目标

"原理课"实践教学目标可以分为两个不同层次。一是总体目标,即坚持理论与实践相结合的原则,把理论教学和实践教学统一起来,把理论问题和社会问题统一起来。这就要求学生在学好马克思主义基本原理的基础上,着力发展以下能力素质:强烈的社会现实感和敏锐的社会洞察力;对党和政府的方针、政策的深刻领悟能力;运用马克思主义理论分析实际问题,特别是一些社会热点问题的能力,从而形成对现实生活的理性态度。二是具体目标。具体目标与具体的实践教学形式相适应。原著选读的具体目标是培养学生读原著、悟原理的习惯。社会调查是培养学生运用马克思主义的基本立场、观点和方法分析社会问题的能力。朗诵侧重让学生在朗诵马克思主义理论著作的过程中受到情感的熏陶,树立阅读马克思主义理论著作的兴趣。微视频以及文学艺术科学作品展侧重于引导学生用流行的、擅长的方式来记录社会现象并对其进行思考分析。具体目标是总体目标在不同实践教学形式中的呈现,具体目标又围绕着总体目标来设定。

三、设计实践教学活动方案

活动方案是实践教学的具体设计,包括活动背景、活动标题、活动主题、活动目的、活动对象、活动时间、主办单位、活动分工、活动步骤、活动时间、活动要求、评分标准、打分表、经费预算、相关表格附件等项目。

示例(一):"读经典,悟原理、增信念"朗诵活动方案

1. 活动目的

开展此次"读经典,悟原理、增信念"朗诵比赛活动旨在激发青年大学生诵读马列经典的兴趣、培养青年大学生的理论思维,响应习近平总书记在纪念马克思诞辰200周年大会上提出的"要把读马克思主义经典、悟马克思主义原理当作一种生活习惯、当作一种精神追求,用经典涵养正气、淬炼思想、升华境界、指导实践"号召。

2. 活动标题

"读经典,悟原理、增信念"朗诵比赛活动。

3. 活动主题

读经典,悟原理、增信念。

4. 活动对象

2021—2022学年第2学期修习马克思主义基本原理课程的全体学生。

5. 活动时间

2018年3月26日上午8:30开始。

6. 主办单位

马克思主义学院。

7. 活动分工

(1)统筹和活动现场指挥:何老师。

(2)奖品采购、报销:王老师、李老师。

(3)借音箱设备、材料搬运:李老师、赵老师。

(4)节目单制作打印、幕墙制作:梅老师。

(5)活动摄影、摄像:何化利。

(6)主持人选拔与指导:王老师。

(7)朗诵材料的审核与整理:李老师。

(8)活动材料汇总:于老师。

8. 活动步骤

(1)召开教研室会议,商定活动主题、流程和分工。

(2)任课教师在各班组织朗诵节目包括确定朗诵活动材料、朗诵活动形式,有序安排学生进行排练,并拍摄 20 张排练照片、5 段排练小视频供制作宣传视频所用。

(3)上报朗诵节目名称、朗诵材料。

(4)准时参加朗诵比赛。

9. 活动要求

(1)要求本课程学生全员参与。

(2)教师严格审核朗诵材料,不能出现错误表述、政治错误,建议选择适合朗诵的材料。

(3)提前做好排练,保证入场时井然有序。

(4)朗诵形式可以多样化,要求配乐,鼓励配合其他形式,如舞蹈、小品、相声等。

(5)尽量统一着装或者颜色统一。

(6)朗诵时长为6—8 分钟。朗诵顺序由指导老师提前抽签决定。

10. 活动预算

(1)奖项设置及奖励费用

一等奖:2 名,按 580 元/名购买奖品,共计 1160 元。

二等奖:4 名,按 480 元/名购买奖品,共计 1920 元。

三等奖:8 名,按 380 元/名购买奖品,共计 3040 元。

购买奖状费用20元/份,83份,共计1660元。

(2)比赛资料包括幕墙、评价标准、计分表、奖状、汇总材料等共计1700元。

(3)经费预算合计:1160元+1920元+3040元+1660元+1700元=9480元。

各项开支,严格控制,活动结束后按实报销。

11.活动汇总材料目录

①活动方案

②朗诵材料

③朗诵活动照片

③颁布现场照片

④奖状

⑤活动总结

方案示例(二):微视频大赛活动方案

1.指导思想

作为新时代的大学生,要建立"四个自信",既要掌握马克思主义理论的要义,也要关注马克思主义理论的实践,从中国特色社会主义伟大事业中去把握马克思主义理论的真理性,在体察马克思主义理论的当代价值中建构马克思主义理论认同,形成共产主义理想信念。为此,经马克思主义基本原理教研室研讨决定,开展"印象海南,遇见哲学"微视频大赛。微视频比赛活动旨在通过引导同学们观察生活现象,深化学生对马克思主义基本原理的认识,提高其利用马克思主义理论分析和解决问题的能力。

2.活动主题及内容

活动主题:印象海南,遇见哲学。

活动内容:拍摄一段原创微视频,以"印象海南,遇见哲学"为主题,具体题目自拟。拍摄手法、表现形式不限,要求画面清晰连贯,内容完整,有完整的片头、片尾、主创人员名单及字幕。时长在4—7分钟之间。

3.参赛对象

学习马克思主义基本原理课程的全体学生。

4.比赛时间及实施办法

(1)准备与评选阶段

比赛时间:11月1日—11月7日。

实施办法:任课教师指导学生拍摄微视频,并以小组(原则上每组 4 人,也可根据拍摄的实际需要酌情增减)为单位,在班上开展评选,评选出一二三名(第一名 1 个,第二名 1 个,第三名 1 个),11 月 14 日前将获奖名单和获奖作品报到课程负责人何老师处。

(2)展示阶段

我们将把比赛方案、示范微视频、获奖微视频等内容发布在公众号上,供广大学生参考、学习。

展示时间:11 月 14 日起到学期末。

展示平台:"萌新与马克思"公众号。

5. 评分细则及计分表

微视频评分细则

(总分 100 分)

评分指标	评分要求
主题内容 (35 分)	1. 思想内容能紧紧围绕主题,观点正确,符合党的路线、方针、政策、法律法规(15 分) 2. 拍摄具体事物、现象,并从中抽象出一般性的哲学道理(20 分)
摄像 (30 分)	1. 画面清楚(10 分) 2. 构图美观(10 分) 3. 镜头稳定(10 分)
编辑制作 (35 分)	1. 结构完整(10 分) 2. 配乐得当(5 分) 3. 字幕规范(10 分) 4. 时长 5—10 分钟之间(10 分)

计分表

参赛选手序号:

评分指标	各项得分	总分
主题内容(40 分)		
摄像(15 分)		
编辑制作(20 分)		
现场感染力(10 分)		
时间掌握(15 分)		

6.奖项设置

设比赛一等奖13名,二等奖13名,三等奖13名,优秀指导教师奖8名。

7.经费预算

(1)奖项设置奖励费用

一等奖:按120元/个(备注:以视频数为单位)的标准购买学习用品作为奖品,共63份(备注:共13个优秀视频,以小组为单位,每个小组1—8人,共计63人),共计1560元。

二等奖:按100元/个(备注:以视频数为单位)的标准购买学习用品作为奖品,共71份(备注:共13个优秀视频,以小组为单位,每个小组1—8人,共计71人),共计1300元。

三等奖:按80元/个(备注:以视频数为单位)的标准购买学习用品作为奖品,共71份(备注:共13个优秀视频,以小组为单位,每个小组1—8人,共计71人),共计1040元。

优秀指导教师奖:按90元/人的标准购买U盘作为奖品,共8份,共计720元。

购买奖状费用20元/份,47份,共计940元。

一等奖1560元+二等奖1300元+三等奖1040元+优秀指导教师奖720元+购买证书费用940元=5560元。

(2)比赛资料包括节目单、评价标准、计分表、汇总材料等的打印费450元。

(3)经费预算合计:5560+450=6010元。

各项开支,严格控制,活动结束后按实报销。

四、实践教学实施阶段

实践教学活动方案确定以后,就进入到实践教学实施阶段。这一阶段,学生在教师的引导下有条不紊地完成实践教学内容,形成实践教学成果,如社会调查小论文、朗诵作品、读后感、微视频、科学文化艺术作品等等。

五、学生评价、资料汇总和活动总结

实践教学成果形成之后,教师就可以参照评分标准对这些成果进行评价,选出一、二、三等奖。教学评价是对学生实践成果的评价,有利于帮助学生进一步提升实践教学效果。

活动资料汇总的目的是存档,为后续的实践教学提供参考。而活动总结是对实践教学过程中的反思,为进一步改进实践教学提供研究成果。

活动资料汇总包括以下六项内容:活动方案、实践教学作品、活动照片、颁布现场照片、奖状、活动总结。

活动总结主包括以下四项内容:实践教学成绩统计、从教与学两个方面分析成绩分布及其原因、提出改进的措施。

(撰稿人　何化利)

第三节 "原理课""五位一体"实践教学特点

马克思主义理论最大的特点就是实践性,马克思主义基本原理的生命力就来源于理论与实践相结合。它的理论来自实践,指导实践并在实践中不断发展,这是马克思主义理论与其他学科的根本区别。因此,马克思主义基本原理课程实践教学要紧密结合社会变化,结合热点、难点,做出新的思考和认识。

一、"原理课""五位一体"实践教学具有时代主题性

1.从实践教学内容上看,"原理课""五位一体"实践教学关注前沿性问题。大学生在成长过程中需要逐渐地接触社会,不断面对社会的各种问题。"原理课"的实践教学就是对他们面临的、社会关注的问题做出解释,提出解决方案,对一些难点、热点问题不能回避,而是要积极主动地澄清、解决。比如在"十九大以来的新变化"的实践教学中,就可以组织学生通过网络调查、现场调研的方式来搜集资料,撰写调查报告,让学生对我国主要矛盾变化有充分的感性认识和理性分析,让学生对我国建党、建国以来的成就有清醒的了解和认识,认识到社会发展有其规律性但也要发挥人的主观能动性,从而增强他们的"四个自信"。

2.从实践教学形式上看,"原理课""五位一体"实践教学具有新颖多样性。内容决定形式,不断更新迭代的社会问题要求"原理课"的实践教学形式随之更新。前沿多样的实践教学内容决定了实践教学形式的新颖多样性。目前,"原理课"的实践教学形式有社会调查、读原理、朗诵、演讲、微视频以及科学文化作品展等。这六种实践教学形式都是针对实践教学目标、内容的需要设计的。通过看、听、读、说、动手拍、动手制作等方式将理论与实践结合起来,从而促进大学生对马克思主义理论知识的理解和掌握,培养大学生分析问题解决问题的能力,同时推动大学生之间的良性互动,培育和发挥团队和集体协作精神。

二、"原理课""五位一体"实践教学遵循教学规律性

和理论教学一样,实践教学同样需要遵循教学规律。把握教学规律性,就是要在实践教学过程中按客观教学规律办事。"原理课"实践教学不能只图新、奇、特,不能只是追求表面上的轰轰烈烈,而是要遵循高等教育的教学规律和大学生成长的规律进行实践教学。"原理课""五位一体"实践教学在遵循教学规律性方面具有以下特点。

1."原理课""五位一体"实践教学具有前瞻性。前瞻性就是要求"原理课"实践教学的设计要有适度的超前性,并通过适度超前性的设计,去发现学生中存在的一些问题的苗头,进而通过实践教学将这些问题解决在萌芽时期。比如引导学生调查大学生的消费情况,区分不同性质的消费观,帮助大学生树立正确的消费观。

2."原理课""五位一体"实践教学具有交叉性。实践教学的交叉性即将"原理课"的实践教学与大学生各项专业理论和技能相结合,渗透到大学生的各项专业实践活动中,使"原理课"实践教学活动具有旺盛的生命力。比如在微视频比赛中,可以安排植物学专业学生观察、拍摄植物的生长过程来体会辩证唯物主义中的否定之否定规律。这样双管齐下,会收到更明显的效果。

3."原理课""五位一体"实践教学具有主体性。当代大学生是主体意识非常强的青年群体,他们不喜欢完全按照别人安排的程序来做事,而更喜欢自主设计、自我表现、喜欢展示个性。传统的实践教学活动往往遵循的是以教师为主体的方式,一般都是首先由教师对实践教学的目的、要求、途径、方法等方面进行周密的设计,然后让学生按照教师的设计完成任务。学生在实践教学中成为被动的执行者,而不是方案的设计者,这样无助于发挥学生的主体性作用,无助于调动学生的主观能动性。因此,我们在实践教学方案设计中,一般只对活动原则和活动主题进行规定,允许学生在这个基础上具体设计方案和成果内容,这样做不仅可以使学生在实践教学过程中得到锻炼,提高其设计能力和活动能力,也能使实践教学的成果更加多样化和丰富。

三、"原理课""五位一体"实践教学具有现实创新性

现实创新性是与时俱进的灵魂,"原理课"的实践教学更需要现实创新性。实践教学只有自由创新地设计和实施,才能达到教学目的,完成教学任务,如果缺乏现实创新性,就会流于形式,就收不到良好的教学效果。为此,我们要在实

践教学的灵活性、开放性和综合性上下功夫。

1."原理课""五位一体"实践教学具有灵活性。灵活性主要表现为实践教学内容的灵活性，即强调"原理课"实践教学的多样性，突破固定模式，尤其是要结合本校、本地区的实际情况和条件，因地因势制宜。比如将海南省自由贸易港建设、奥运会涌现出的好典型作为"原理课"实践教学的资源。我们相信，只要我们善于挖掘、灵活设计、放开眼界，就可以使"原理课"实践教学的课堂丰富多彩。

2."原理课""五位一体"实践教学具有开放性。开放性主要表现为活动开放和成果开放。其中成果开放是将实践教学成果通过分享会、汇报、演讲、朗诵、网上分享等方式对外开放，这样有助于同学之间相互吸收借鉴，有助于提高学生的创新热情，培养他们的创新意识。

3."原理课""五位一体"实践教学具有综合性。"原理课"对大学生来说既是思想政治教育的主阵地、主渠道，又是综合性知识学习和综合能力培养的重要途径。其教学内容极其丰富，即包括社会知识的诸多内容，又要教会学生如何做人、如何做事和如何生活。这就要求"原理课"实践教学也应当在综合性上考虑，尽量避免一次实践课只理解一个原理，一次实践活动只培养一项素质，力争使一次实践活动的主题涵盖多层次，力争使一次实践活动能进行多方面的素质训练。比如在"马克思主义理论著作朗诵比赛"的实践教学设计中，就可以突出学生阅读、朗诵、团队合作等多方面的能力。

总之，"马克思主义基本原理概论"课程要增强实效性，就必须坚持与时俱进，就应把体现时代主题性、把握教学规律性和富于现实创新性统一于"原理课"实践教学之中。

（撰稿人　何化利）

第四节　"原理课""五位一体"实践教学成效

一、"原理课"实践教学成效调研报告

为了掌握"五位一体"实践教学模式引领下"原理课"实践教学状况的第一手资料，"原理课"教研室于 2022 年 4 月对本学期修学"原理课"的学生进行了关于马克思主义基本原理实践教学状况网络调查和访谈。网络问卷调查是通

过"蓝墨云班课"发放,共收回有效问卷92份。访谈主要是由任课教师在任课班级随机了解学生对实践教学效果的反馈。从调查反映的整体情况来看,我校"原理课""五位一体"实践教学模式效果明显。

(一)学生对"原理课"实践教学认知程度较高

在问及"理论教学和实践教学的关系"时,仅有7%的学生认为理论教学和实践教学毫无关联,60%的学生认为理论教学是实践教学的基础前提;61%的学生认为实践教学是理论教学的外在表现,52%的学生认为理论教学和实践教学具有内在统一性。如表4-1所示:

表4-1:你认为"原理课"理论教学和实践教学的关系是?〔多选题〕

A.开展实践教学之前必须进行理论教学	55/60%
B.实践教学是理论教学的外在表现	56/61%
C.理论教学与实践教学具有内在统一性	48/52%
D.理论教学和实践教学毫无关联	7/8%

在问及"实践教学环节对理论教学的意义"时,仅有5%的学生认为没有多大意义,63%的学生认为能调动学生学习的积极性,72%的学生认为能扩大学生的知识面,促进理论与实践相统一,64%的学生认为能促使学生走出校门,接触社会,为将来工作积累经验。如表4-2所示:

表4-2:你认为实践教学环节对理论教学的意义有哪些?〔多选题〕

A.调动学生学习的积极性	58/63%
B.扩大学生的知识面,促进理论与实践相统一	66/72%
C.促使学生走出校门,接触社会,为将来工作积累经验	59/64%
D.没有多大意义	5/5%
E.其他	8/9%

以上调查显示,学生对"原理课"实践教学认知程度较高,在思想认识上能较为准确理解实践教学和理论教学的相互促进关系,较为充分认识到实践教学的价值,这为开展"原理课"实践教学奠定了良好基础。

(二)学生对"原理课"实践教学的认可度和接受度较高

在问及"你是否愿意参加实践教学活动?"时,20%的学生选择了非常愿意,

55%的学生选择了愿意,23%的学生选择了一般,2%学生选择了不愿意或非常不愿意。如表4-3所示:

表4-3:你是否愿意参加实践教学活动?〔单选题〕

A.非常愿意		18/20%
B.愿意		51/55%
C.一般		21/23%
D.不愿意		2/2%
E.非常不愿意		0/0%

在问及"你如何评价'原理课'采用的线上线下相结合的混合实践教学模式?"时,15%的学生选择了非常喜欢,45%的学生选择了比较喜欢,37%的学生选择了一般,2%的学生选择了比较不喜欢,还有1%的学生选择了非常不喜欢。如表4-4所示:

表4-4:你如何评价"原理课"采用的线上线下相结合的混合实践教学模式?〔单选题〕

A.非常喜欢		14/15%
B.比较喜欢		41/45%
C.一般		34/37%
D.不喜欢		2/2%
E.非常不喜欢		1/1%

以上调查显示,学生对"原理课"实践教学的认可度和接受度较高,在访谈中,学生也表示线上线下混合实践模式能够提升学习的自由度,同时能够增加师生交流,满足学习需求。

(三)学生对实践教学实际效果较为满意

在问及"通过'原理课'实践教学环节学习,你是否有收获?"时,36%的学生认为收获很大,58%的学生认为还可以,有一定效果,5%的学生认为基本没有,持怀疑态度,1%的学生认为根本没有任何收获,纯粹浪费时间。如表4-5所示:

表4-5:通过"原理课"实践教学环节学习,你是否有收获?〔单选题〕

A.收获很大		33/36%
B.还可以，有一定效果		53/58%
C.基本没有，持怀疑态度		5/5%
D.根本没有任何收获，纯粹浪费时间		1/1%

在问及"'原理课'线上线下相结合的混合实践教学模式给你带来了哪些收获?"时，仅有2%的学生选择了没有收获，47%的学生认为掌握了理论知识，67%的学生认为提高了与人协作交流的能力，43%的学生认为提高了自主学习的能力，52%的学生认为提高了探究学习的能力。如表4-6所示:

表4-6:"原理课"线上线下相结合的混合实践教学模式给你带来了哪些收获?［多选题］

A.掌握了理论知识		43/47%
B.提高了与人协作交流的能力		62/67%
C.提高了自主学习的能力		40/43%
D.提高了探究学习的能力		48/52%
E.没有收获		2/2%

在问及"你认为'原理课'线上线下混合实践教学模式有什么优点?"时，仅有2%的学生认为没有优点，大部分学生认为"原理课"线上线下混合实践教学模式具有学习时间灵活、能创造更多自学时间空间，形式新颖、能提高学生学习兴趣，线上完成更方便，促进师生之间的交流、加强学生之间合作，有助于记录学习全过程、便于反馈学习成果及评价等优点。如表4-7所示:

表4-7:你认为"原理课"线上线下混合实践教学模式有什么优点?［多选题］

A.学习时间灵活，能创造更多自学时间空间		56/61%
B.形式新颖，能提高学生学习兴趣		60/65%
C.线上完成更方便		44/48%
D.促进师生之间的交流，加强学生之间合作		32/35%
E.有助于记录学习全过程，便于反馈学习成果及评价		28/30%
F.没有优点		2/2%

（四）在实践形式上,线上线下混合实践模式更受欢迎

在问及"你更喜欢哪种实践模式?"时,51%的学生选择了线上线下混合实践模式,30%的学生选择了单纯的线上实践模式,14%的学生选择单纯的线下实践模式。如表4-8所示:

表4-8:你更喜欢哪种实践模式?〔单选题〕

A.单纯的线上实践模式		13/14%
B.单纯的线下实践模式		28/30%
C.线上线下混合实践模式		47/51%
D.其他		4/4%

在问及"你最喜欢的线上线下混合实践教学活动"时,40%的学生选择了微视频、美篇、微网页等建构式线上实践教学活动,49%的学生选择了网上博物馆、课程网络游戏等体验式线上实践教学活动,40%的学生选择了网络调研等研讨式线上实践教学活动,53%的学生选择观点分享等感悟式线上实践教学活动,16%的学生选择了展板、汇编、光盘等成果展示推广式实践教学活动,8%的学生选择了其他。如表4-9所示:

表4-9:你最喜欢的线上线下混合实践教学活动是?〔多选题〕

A.网络调研等研讨式线上实践教学活动		37/40%
B.观点分享等感悟式线上实践教学活动		49/53%
C.微视频、美篇、微网页等建构式线上实践教学活动		37/40%
D.网上博物馆、课程网络游戏等体验式线上实践教学活动		45/49%
E.展板、汇编、光盘等成果展示推广式实践教学活动		15/16%
F.其他		7/8%

调查结果显示,相比单一的线下或线上的实践活动,大部分学生更倾向于融合二者优势的线上线下混合实践模式。而在具体的实践活动中,大部分学生则更倾向于线上开展的实践教学活动,尤其是更注重培养其创新能力和实践能力的建构式线上实践教学活动。

（五）在实践内容上,希望立足大学生需要

在问及"在实践教学活动中,你希望"时,83%的学生希望与大学生实际生

活相结合,60%的学生希望与专业实践活动相结合,26%的学生希望与党团活动相结合,仅有13%的学生选择了单纯的"思政课"实践活动。如表4－10所示:

表4－10:在实践教学活动中,你希望?［多选题］

A.与专业实践活动相结合		55/60%
B.与大学生实际生活相结合		76/83%
C.与党团活动相结合		24/26%
D.单纯的"思政课"实践活动		12/13%
E.其他		7/8%

调查结果显示,在选择实践内容时,更多学生希望立足学生需要,开展与专业、实际生活相结合的实践活动,以解决实际问题。

(六)在考核方面,考核成绩能客观反映实际情况,但仍有待完善

在问及"你认为当前'原理课'实践考核成绩是否能够客观反映学生的思想素质实际情况?"时,20%的学生选择了完全可以,52%的学生选择了应该可以,27%的学生选择了有一定局限性,效果打折扣,1%的学生选择了完全不能。如表4－11所示:

表4－11:你认为当前"原理课"实践考核成绩是否能够客观反映学生的思想素质实际情况?［单选题］

A.完全可以		18/20%
B.应该可以		48/52%
C.有一定局限性,效果打折扣		25/27%
D.完全不能		1/1%

在问及"你认为目前你所取得成绩是否符合你对该门课程的掌握程度?"时,仅有4%的学生认为不相符合。如表4－12所示:

表4－12:你认为目前你所取得成绩是否符合你对该门课程的掌握程度?［单选题］

A. 完全符合   8/9%

B. 基本符合   76/83%

C. 不符合   4/4%

D. 其他   4/4%

在问及"你认为对'原理课'实践考核除授课老师外,还可以综合的评价有?"时,过半的学生选择了同学评价和自我评价,仅有32%的学生认为授课教师评价就足够了。如表4-13所示:

表4-13:你认为对"原理课"学生考核除授课老师外,还可以综合的评价有?[多选题]

A. 班干部评价   30/33%

B. 辅导员评价   27/29%

C. 同学评价   49/53%

D. 专业课老师评价   29/32%

E. 学校其他思政课老师考核评价   27/29%

F. 自我评价   39/42%

G. 其他   10/11%

在问及"你认为目前'原理课'实践教学考核方式存在的弊端有?"时,仅有9%的学生选择了没有弊端。如表4-14所示:

表4-14:你认为目前"原理课"实践教学考核方式存在的弊端有?[多选题]

A. 考核方式注重结果,忽视过程   39/42%

B. 忽视学生主体地位   24/26%

C. 重理论,轻实践   36/39%

D. 没有具体的考核标准   26/28%

E. 缺乏激励机制   32/35%

F. 没有弊端   8/9%

调查结果显示,尽管大多数学生认为实践考核结果能较为客观地记录大部分实践过程,反映其真实情况,与自身实际相符,但是他们仍认为当前考核方式存在一定的弊端,例如考核方式注重结果,忽视过程,忽视学生主体地位,重理论轻实践,没有具体的考核标准,缺乏激励机制等,他们希望在考核方式上能更加多元化。

以上调查结果来看,"原理课"组织的实践活动成效显著,但仍然有较大的改进空间。学生对实践教学的重要性有足够的认识,参与实践教学的积极性较高,认可度较强。但在实践教学的制度保障、活动内容和方式、评价机制等方面还需进一步加强。要使实践教学具有更大的吸引力,更强的实效性,我们应充分调动和提升教师实践教学积极性,全面了解当代大学生的特点和需求,紧扣时代脉搏,立足于解决学生实际问题,创造学生们全程参与、全面主导、精心设计的实践模式,引导学生们自觉发现问题、研究问题、解决问题,做到全员全过程全方位育人。

二、学生参加本课程实践教学心得体会

纪录片带给我的直观感受是,国家很强大、人民很强大、医护人员很强大、武汉是座英雄城。在大家的共同努力下,武汉这座英雄城终于迎来了春天、生机勃勃。

——2019级海渔3+4班郑作业观看《中国战疫录》的心得体会

这部纪录片,让我明白了人类的渺小、生命的可贵和现代医学的发展需要。经此一疫,通过吸取教训,总结经验,我相信科学技术会得到更大、更好的发展。

——2019级通信工程(2)班安梦军观看《中国战疫录》的心得体会

在观看《同上一堂奥运思政大课》时,我感受到他们的梦想、热爱、信念、坚持、拼搏、传承……从中国奥运首金许海峰到东京奥运首金杨倩,我从中感受到了射击这项运动的传承与发展。许海峰传的是"只要我努力,一定行",杨倩承的是"把过程做好了,结果不一定差",传承下来的是奥运拼搏精神。许海峰获得首金的同时还遭受到了来自国际各方面的质疑,因为当时我们的枪是全世界最差的,许海峰说:"要想改变这些,我们要做到这三个方面——热爱这项运动、钻研规律和加强学习。"在我们一代又一代人的努力下,中国的国际地位得到了提升,使用的枪不再是最差的,射击这项运动在一代又一代的奥运人中不断前进、不断向上得以发展。

从街道残疾人专职委员到东京残奥会旗手,周佳敏她身体力行地诠释了什么是身残志坚。她说:"如果我的人生是一片星空的话,射箭就是那颗启明星。"我感受到了她对射箭的热爱和坚持。她深知自己是个残疾人,却依然努力克服行动带来的不便,每天训练10小时以上,通过不懈的努力,她站上了最高领奖台。正如列宁所说:"世界不会满足人,人决心以自己的行动来改变世界。"她改变了世界对残疾人的看法,改变了世界对残疾人的定义。

——2020级物理学陈永帅观看《同上一堂奥运思政大课》的心得体会

二、本课程实践教学社会反响与媒体报道

"原理课""五位一体"实践教学在马克思主义学院、海南热带热带海洋学院、三亚市都形成了一定的反响,媒体争相报道。

海南热带海洋学院马克思主义学院报道"原理课""走进社会、感悟哲学"微视频总决赛

海南热带海洋学院报道"原理课""走进社会、感悟哲学"微视频总决赛

海南热带海洋学院报道"原理课"实践教学

海南热带海洋学院马克思主义学院报道"原理课""纪念恩格斯诞辰200周年"学术报告会

海南热带海洋学院报道"原理课""诵读经典、涵养正气"朗诵比赛

（撰稿人　何化利）

第五节 "原理课""五位一体"实践教学案例

一、实践教学案例一:观看动画作品《领风者》,感悟马克思的人生

1. 实践教学案例背景

马克思是伟大的思想家、哲学家、经济学家、历史学家和社会学家,也是伟大的革命理论家和政治活动家。作为马克思主义的最主要创始人和无产阶级革命导师,马克思的一生不仅留下了卷帙浩繁的著作,也留下了许多生动感人的故事。这些故事不仅具有直接的思想教育意义,而且见证着马克思主义理论发展的历程,蕴藏着进一步深刻理解马克思主义理论的密码。从这个意义上来说,深入了解马克思的一生,是学好马克思主义基本原理课程的便捷之门。

动画作品《领风者》正是一部帮助青年学生了解马克思一生、进而学好马克思主义基本原理课程的经典作品。《领风者》是为了纪念卡尔·马克思诞辰200周年而推出的网络动画,这部作品以贴近青年学生的"二次元"形式,分为"不一样的青春""捍卫自由""全新的世界观""科学社会主义闪耀登场""《资本论》越世而出""'第一国际'风云""永远的马克思"七话(即七集),讲述了"千年思想家"马克思一生的传奇故事。

通过这部动画作品,人们既能够从马克思与燕妮被阻挠的爱情、与恩格斯差点错过的友谊等传世佳话中看到马克思是有血有肉的常人;更能够深刻感悟到,马克思是顶天立地的伟人,他穷其一生构建的马克思主义理论体系,唤醒了全世界沉睡中的无产阶级,深刻影响了世界历史发展的格局。正因为《领风者》有这样的魅力,我们在2019—2020学年第2学期把"观看动画作品《领风者》,感悟马克思的人生"作为了马克思主义基本原理课程的实践教学主题。

2. 实践教学案例内容

本次实践教学通过"蓝墨云班课"在线进行。在实践教学开始前,教师在"蓝墨云班课"公布了实践教学方案以及观看《领风者》的网络链接,并在线下课堂教学时就实践教学的实施路径和考核办法进行了说明。

具体要求是:同学们自主选择时间,在线观看动漫《领风者》,撰写150字以上的观后感,并于2020年3月8日前上传到"蓝墨云班课"中。该项实践教学共20个"经验值",先由同学们在线互评形成基础"经验值",再由任课教师在尊重学生互评成绩的基础上,结合观后感内容、质量,酌情奖励"经验值"或扣减"经验值",最后按从高到低排序,产生一、二、三等奖。

任务布置后,同学们热情高涨,均及时提交了观后感。下面是 2018 级小教(1)班、2018 级休闲体育(1)班、2018 级学前本(1)班组成的教学班的部分获奖实践教学成果。

最近按照马克思主义基本原理课程的实践教学要求,看了一部动画《领风者》。短短的 140 分钟里,我见证了伟人马克思从少年到青年、壮年,再到老年,最后到晚年的一生。动画记录了他与妻子燕妮的伟大爱情,记录了他与恩格斯的伟大友情,记录了他失去一个又一个的孩子,记录了他的伟大共产主义事业,记录了他留下的知识与智慧! 我看完后必须要提的是,片头曲真的真的很好听! 我已经戴上耳机开启循环了,这首《执着的梦》朗朗上口,听两遍就会让人忍不住跟着哼唱:"我迎着风坚定信念,感受光芒……"这种充满正能量的励志歌曲真的超燃! 还有就是看完后,我对哲学有了一些兴趣,希望老师推荐一本有关哲学的书籍,稍微入门级别一点的,太有深度的我怕自己看不懂。看了那么多的动画,《领风者》真的是一股清流,在第一集中就有很多关于哲学的理论,看完真是让人脑洞大开,受益匪浅啊!

——2018 级学前本(1)班符丽桃

《领风者》以动画的形式讲述了"千年思想家"卡尔·马克思一生的传奇故事,以丰富的语言简洁地展现了马克思的思想,十分生动形象。

马克思在"对职业选择"的演讲中提到,动物吃饭是为了活着,人吃饭是为了更好地活着,人比动物更优。我们没有强大的背景,但要有奋斗的背影。他厌恶这世俗的黑暗,他讨厌这分三六九等的资产阶级社会,他愤慨,他为这不公的世道感到失望,他希望捍卫人民的自由,希望打破这黑暗。

马克思在求学路上几经波折,他带着他的满腔热血去寻求真理,去找寻属于自己的哲学信仰。于是他来到了波恩大学,在这里他接触到了康德的批判哲学。我想这是他的第一位偶像吧,可不幸的是,由于打架、欠账,父亲不得不迫使他转学,于是他接触到了黑格尔的绝对精神哲学,得出客体的结论,找到了思维与存在的统一,即统一性与斗争性。他找到了自己的新偶像——黑格尔。

出于父亲的意愿,马克思不得不学习法律专业,可他一直坚持着自己的信仰。他认为哲学是他的幸福,他热爱它,他要帮助穷人实现幸福,他要捍卫人民的权利。于是,在柏林大学期间,马克思加入了哲学俱乐部,与学长一同探讨哲学问题。但由于毕业论文的原因,马克思再次面临困境,但他依旧抱着自己的理想信念,他要为人民获取自由,他认为追求真理是人类的权利……他不屈不挠的性格在动画中展现得淋漓尽致,让我心生敬意,由衷佩服。后来,在学长的指引下,他去到了耶拿大学,顺利获取哲学博士学位,并进入到《莱茵报》报社工作,担任编辑……可是他再次感到失望,他意识到,普鲁士政府并不是黑格尔说的理想国家的政府,而是代表私有者的利益。法律只是自由者维护权利的工具。他不想再停留在哲学上,他要投身于政治斗争,去捍卫自由,去向世界宣战。可能在多数人看来,他一意孤行,就是个"疯子"。可我认为,他是个勇敢的人,他很伟大。他拥有属于自己的信仰,他敢于斗争,不向世俗低头,不屈服于命运。他坚信社会可以公平,每个人在法律上地位是平等的,在政治上是有自由发言权的。

虽然动画中对于卡尔·马克思的独特的哲学体系以及人物形象过于偶像化,会转移观者的注意力,但对于其政治、社会、经济方面的思想,也有一定普及,这一点很不错。总的来说,《领风者》以新颖的方式简单展示了伟大哲学家、思想家马克思的一生经历,真的令我感到惊讶。这部动画作品让我对马克思的一生有所了解,让我对他有了新的认识,也让我眼前一亮,为之感叹!

——2018 级小教(1)班张天敏

《领风者》作为一部向马克思致敬的作品,引人深思。马克思没有显赫的背景,但给我们留下了奋斗的背影;马克思被各国政府驱逐出境,但他的思想理论却成为世界各地广大被压迫的无产阶级者反抗的旗帜;马克思生活穷困潦倒,但他敢于挑战的精神鼓舞了革命继承者夺回属于自己的权利。中学时代的马克思就写道:我们应选择那些为人类利益而劳动的职业。他亦用行动证明:用有限的生命去关注人类的命运、历史的变迁、人间的百态,那么再大的苦难亦变得微不足道。

马克思是那个时代捍卫真正自由的人。青年时代的马克思被黑格尔唯心主义的辩证法所吸引。正如马克思的墓志铭所写——哲学家只是用不同的方式解释世界,而问题在于改变世界。砥砺中前行,科学的唯物辩证主义哲学的诞生,像一道天光,射向混沌的宇宙。智者是什么? 就是那些与时代保持一定距离,可能会遭遇险阻,但却始终坚定不移地思考人类精神生活的基本问题,关注着人类精神社会的基本走向,心怀着最广大人民群众的基本需求的人。

毫无疑问,马克思是镌刻在人类史册上的一位智者。

——2018级休闲体育(1)班王瑞

勇气是改变一切的开始。我不知道这个世界有多少人相信命运,随波逐流,又有多少人想将命运牢牢握紧,自己主宰。哪怕有人相信"万般皆是命,半点不由人",同样有人发出"我命由我不由天"的豪言。说实话,我也不知道自己属于哪一种,只觉得,如果想要改变,那么勇气,就是改变一切的开始。

在《领风者》第二集中,马克思为了维护报社记者,为了维护那个时代仅存的一点自由的权利和真理,敢于与腐败的统治者进行抗争,他说道:"我把我的性命放到赌桌上,总督大人可以拿仕途名誉来赌吗?""我要直接向这个不公的现实世界宣战。"可见,此时的勇气是他改变那个时代的开始。

燕妮也说过:"人和动物最大的区别就是人能掌握自己的命运。"我认为,想要掌控自己的命运,首先要有敢于反抗霸权的勇气,除此之外,哪怕你有逆天的智慧和能力,如果没有勇气去执行,那你的命运将由别人决定。

所以说,想要改变,勇气是开始。

——2018级小教(1)班吴多利

《领风者》这部动画作品讲述的是"千年思想家"卡尔·马克思的传奇一生。观看了第一、二集后,我内心就感到十分振奋。精美的制作一下子就把马克思年轻时的那种自信和热血表现得淋漓尽致,把一个离我们很远的人物瞬间拉近了。

卡尔·马克思学生时代就踌躇满志,立下了要改变社会现状为天下穷苦百姓谋福利的雄心壮志。他凭一支笔和一腔热血,开始了自己的艰苦奋斗。更能难能可贵的是,他一边与强权政治战斗,另一边不断学习成长和完善自己,从未停止过思考和前进的步伐,也没有与黑暗势力同流合污,坚定地朝着自己的目标奋斗着!

在当今的社会中,试问还有多少人能够做到卡尔·马克思这样子呢?特别是许多大学生走出温室,进入社会,遭遇了现实的打击之后,就会忘记、丢掉自己的初心和理想。作为新时代的大学生,我们应该向卡尔·马克思学习,做一个充满自信和热血的新青年。让我们一起抬头迎着太阳,坚定地向自己的理想奔跑,我相信最后我们都会越过黑暗,看见胜利的曙光。

——2018级学前本(1)班林苑梅

《领风者》这部作品中,马克思在发表演讲《青年在选择职业时的考虑》时,有几句话令我印象深刻。"动物活着是为了吃饭,人吃饭是为了活着。""如果人只为自己劳动,那么他会成为著名的学者、大哲人、卓越诗人,然而他永远不会成为完美无疵的伟大人物。""我们或许没有显赫的背景,但我们可以有奋斗的背景。"我觉得他能说出这番不凡的话,他这一生注定是不平凡的。他希望人们劳动不能只为自己,要为全人类的幸福而奋斗。他在大学毕业时就有这种远大志向,而身为当代大学生的我们有没有这种想法呢?

马克思的博士毕业论文主张无神论,在当时的社会背景之下,可能面临毕不了业。但是他毫不退缩,坚持要写这篇毕业论文。后来,他去了耶拿大学,因为那里有一个人能认同他的观点。在那里,他最后顺利毕业。

马克思的主张会给他带来很多负面的影响,严重的会危及他的生命,可他还是坚定不移。我很佩服他,佩服他的勇气,佩服他舍己为人,更佩服他能有通过自己的努力让全人类幸福的伟大理想!

——2018级学前本(1)班唐小静

《领风者》中的卡尔·马克思,没有书本上的圣人光环,最开始和大家一样,只是一个踌躇满志的普通学生。俗话说:"你改变不了世界,所以就改变自己。"但是我们的卡尔·马克思同学就偏偏立下了要改变社会现状为天下穷苦百姓谋幸福的雄心壮志,而且他还成功了!

卡尔·马克思所获得的伟大成就,都是靠自己一点点争取到的。我们不知道他经受住多少了诱惑,承受了多少打压,又放弃了多少东西,最后成为一个没有国籍的人,无家可归,才终于能够赢得生前身后名。

而生在现代社会的我们,不用想着如何拯救苍生,光是把自己想要做、喜欢做的事情坚持到底,也很难做到。也许他对真理的执着与坚持,正是现在的青年缺失的东西。所以对于马克思的这种精神,我们真是不得不佩服。

——2018级学前本(1)班张一菲

看了《领风者》的前两集,我最大的感受可以这样来概括:追求自由、平等、梦想,坚定信念,为苦难的人们奋斗、革命。

马克思在他的毕业演讲上,高喊出选择自由,把握自己的命运,为受苦难的人们争取权利。他的意识正在觉醒,充满激情,这种激情令我心潮澎湃,心跟着一起颤抖。他有着跟别人不一样的信仰,这让人敬佩。而这也启发我们,作为年轻一代,先辈们给我们建立了非常坚实的社会基础,而我们要做的就是站在巨人的肩膀上眺望未来,勇敢地做梦,规划未来,为自己谋幸福,为身边的人谋幸福。也许我们永远也无法像马克思那样举世皆知,成为大英雄,可是他的坚定,他的勇敢追梦、为人们服务的精神却是我们可以学习的。我们可以做我们力所能及的事,譬如做社区志愿者,好好学习等等。

马克思是一个沉着、冷静、有智慧的人,这一点在他与亨利的辩论中有体现。这也是我们要学习的。看了《领风者》这部作品,我感觉受益颇多。它让马克思的形象在我的脑海里更加丰满,更加立体,更加真实。

——2018级学前本(1)班喻月辉

观看了《领风者》第一集、第二集,我很受触动。第一集介绍了身为平民的主人公卡尔,父亲是律师,自己也是平民等级,他与好朋友燕妮的接触被贵族们认为是不对的,平民没有资格跟贵族交朋友。当时的社会,贵族总是高高在上,自以为了不起,总是压榨平民。但我们的主人公不甘于命运的摆布,积极要求上进,力求用自己的方法来改变不平等的阶级关系,改变贵族对平民的偏见。于是主人公毅然决定出去读大学来提升自己。这也告诉我们,我们不能决定自己的出身,但可以努力改变自己身份,可以努力提升自己。

平民通过努力也可以改变自己的命运,卡尔离开了自己的家去上贵族大学。大学里的贵族学生们上课总是虚度光阴,但卡尔总是能让自己从中学习,努力得到提升。在酒吧,面对贵族公子的挑衅,卡尔勇敢地站出来,用自己学到的东西对抗贵族压迫。卡尔不畏权贵、勇敢果断的精神值得我们学习,我们也从他身上知道了,每个人都有选择自己命运的权利,只要努力,每个人都可以发光。平民通过努力学习,最终也会打败贵族。平民跟贵族都是平等的人,我们因此要反对贵族压迫,为争取平民合理的权益,保护平民利益而努力奋斗。

——2018级小教(1)班谢欢

3. 实践教学案例评析

该教学班132人全部参加了本次实践教学,并按时在"蓝墨云班课"提交了观后心得。从学生互评与教师综合考核结果看,有4位同学获得了本次实践教学的最高绩点20分。得分18分以上(即得分率90%,优秀)的有35人,优秀率为26.5%。最低分为12分(即得分率60%,及格),及格率100%。这一方面说明本次实践教学组织得好,主题贴近学生,受到学生欢迎;另一方面说明该教学班同学的学习态度积极,踊跃参加实践教学,学习效果较好。从学生提交的观后感的内容看,这次实践教学总体上具有以下三个特点。

首先,加深了同学们对千年伟人马克思的整体性认识。例如,2018 级小教(1)班张天敏同学写道:"《领风者》以动画的形式讲述了'千年思想家'卡尔·马克思一生的传奇故事,以丰富的语言简洁地展现了马克思的思想,十分生动形象。""总的来说,《领风者》以新颖的方式简单展示了伟大哲学家、思想家马克思的一生经历,真的令我感到惊讶。这部动画作品让我对马克思的一生有所了解,让我对他有了新的认识,也让我眼前一亮,为之感叹!"2018 级学前本(1)班喻月辉同学写道:"看了《领风者》这部作品,我感觉受益颇多。它让马克思的形象在我的脑海里更加丰满,更加立体,更加真实。"

其次,引发了同学们对人生的深度思考,激励同学们为了追求真理而努力奋斗。2018 级休闲体育(1)班王瑞同学认为,"《领风者》作为一部向马克思致敬的作品,引人深思",他由此思考:"智者是什么?就是那些与时代保持一定距离,可能会遭遇险阻,但却始终坚定不移地思考人类精神生活的基本问题,关注着人类精神社会的基本走向,心怀着最广大人民群众的基本需求的人。"他认为,"毫无疑问,马克思是镌刻在人类史册上的一位智者"。2018 学前本(1)班林苑梅同学表示:"作为新时代的大学生,我们应该向卡尔·马克思学习,做一个充满自信和热血的新青年。让我们一起抬头迎着太阳,坚定地向自己的理想奔跑,我相信最后我们都会越过黑暗,看见胜利的曙光。"2018 级学前本(1)班张一菲同学写道:"也许他对真理的执着与坚持,正是现在的青年缺失的东西。所以对于马克思的这种精神,我们真是不得不佩服。"2018 级小教(1)班吴多利同学从《领风者》这部作品中、从马克思的人生经历中感悟到"勇气是改变一切的开始""想要掌控自己的命运,首先要有敢于反抗霸权的勇气,除此之外,哪怕你有逆天的智慧和能力,如果没有勇气去执行,那你的命运将由别人决定。"2018 级学前本(1)班唐小静同学感叹"《领风者》这部作品中,马克思在发表演讲《青年在选择职业时的考虑》时,有几句话我印象深刻",马克思"在大学毕业时就有这种远大志向,而身为当代大学生的我们有没有这种想法呢"?她说:"我很佩服他,佩服他的勇气,佩服他舍己为人,更佩服他能有通过自己的努力让全人类幸福的伟大理想!"

最后,增强了一些同学对马克思主义理论的认识,提高了一些同学对马克思主义哲学的兴趣。2018级学前本(1)班的符丽桃同学写道:"看了那么多的动画,《领风者》真的是一股清流,在第一集中就有很多关于哲学的理论,看完真是脑洞大开,受益匪浅啊!"她表示,看完这部动漫后,"对哲学有了一些兴趣,希望老师推荐一本有关哲学的书籍,稍微入门级别一点的,太有深度的我怕自己看不懂"。2018级小教(1)班张天敏同学则这样评析这部动漫:"虽然动画中对于卡尔·马克思的独特的哲学体系以及人物形象过于偶像化,会转移观者的注意力,但对于其政治、社会、经济方面的思想,也有一定普及,这一点很不错。"

总体上看,同学们在观后感中谈思想认识的多,谈理论认识的少。这反映出本次实践教学在思想教育上收到了"良好"的效果,但在推动马克思主义理论教育上差强人意。这有所偏离马克思主义基本原理课程实践教学应有的定位,需要引起我们的高度重视。高校思想政治理论课同基础教育阶段思政课的最大不同在于其"理论性",强调通过理论教育解决"为什么"(理性认同)的问题,其实践教学理应与其定位相匹配,实现"实践教学——深化理论认同——思想提升"的功能。如果高校思想政治理论课的实践教学仍然像基础教育阶段那样,仅仅在情感、知识等层面达成"思想教育"目标,而未能辅助理论教学、推动学生深化对理论的认识、从理论层面达成更深层次的"思想教育"目标,在某种意义上是失败的。马克思主义基本原理是高校思想政治理论课程体系中理论色彩最鲜明的课程,在推进实践教学的过程中,尤其需要注意这个问题。

(撰稿人　李纪岩)

二、实践教学案例二:"讲好中国共产党故事,理解马克思主义为什么行"比赛活动

1.实践教学案例背景

党的十八大以来,习近平总书记围绕学史、治史、用史发表一系列重要论述,涵盖党史、国史、中华民族史、世界史各个领域,创新发展了马克思主义唯物史观。述往思来,向史而新。2021年是伟大的中国共产党成立100周年,在中国共产党百年华诞这样一个重要历史节点,为了引导大学生深刻领悟马克思主义基本原理课程中的相关理论,运用历史唯物主义的立场、观点和方法深入分析中国共产党的历史与成就,提升唯物史观素养,积极践行社会主义核心价值观,我们在2020—2021学年第2学期第10周把"讲好中国共产党百年故事,理解马克思主义为什么行"作为了马克思主义基本原理课程的实践教学主题。

讲好中国共产党故事,实质上是把"四史"教育中的"中国共产党史"作为大学生学习、领悟历史唯物主义的素材。中国共产党的历史包含了党的活动史、党的理论发展史、党的组织建设史,包含了党领导人民进行革命、建设、改革,实现中华民族伟大复兴的历史,包含了党领导人民进行经济、政治、文化、社会、生态文明、国防、外交、祖国完全统一和党的建设的历史。100年来,中国共产党正是把马克思主义基本原理和中国的实际相结合,团结和带领中国人民不断战胜前进道路上的困难和挑战,从而改变了中国的面貌。基于此,这次实践教学坚持历史唯物主义的理论逻辑与中国共产党领导中国革命和建设的历史逻辑相统一,让学生深入学习党史、深刻体会中国共产党为什么能,马克思主义为什么行,中国特色社会主义为什么好,鼓励青年学生在社会实践中深刻认识我国所面临的新机遇、新挑战,不断强化爱党爱国爱人民情感,成为"知史爱党、知史爱国、知史明智、知史担责"的新时代中国特色社会主义建设者。

2. 实践教学案例内容

本次实践教学通过线下与线上同步进行,采取线下阅读与课堂讨论相结合的方式开展。线上通过"蓝墨云班课"上传实践成果,实践成绩通过学生互评与老师评定相结合呈现。在实践教学开始前,教师在"蓝墨云班课"上传了实践教学方案,并在线下课堂教学时就实践教学的实施路径和考核办法进行了说明。

实施路径:以中国共产党历史中的历史人物、历史故事为素材,结合马克思主义基本原理中的基本立场、观点、方法,把坚持马克思主义、运用马克思主义和发展马克思主义统一起来,形成论文、读后感、手抄报、诗歌、音乐作品、手工作品等各种形式的实践教学成果。

考核办法:该项实践教学分值100分,成果由学生自己按照要求上传至云班课,先由同学们在线互评形成分值,再由任课教师在学生互评成绩的基础上,根据学生作业完成的形式、内容、完成质量,酌情调整最后总分值,最后从高到低排序,产生一、二、三等奖,并颁发奖品。

下面以不同形式呈现本次实践教学的部分获奖作品。

形式一:读后感

读《中国共产党史》有感

有人说过,"历史是一面镜子,它照亮现实,也照亮未来"。这句话说得很对,如果不能很好地认识我们过去的历史,就无法用自己的努力去开创美好的未来,因为失去了历史就失去了精神的根基。今年,在中国共产党成立100周年这个特殊的时间节点上,学习中国共产党历史故事,我们收获颇丰、感悟颇丰。

通过学习,我知道了中国共产党是诞生在怎样的一种绝境中。从1840年开始,中国人民遭受了中国历史上最残酷艰难的一段时间,外来的帝国主义侵略者、腐朽昏聩的封建政权、对人民进行敲骨榨髓般剥削的资本家和买办阶级不停地将痛苦和最无情的压榨强加在劳苦大众身上。人民虽然进行过反抗和自救的尝试,从太平天国运动、戊戌变法、义和团运动到辛亥革命,不屈不挠的中国人民奋起抗争,苦苦探索救国救民的道路,但一次次都失败了。严酷的现实表明,需要新的社会力量来寻找先进理论、开辟前进道路。1921年,代表中国社会发展正确方向、代表无产阶级和中国人民根本利益的中国共产党应运而生,给中国人民带来了光明和希望。中国共产党成立后,中国共产党积极承担起了历史赋予她的领导人民进行新民主主义革命的历史使命。经过近三十年的艰苦奋斗,革命的势力由小发展壮大,顺应着历史洪流的走向,携全国人民支持之势,推翻了帝国主义、封建主义、官僚资本主义的反动统治,建立了中国历史上第一个属于人民的国家政权,开创了人民当家做主的新时代。在人民政权建立后,党带领着人民开始了新的征程。无数的人民团结在党的领导下,不辞辛劳地为了社会主义的明天辛勤工作,大家的生活也在新中国成立后不断地向好发展。虽然前进的道路曲折艰难,但在党的英明领导下最后都化险为夷,中国人民从此站起来、富起来、强起来。在中国共产党领导下,曾经远远落后于世界的中国大踏步赶上时代前进潮流,中华民族迎来了伟大复兴的光明前景。读懂党的历史,最大的收获是让我对马克思主义基本原理的认识更加深刻。比如在党的历史中,我们能看到很多我们在发展过程中犯错误是因为背离了实际情况,这就是马克思主义基本原理中我们所说的要"实事求是"。还有就是在党的百年发展历程中,我们中国共产党人灵活运用马克思主义基本原理,将其与中国实际相结合的范例——中国共产党始终坚持把马克思主义基本原理同中国具体实际和时代特征相结合,不断推进马克思主义中国化,创造性地发展马克思主义,产生了毛泽东思想、邓小平理论、"三个代表"重要思想、科学发展观,产生了习近平新时代中国特色社会主义思想,不断开辟马克思主义发展新境界。

中国共产党成立以来,团结和带领全国各族人民,经过长期艰苦卓绝的奋斗,建立中华人民共和国,确立社会主义基本制度,推进改革开放和中国特色社会主义事业,实现了中国人民从站起来到富起来、强起来的伟大飞跃。从建党的开天辟地,到领导人民改天换地,到领航中国翻天覆地,中国共产党的百年发展史充分表明,党的领导不是自封的,也不是什么力量强加的,而是历史的选择、人民的选择。通过学习我们党的光辉历程,重温我们党从成立以来,为中华民族和中国人民建立不朽的功勋,让我更清楚地认识到,只有在中国共产党的领导下,坚持走建设中国特色社会主义道路,才能发展中国,才能实现中华民族的伟大复兴。

——2019级国际事务与国际关系专业费宏坤

马克思主义的斗士,中华民族的脊梁

——读《【民族脊梁】中国最早的马克思主义者——李大钊》有感

最美人间是四月天,四月本是一个生机盎然,生命勃发的月份,春风吹过大地,小草挣扎着冲破了土地的束缚,杨柳在河边飘荡,望着晴朗的天空,沐浴着柔和的阳光。但是1927年的4月,却是这样的寒冷,古老的北京城西交民巷中一处空旷的地面上,竟然放着一具绞刑架,而正前方,一位铁骨铮铮的汉子正昂首阔步地走向绞刑架,他站上去后蔑视着底下的反动军队,无畏地将脖子伸向了前面的绳套之中,高喊出一句"共产主义万岁",随后脚下的门板打开,他悬挂在上面,成了一柱雕像……我睁开了眼睛,刚才的画面仍然在我的脑海中挥之不去,我站在天台上,望着远方,远方的天边似乎出现了他的容貌,他就是民族的脊梁,他的名字叫李大钊。我是在党史资料库里看到的这篇文章,这篇文章很短很短,但足以囊括他的一生,更能够使我们充满敬意地了解他。看完这篇文章后,我去查阅了其他的资料,逐渐地,我的心中不光有敬佩,还有感动与难过。

李大钊先生于1889年出生在河北乐亭,曾经留学日本。当袁世凯接受了灭亡中国的"二十一条"后,李大钊先生积极地进行斗争,在回国后,更是创办和编辑了《晨钟报》《新青年》《每周评论》等进步期刊,成为新文化运动和五四运动的主要领导人。尤其是在五四运动后,李大钊逐渐接受了马克思主义,逐渐成为共产主义斗士,发出了"试看未来的世界,必将是赤旗的世界"的时代最强音,后来与陈独秀先生共同实现"南陈北李,相约建党"的目标,成为中国共产党的最早创始人之一。国民大革命期间,李大钊先生积极推动建立统一战线,与

孙中山先生谈话,坚定地反对帝国主义与封建军阀,但不幸的是,蒋介石发动了"四·一二"反革命政变,李大钊先生在北京被捕,最终被杀害于西交民巷。

李大钊先生一生都很辉煌,其中最辉煌的便是传播马克思主义,使黑暗中的中国有了光芒。他的一生也在践行着马克思主义。首先在教育上,李大钊先生以北京大学为阵地,以教育为主要方式,积极地宣传马克思主义,用马克思主义改造学生们的思想,用马克思主义来武装工人们的思想,用马克思主义来促进人们的精神解放。决定从教育与思想解放开始,一步一步地解放国人的思想,于是他领导了新文化运动,传播马克思主义。他提倡先从教育入手的根本目的还是要改变中国的经济基础,为的是改变经济基础后,使得其他问题都可以迎刃而解,所以,他与改良主义者有着根本的区别。在历史上,有一次论战永远被人铭记,那就是李大钊先生与胡适先生的问题与主义之争。胡适先生推崇改良,认为问题要一点一点地解决,叫李大钊先生少谈些布尔什维克主义。但李大钊先生首先指出了社会问题的解决必须是多数人的行动,而多数人的行动必须有一个共同的主义,这就是马克思主义。针对胡适先生的改良主义,李大钊先生运用马克思主义的唯物主义,对其进行批驳,他倡导要想解决中国的社会问题,必须要解决经济问题,只有解决了经济问题以后,其他的文化、政治等问题才可以解决,而不是像改良主义,将中国的社会问题一点一点地、没有重点地逐渐改革。胡适先生反对李大钊先生的阶级斗争学说,李大钊先生则指出,阶级斗争是社会发展的动力,如果要改变中国的经济基础,工人阶级必须站起来反抗阶级压迫,必须进行革命斗争,才能彻底地改变中国,使得工人当家做主,建立起一个真正的劳苦大众的社会。

李大钊先生在历史的长河中,不断地同激流和逆风做斗争,践行着马克思主义,到生命的最后一刻,他高喊出的那声"共产主义万岁"更是《共产党宣言》中社会主义必然胜利观点的体现。李大钊先生的生命永远定格在了 38 岁,一个风华正茂的年纪,一个可以挥斥方遒的年纪。他为了真理,永远地离开了我们,他是民族的脊梁,是中华民族崛起的脊梁。今天,中国正是在马克思主义理论的指导下,一步步走向了李大钊先生心中的那个理想社会,人民是国家的主人,我们摆脱了贫困,我们在习近平新时代中国特色社会主义理论指导之下,向着中华民族伟大复兴继续前行,我们不会忘记李大钊先生,更不会忘记 100 多年来为建立一个真正幸福富强社会而牺牲的仁人志士,我们将继续前行,继续用马克思主义武装我们的思想,走向更加灿烂的明天。

李大钊先生,这盛世,您看到了吗?

——2019 级社会工作专业宋一辰

形式二:手抄报

——2019 级国际关系专业林熙

——2019 级汉语言文学(3)班丘曼

形式三:诗歌

献给党

十月革命胜利

五四精神激励

凝成坚定信仰

嘉兴南湖水波

荡起革命浪潮

军民浴血奋战

换来国际尊重

革命道路曲折

历史仍然前进

建立新的中国

现在

山水秀美

日月清明

人民小康

社会安宁

国家强盛

——2019级汉语言文学专业刘雪洁

长征

十月革命信仰之光

如同惊雷照亮大地

中华欣迎马列主义

舵手撑帆调整船头

指明中国前进方向

巴黎和会虎狼贪婪

无能政府出卖主权

山河破碎悲愤冲天

五四发起爱国运动

热血青年英勇无畏

南湖漂荡一叶小船

十三位青年肩并肩

承载一份特殊使命

宛如黑暗中的明灯

点亮人民前行道路

井冈山上一簇星火

星星之火可以燎原

燎原热浪吹走阴霾

国破山河遍体鳞伤

中华儿女永不言弃

百年政党砥砺奋进

不忘初心牢记使命

中华民族生生不息

亿万人民奋发图强

一代一代续力前行

——2019 级汉语言文学专业蒋鍪

3. 实践教学案例评析

马克思主义基本原理实践教学作为课堂教学的延伸和拓展,需要以实践育人为宗旨和目的,推进马克思主义基本原理与当代实践相结合。本次实践教学紧扣教学目标,紧跟时政热点,围绕中国共产党建党 100 周年这一重大历史事件而设计,符合课程教学要求。从本次实践教学的实施情况看,学生关注度高,参与意识强,提交的实践成果形式多样,发挥了专业优势,彰显了学生的个性。总结本次实践教学,本次实践教学活动主要呈现出以下几个方面的特点。

首先,实践教学设计符合课程教学要求,找准了实践教学着力点。思政课是落实立德树人根本任务的关键课程。办好思政课,最根本的是要解决好培养什么人、怎样培养人、为谁培养人的问题。马克思主义基本原理是高校思政课的基础课程、核心课程,能否把课堂教学与实践教学有机结合,是高校思政课能否真正发挥"主渠道"和"主阵地"作用的关键。通过把读中国共产党故事与中国共产党简史结合作为实践教学主题,统一于课程教学要求,使学生能够学会用马克思主义的世界观和方法论观察和分析问题,从而深化对书本知识的理解和掌握,提高学生运用马克思主义理论分析和解决实际问题的能力。

其次,实践教学设计紧扣课程教学目标,厚植了学生的爱党爱国爱社会主义的情怀。习近平总书记曾深刻指出:"历史,总是在一些特殊年份给人们以汲取智慧、继续前行的力量。"①在中国共产党成立 100 周年的特殊年份,把学习党史作为马克思主义基本原理课的实践教学的主题,可以使学生从党的非凡历程中,领会中国共产党如何把马克思主义基本原理与中国的客观实际相结合,产生了不同时期的中国化的马克思主义,又如何运用中国化的马克思主义去深刻改变中国、改变世界,从而深刻感悟马克思主义的真理力量和实践力量,体会中国共产党为什么能,马克思主义为什么行,中国特色社会主义为什么好。

再次,实践教学主题紧扣时政热点,极大地激发了学生参与实践教学兴趣。中国共产党建党 100 周年之际,实践选题以《中国共产党简史》为素材,以"原理课"为背景,紧跟时政热点,容易引人关注。实践教学过程中,同学们课上积极参与讨论,踊跃发言,课下主动参加实践教学。两个教学大班共 225 人全部按时把实践作业提交到"蓝墨云班课",增强了学生的参与意识。从上交的实践作品质量来看,绝大多数学生都是精心准备;从上交的实践作品的多样性来看,学生的兴趣点比较广泛;从学生互评与教师综合考核的实践作品的分值看,成绩普遍高于以往其他主题的实践教学,显示了学习的积极性和主动性。

最后,实践教学成果形式多元化,彰显学生的专业优势,增强了学生的创新能力。2019 级社会工作专业宋一辰的《读〈【民族脊梁】中国最早的马克思主义者——李大钊〉有感》、2019 级汉语言文学专业刘雪洁同学的诗歌《献给党》等作品,充分彰显了文学、社会工作专业学生的专业优势。2019 级国际关系专业林熙同学、2019 级汉字与语言文学专业本科(3)班丘曼等同学的手抄报、2019 级汉语言文学专业蒋鋆同学的诗歌《长征》等均为原创作品,体现了创新能力。

4.实践教学反思

总体上看,本次实践教学做到了教学设计紧扣课程教学要求、教学过程紧

---

① 新华网.习近平在博鳌亚洲论坛 2018 年年会开幕式上的主旨演讲[EB/OL].(2018 - 04 - 10)[2022 - 03 - 15].http://www.xinhuanet.com/politics/2018 - 04/10/c_1122659873.htm.

扣课程教学目标,实践主题紧扣时政热点问题,实践设计"以教师为主导,以学生为中心",发挥了学生的主体性作用,做到了主导性和主体性相统一,但还存在着一些问题,没有完全达到高校思政课实践教学的预期效果。

首先,从整体上看,马克思主义基本原理总课时量不足。该课程是高校其他思政课的基础和核心,偏重于对理论知识的把握,课堂理论知识的讲授占用课时量比重就会大。但由于总课时量不足,用于教学实践的时间也受限。因此,实践教学的效果与作用就无法完全发挥出来。

其次,限定主题的教学实践,虽然成果形式可以多样化,但仍然不能照顾到每一位同学,不能发挥每一位学生的主体性,导致没有充分激发出全部学生内在的学习能力,以至于有个别学生的参与只是疲于应付实践教学。

最后,部分学生并没有将课堂教学中学习到的马克思主义理论内化成为自己的理性认知,或者是外化成为自身的实际行动,导致理论学习与实践活动严重脱离,因此很难发挥出高校思政课实践教学应有的效果。

综上所述,马克思主义基本原理课程的教学,尤其是实践教学,既要坚持以教师为主导,又要紧密联系学生的思想实际来开展;既要找准实践教学的关注点、切入点和突破点,又要教育引导学生运用马克思主义立场、观点、方法分析问题和解决问题;既要建设"大思政课"调动各种资源支持课堂理论教学,又要把思政小课堂与丰富多彩的社会实践教学资源相结合,发挥学生的专业特长和个性特点;既要突出实践教学,将生动鲜活的实践融入课堂教学,又要深入学习领悟马克思主义与时俱进的理论品质,让学生第一时间了解中国特色社会主义的最新实践、最新成就和马克思主义中国化的最新成果。

(撰稿人 王凯旋)

三、实践教学案例三:"同上一堂奥运思政大课"比赛活动

1.实践教学案例背景

马克思主义是科学的世界观和方法论,它以其真理伟力指引着全世界的无产阶级和被压迫阶级进行着争取自身解放的伟大斗争。中国共产党以马克思主义为其思想指导,并将马克思主义基本原理与中国实际相结合,领导中国人民走上民族复兴道路。因此,在中国特色社会主义新时代,加强青年大学生的马克思主义基本原理的理论教育,培育青年大学生科学的世界观,将之塑造成能够担当民族复兴大任的时代新人是高校思想政治教育的首要任务。为了进一步改善教学方法,实现思想政治教育的目的,马克思主义基本原理课除了发挥课堂教学主渠道,还必须重视实践教学,将理论与实际相结合,促进学生更好地形成马克思主义基本的立场,掌握马克思主义基本理论,运用马克思主义基本方法,形成马克思主义的世界观。故根据思想政治教育教学要求,根据学校、学院人才培养方案和教学大纲要求,课程组安排于 2021 年 9 月 27 日—10 月 3 日(校历第 5 周)开展马克思主义基本原理课程实践教学——"同上一堂奥运思政大课"比赛活动。

2. 实践教学案例内容

本次实践教学以各教学大班为单位,以线下线上融合的方式进行。实践教学活动开展的步骤如下:

第一步,实践教学前期准备。在实践教学周(第 5 周)的前一周,教师根据课程组的安排,将课程组制定的实践教学方案发放给学生,在课堂上强调实践教学的意义,并就实践教学的方式和实践教学要求进行解读,积极引导和鼓励同学们积极参与实践教学。教师组织各自然班按照 3 人一组分好组。

第二步,实践教学正式实施。进入实践教学周,按照实践教学方案进行实践教学,以线上和线下的方式进行。第一次实践教学课,教师组织全班同学课堂观看《同上一堂奥运思政大课》,并安排同学们课后就《同上一堂奥运思政大课》结合所学马克思主义基本原理的内容以小组的形式进行讨论,并撰写观后感,准备接下来的按小组进行的观后感演讲比赛,同时要求每个人将写好的观后感上传至云班课,作为每个人实践教学的考核材料。第二次实践课,分小组进行观后感演讲比赛。首先由教师强调实践方案中的比赛规则,组建由各班学委组成的大赛评委。然后各小组派出他们的选手上讲台参加观后感演讲比赛。最后经过激烈角逐,根据打分的高低产生本次比赛的一、二、三等奖小组,并利用课堂时间为获一、二、三等奖的小组颁奖。

第三步,线上实践。要求每个同学把《同上一堂奥运思政大课》观后感上传至"蓝墨云班课",教师根据实践要求进行线上打分。

从整个实践教学来看,同学们对实践教学是高度认同的,并积极认真参与实践教学各环节教学活动,及时将各自的观后感提交云班课,整体看来实践教学效果较好,达到了实践教学目标。下面选取几位同学的观后感以呈现实践教学的效果。

《同上一堂奥运思政大课》有感

　　《同上一堂奥运思政大课》通过奥运健儿们讲述奥运故事、接受问答等方式,讲述了从许海峰"射落首金""奥运金牌零的突破"到今天中国奥运取得的丰硕成绩。这个过程也是中国社会不断开放、不断奋进的过程。《同上一堂奥运思政大课》给我留下深刻印象的就是奥运首金的获得者许海峰的奥运故事。1984 年,新中国第一次派出代表团参加奥运会,许海峰百步穿杨,勇夺首金,这是具有里程碑意义的光辉时刻。而许海峰的个人奋斗与国家的发展更是具有极大的关联,他个人的成长离不开国家社会的发展,离不开教练和其他人的帮助,而这些正是唯物辩证法关于普遍联系的观点的充分体现。同样,我们每个人的成长成才,也离不开周围环境的影响,离不开父母对我们的养育,离不开辛勤老师们的培育,也离不开朋友们对我们的帮助。所以我们正确理解普遍联系的观点,要树立全面的观点和整体的观念,积极投身于中国特色社会主义建设并发挥我们自己的作用。

　　《同上一堂奥运思政大课》中给我留下深刻印象还有被称为"六边形战士"的马龙。2014 年起,马龙任中国男子乒乓球队队长,他是中国首位集奥运会、世锦赛、世界杯、亚运会、亚锦赛、亚洲杯、巡回赛总决赛、全运会单打冠军于一身的超级大满贯男子选手,被大家称为"六边形战士"。那么他为什么能够拿到那么多奖项呢?那是因为他每天艰苦训练,通过不断练习,最终才夺得那么多得冠军。这充分体现了量变与质变的关系原理。其实,每一位运动员,都只有通过不懈努力,才能在比赛中夺得冠军。量变是质变的必要准备,任何事物的变化都有一个量变的积累过程。质变是量变的必然结果,量变达到一定程度必然会引起质变。因此,运动员们的每一次夺冠都要付出不懈的努力。我们每一个中国人与我们的国家荣辱与共,我们的每一分努力都能够让我们的国家更加繁荣。我们作为一个学生,要通过不断学习,进行量"量"的积累,最终能够做到为中国奉献的"质"变。

——2020 级网络工程(2)班杜岩松

《同上一堂奥运思政大课》有感

　　看完《同上一堂奥运思政大课》,让我不禁感慨:何其有幸,生此盛世。四年一届的奥运会让人震撼鼓舞,也让人感动骄傲,奥运精神也时常鞭策激励着我们。通过奥运健儿们述说,我们了解到了奥运会是体育竞技场,各国奥运健将们在奥运场上为了更高、更快、更强的目标而进行残酷竞争。我们从中也发现奥运会是各国体育健儿们进行高技术切磋的场所,更是各国政府和人民进行友好交往的场所,是"和平、友谊、公平、进步"奥运精神的充分体现。奥运精神将全世界爱好运动、和平的人们联系在一起,整个世界成为一个相互联系的整体,这正是我们学习的唯物辩证法关于普遍联系的观点的更好解释。

　　通过奥运冠军们的经历我们也可以从中体会到辩证法关于发展的观点和关于否定之否定规律的运用。如从残疾人运动员茅经典、产后复出的奥运元老吴静钰身上我们都可以看到否之否定规律的作用。她们不满足过去取得的成绩,不断地超越自己,不断克服来自身体和家庭各方面的困难,克服技术上的难题,不断地经历失败再爬起、再失败再重来的过程,在错误中反思,在反思中成长。他们敢于吸收新的正确的技巧经验,勇于发现并摒弃旧的错误的习惯教训,回炉重造,千锤百炼,凤凰涅槃,浴火重生,最后在奥运场上获得理想的成绩,实现自己的突破和成长。作为一名新时代青年,我们生逢盛世,肩负重任,要心怀鸿鹄之志,不断地加强理论和技能学习,克服困难,实现自我的超越和不断发展,实现德智体美劳的全面发展。

——2020 级软件工程(2)班王毅

发扬奥运精神　共筑强盛祖国——《同上一堂奥运思政大课》有感

　　一个民族,一个国家,是要有一种精神的。中国奥运精神,顺应时代的潮流,应运而生。那么,什么是中国奥运精神?它是以往精神珍宝的继承和发扬,是一种能鼓舞人奋发进取的精神。中国的"00后"姑娘杨倩击落首金,意义非凡。无论对中国,还是对本届奥运会,这都是一个美好的开始。毕竟,奥运会是当今世界最重要的体育赛事,追求卓越是每一个人的梦想。每到奥运季,赛场都会吸引全世界的目光,而奥运首金,则意味着开启与突破。当中国的运动员站到了领奖台上,当《义勇军进行曲》一次次响彻大地,当五星红旗一次次冉冉升起,相信自豪、激动的情愫会在每一个国人的心中涌动。首金印刻下东方大国走向世界舞台的步伐,民众为之欢呼,完全可以理解。如今,中国已经成为世界第二大经济体,也早已不再信奉"金牌至上",赢得金牌固然可喜,未能冲顶也不必落寞,但无论如何,首金仍具有提振士气、鼓舞人心的作用。这块由"00后"夺取的金牌也再次表明,新生代已经站在舞台中央,成为不可忽略的新势力。奥运精神激励着我们每个人,立雄心壮志,为国家兴盛、民族复兴发挥我们的能动作用,这也是马克思主义关于意识能动性的体现。但是我们在发挥主观能动性的同时,一定要从实际出发,尊重客观规律,将主观能动性与客观规律性相结合,促进自我和社会的共同进步。

——2020级软件工程(2)班李晨光

青春盛世燃体育爱国精神——《同上一堂奥运思政大课》有感

时序轮替中,始终不变的是奋斗者的身姿;历史坐标上,不变的是奋斗者的步伐。在奥林匹克的赛场上一直有我国运动员拼搏的身影,他们赛出了风采,同时也将这种体育精神在时光中传承。通过《同上一堂奥运思政大课》,我们触摸到他们的想法,知道他们使命在肩,拼搏之姿常在。奋斗拼搏,结束即是起点,精神恒久流传。东京奥运会上,肖若腾的每一个动作几近完美,虽以0.4分之差与金牌失之交臂,但他教科书般的落地被人们记住了。一次平稳的发挥,一个完美的动作,化在无数次重复的练习中,在强者如云的奥运会上,只要能够做好每一个动作就是最大的胜利。跆拳道选手吴静钰痛失金牌,她却说一场比赛没有得到就有学到,这正是唯物辩证法的辩证否定原理最好的体现,失败乃成功之母,这次失败将为她下次的胜利打下基础。桐花万里丹山路,雏凤清于老凤音。看到那些运动员不断突破自我,燃烧青春奋斗不止,传递爱国精神和拼搏精神,即将成为时代的中流砥柱的我们准备好了吗?青春盛世,使命在肩,拼搏有我,为了人民的幸福安康、为了国家的繁荣昌盛,我们将不惧困难,矢志与困难做斗争,推动着社会的进步与发展,我相信中华民族的伟大民族复兴一定会实现。

——2020级软件工程(2)班侯雯婷

《同上一堂奥运思政大课》有感

马克思主义基本原理对我们树立正确的价值观、世界观、人生观具有重要的意义。我从中学习了很多科学的方法论,对个人的成长帮助很大。我着重谈谈学习量变与质变规律的心得体会。纵观取得成就的人物,无一不是从量变开始积累,在量变已经达到一定程度后,促成质变,实现事物的飞跃。比如射击运动员许海峰,他是中国奥运会金牌第一人,也是中国体育射击史上第一个集奥运会冠军、世锦赛冠军、亚运会冠军、亚锦赛冠军多项荣誉于一身的运动员,他认为体育精神就是拼搏精神。许海峰进入安徽省射击集训队后,夏练三伏,冬练三九,在刻苦努力下,射击技术稳步提升,量变的过程异常辛苦,但他坚持不懈,实现了第一次质变的飞跃,他在第五届全运会射击比赛中获得自选手枪慢射和气手枪两块银牌。所以量变是质变的必然准备,质变是量变的必然结果,同时质变又为新的量变开辟道路,使事物在新的质的基础上开始新的量变。许海峰并没有满足这个成绩,继续刻苦训练,完成了新的质变,第23届奥运会射击赛场,27岁的许海峰夺得自己人生中首项冠军,也是中国人在奥运会上夺得的第一块金牌,这是中国奥运史上零的突破。接着在亚运会上,他一人为中国赢得4枚金牌,并刷新一项世界纪录。此后他不断地突破自己,夺得一个又一个金牌。由此我看到事物的发展就是这样由量变到质变,又在新质的基础上开始新的量变,如此循环往复,不断前进。许海峰的故事使我看到了量变和质变规律的现实意义:一方面,当事物的发展处在量变阶段时,我们要从一点一滴的小事做起,脚踏实地,埋头苦干,积极做好量的积累,为实现事物的质变创造条件;另一方面,当质变来临的时候,要果断地、不失时机地抓住机遇,促成质的飞跃,使工作迈上新台阶。

——2020级计算机(1)班于佳岐

《同上一堂奥运思政大课》有感

《同上一堂奥运思政大课》是中国奥运健儿以硬实力讲述的一个有关发展中大国的拼搏故事。这堂课不仅展示了奥运健儿们的风采,还体现出了中国的奥运精神,更让我们了解到了马克思主义基本原理在现实中的实践体现!在这些奥运健儿之中,让我印象最深的还是为中国夺得首枚奥运金牌的许海峰。在洛杉矶奥运会上,许海峰凭借着566环的高分,使中国在奥运会上实现了零金牌的突破。这无疑是奥运会上令人激动的一件事,同时也是中国在奥运会上重要的里程碑,在这之后,中国健儿在奥运会上不断夺得金牌。这正是实践和认识辩证关系的体现。实践是人类认识产生发展的基础,实践是认识的基础,实践在认识活动中起着决定性的作用。就如许海峰本人说的那样,在他夺得金牌之前,也没觉得奥运会多重要,只是当作一个国际比赛而已,但他夺得奥运金牌后,才知道这枚金牌对中国体育界有多么重要的影响。这便是从认识到实践再到认识的过程,从一开始的浅薄认知通过实践得到更为深刻的认知。他的夺冠,极大地鼓舞了中国体育界,让中国的奥运健儿们更加拥有夺冠的信心。同时这也是质变与量变的过程,在许海峰之前中国从未夺冠,但从他夺冠后中国的金牌不断增长,这说明中国运动员前期的积累已经达到了一定的水平,量变促成了质变。这些荣耀的背后意味着什么呢? 不仅是辛勤的汗水,自强不息、勇于拼搏、战胜自我的精神,更说明了祖国经济的强大,科研实力的增强。从奥运会的奖牌榜上,我们也能看出一个国家的强弱。只有强大的国家在运动健儿的背后支持着,运动健儿们才能没有顾虑地去锻炼、去拼搏、去参加比赛。而为了回报国家的支持,奥运冠军不惜牺牲自己的乐趣、休闲和享受。从"六边形战士"马龙身上我们就可以看到国家的强大和运动员们对国家的热爱。马龙一度需要面对伤痛、器材更换、年轻选手的冲击,如果没有一个强大富足的国家支持他,他怎么可能熬过伤痛夺冠? 如果马龙没有一颗热爱祖国的心,面对这些困难的时候他又怎么能坚持下来? 这体现出了我国作为一个大国的伟大价值观。对于民族与国家来说,最持久、最深层的力量是全社会共同认可的核心价值观,因为它承载了一个民族、一个国家的精神追求,体现着一个社会评判是非曲直的价值标准。

——2020 级网络工程(1)班孙宝贵

3. 实践教学案例评析

结合同学们的观后感及其实践过程,可以看出本次实践教学效果较好,这一方面说明本次实践从学院、课程组到教师组织得较好,实践教学各环节紧凑;另一方面也说明同学们对实践教学高度认同,对实践教学的学习态度积极认真,这点从他们参与实践教学的各环节和提交的观后感就可以知晓。整体上来看,实践效果好,达到了实践教学目标。现结合同学们的观后感和整个实践过程中的表现,对本次实践教学做一简要评析。

(1)取得的成绩

第一,锻炼了同学们理论联系实际的能力,加深了他们对马克思主义理论的认识和把握。如,2020 级网络工程(2)班的杜岩松将奥运思政课关于许海峰为中国夺得奥运首金的故事与普遍联系的观点结合,进而联系到一个人的成长和全面发展离不开外在环境的影响,从而体会到要从全面的、整体的视角看待个人与社会、个人与国家的关系。同样,2020 级软件工程(2)班的王毅也从普遍联系的观点和立场出发,认为奥运会不仅是各国运动员竞技的场所,还是一个聚集共识、人们友好交往的场所。还有同学通过运动员们对比赛的态度来理解和把握马克思主义的基本观点和原理,2020 级软件工程(2)班的王毅从残疾人运动员茅经典和产后复出的奥运元老吴静钰身上看到了否定之否定规律的作用。2020级软件工程(2)班的李晨光从奥运精神来理解意识的能动性及发挥主观性与尊重客观规律性相统一的原理。2020级计算机(1)班的于佳岐从徐海峰的故事看到了量变质变规律的现实意义:一方面,当事物的发展处在量变阶段时,我们要从一点一滴的小事做起,脚踏实地,埋头苦干,积极做好量的积累,为实现事物的质变创造条件;另一方面,当质变来临的时候,要果断地、不失时机地抓住机遇,促成质的飞跃。

第二,通过实践活动,进一步强化了同学的马克思主义信仰和爱国主义情怀。2020级网络工程(1)班孙宝贵在观后感中认为,马龙之所以能克服伤病和各种困难最根本的原因在于其坚定的爱国心。2020级软件工程(2)班侯雯婷在观后感中也表达了自己的爱国热忱,表达了要为国家做贡献的意愿。她在文中写到"看到那些运动员不断突破自我,燃烧青春奋斗不止,传递爱国精神和拼搏精神,即将成为时代的中流砥柱的我们准备好了吗? 青春盛世,使命在肩,拼搏有我,为了人民的幸福安康、为了国家的繁荣昌盛,我们将不惧困难,矢志与困难做斗争,推动着社会的进步与发展,我相信中华民族的伟大民族复兴一定会实现。"

第三,本次实践能增强同学们的团结合作,培育其集体主义精神。实践教学活动是全员参与,这极大地调动了同学们学习和运用马克思主义理论的热情和信心。同时通过班级实践活动和小组活动的形式,也培育了同学们的团结合作精神,增强了班级凝聚力,增强了他们的集体主义意识和集体主义观念,强化了他们的集体主义行为。

(2)不足之处

一是个别同学对有些理论的掌握还不全面。这种情况导致其对社会现象和社会问题的分析不够深入、全面,停留在表面,不能透过现象看本质。

二是个别同学理论和实际结合不够紧密。其表现为这些同学知道某个现象和问题具体要用哪个理论来分析,由于他们缺少理论联系实际能力,理论与问题不能有机结合,做不到将理论融入现实中去,导致理论与问题出现了"两张皮",二者之间的结合非常生硬。

三是极个别同学根本不知道如何将理论与实际问题相结合,将观后感写成了纯粹的情感体验文章。这些问题的存在都影响实践教学整体效果。

（3）改进建议

鉴于问题的存在,我们要本着实事求是态度,加强对问题的改进,不断完善实践教学的方式方法,提高实践教学的效果。具体来说,要从几个方面入手:一是通过强化理论课堂上对理论的讲授,将理论讲透,让学生更好地对理论进行把握;二是要鼓励学生阅读马克思主义经典,让学生在读经典中体会马克思主义理论的要义,增加学习理论的信心和兴趣;最后就是要进一步拓展实践教学的空间和领域,将实践教学与工农业生产实践相结合,让同学们在鲜活的实践中得到锻炼,推动马克思主义实践教学的不断进步和发展。

（执笔人　王芝兰）

四、实践教学案例四:"一个观点,一个故事"微视频、微课比赛活动

1.实践教学案例背景

为引领学生深刻理解马克思主义基本原理,现按照理论与实践相结合的基本原则,决定组织开展马克思主义基本原理课程实践教学暨"一个观点,一个故事"比赛活动。本次实践教学旨在通过引导学生用马克思主义的立场、观点和方法来学习和分析社会问题及现象,深刻领悟马克思主义基本原理课程中的相关理论,深刻体会马克思主义理论的科学性、人民性、发展性和实践性。通过这次实践教学,学生可以尝试用马克思主义理论来阐释身边事、熟悉事,更能够深刻感悟到马克思主义理论的解释力和魅力。

2.实践教学案例内容

本次实践教学采用了线上线下相结合的方式进行,首先通过"蓝墨云班课"在线公布活动方案、实施路径、参考案例和考核办法,然后在线下课堂教学开展讨论、文案设计以及拍摄工作,并将视频上传到"蓝墨云班课"中。该项实践教学共50个"经验值",由教师在线评分选出前六名,再由这六个小组的代表在课堂上进行作品展示说明,最后从高到低,产生一、二、三等奖。

任务布置后,同学们热情高涨,均及时提交了作品。下面是2020级通信工程(1)班、2020级通信工程(2)班、2020级物理学组成的教学班的部分获奖实践教学成果。

（1）2020级通信工程专业黄榕的微视频作品:《认识的辩证过程》

视频讲述了一个男孩和一个女孩的故事。在校园小道上,一个男孩正想和一个女孩打招呼,女孩以为男孩图谋不轨,没想到男孩只是想把捡到的书还给女孩。被感动的女孩想将自己的联系方式给男孩,没想到,男孩的最终目的却是卖笔!这故事虽然简短却展现了人的认识的曲折性,认识在实践中产生,先是感性认识然后上升为理性认识,再由理性认识回到实践,这是一个由实践到认识、再由认识到实践的完整的认识过程。一个正确的认识常常不是通过实践——认识——再实践一次反复就能完成的,而是要经过多次反复才能完成,整个人类的认识也是有限与无限的统一。

(2)2020级物理学专业李海锋的微课作品:《客观规律与主观能动性的辩证统一》

微课从苏格拉底和青年人的对话引入客观规律与主观能动性的辩证统一这一主题,然后结合奥运会乒乓球男单冠军马龙成功背后的艰辛故事,说明目标和努力的重要性,从而用事实说明尊重客观规律是发挥主观能动性的前提,发挥主观能动性是客观规律发挥作用的手段和途径。对大学生而言,目标明确、持续努力是完成学业、取得成绩的必由之路。

(3)2020级物理学专业陈永帅同学的微课作品:《宝剑锋从磨砺出,梅花香自苦寒来:量变与质变的辩证关系》

微课结合《同上一堂奥运思政大课》中运动员们坚持不懈、不怕吃苦的拼搏精神,以及他们对体育运动的热爱,说明不积跬步无以至千里,不积小流无以成江河。运动员周佳敏作为一名残疾人,努力克服困难,每天坚持训练10个小时以上,最终站上了领奖台。这就体现了质变和量变的辩证关系即量变是质变的前提、质变是量变的结果,量变和质变相互渗透。蝴蝶效应也是体现质变和量变关系的经典案例。蝴蝶效应指在一个动态系统中,初始条件的微小变化,将能带动整个系统长期且巨大的链式反应,是一种从量变到质变的飞跃。我们的学习也是一样,只有积累到一定的程度才能取得好的成绩。

3.实践教学案例评析

该教学班109人全部参加了本次实践教学,并以小组方式在"蓝墨云班课"提交了作品。从教师考核结果看,有2位同学获得了本次实践教学的最高绩点50分。得分45分以上(即得分率90%,优秀)的有30人,优秀率为27.5%。最低分为30分(即得分率60%,及格),及格率100%。这一方面说明本次实践教学组织有力,主题贴近学生的理解和生活,形式也受到学生欢迎;另一方面说明该教学班同学对实践教学的态度比较积极,能踊跃参加实践教学,实践教学效果较好。从学生提交的微视频和微课作品来看,这次实践教学总体上具有以下几个特点。

首先,加深了同学们对唯物辩证法的认识。从以上作品看,同学们都有意识地将生活与原理衔接起来,用生活诠释原理,用原理解释生活,从而达到了加深理解,自觉运用原理来回应生活的目的。例如李海锋同学在微课中就用运动员马龙的故事来说明客观规律性与主观能动性的关系,黄榕的微视频作品就用生活中的一个小故事来说明原理,陈永帅的微课作品将黄佳敏的故事与质量互变规律结合起来。这表明,以微视频、微作品为形式的实践教学可以达到将理论与实践统一起来的效果。

其次,引发了同学们对人生的深度思考,激励同学们为了追求真理而努力奋斗。李海锋同学用客观规律性与主观能动性的关系来说明学习需要好的方法和态度。黄榕的微视频作品用认识的辩证过程说明认识是曲折的,呼吁大家不要被生活现象轻易迷惑。陈永帅则用质变量变规律说明学习是一个不懈积累的过程。这表明,同学们对马克思主义的基本观点与生活的思考已形成一个从实践到理论再到实践的闭环。

最后,激发了部分同学进一步学习马克思主义理论的兴趣。"原理课"是四门思想政治教育理论课中最抽象,也是最难学好的一门课,很多同学都有畏难情绪。但是通过实践教学这个缓冲期和思考期,同学对马克思主义理论的理解更加具体、感性。在实践教学考核中取得的好成绩有力地激发了他们的学习热情,为后续的理论学习打下了良好的基础。

总体上看,同学们在作品中既谈理论又谈实践,将理论与实践结合起来进行思考,这是符合"原理课"实践教学的目标要求的。高校思想政治理论课同基础教育阶段思政课的最大不同在于其"理论性",强调通过理论教育解决实践问题,其实践教学与其定位相匹配,完善"实践——理论——实践"的闭环。

(撰稿人 何化利)

五、实践教学案例五:"观经典电影(视频),悟基本原理"比赛活动

毛泽东曾指出:"实践、认识、再实践、再认识,这种形式,循环往复以致无穷,而实践和认识之每一循环的内容,都比较地到了高一级的程度。"[①]这里指

---

① 毛泽东.毛泽东选集:第1卷[M].北京:人民出版社,1991:296.

出,实践决定认识,实践是认识的来源和基础,认识对实践有能动的反作用。现以海南热带海洋学院马克思主义基本原理课(以下简称"原理课")实践教学精选案例为例进行分析,展示我校"原理课"实践教学的成果,强化"原理课"实践育人和课程育人的实效,帮助学生准确理解马克思主义理论,以及马克思主义基本原理与中国的具体实际相结合,在当代中国的灵活运用和具体发展,实现理论创新和实践创新的良性互动,自觉学习和运用马克思主义作为理论武器和行动指南,在实现中国梦的伟大实践中放飞青春梦想和书写人生华章。

1.实践教学案例背景

为引领学生深刻理解马克思主义基本原理,按照理论与实践相结合的基本原则,根据人才培养方案和教学大纲的要求,针对2021—2022学年第1学期开设"原理课"的理科生,组织开展"原理课"实践教学。恰逢中国共产党成立100周年,结合"原理课"教材第七章"共产主义崇高理想及其最终实现"的相关教学内容(主要包括:实现共产主义是历史发展的必然;实现共产主义是长期的历史过程;坚持远大理想与共同理想的辩证统一;坚定理想信念,投身新时代中国特色社会主义事业),弘扬伟大建党精神,赓续红色血脉,引导学生用马克思主义的立场、观点和方法分析问题、解决问题,领悟"原理课"中的相关理论,体会马克思主义理论的四个鲜明特征,即科学性、人民性、发展性和实践性。实践教学的根本目的在于引导学生理论联系实际,关注社会热点问题,提升认识世界和改造世界的能力。为了更加丰富"原理课"实践教学的形式和内容,将《感动中国十大人物》《马克思是对的》等视频资料作为教学素材融入"原理课"的实践教学中,使之成为当代大学生的价值指引和强大的精神动力,对"原理课"的课程建设具有重要的理论意义和实践意义。

2.实践教学案例内容

(1)活动主题

面向修读马克思主义基本原理课程的全体学生,开展"观看《马克思是对的》和《感动中国十大人物》,悟基本原理"实践教学活动。

(2)实施步骤

第一,课堂观影。任课教师指导学生观看《马克思是对的》和《感动中国十大人物》。

第二,课后讨论。要求学生以小组为单位(不超过3人一组),以《马克思是对的》和《感动中国十大人物》为素材,运用"原理课"中的相关理论对素材进行分析讨论。

第三,以小组为单位撰写观后感。学生结合小组讨论的内容,完成一篇观后感。

第四,课堂演讲。学生自荐优秀的观后感,进行现场演讲比赛。

第五,作业提交。以小组为单位,先提交电子版本到各班"蓝墨云班课"上,以便老师进行评分,同时提交纸质版以便于实践教学材料汇总装订。

(3)评分细则

评分指标	评分要求
内容(70分)	突出用马克思主义原理来分析素材,从素材中悟原理(60分); 与马克思主义基本原理概论课程教学内容无直接联系,未直接体现马克思主义基本原理的,不纳入评选范围
题目(15分)	题目精准地概括内容(15分)
原创性(15分)	自主原创,禁止抄袭(15分)

(4)优秀作业精选

实践作业任务布置后,同学们自行分组进行了深入研究和激烈讨论,均按时提交了观后感,并推荐小组代表上台演讲。下面是2020级生物科学(1)(2)班、2020级园艺班、2020级园艺3+4班等组成的教学班的部分获奖实践教学成果。

观看通俗理论对话节目《马克思是对的》与张桂梅校长的事迹后,我深受感动并写下了我的感悟。马克思在17岁时就写下《青年在选择职业时的考虑》:"如果我们选择了最能为人类幸福而劳动的职业,那么,重担就不能把我们所压倒,因为这是为人类而献身;那时,我们所感到的就不是可怜的、有限的、自私的乐趣,我们的幸福将属于千百万人。我们的事业是默默的,但将永恒地存在,并发挥作用。面对我们的骨灰,高尚的人们将洒下热泪。"由此可见,青年时期的马克思便有心系天下的情怀。

而古语有云:故天将降大任于斯人也,必先苦其心志,劳其筋骨,饿其体肤,空乏其身。当时社会大背景下,资本主义生产方式已经开始创造比历史上任何时期都多的财富,但也创造了一大批一无所有只能出卖劳动力的工人阶级,对此深受进步思想熏陶的马克思感到十分痛苦。且马克思的生活也十分拮据,甚至买不起一片面包。老年时的马克思又经历疾病与亲人离世的痛苦。但所有的一切,都没能改变马克思对人类的解放事业和实现共产主义理想的坚持。

我曾一度认为马克思主义离我们很遥远、很晦涩难懂,直到我看到"感动中国人物""最美逆行者",原来马克思主义的身体力行者就在我们身边。例如张桂梅校长,她为教育事业舍弃小我,将一生的积蓄都用在大山里女孩们身上。自然击她以风雪,她报之以歌唱。命运置她于危崖,她馈人间以芬芳。

《孟子》有云:穷则独善其身,达则兼济天下。而按照马克思主义世界历史理论的观点,我国提出了人类命运共同体,更让我们明白个人是社会的一员,我们在实现个人利益时也要兼顾他人利益。这更显马克思主义的先进性、纯洁性。

习近平新时代中国特色社会主义思想是马克思主义中国化的最新成果,社会主义核心价值观是当代大学生的价值准则,我们要积极践行社会主义核心价值观,并将其内化于心,外化于行。通过参加"原理课"的实践教学活动,我们深受启发,并更加坚定理想信念,努力成为有责任、有理想、有担当的青年。我们是无偿献血者、我们是社会活动志愿者。我们早就是马克思主义的实践者,也将永远是。

——2020级生物科学(2)班顾柳发

今年秋季新学期的开学典礼上。云南丽江华坪女子高中收到一份特殊的礼物——那就是2008年9月1日当天,天安门广场升起的一面五星红旗,而当天也是华坪女子高中开学的第一天。在面对这面国旗时,张桂梅校长带领着她的"孩子们"庄重的宣誓:我们会用生命来保卫我们的国旗,我们会用我们的生命来捍卫我们的祖国。

如今,张桂梅的名字已是家喻户晓,而她与那几千女孩们的故事也已深入人心。在与世隔绝的大山,闭塞的交通,落后的教育,无一不封锁着当地人们的思想认知和精神世界,而重男轻女的思想也深深地影响着当地一代又一代的人。张桂梅的出现无疑给当地的女孩们带来了希望。她深知"知识改变命运"对大山里的女孩们有多重要,所以日复一日地早起督促女孩们起床、学习、睡觉。在这样高强度的工作下,她累垮了,但当时怕耽误毕业班的考试,她把病情诊断书放进抽屉里,忍着剧痛把女孩们送进考场才住院进行手术。

张桂梅校长曾说过,"只要还有一口气,我就要站在讲台上,倾尽全力,奉献所有,九死亦无悔"。张桂梅校长的这句话也体现了社会主义核心价值观中的

"敬业"。对民族与国家来说,最持久、最深层的力量是全社会共同认可的核心价值观,因为它承载着一个民族、一个国家的精神追求,体现着一个社会评判是非曲直的价值标准,所以张桂梅校长创造的价值,是值得全社会认可和追求的!

——2020 级生物科学(1)班徐芳

在贫困的大山深处,总有这样一群女孩,她们从来不被重视,还未成年就离家打工;她们的人生迷茫,不知大山之外的世界;她们没有选择,仿佛只能接受命运的摆布。

作为党的十七大代表的张桂梅同志,深刻地意识到这群女孩唯一的出路就是读书。她四处奔波渴望创办一所免费女子高中,可惜即便办学成功,大山里也少有愿意让女孩读书的父母。要想改变姑娘们的人生,就要改变她们父母的观念。

如何改变守旧观念,怎样让大众脱离贫困思想,成为一道难题。但马克思曾指出:"观念的东西不外是移入人的头脑并在人的头脑中改造过的物质的东西而已。"因而,被贫穷和无知裹挟着的人往往不会意识到知识所带来的无穷力量,也会忽视了把握时机的重要性。可我们知道,意识对物质具有反作用,意识的目的性可以表现出主体的选择性,比如视频中的父母逐渐领悟到读书对于家庭的改变有着深远的意义,为了"改变家庭现状"这个目的而去选择送子女读书。

同时,实践也为成功奠定了基础。张桂梅作为实践的主体具有自主性和能动性,她运用了理论知识与经验之谈改变了众人的刻板观念。老师、学生及其父母在这场实践关系中相互离不开。因此在客体与主体的双向运动里,众人的思想也不断地发展着、进步着。

最终,在张桂梅同志的不懈努力下,历经几载春秋,终将温暖送于千万家。就张桂梅同志的大爱举动而言,这是她坚守作为一名党员的初心所在。这样的行为所具有的价值与意义不仅仅体现在物质上,更是体现在精神上和观念上。打破思想上的贫困,用教育扶贫的方式切断贫困代际,才能真正实现"读书改变三代人"的美好祈愿。

"我生来就是高山而非溪流,我欲于群峰之巅俯视平庸的沟壑。我生来就是人杰而非草芥,我站在伟人之肩藐视卑微的懦夫。"这句来自丽江华坪女子高中的校训读来令人动容。我们应当向张桂梅同志学习,发扬艰苦奋斗、无私奉献的精神,在党的领导下,坚定不移地向前走。

——2020级园艺(2)班方婧佳

3.实践教学案例评析

首先,实践课堂深化知行合一。实践教学的形式多样、内容丰富,使同学们心灵上受到熏陶和感染,极大地激发了同学们的内在驱动力。本次实践活动紧密结合"原理课"课程内容,主要通过集体观看《马克思是对的》和《感动中国十大人物》等视频节目开展,课后同学们分组进行讨论小结,最后选派小组代表在课堂上进行演讲、分享体会。从实践课堂上同学们分享的内容可以看出,同学们不仅能充分理解"原理课"相关知识点,对资料进行整合,在讨论过程中提炼自己的观点,围绕核心观点整理出发言提纲,而且从马克思、张桂梅等先进人物身上,同学们深刻地领悟到人生理想是指引着人们奋斗前行的航标,是推动人们砥砺奋进的强大精神动力。此次实践教学活动让同学们在"知行合一"的社会实践中接受锻炼和教育,在互动中得到启迪,在沟通中提高认识。

其次,实践内容回应现实关切。实践教学的内容都是选取一些鲜活生动的案例、视频资料,符合"原理课"课程教学要求,贴近大学生的生活实际,能够较好地回应学生关注的现实问题和社会热点问题,极大地激发了学生的学习兴趣和思考深邃。中华民族伟大复兴进入了不可逆转的历史进程,但是各种社会问题和矛盾依然存在,"国家者,我们的国家","为天地立心、为生民立命、为往圣继绝学、为万世开太平"。国家至上、人民至上、生命至上,坚持以人民为中心,是马克思主义理论人民性的生动体现。通过实践教学活动,师生一致达成情感共鸣和思想共识,人类是一个命运共同体,在灾难面前人类唯有携起手来,坚守敬畏自然、尊重生命的生态伦理原则,秉承人与自然和谐共生的人类共同价值,才能在习近平总书记提出的"清洁美丽世界""美好地球家园"生态文明建设目标的道路上,真正实现跨越性的发展和进步。

最后,课后讨论实现教学延伸。"原理课"坚持学生的主体地位和教师的主导作用相统一的原则,采用互动式实践教学方式,采取课堂集体观影、演讲和课后小组讨论总结相结合的多样化实践教学模式,有效地弥补"原理课"课堂教学的枯燥性和单一性,更好地让思政课堂亮起来、活起来和动起来。课后讨论的实践教学形式从授课教师告诉学生某一问题的结论到鼓励学生主动寻找答案,这一转变有助于调动学生主动学习的积极性,能够通过学生自主寻找答案的过程帮助学生加深对理论知识点的理解,拓展学习思路,逐渐学会自主学习。从学生小组讨论的总结,可以看出学生们能够自觉运用马克思主义的基本观点、立场和方法分析问题和解决问题,认识到理想信念的重要性,以及如何处理实现个人理想和社会理想之间的关系。

在2021年中国共产党成立100周年之际,"原理课"教研室通过一系列的实践教学活动,回顾和见证了中国共产党带领中国人民所取得的伟大成就,进一步加深了学生对伟大建党精神的理解。学生们积极弘扬伟大建党精神,结合自己所学的专业,理性地思考自己的发展定位,制定职业生涯规划,认真学习专业知识、夯实专业技能,运用历史思维、整体思维、辩证思维、系统思维、战略思维和创新思维等科学的思想方法,更好地实现改造主观世界和客观世界的有机统一。展望未来,新时代大学生在学习马克思主义理论上不断深化认识和强化践行,必将更加有效地推动中国特色社会主义伟大事业不断走向新的和更大的胜利。

4.实践教学案例小结

(1)由于课程班级人数较多,作为实践课堂,分小组讨论是一个非常不错的应对办法,一则为大学生提供了理论课堂上的互动环节,二则提高了学生的学习积极性。同时,以集体观看经典电影(视频)等喜闻乐见的形式开展实践教学,能够做到全员参与,并且素材内容丰富、形象生动,具有很强的启示教育意义。

(2)在实践课堂的所有阶段均设计了激励机制,通过云班课网络教学平台中举手、抢答等板块开展课堂互动,打破了平时只有老师主讲的相对沉闷的学习氛围。以经验值的积累来评定学生的平时成绩,借助云班课"小组任务"的板块布置实践作业,同学们可以看到各自提交的作业内容,可以采取学生互评、教师评分、匿名评分等方式相结合的形式,使实践作业评分的方式变得更加灵活,极大地提升了学生的参与热情和互动的积极性。

(3)减少了课程平时考核环节中纯考勤的单调方式,减轻学生的厌学情绪,灵活而科学地进行了有效的平时考核。

(4)本次实践教学的成效显著,极大地提高了学生的语言表达能力,引起同学们的情感共鸣,充分调动了同学们学习的积极性和主动性。同学们的演讲抑扬顿挫、有理有据,引用名人名言鼓舞人心,使在场的同学们真切地感受到马克思主义理论的魅力,增强了"原理课"的亲和力、感染力和说服力。从演讲学生的仪表形象来看,他们着装大方、自然得体,举止从容、端正,精神饱满。在唇枪舌剑的小组讨论中、激情澎湃的演讲中,同学们交流了思想、传递了正能量,促进师生之间和学生之间广泛交流意见,提高学生独立思考及分析问题的能力,培养学生口头表达自己观点的能力。

(5)实践教学活动教师总结点评环节,一方面要积极回应学生关切的问题,充分肯定学生学习的成效,鼓励学生深入思考和研究,培养学生的创造性,提高学生的参与感;另一方面授课教师应正视学生的观点,在学生阐述明显错误的观点时也不应一味打击,而应该尽量找寻学生们对于该话题的共识之处。

此次"原理"课实践教学活动,极大地激发同学们的责任担当意识,展现了同学们良好的精神风貌和朝气蓬勃的青春气息,掀起了一股"读原著、学原文、悟原理"的学习热潮,同学们刻苦钻研、报效祖国、服务人民的热情和劲头传递到校园的每个角落。我们坚信,在一代又一代青年的接续奋斗中,我们的国家会越来越强大,我们的生活会越来越美好,圆梦的脚步就会越来越坚实。

总之,高校要不断创新"原理课"实践教学模式,强化"原理课"课程育人的实效,增强"原理课"的亲和力,彰显"原理课"的理论深度和实践温度,使马克思主义的理论焕发出璀璨夺目的光芒,指引着当代大学生不忘初心、砥砺前行。新时代大学生自觉将马克思主义理论内化于心、外化于行,做一个有梦想、有理论、有作为、有意志、有情怀的时代新人。

(撰稿人　梅娟)

六、实践教学案例六:"读百年党史,悟基本原理"比赛活动

1.实践教学案例背景

马克思主义基本原理课程主要讲授马克思主义理论的基本立场、观点、方法,内容涵盖马克思主义理论三个主要的组成部分,旨在帮助大学生树立正确的世界观、人生观和价值观,是高校思政课中学理性最强的一门课程,也使得学生在学习中容易产生晦涩难懂的感觉。学史明智、学史知理,向历史蕴含的丰富智慧中寻找解决现实问题的答案,能够使抽象的理论更加接地气,使这门思想性和理论性强的课程更加具有亲和力和针对性,提升"原理课"教学实效性。

中国共产党百年史既是党的发展壮大史,是马克思主义基本原理同中国革命、建设和改革的具体实际相结合的历史,也是马克思主义理论在中国大地落地生根,展现科学的理论的现实力量的历史。通过让学生读中国共产党故事,在中国共产党的百年风雨历程中理解"原理课"中的相关理论,领悟马克思主义基本原理的科学性、人民性、实践性和发展性,并通过引导学生用马克思主义的基本立场、观点和方法学习和分析中国共产党的百年历史,体会中国人民为什么选择马克思主义、选择中国共产党,选择中国特色社会主义道路,感悟"中国共产党为什么能,马克思主义为什么行,中国特色社会主义为什么好"。

在 2021 年中国共产党建党百年之时,结合纪念建党 100 周年等形势与政策,"原理课"教研室组织开展本次实践教学。

2.实践教学案例内容

本次实践教学通过"蓝墨云班课"在线进行。在实践教学开始前,教师在"蓝墨云班课"公布了"实践教学方案"以及读中国共产党故事的有关资料和网络链接,并在线下课堂教学时就实践教学的实施路径和考核办法进行了说明。

2021 年 4 月 12 日—4 月 18 日,任课教师指导学生读中国共产党故事,并要求学生以中国共产党的历史故事为素材,结合自己专业特长,创作能够深刻诠释《马克思主义基本原理》中相关理论的论文、文学、艺术、科学等作品(表现形式可以是论文、散文、读后感、诗歌、手抄报、音乐作品、手工作品等,但不能是微视频),并提交电子版本到"蓝墨云班课"上,同时提交纸质版以便于实践教学材料汇总装订。因为本学期两次实践教学中形成的实践成绩共占到"原理课"总评成绩 100 分中的 20%,也就是一次实践教学活动的分数为 10 分,故该项实践教学设了 10 个"经验值",和"原理课"最后总评成绩相对应。先由同学们在线互评形成基础"经验值",再由任课教师在尊重学生互评成绩的基础上,结合观后感内容、质量,酌情奖励"经验值"或扣减"经验值",最后从高到低排序,每个教学班(非行政班)评选出 1 个第一名、2 个第二名、3 个第三名。同时,自 2021 年 4 月 19 日起至本学期末,获奖作品将发布在公众号——萌新与马克思上。

任务布置后,同学们热情高涨,均及时提交了实践教学的作品。笔者所带的 2 个教学班的作品有散文、论文、读后感、观后感和手抄报等多种形式。下面是两个教学班的部分获奖实践教学作品的节选或图片。

那无数先烈们用鲜血染红的党旗上,我看见翻卷着的,是打倒日本帝国主义的怒涛;转动着的,是反饥饿、反内战、反压迫的狂澜;流淌着的,是为捍卫祖国而磅礴的血浪;荡漾着的,是对人民大众的爱怜。看着看着,我俨然冲破了时空,带着一双矫健的翅膀和明锐的眼睛,遨游在历史的长河里。

面对党旗，我们恍如看见中国共产党一次次拨正革命的航向，领导着中国革命从成功走向新的胜利。从秋收起义上井冈到树立延安革命圣地，从遵义会议万里长征到重庆会谈、解放战争，中国人民劈开混沌，拨云见日，终于推倒了"三座大山"，创立了社会主义新中国。中国人民从此站起来了！

面对党旗，我们好像看见中国共产党绘就了改革开放的宏伟蓝图，中国人民讲述着"春天的故事"，敲响了新时期的锣鼓。二十年，俯仰之际，转瞬之间，神州大地产生了前所未有的沧桑巨变。

——2019级汉语国际高瑜泽

从马克思主义价值论看，党的百年历史启示我们，要坚守人民至上的价值观，坚持把人民利益标准作为最高评判标准，要摒弃把个人得失和部门利益置于首位的做法，始终坚持从人民的根本利益出发考虑问题，把自己的人生追求和价值目标融入为祖国富强、民族振兴、人民幸福的奋斗之中。

从马克思主义辩证法看，党的百年历史启示我们，要着眼于全局、放眼于长远来分析解决问题，善于处理局部和全局、当前和长远、重点和非重点的关系，在权衡利弊中趋利避害，做出最为有利的战略抉择，要坚持立足大局考虑问题，增强统揽全局、高瞻远瞩、善于把握事物发展总体趋势和方向的能力，不断提升战略格局。

从马克思主义实践观看，党的百年历史启示我们，要心怀"国之大者"，坚持"知行合一"的实践论，善于把远大目标、奋斗纲领同脚踏实地、埋头苦干紧密结合起来；要旗帜鲜明讲政治，保持政治定力和战略定力，切实担负起党和人民赋予的政治责任；要发扬钉钉子精神，坚持"一分部署，九分落实"，不断积小胜为大胜；要在真学真信中坚定理想信念，在学思践悟中牢记初心使命，在细照笃行中不断修炼自我，在"知行合一"中主动担当作为。

——2019级舞蹈编舞(2)班冯宇彤

历史不能遗忘，转眼间，中国共产党已经走过了100个年头的光辉历程，100年来，一代又一代中国共产党人始终以实现中华民族伟大复兴为己任，开拓进取，团结带领全国各族人民战胜各种艰难险阻，在革命、建设、改革的历史进程中不断取得新的胜利。身为新时代的青年，每次在看完《党史故事100讲》后，我总能学到很多东西，它不仅仅是知识性的，更多的是思想上的、精神上的洗礼。

生于和平时代的我们，没有经历过革命年代，总觉得革命中的那些抛头颅洒热血离我们太远。要知道,我们国家的和平盛世来之不易,我们必须不断发展自己,强大自己,落后就要被挨打的教训应当时刻谨记。身为中华儿女的一员、青年大学生的一员、中国共青团员的一员,我们不但要了解熟悉我党发展的光荣历史,更要从中得到鼓舞,汲取力量,在关键时候挺身而出,时时刻刻起先锋模范带头作用,回报奉献社会。

——2019级俄语(1)班杨若珂

我们的祖辈感谢党,因为是党的领导,让中国从黑暗走向光明,让人民抬头挺胸做了主人;我们的父辈感谢党,因为是党的领导,让中国从贫困走向富强,劳苦大众过上了丰衣足食的好日子;而我们这一代人感谢党,则是因为我们生在改革开放的新时代,时刻能感受到国家的进步和强盛,体验到作为中国人的自豪,无论是奥运会的成功举办还是抗震救灾的众志成城,都让我们看到了党巨大的凝聚力和战斗力。可以说,在中国共产党的带领下,中国的经济建设突飞猛进,各项事业都有了空前的发展,老百姓的日子越过越好,小康社会的奋斗目标指日可待。

学习党史,我们要继续毫不动摇地坚持马克思主义,深刻领会,用心思考,并将其作为我们行动的向导,只有用正确的理论武装自己并指导我们的行动,才能更好地解决我们生活和工作中遇到的问题,否则知其然不知其所以然,只是一味地效仿而失去了自己的思考和判断就很容易陷入迷惑不解的境地。

学习党史,有正确的理论做指导还远远不够,更重要的是能做到理论联系实际,一切从实际出发,学以致用。以学促用、理论联系实际是我们党的优良传统,也是我们党取得革命胜利的成功从而建立新中国,建立社会主义的宝贵经验。

——2019级环境设计(2)班李诺

从《百炼成钢》中可知,这100年,是马克思主义中国化的100年,是我们党经受各种风浪考验,不断发展壮大,不断开创各项事业新局面的100年。党的风雨100年历程是令人难忘和感慨的,它在近代中国历史发展的必然中创立,经受住了时代的考验,在一次又一次的不断探索中发展。我们经历了从新民主主义向社会主义的过渡,艰辛探索着社会主义的道路,在不断地总结和反思中选择建设中国特色社会主义道路。这一百年来,党一直把发展社会主义作为主题,把中国国情和马克思主义很好地结合到了一起,取得了许多举世瞩目的成就。学党史,悟思想,与此同时我们应该把悟到的思想应用到自己身上,学以致用。从《百炼成钢》中,我们可以清楚得知:我们必须走马克思主义中国化道路,脱离中国具体实际就没有马克思主义中国化。

——2019 级英语余梅

——2019 级环境设计(1)班袁苏琳

——2019 级环境设计(2)班李欣玮

3. 实践教学案例评析

首先,从学生提交作品的数量上看,两个教学班196人全部参加了本次实践教学,按时在"蓝墨云班课"提交了实践教学的电子版作品,同时提交了纸质版作品,实现了实践教学的全覆盖。

其次,从学生提交的作品的形式上看,学生提交的作品包括散文、读后感、观后感、论文、手抄报等多种形式,展示了不同专业、不同兴趣爱好的学生的不同风采,体现了学生参加本次实践教学的积极性、主动性。

最后,从学生提交的作品的内容来看,本次实践教学在以下四点达到了"原理课"的教学目标,提高了原理课教学的实效性。

第一,深化了学生对马克思主义理论的科学性的理解。例如,2019级英语宫铭说:"中国共产党的百年历程是在一个经济文化相对落后的国家建立和发展社会主义的成功实践,是社会主义历史进程中波澜壮阔、具有传奇色彩的一部历史,也是马克思主义理论与中国实际相结合创造了惊天伟业的一部历史。"2019级俄语(2)班胡光辉同学写道:"马克思主义开始与中国工人运动相结合,拉开了中国历史上开天辟地的一幕。""马克思主义不仅深刻改变了世界,也深刻改变了中国。"

第二,增强了学生对中国人民选择马克思主义,坚持马克思主义理论指导地位的认同。2019级环境设计(1)班赵梓珊同学认为,"中国共产党从仅有50多名党员的小党,发展成为拥有8900多万名党员的执政党,经历了无数困难和挫折。支撑中国共产党人克服困难、战胜挫折的精神力量,就在于对马克思主义的信仰,对共产主义的信念,对实现中华民族伟大复兴的信心"。2019级俄语(3)班李睿森同学写道:"历史和人民选择马克思主义是完全正确的,中国共产党把马克思主义写在自己的旗帜上是完全正确的,坚持马克思主义基本原理同中国具体实际相结合、不断推进马克思主义中国化、时代化是完全正确的。"2019级英语唐润泽写下:"我国在社会主义革命、建设和改革中也经历了许多曲折,正是在马克思主义理论的正确指导下,才将党和国家工作的着重点转移到正确方向上,从而实现了一次次具有深远意义的伟大转折。"

第三,提高了学生用马克思主义基本原理分析问题解决问题的能力。2019级舞蹈编舞(2)班冯宇彤分析:"从马克思主义价值论看,党的百年历史启示我们,要坚守人民至上的价值观,坚持把人民利益标准作为最高评判标准。""从马克思主义辩证法看,党的百年历史启示我们,要着眼于全局、放眼于长远来分析解决问题。""从马克思主义实践观看,党的百年历史启示我们,要善于把远大目标、奋斗纲领同脚踏实地、埋头苦干紧密结合起来。"2019级环境设计(2)班刘涛感悟道:"从革命、建设到改革,三件大事,浓缩了党团结带领中国人民为实现民族独立、人民解放和国家富强、人民幸福的奋斗史,展现了把马克思主义基本原理同中国实际和时代特征相结合、不断寻找适合中国国情发展道路的探索史。"

第四,学生在马克思主义理论指导下,领悟中国共产党的初心使命、家国情怀,加深了青年大学生对中国共产党的感情,学生纷纷表示更加热爱中国共产党,更加坚定听党话、跟党走的信念。2019级汉语国际(1)班曾雪婷同学写道:"在党的100岁生日之际,我们每一个人的心情,除了感慨更多的是感激。""一百年的光辉历程,验证了一条永恒不变的真知:中国共产党自成立以来成为中国发展每个时期的中流砥柱。"她还说:"假如有人问我,党在你心里是啥?我要说:党在我心中是一面旗帜,是一位指路人。"2019级环境设计(1)班杨若珂同学这样说:"身为中华儿女的一员、青年大学生的一员、中国共青团员的一员,我们不但要了解熟悉我党发展的光荣历史,更要从中得到鼓舞、汲取力量,在关键时候挺身而出,时时刻刻起先锋模范带头作用,回报奉献社会。"

综上所述,本次实践教学参与度高、参与性强、展现效果良好,首先说明本次实践教学恰在我党百年风华正茂时进行,既切合实际需要,又符合理论联系实际的要求,同时让所有参与的学生有话想说、有话能说;其次说明在教学中师生已经营造了和谐的教学氛围,老师愿意教、学生愿意学;再则说明两个教学班的学生都有端正的学习态度,能够积极踊跃参加到实践教学,学习效果较好。概而言之,本次实践教学是一次成功的教学活动。

但是,从学生提交的作品中,必须正确认识到学生在本次实践教学中表现出了"三多三少"的缺点,即感性认识多,理性思考少;标语口号多,逻辑分析少;参考他人多,自己原创少。这反映出学生对有关知识的理解还不到位,我们"原理课"教学还没有达到应有的效果。高校思政课在重视政治引导的同时,重在培养学生逻辑思维能力,培养学生通过理性思考提高对马克思主义理论的信仰,增强对国家、社会和党的认同,真正将理论内化于心、外化于行,而不是停留在表面。这表明我们思政课,尤其是我们"原理课"在丰富课程形式、增强课堂吸引力的同时,仍然要在加强课堂内容上下大力气下狠功夫,坚持内容为王,切实把"原理课"打造成为高校立德树人中的一块金字招牌,一门响当当的金课。

(撰稿人 于华)

七、实践教学案例七:"读懂《政府工作报告》,弄通马克思主义基本原理"比赛活动

1.实践教学案例背景及意义

两会是中华人民共和国全国人民代表大会和中国人民政治协商会议的统称。宪法规定:"中华人民共和国的一切权力属于人民。"中华人民共和国第十三届全国人民代表大会第五次会议于2022年3月5日在北京召开,李克强总理代表国务院在大会上作《政府工作报告》。3月11日总理出席记者招待会并回答中外记者提问。

(1)李克强总理做《政府工作报告》

李克强总理在第十三届全国人民代表大会第五次会议上的《政府工作报告》主要内容有三个方面:

首先,总理对2021年的工作做了全面的回顾。总理在报告中谈到,在过去的一年里"全国上下共同努力,统筹疫情防控和经济社会发展,全年主要目标任务较好完成,'十四五'实现良好开局,我国发展又取得新的重大成就"。

其次,总理对2022年经济社会发展总体要求和政策取向做了详细说明。其中提到,今年发展主要预期目标是国内生产总值增长5.5%,城镇新增就业1100万人以上,城镇调查失业率全年控制在5.5%以内。经济增速预期目标设定的主要考虑是稳就业、保民生、防风险的需要。

再次,总理对2022年政府工作任务做了详细说明,要求在党中央的部署下,加快构建新发展格局,推动高质量发展,扎实做好各项工作。

通览《政府工作报告》,无不体现出马克思主义科学性、人民性、实践性、发展性的鲜明特征。

(2)李克强总理出席记者会并回答中外记者提问

3月11日,"国务院总理答中外记者问"中,李克强总理从容镇定地回答了来自全球主要媒体的记者提问,既解疑释惑,又举重若轻消除疑虑,还驾轻就熟回应敏感问题。在此次总理答记者问中,主要包含了以下热点问题:谈经济增长,即实现5.5%左右的增长;谈乌克兰局势,中方愿和国际社会一道为重返和平发挥积极作用;谈减税降费,今年6月底前,把小微企业留抵税一次退到位。谈地方财政,地方政府要当"铁公鸡";谈灵活就业,让灵活就业等新就业形态既解燃眉之急,又激发市场活力和社会创造力;谈"动态清零",使防控更加科学精准;谈优化营商环境,政府必须进行刀刃向内的改革;谈"放管服","放""管"并行;谈中美关系,中美合作对两国、对世界都有益;谈困难行业,"秤砣虽小压千斤",得给困难行业及时的扶持;谈两岸关系,两岸同胞说到底是一家人;谈保障和改善民生,身份证电子化;谈保障人民群众合法权益,对那些拐卖妇女儿童的犯罪行为要严厉打击,严惩不贷;谈对外开放,无论国际风云如何变幻,中国都会坚定不移地扩大开放。

(3)意义

无论政府工作报告还是此次总理答中外记者问,无不体现出以"民生"为核心的着眼点。这都是符合马克思主义基本原理的。马克思主义作为科学的世界观和方法论,不仅具备理论的深度和科学性,还具备"人民性""实践性"的鲜明特征。人民性是马克思主义的政治立场。马克思主义是从实践中来,到实践中去,在实践中接受检验,并最终服务于人民。关注两会,本质上就是马克思主义基本原理和实践相结合的一次努力。牢牢抓住"实践"这一认识马克思主义基本原理的"牛鼻子",一方面进一步深化了学生对社会主义的认同,另一方面还是一次马克思主义基本原理从理论到实践的切身体验,让同学们进一步把宏大的理论和发生在自己身边的事情结合起来,使得马克思主义越来越生动活泼。

2.实践教学案例内容

本次实践教学通过"人民网""中国网"等网络平台在线观看"国务院总理会见中外记者并回答提问"视频的直播或回放获得实践教学主要内容,另外通过运用"蓝墨云班课"来获得学生的课堂作业并进行考核。在实践教学前,教师通过"蓝墨云班课"公布实践教学方案以及相关直播或回放的链接。同时,在课堂教学中,教师就此次实践教学的实施方案提前进行详细说明。具体要求如下:

首先,告知同学们提前自主选择时间,于2022年3月11日前,观看2022年《政府工作报告》视频或文字资料。其次,通过直播平台观看"国务院总理会见中外记者并回答提问"视频或观看直播回放视频。再次,同学们通过"蓝墨云班课"App限时(两节课,合计90分钟)完成并上传600—800字的观后感。观后感的主要内容是使用马克思主义相关原理分析"国务院总理会见中外记者并回答提问"环节中的"一问一答"的内容。比如,运用"唯物史观"相关原理,分析中央广播电视总台记者就民生议题的提问和总理的相关回应。最后,任课老师对学生提交的文字资料进行考核,酌情增减"经验值",产生相关奖项。

以下是学生提交的部分优秀实践教学成果。

2022年3月11日,在国务院总理答中外记者问时,新华社记者提问:在当前情况下,政府在优化营商环境、激发市场活力和创造力方面还会做哪些努力?李克强总理表示,"放""管"是并行的,"放"不是放责,"管"是政府必须履行的职责。"放"也不是放任,对那些假冒伪劣、坑蒙拐骗等行为要坚决打击,尤其是对一些涉及人民生命健康和群众利益的,像食品药品、安全生产、金融等领域,要加强监管,违规违法的必须惩处。

马克思主义认为,经济基础决定上层建筑,上层建筑反作用于经济基础。人民群众是物质财富和精神财富的创造者。人民群众是社会历史的主体,人民群众是社会变革的决定力量。

"只要我们把人民的创造力发挥出来,把市场主体的活力激发出来,大家可以想象经济的生动局面。""对那些假冒伪劣坑蒙拐骗等行为要坚决打击,尤其是对一些涉及人民生命健康和群众利益的。""惠企利民的措施我们会继续推进下去。"可以体现出马克思主义基本原理中人民群众是社会历史的主体,人民群众是物质财富的创造者,人民群众观点社会变革的力量。"放管服"改革是为市场主体改良生长的土壤,减税降费是为他们施肥浇水,大众创业、万众创新是要推动更多的市场主体生根发芽。如果没有小微企业和个体工商户打通"微细血管",大中企业、国企、央企都动不起来,可以体现出经济基础决定上层建筑,上层建筑反作用于经济基础。

改革"放管服"政策有助于社会的发展,马克思主义对世界的价值和意义集中体现在它不同于其他任何理论的立场、观点和方法。马克思主义始终站在无产阶级和人民大众的立场,一切为了人民,一切依靠人民,全心全意为人民谋利益。马克思在认识世界、改造世界的过程中形成了矛盾分析法、历史分析法、阶级分析法等科学的思想方法,尤其是唯物辩证法的形成,实现了思维方式和方法的历史性变革,为人们认识世界和改造世界提供了科学的世界观和方法论,是指导人们处理一切问题强有力的理论工具。马克思主义具有与时俱进的理论品格,在实践中不断推动自身的丰富和发展,至今仍然有着旺盛的生命力,仍然是具有重大国际影响的思想体系和话语体系。伴随马克思主义中国化的不断推进,中华民族逐渐走向繁荣复兴。

——2020 级舞蹈编导(2)班学生

2022 年 3 月 11 日,在国务院总理答中外记者问时,中央广播电视台记者就国内就业局势的议题向李克强总理提问道:"今年我们将会采取什么样的措施实现稳就业的目标?"对此,李克强总理回答:就业不仅是民生问题,也是发展问题,并对这观点进行了阐述。这让我们明白,就业是最大的民生,与我们的市场息息相关。

马克思主义认为,事物是普遍联系的;一切从实际出发,实事求是;经济基础决定上层建筑,社会的基本矛盾推动社会历史发展;我们要坚持无产阶级政党的群众路线。

李克强总理关于"稳就业"问题的回答,充分体现了马克思主义基本原理。就业局势与人民群众息息相关,有就业才有收入,我们才能好好生活。宏观政策指引我们大众创业,万众创新。这些情况体现了世界是普遍联系,是发展的。联系与发展的基本环节包括原因与结果、现象与本质、内容与形式、必须性与偶然性、现实性与可能性等。在就业问题上,我们要根据现实的就业形势调整国家的宏观调控政策,又要积极地用合适的政策去促进就业的发展,改变就业不稳定的形势。原因与结果的辩证关系指导我们正确地认识就业与民生、就业与政策的关系,就业就是我们的生活,我们更应该认真思考相关问题。一切从实际出发,实事求是,我们要把客观的就业形式作为根本出发点,灵活运用马克思主义的世界观、方法论,以此来缓解当前的就业压力。生产力决定生产关系,经济基础决定上层建筑。矛盾是推动事物发展的动力。就业形势让我们强调就业优先政策,要求我们推动大众创业,万众创新,促进发展新技术、新业态、新模式。我们坚持从人民群众中来,到人民群众中去,一切为了群众,一切依靠群众的无产阶级政党的群众路线,为了保障人民群众的利益,政府要根据问题,不断完善相关政策。

我们要以马克思主义基本原理为指导,以现实为根本,解决生活中的问题。

——2020 级应用心理学(1)班学生

2022年3月11日,在国务院总理答中外记者问时,日本共同社记者就我国当前共同富裕和改革开放的决心询问中方看法。李克强总理很明确地回答:共同富裕是要共同奋斗的。中国的对外开放政策没有变也不会变,外国商人来华发展投资,只要是有利的、规范健康的,我们都不会限制,随后举出了中国经济的大数据来说明中国现在的对外政策市场的潜力之大,RCEP也在今年正式实施。我们会利用这一契机继续推进自由贸易,中国改革开放40多年一直在改进自己、发展自己、造福人民、有利于世界。我们绝不会也绝不能把对外开放的门关上。

马克思主义认为,世界是普遍联系的整体,任何事物内部各要素之间以及事物之间都存在着相互影响、相互制约和相互作用的关系,中国的改革开放,正是坚持了马克思主义的这一基本原理。我们要继续对内深化改革,对外扩大开放,以更好地促进中国的发展。恩格斯曾指出:"当我们深思熟虑地考察自然界或人类历史或我们自己的精神活动的时候,首先呈现在我们眼前的,是一幅由种种联系和相互作用无穷无尽地交织起来的画面。"这说明,世界上没有孤立存在的事物,联系是事物的客观本性,事物的联系是事物本身所固有的,而不是人们主观臆想出来的,没有联系的事物在世界上是不可能存在的。而整个世界就是一个普遍联系的统一整体,任何事物又都是世界整体这个统一的联系之网上的一个环节和网结。否认事物的普遍联系,就是否认事物本身。马克思主义事物普遍联系的原理,一个国家、一个民族要取得很好的发展,必须处理好它的内部联系和外部联系,不断深化对内改革,扩大对外开放。

"长江黄河不会倒流。"无论国际风云如何变幻,中国都会坚定不移地扩大开放。我对这一问题的看法与马克思基本原理的相关理论以及李克强总理的回答一样。中国不会也不能关上对外开放的大门,清朝时的闭关锁国已经给过我们一次惨痛教训,我们对外开放,不仅能发展自己造福人民,也有利于世界。我们应该把中国打造成全球外商投资的热土。就像长江黄河不会倒流,中国对外开放共同富裕的目标也不会改变。

——2020级应用心理学(1)班学生

3.实践教学案例评析

在历届历次两会中,"国务院总理答中外记者问"往往是热门中的热门。历次见面会总是气氛热烈、祥和,见面会不仅彰显了大国形象,还拉近了政府同人民、中国同世界各国的情感距离。历任总理总是亲和睿智、务实恳切,妙语连珠。选择两会中的"国务院总理答中外记者问"作为课堂实践教学的内容,并检验学生对马克思主义相关原理的学习和运用程度十分有意义。该教学班107人全部参与了本次实践教学,并准时提交了此次课堂作业,从中评选出了四位优秀者。总体来说,学生的兴趣和参与积极性还是非常高的。从整个实践教学的过程来看,这次实践教学有两个特点。

第一,实践教学的选材最好结合当前的热点来展开。归根到底,实践教学的主体还是学生,实践教学也必须保证学生的主体性。实践教学不仅应该保证学生的主体地位,还应该通过当前最新的热点问题来强化学生在实践课堂中的主体地位,再结合多重手段,促使学生充分发挥主观能动性,从而更有效地参与教学过程。当前热点话题以及与学生利益相关的话题都容易充分调动学生参与的积极性,充分发挥其主体地位。

第二,通过即时信息媒介和"面对面"的"国务院总理答中外记者问"的方式建构学生对国家的认同感。在当前,消费主义、全球化、互联网造就网络社会中,网上网下融为一体、历史主义盛行等都在消解着既有的国家认同。思政课教学中的国家认同建构亟须跟上时代的脚步。以子之矛攻子之盾,思政课教学中国家认同的建构也必须以强化媒介仪式的形式来实现。直播观看国家大事,参与国家大事的讨论能进一步提升当代大学生的主人翁感,增强当代大学生的国家认同。

总体上看,同学们大多都能对马克思主义基本原理有比较准确的认识,也能正确就实践材料匹配相关的基本原理,并加以分析。选取这种直播场景来作为实践教学主要内容,不仅可以运用在马克思主义基本原理课程教学中,还可以运用到其他思政课实践教学中。

(撰稿人　赵凯)

八、实践教学案例八:"讲故事,学理论"微视频比赛活动

1.实践教学案例背景

实践的观点是马克思主义哲学的核心观点。习近平总书记曾多次指出,当前我国要坚持实践第一的观点,不断推进实践基础上的理论创新。实践对于理论知识的学习尤为重要,特别是在马克思主义基本原理课程的学习中更是如此。

为了使学生更加深刻地理解马克思主义基本原理,提升辩证思维能力,增

强学生用马克思主义基本原理指导日常生活、学习和实践的本领,结合目前在年轻人中大受欢迎的短视频形式,我们多次将实践教学方式定为微视频比赛。如2020—2021学年第2学期主题为"讲好中国共产党故事,理解马克思主义为什么行",希望学生可以用马克思主义的立场、观点、方法去学习和分析中国共产党的历史和成就,从而加深对马克思主义的理解,并深刻体会"中国共产党为什么能,马克思主义为什么行,中国特色社会主义为什么好"。2021—2022学年第1学期主题为"讲故事,学理论",希望学生可以用马克思主义基本原理去分析社会现象、发现社会问题,深刻体会马克思主义理论的科学性、人民性、发展性和实践性。

2.实践教学具体内容

微视频形式的实践教学在教学班范围内以小组为单位开展,3人为一组,可在班级内自由组合。任课教师根据教学进度,从教材中列举出已经学习过的马克思主义的基本观点,各小组同学根据自己的兴趣,在老师所列的观点中选择一个观点作为主题,将理论与生活、学习和专业等方面结合,通过视频方式进行说明。视频必须为原创,形式不限,可以是小品、微课等,时长为6—8分钟,如形式新颖,时长可适当调整。

学生在接到实践教学方案后利用课余时间准备,在实践教学周时展示成果。展示成果时,每组同学要在播放视频前对作品进行2分钟的概述,主要陈述"形式、内容、原理",即视频是何形式? 视频讲述了怎么样的内容? 内容中包含哪一个马克思主义的观点?

在进行成果展示前,本教学班内的各行政班级通过内部公开投票的原则推选出两名同学,和老师共同作为评委负责评分。一个教学班级一般为2或3个行政班,评委人数为5或7人。评委在成果展示时根据实践教学方案中的评分标准,特别是以作品中是否真正融入所学观点为依据给出分数,最终取平均分为本次成绩,并在教学班范围内评选出第一名1组、第二名2组、第三名3组。

在评选完成后,学生针对印象深刻的作品展开分享交流。教师在此基础上点评几部有代表性的作品,帮助学生加深理解。

3.实践教学作品

以下是对较有代表性的几部微视频作品进行的文字概述,其中部分内容摘自学生的作品简介:

(1)小品类

《运用马克思主义观点分析问题》由 2020 级海洋资源与环境专业的张利、谢声健、罗序俊三位同学完成。作品以案例分析为主,首先由一段袁隆平院士的电视访谈引入,然后三位同学聚在一起讨论,运用马克思主义的理想与现实的观点来对袁隆平的理想之路进行分析。袁隆平院士从一个偏远地区、名不见经传的普通中专学校的青年教师,最后成长为国内乃至国际上知名的杂交水稻专家,给人很多启示。纵观他的人生经历,他在实现梦想的路上是艰辛的。从马克思主义的角度来看,他能够克服种种艰难险阻一直坚持走到成功,其中有一点是不容置疑的:他科学地把握和处理了理想与现实的矛盾。人们在自己理想的确立和实现的过程中,总会遇到理想与现实的矛盾。如何处理这矛盾,就成了制约理想是否科学甚至理想能否实现的关键。首先,理想来源于现实又超越现实。理想离不开对现实的深刻体验和科学考察。马克思曾经说过:"人不是抽象的蛰居于世界之外的存在物,人就是人的世界,就是家、社会。"袁隆平从喜欢农学到立志研究杂交水稻,是与对现实的深刻体悟紧密相关的。他毅然选择了当时为许多同龄人所不喜的农学,进入西南大学农学系深造。他的农学理想来源于他自己所经历的生动的现实生活,这更坚定了他立志于农学的使命感。其次,实现理想的根本途径在于勇于实践、艰苦奋斗。袁隆平在发现自己的观察与教科书中的理论有分歧之后,就毅然决然地开始了科学实验,纵然有同行嘲笑,他也在所不惜,即使有连续不断的失败,他也没有放弃,而是走了一条"通过实践而发现真理,又通过实践而证实真理和发展真理"的道路。这是在对理想与现实有科学认识基础上的实践。同时,由于受到主客观诸多条件的限制,远大理想的实现又艰巨曲折,所以理想主体要具有艰苦奋斗的精神。

《迪士尼后妈们的茶话会之量变质变规律》是 2020 级海洋科学专业刘海蓝、林晨洁、王嘉三位同学的改编作品。三位同学将网络上很受欢迎的英文短片——《迪士尼后妈的茶话会》进行了改编,将视频内容重新编写为一场宿舍内围绕"量变产生质变"展开讨论的小视频作品。视频中多次穿插了现实生活中反映此观点的事例,使此观点得以更好被理解,更加深入人心,旨在让更多的人意识到"量变产生质变",以规范自己在日常生活中的处事态度,让自己变得更好。部分台词内容如下:

A:再过一个月就是 12 月了,意味着英语四级考试就要开始了,我必须想办法督促我的室友们。我用这个话题引起她们的注意,她们懂得这个理论后就会乖乖去刷真题。有个朋友因为努力刷真题大一就过了四级,有的同学还在茫然懒惰,而她已经开始准备六级。没想到大多数人还是想要临时抱佛脚,但这并不影响我督促我室友复习的决心。我每天提醒我的室友背单词、刷真题,希望她们能取得好成绩。但我的室友开始烦躁,认为我想要"卷死"别人。(她们开始疯狂,她们开始懒惰,她们开始抗拒我的督促。)她们不懂我的良苦用心,但我依然爱她们。虽然我知道她们变得易怒易暴躁,但身为她们室友的我就应该宽容地继续监督她们复习。(蓝蓝! 你心胸真的十分宽广!)我知道我必须要怎么做,毕竟一开始是我提的要求。所以我带室友们深入了解量变产生质变的规律,包括了量变和质变的辩证关系。(二者是相互依存,二者是相互贯通。你太善良了,竟然为他们做到如此。)挽救她们的热情让她们重新热爱学习,现在我们过着紧张又充实的日子,也许你觉得这不可思议,但是有些人称之为爱,质变对量变的爱。(A:你说让她们多背单词多刷真题是错的吗? B:哦,不! 不管怎样,她现在应该会很感激你的。)

　　B:我从没想过要减肥,我一个人过得多美好。可乐啦、辣条啦、小饼干啦,简直让我不能更快乐。但有一天我入坑到了减肥的歧途,它让我戒掉一切零食,我整个人都很害怕。而且啥食物都要精确计算卡路里,我整个人都不好了。许多网友闪电瘦身,一周怒甩十斤,我想问小命还在? 一个月后,哦?! 我居然身材依旧! 我愤怒了我迷茫了我极端了,可我不能逃离这艰难的减肥之路。这样做未免也太小看我了吧,也许我可以尝试其他的方法。一点粗粮,一点蔬菜,当然还要偶尔运动一下,打羽毛球、跑跑步,不要过于追求减肥速度。毕竟说到底健康是自己的,如果你是过来人,你也会这样做。因为我们知道,量变产生质变,只有一条路,必须坚持的路。

　　C:量变是质变的必要准备。

　　A:质变是量变的必然结果。

　　合:量变和质变是相互渗透的。

　　C:不要妄想一夜暴瘦。

　　A:也是你会心情低落。

　　B:也许你会中途放弃。

　　合:但一定记得慢慢来才比较快。

B:哦,这不正是体现了事物发展的渐进性和飞跃性的统一吗?

C:这些可怜的小孩总是觉得身体欠他们什么,但并非如此。我每天都会听到各种各样可怜兮兮后悔的声音。疾病大多是积累出来的,这一点医生都会承认。但只有当疾病缠身时,这些可怜人才会反省。他们莫名自信,直到在医院看见我。量变引起质变的规律在他们身上得到验证。他们很懒,他们很蠢,而且想法乐观得荒诞。想要随心所欲的生活,他们一点都不现实。我劝诫他们不要熬夜,保护好那些可怜的头发。但后来我发现只要有一款游戏,他们就能通宵玩耍。继续作死?! 还有久坐、吸烟和喝酒,放纵让量变不断积累。不! 命运已被悄悄决定。疾病悄悄来临,他们是否会还记得那句话,一天一个苹果,医生远离我。别再为短暂的快乐透支身体了,癌细胞是会得寸进尺的。

合:只有达到一定的量变,才能达到质变的效果。积累、积累还是积累,让我们为此改变。千里之堤,溃于蚁穴。所有事物都是这样的。你可以不付诸实践,但是不能不承认。这就是我们说的量变产生质变,一定要记住了!

《知行合一》是由2020级环境工程专业易陈天、徐嘉俊、林女宛三位同学完成的一个小品短片。作品展示的是易陈天、林女宛、徐嘉俊三位同学在校园里不同的学习状态,易陈天和徐嘉俊一个是只认识不实践,一个是只实践不认识,二人都没有做到知行合一,因此展开了故事。在女学霸林女宛的启发下,他们认识到自己在学习方式上的不足,也从生活中得到了马克思原理的启发。

《无间道之校园版》是由2020级海洋科学专业的高则旭、黄哲、梁佰三位同学完成的一部风趣幽默但又包含原理的电影片段。片段参照著名电影《无间道》,讲述的是:A是坏人安插在警方的卧底,他幡然悔悟决心不再继续做坏人,设下局亲手终结了派他去卧底并且手中有他把柄的黑帮老大。但警方派去黑帮卧底的B发现了A做卧底的证据,为了伸张正义并且给他的前任上司报仇,他决定约A出面,亲手揭穿他虚伪的面纱。于是有了这个影史名场面的天台对手戏。三位同学很喜欢这一段精彩的博弈,于是借着这个机会对其进行模仿和致敬。他们在看这个片段的时候想起了马克思主义中的世界的物质性和发展规律。什么是真什么是假? A的本质到底是好还是坏呢? 他的表象和他的本质又是怎么样一种关系? 一个人能同时做好人和坏人吗? 学生借助两位角色的视角,从马克思主义的观点的角度进行了探讨。

（2）微课类

《规律》由 2020 级生态学专业姬桐、宋秉泽、杨玉凌三位同学共同完成。作品以微课的形式讲述了马克思主义哲学范畴中的规律。他们认为，马克思主义哲学中所说的规律是指不以人的意志为转移的、事物本身所固有的、深藏在现象背后并最终决定或支配事物发展过程的质的规定性。它是由事物的客观存在、普遍联系和相互作用所决定的，具有必然性、反复性、稳定性和客观性。也就是说它可以让人们具有前瞻性和预判性，这就是我们要认识、掌握和利用规律的目的。可以毫不夸张地说，如果你掌握了事物运动发展变化的规律，你就可以取得成功，最少也能让你趋利避害。读书和实践是认识规律的重要途径。

《严以修身——共筑中国梦》是 2018 级市场营销专业谢门旭、柳世晖、林清、杨容新四位同学的微课作品。视频以学校校训为基础展开，传递正能量，紧扣时代脉搏，弘扬社会主义核心价值观。视频内容以校训"明德，博学，励志，笃行"为四大模块构造，阐述当代大学生如何严以修身、自律自觉地要求自己。他们希望能让观者意识到，青年大学生是发展的新希望与动力，大学生要严以修身，提升自我，使自己成为一名合格的社会主义接班人，为中华民族伟大复兴贡献自己的力量。

4. 实践教学评析与反馈

本次实践教学方案发布后，学生积极参与，创作了很多优秀作品，形式丰富多样，有微课、小品、歌曲等。班级所有同学均以小组形式参加到实践教学活动中，在实践教学周对作品进行展示，并按时在"蓝墨云班课"提交视频材料。通过几次微视频大赛活动，从学生评委与教师综合考核结果和作品成果来看，此种形式的实践教学活动取得了较好的实施效果。

第一，学生在实践教学过程中的主体意识开始体现。在实践教学方案公布初期，学生积极响应，很多同学表示"平时都是看短视频，这次轮到自己拍短视频了，一定要拍点不一样的东西出来"，但也有部分同学表示担忧，"虽然马克思主义基本原理可以指导我们生活中的很多事情，但是忽然一下让我们用马克思主义基本原理去指导、分析生活或者透过生活中的小事去抽象原理，还是觉得好难呀"；在同学们有了初步构思，开始材料收集等前期准备工作时，大部分同学明显表现出较于之前理论学习时不一样的劲头，很多同学主动联系老师咨询主题和拍摄方式；在成果展示时，同学们都认真观看每部作品，特别是遇到与自己小组选择相同观点的作品,大家更是积极讨论,在对比中发现对同一原理的不同角度的认识;在交流环节时,同学们踊跃参与,展现出和理论教学时完全不一样的课堂氛围,充分表达自己的看法,使课堂氛围活跃起来。由此可见,学生已经开始进入主动参与、主动思考的模式,主体意识开始觉醒,主体性逐渐体现。

第二,部分学生运用马克思主义基本原理分析问题的能力有所提升。从学生提交的作品来看,大部分学生开始有意识地主动思考,把之前生活中习以为常的事情进行归纳、总结,通过马克思主义基本原理来分析、解释。比如《运用马克思主义观点分析问题》中,三位同学运用马克思主义的理想与现实的观点来对袁隆平的理想之路进行了分析。《迪士尼后妈们的茶话会》里,学生修改的歌词从学习、健身等自身关注的问题入手,总结归纳出量变质变规律,并用此规律解释为何"成绩没有提升""减肥没有效果""癌症爱来找我"等,并且编成歌词有逻辑地表达出来,让观看的同学们从他们"更加贴近年轻人"的视角了解了量变和质变规律。《规律》是一堂微课,三位同学对马克思主义哲学范畴中的规律进行解读,虽然略显稚嫩,但逻辑性强,课程讲解了何为规律——唯物辩证法的三大规律——如何发现规律、利用规律,做到了环环相扣、层层递进。在展示结束后的交流环节,同学们纷纷表示"原来自己真的可以用马克思主义基本原理去发现问题、分析问题、解决问题","原来同样的一件事情可以从那么多不同的角度去分析,背后包含了那么丰富的马克思主义基本原理"。

第三,学生对于理论知识学习的态度发生变化,从被动接收变为主动地学、思考着学、实践着学。通过实践教学活动,学生对于自身理论知识水平有了清晰的认识,学习理论知识的兴趣逐渐增加。在实践教学前期、中期和后期分别与同学们的交流中发现,通过这次实践活动,同学们普遍对于自己的理论知识水平有了更加清晰的认识,从早期的"这些都是高中时期学过的东西""这些理论还有谁不知道呢?""这些理论考完试还有什么实际用途了?"等等想法转变为"原来马克思主义基本原理真的是很有趣的学科!""你永远可以相信马克思!""我以后要好好学习马克思主义基本原理去指导实践!""我对于原理的掌握还太浮于表面,以后一定要'带着脑子'学"。大部分学生对于马克思主义基本原理课程,甚至思政课的想法发生明显变化——兴趣更浓、态度更端正、学习方法更科学。

第四,给教师改善教学方式提供了有力的现实参考。一方面,实践教学活动让教师掌握了学生理论知识的学习情况。通过提交的作品可以发现,大多数学生选择了以小品的形式去表现原理,对理论水平要求较高的微课并没有成为主流形式。同时,很多同学在作品中只体现了现象、故事或情感,并未体现原理,这种情况其实也是在向教师发出信号:学生的理论知识素养亟待提升。这其实是一个普遍性的问题,既体现了同学们对于理论知识还没有做到可以游刃有余地以自己的方式进行表达,也体现了同学们在一定程度上还是畏惧理论。这就给教师的教学提出了努力的方向。另一方面,实践教学活动让教师了解了学生感兴趣的实践教学方式。通过活动过程中的观察和结束后与学生沟通中的反馈得知,学生对于一些新颖的实践教学活动其实是期待的。例如话剧、小品、辩论、微课等形式,都是学生"又怕又期待"的实践教学形式。怕的原因依旧是"自身的理论知识难以支持我们做深入的实验";期待的原因是"多样的教学方式可以让我们有更加丰富的学习体验,更加觉得自己的声音被听到"。学生们最希望的还是可以走出课堂、走出学校进行校外实践教学,"外出现场教学可以让我们体验沉浸式的学习,通过全方位的场景体验使我们有更加深刻的思考"。但这种实践教学方式因为一些客观原因受到限制,很难成为实践教学形式的首选。

5. 结语

总体上看,微视频大赛形式的实践教学活动取得了一定的效果,使得学生增强了主体意识、端正了学习态度,部分学生提升了理论联系实际的能力。但问题依旧不容忽视,如何改善教学方式,提升整体学生的理论素养,使学生不畏惧理论,达到扎实理论、指导实践、深化认识的良性循化,还是高校思政课亟待解决的问题。当前,劳动教育纳入人才培养全过程,这也给思政课实践教学模式创新,培养知行合一的、有担当、有作为、有思想的当代青年提供了新的思路。

(撰稿人 李昕)

第五章 "概论课""五位一体"实践教学模式的实施

第一节 "概论课""五位一体"实践教学大纲

一、实践教学指导思想

我校坚持以马克思列宁主义、毛泽东思想、邓小平理论、"三个代表"重要思想、科学发展观、习近平新时代中国特色社会主义思想为指导,全面贯彻党的教育方针,并结合海南热带海洋学院本科教学实际,特制定毛泽东思想和中国特色社会主义理论体系概论课程实践教学大纲。

2017年2月27日,中共中央、国务院印发的《关于加强和改进新形势下高校思想政治工作的意见》强调指出,坚持全员全过程全方位育人是加强和改进高校思想政治工作的基本原则之一,要把思想价值引领贯穿教育教学全过程和各环节,形成教书育人、科研育人、实践育人等长效机制;要强化社会实践育人,提高实践教学比重,组织师生参加社会实践活动,完善科教融合、校企联合等协同育人模式,加强实践教学基地建设。

党的十九大明确提出要"加强和改进思想政治工作"。

2018年4月12日,教育部印发《新时代高校思想政治理论课教学工作基本要求》(教社科〔2018〕2号)的通知,明确要求"从本科思想政治理论课现有学分中划出2个学分、从专科思想政治理论课现有学分中划出1个学分,开展本专科思想政治理论课实践教学。学生既可通过参加教师统一组织的实践教学获得相应学分,也可通过提交与思想政治理论课学习相关的实践成果申请获得相应学分。""实践教学作为课堂教学的延伸拓展,重在帮助学生巩固课堂学习效果,深化对教学重点难点问题的理解和掌握。要制定实践教学大纲,整合实践教学资源,拓展实践教学形式,注重实践教学效果。""网络教学作为课堂教学的有益补充,重在引导学生学习基本知识、基本理论等内容。要深入研究网络教学的内容设计和功能发挥,不断创新网络教学形式,推动传统教学方式与现代信息技术有机融合。"

2019 年 3 月 18 日,习近平主持召开学校思想政治理论课教师座谈会强调"理论性和实践性相统一"。

2019 年 8 月 14 日,中共中央办公厅、国务院办公厅印发《关于深化新时代学校思想政治理论课改革创新的若干意见》,提出"坚持开门办思政课,推动思政课实践教学与学生社会实践活动、志愿服务活动结合,思政小课堂和社会大课堂结合,鼓励党政机关、企事业单位等就近与高校对接,挂牌建立思政课实践教学基地,完善思政课实践教学机制"。

2019 年 9 月 16 日,教育部党组印发《"新时代高校思想政治理论课创优行动"工作方案》,提出要推动"思政课实践教学与学生社会实践活动统筹起来"。

2020 年 1 月 7 日,教育部第 1 次部务会议审议通过、自 2020 年 3 月 1 日起施行的《新时代高等学校思想政治理论课教师队伍建设规定》第四条明确规定,高等学校应当"组织学生社会实践等工作,提升思政课教学效果"。

2020 年 4 月 22 日出台的《教育部等八部门关于加快构建高校思想政治工作体系的意见》提出,要深化实践教育,把思想政治教育融入社会实践、志愿服务、实习实训等活动中,创办形式多样的"行走课堂";健全志愿服务体系,深入开展"青年红色筑梦之旅""'小我融入大我,青春献给祖国'主题社会实践"等活动;推动构建政府、社会、学校协同联动的"实践育人共同体"。

2020 年 5 月 28 日,教育部印发的《高等学校课程思政建设指导纲要》(教高〔2020〕3 号)提出,"社会实践类课程,要注重教育和引导学生弘扬劳动精神,将'读万卷书'与'行万里路'相结合,扎根中国大地了解国情民情,在实践中增长智慧才干,在艰苦奋斗中锤炼意志品质","引导学生深入社会实践、关注现实问题"。

2021 年 11 月 30 日,教育部印发的《高等学校思想政治理论课建设标准(2021 年本)》规定:"实践教学纳入教学计划,统筹思想政治理论课各门课的实践教学,落实学分(本科 2 学分,专科 1 学分)、教学内容、指导教师和专项经费。实践教学覆盖全体学生,建立相对稳定的校外实践教学基地。""建设'大思政课',调动各种资源用于思想政治理论课建设,把思政小课堂与社会大课堂相结合,突出实践教学,将生动鲜活的实践引入课堂教学,将课堂设在生产劳动和社会实践一线,全面提升育人效果。"

二、实践教学目的

毛泽东思想和中国特色社会主义理论体系概论课程(简称"概论课")的实

践教学活动,旨在通过整合校内外实践教学资源,拓展实践教学形式和空间,通过理论和实践的有机结合,引导学生扎根中国大地、了解国情民情,不断深入社会实践、关注现实问题,将理论学习与实践探索相结合。

通过"概论课"实践教学的开展和实施,使学生把握时代脉搏,完成从书本到现实,从理论到实践的飞跃,引领学生直面全面建设社会主义现代化强国、中华民族伟大复兴中国梦的战略部署,从而加深学生对马克思主义中国化进程中形成的理论成果及其精神实质的深刻把握,加深学生对中国共产党领导人民进行的革命、建设、改革的历史进程、历史变革、历史成就的深刻认识,使学生对中国共产党在新时代坚持的基本理论、基本路线、基本方略有更加透彻的理解,对运用马克思主义立场、观点和方法认识问题、分析问题和解决问题能力的提升有更加切实的帮助。在此基础上助力于新时代青年大学生在实践中拓展人生视野、巩固学习效果、增长智慧才干、锤炼意志品质、增强实践能力,内化共产主义信仰、中国特色社会主义信念、对改革开放的信心、对党和政府的信任的意识,不断增强中国特色社会主义道路自信、理论自信、制度自信和文化自信,增进推进中国特色社会主义现代化进程的自觉性,从而进一步提升"概论课"育人实效。

三、课时安排和基本要求

1. 课时安排

"概论课"总共 80 学时,根据《海南热带海洋学院本(专)科生思想政治理论课改革方案》精神,实践教学为 16 课时,其中 4 课时由学生根据教师布置的任务进行具体的实践活动,8 课时进行课堂实践成果展示。

2. 基本要求

(1)由教师结合本课程教学的特点,选择若干个实践教学主题,事先做好任务布置,明确相应的要求。

(2)学生主要以小组方式完成实践活动。每小组成员一般不超过 5 人。小组成员共同完成任务,实践成果中需指明每位成员在完成任务过程中所承担的具体工作。学生自主进行的实践教学活动环节必须有相应的自主管理机制,要做到有行为、有纪录。

(3)教师和学生代表根据各小组上交的实践活动资料和成果汇报情况,结合实践活动的具体要求,对各团队实践活动做好检查和评价。评价成绩计入学生总评成绩中,占总评成绩的20%。

(4)学生也可经老师同意,通过提交与"概论课"学习相关的实践成果申请获得相应学分。

四、实践活动方式

(一)"小海说事"——"第一课堂"课内实践教学

1. 设计目的

"小海"是海南热带海洋学院在校大学生的简称;"小海说事"中的"事"可以是家事、国事、天下事、校园事、身边事、心理事等等。

创设"小海说事"的初衷就是通过对"第一课堂"课内教学实践的改革创新,激发青年大学生的主人翁意识、责任意识、参与意识、使命意识,希望通过让学生进行团结协作,合力播报评点家事、国事、天下事、校园事、身边事,发挥学生的主体作用,引导学生读"国情"书、"基层"书、"群众"书,让学生更好地认识世界,了解国情民生,掌握发展规律,通晓天下道理,学会理性思考,面向实际、深入实践。教师通过教育点评,给学生心灵埋下真善美的种子,厚植爱国主义情怀,引导学生扣好人生第一粒扣子,引导学生增强"四个自信",帮助学生提高思想政治觉悟,关心世界、关心国家、关心他人,具有爱国主义、集体主义和社会主义思想情感,引导学生立鸿鹄志、做奋斗者,鞭策学生"把爱国情、强国志、报国行自觉融入坚持和发展中国特色社会主义事业、建设社会主义现代化强国、实现中华民族伟大复兴的奋斗之中"。

2. 实施方案

(1)在"概论课"的每次教学中(两节为一次),利用8—10分钟时间,由学生对近期发生的感兴趣的、重大的、有影响力的时事进行表述和评论。

(2)学生事先进行分组,每组成员不超过5人,每位成员进行相应的分工,如题目的筛选、PPT的制作、课堂上的发言等。教师以小组为单位对其进行评分。

3. 评分标准

(1)PPT评分标准

①PPT必须符合课程主题,贴近实际、贴近生活,直击社会热点,把握时代脉搏。

②PPT的内容要涉及演讲主题选择的原因以及相关的背景情况;演讲主题对

中国或国际社会的政治、经济、文化的影响;选手自身对于演讲主题的评价或看法。

③PPT 设计要求图文结合恰当,文字展示清晰,内容简明扼要,构思及逻辑清晰明了。

④如果 PPT 演示中涉及视频资料,视频播放时间不得超过整体演示时间的四分之一。

(2)演讲评分标准

①演讲者要求

仪表端正,表述流畅,逻辑合理,动作、仪态自然得体,对演讲的内容非常熟悉,整个演讲的过程尽量做到脱稿。

②演讲内容要求

真实,完整,主旨必须健康向上,其中具有创新点可适当加分。

③演讲时间要求

8—10 分钟为标准时间,低于、高于标准时间均要适当扣分。

(3)计分规则

去掉一个最高分,去掉一个最低分,取平均分,得出选手的最终分数。(本次计分为 10 分制。)

4.相关表格

"小海说事"实践成绩表

选题	选题名称	选题缘由	选题目的	成果形式	收获与不足	备注
组员	班级	姓名	学号	项目角色及承担工作完成情况		成绩

(二)校内社会调查——"第二课堂"课内实践教学

1.设计目的

以习近平总书记新时代中国特色社会主义思想为指导,以"学习理论,评论现象"为主题,通过学生对社会现象、校园文化等的全面了解,旨在培养学生对理论学习的兴趣,拓展学生的知识面,提高学生的展示技能,培养热爱祖国服务人民的思想,激发爱国意识。

(1)通过让学生结合课本内容、校园生活、专业学习内容,对相关内容进行社会调查。

(2)通过校内调查、网上搜集资料,或拍摄各种反映社会现象、校园文化的短视频,使学生深刻地感受到学习理论的魅力。运用马克思主义理论和科学的思维方法对所选择的调查对象进行分析、评述,加深学生对课程知识体系的了解,增强其分析、综合和自主探究的能力,同时也能提高学生对中国特色社会主义的全面认识,增强接班人意识。通过PPT展示的形式,使学生感受到理论的深度和现实的精彩;通过展示,激发学生"热爱祖国"的感情,启发学生如何从我做起,牢固树立热爱党、做社会主义事业接班人的思想。

2.实施方案

(1)宣传发动

任课教师介绍开展本次实践活动的目的和意义,提高学生参与的积极性。

(2)资料收集准备

根据活动要求,学生以所在班级为单位,根据分组原则,分成若干小组,每组确定一位组长。各组召开会议确定主题,明确每位学生分工;确定问卷调查的纸质版和电子版,并进行统计;讨论短视频的拍摄方案、对象人选;制作PPT,PPT中应当插入图片、歌曲等资料。最后,以小组为单位填写活动表格,连同PPT或视频打包压缩后在规定时间内发送到任课老师邮箱。

(3)活动展示

学生展示事先准备好的PPT,由组长进行串联。每一位同学需上台展示其中的一部分内容,以体现所有成员的参与意识。主讲者展示时,其他成员可以通过表演、扮演道具等形式参与到活动中来。展示时间为15分钟左右。

(4)评判打分

评判打分由两部分组成:第一,由教师选择学生组成评判团,评判团按评判标准对展示情况进行打分,在每组展示完之后,由一名评判团成员做简要点评。第二,由教师结合上交的活动记录表格和展示情况进行打分。

(5)活动总结

教师对同学们的表现予以评价,表扬能激发参与者与评委们认同和共鸣的小组。活动结束以后,各小组上交电子版本和书面版本的相关材料。

(6)活动注意事项

①教师应注重教学设备的维护,比赛前检查多媒体设备是否运行正常。

②教师应提前检查学生的 PPT 课件是否规范,避免出现重复之类的原则性失误。非原则性失误的改进意见应在比赛后具体指出,以体现比赛的公平性。

③在比赛中,教师应指定一到两名学生作为计时员掌控比赛节奏。

(7)活动评价标准

优秀(9—10 分):能积极参与展示活动,态度认真负责,在展示环节中,语言连贯,表达到位,情感丰富,能引起评委共鸣。PPT 课件或视频能够充分展示实践活动的过程,内容充实有特色,做工精细,图案搭配和谐、美观。活动记录记载详尽。

良好(7—8 分):能积极参与展示活动,态度认真负责,在展示环节中,语言连贯,表达到位。PPT 课件或视频能够充分展示实践活动的过程,内容充实,图案搭配和谐、美观。活动记录内容基本详尽。

合格(6 分):能完成 PPT 制作或视频,勉强参与展示,态度不够端正,表达不连贯,没有逻辑性。PPT 课件做得简单,思路比较混乱。活动记录内容简单。

不合格(0 分):没有参与实践活动,或者对交办的任务没有认真去做。没有上交活动记录。

"校内社会调查"展示环节评分标准

评分标准	百分比	成绩	备注
课题需符合要求	15%		
问卷中的问题需要切合主题	5%		
要有纸质问卷和电子问卷	5%		
问卷题目 8—10 个	5%		
纸质问卷 50 份填好上交,电子问卷也需上交	5%		
PPT 中要有各成员信息介绍和分工介绍	5%		
PPT 中说明选择该选题的依据	5%		
PPT 中有问卷调查分析结果	5%		

续表

评分标准	百分比	成绩	备注
有两个及两个以上的视频	5%		
视频需要加上字幕	5%		
视频长度适当,不宜过长,也不宜过短	5%		
PPT 中要有完成作业过程中的照片若干	5%		
PPT 中要有对主题的意见看法	5%		
PPT 最后要有一个总结	5%		
展示 PPT 时与观众有适当的互动	10%		
作业展示时间合理	10%		

(8)参考选题

大学生参与志愿者活动情况调查分析

手游对大学生生活的影响

大学生环境保护意识调查分析

论网络购物对大学生的影响

转专业同学的学习生活适应情况调查

大学生的恋爱消费情况调查

大学生娱乐消费情况调查

热海大学生睡眠情况课题研究

大学生业余生活研究

大学生饮食生活研究

大学生心理情况研究

大学生两性健康情况调查

外卖好还是食堂好

朋友圈代购利弊调查

大学生对外出兼职的看法

大学生寝室问题研究

大学生职业观调查

由中/韩/日/美外交看"90后"年轻人的责任感

大学生电子阅读情况调查

大学生追剧情况调查分析

关于大学生寝室卫生安全应该依靠外界压力还是自觉完成的调查

关于海南热带海洋学院大学生课外出游情况调查

大学生化妆品使用情况调查

关于大学生参加社团和各种组织的调查

关于大学生防诈骗调查

关于海南热带海洋学院大学生对三亚(海南)历史文化了解情况的调查

"世界那么大我想去看看"之大学生旅行调查实践

当代大学生对四大名著的阅读及了解情况分析

关于对大学生英语四六级的看法调查

关于大学生对广场舞与健身的看法调查

关于方言在大学生群体中扮演的角色的调查

关于大学生聚餐的调查

大学生关于传统节日的看法调查

(9)过程跟踪表(学生填写)

"校内社会调查"展示环节过程跟踪表

选题	选题名称	选题缘由	选题目的	成果形式	收获与不足	备注

组员	班级	姓名	学号	项目角色及承担工作完成情况	成绩

(三)经典著作精读

1.设计目的

中国共产党领导人十分重视马克思主义经典著作的阅读,毛泽东把马列哲学的学习、领悟和运用当作"看家本领",习近平总书记也十分重视经典著述的学习,多次要求党员领导干部重温党内经典文献和马克思主义经典作家著作等。

2. 实施方案

(1)要求学生认真阅读3—5篇经典著作,可以在老师提供的阅读目录中选择,也可以自行选择。

(2)撰写1篇不少于3000字的读书笔记。

(3)阅读目录

《共产党宣言》

《中国社会各阶级分析》

《星星之火,可以燎原》

《愚公移山》

《为人民服务》

《新民主主义论》

《论十大关系》

《关于正确处理人民内部矛盾的问题》

《之江新语》

《干在实处,走在前列》

《习近平谈治国理政》

《习近平谈治国理政(二)》

《习近平谈治国理政(三)》

3. 具体要求

每一篇读书笔记分为以下四部分内容:

(1)精彩段落摘抄

通过阅读原著,把握原著的精神实质,感受原著的博大精深,领略原著的逻辑魅力。

(2)写作背景描述

了解原著的写作背景,知道原著的写作原因,掌握原著的理论价值。

(3)主要内容梳理

分析原著的逻辑结构,把握原著的重要观点,读懂原著的基本内容。

（4）当代启示展示

学会用原著的观点来分析当代中国社会发展面临的重大理论和实践问题，用原著的方法来解决当代中国社会改革开放过程中所遇到的新问题，展示分析和解决问题的本领。

4.过程掌握

"经典著作选读"笔记

姓名(联系方式)		班级	成绩	备注
经典著作名称				
写作背景				
总体感受				
结构分析读书札记				
当代启示				
评价				

（四）校园微视频创作——"第二课堂"课内实践教学

1.设计目的

校园是属于一批同龄人的生活圈，在这个圈子里，有因为一个专业而学习奋斗的同班同学，有因为同样兴趣而走到一起的社团精英，有每天同吃同住同睡同醒的寝室好友，更有发现你的闪光点并帮助你提升的老师……对他们的感情用仅一张图片、一句话能够表达得太少？那我们就拿起手机、DV、相机等设备，用3分钟的时间表达出你最想说的话，让这股正能量在同学之间传得更远，走得更深。

通过让学生创作校园微视频，增强学生运用马克思主义世界观和方法论分析、解决问题的能力，提升学生的理论思维水平，同时也引导学生通过校园微视频创作来感悟人生价值，追求高尚的理想境界。

2.实践要求

（1）创作组织

微视频创作以小组为单位开展。每小组由召集人和若干成员组成，每小组成员不超过5人，必须有明确的分工。小组召集人可以在小组成绩的基础上加分，直至课程平时成绩为满分。

（2）拍摄内容

内容要透视社会热点,把握时代特征,选择反映社会主义核心价值观的主题,体现学生积极向上的精神面貌、丰富多彩的日常生活,展现学生对概论课的理解和体会。

（3）拍摄工具

手机、DV、相机等拍摄设备均可。

（4）拍摄时长

3分钟左右。

（5）拍摄格式

mp4、avi、mpeg、mov、wmv。

（6）视频尺寸

推荐高清1080P（1920＊1080）,最低要求标清720P（720＊576）,视频比例为16：9或4：3,在统一提交的创作作品中,各机位的视频应统一画幅宽高比,不得混用。

（7）视频大小

500M左右（请小组自行保存好高清版本的源文件）。

（8）拍摄形式

作品题材不限,以生活随手拍为主。

（9）视频提交

①标题:［校园微视频创作作品］姓名＋班级＋联系方式。

②内容:每小组提交一份设计文案、一个微视频文件到任课教师指定邮箱。

3.注意事项

（1）微视频创作必须为原创,不涉及版权纠纷。

（2）微视频创作不得涉嫌剽窃、侵犯他人著作权。

（3）微视频创作不得含有色情、暴力等不良内容。

（4）微视频创作不能含有涉及民族问题、宗教问题、种族歧视的内容。

（5）微视频创作中所出现的文字、语言、场景、背景等不得与中华人民共和国法律法规相抵触。

4.评判细则

提交微视频创作将在"概论课"超星课程网站进行展示,接受本班级及其他班级同学评价。课程组将从以下五个方面对提交的微视频创作进行点评。

(1)画面质量(10分)

主要评判该作品的清晰度、整体性,如画面、音质是否流畅,场景布局是否合理。

(2)艺术创意(15分)

主要评判该作品的内容创意,如是否在剧情方面进行过艺术加工,最后剧情呈现时的艺术欣赏价值如何。

(3)制作效果(25分)

主要评判该作品的技术性,如剪辑是否能很好地呈现剧情,特效是否能够配合整部作品,配乐是否适合等。

(4)主题立意(30分)

主要评判该作品的内容是否切合主题,如能否在剧情方面升华主题,能否让主题深入人心。

(5)网络投票(20分)

网络投票规则:相同ID每日可投一票,网络投票通过微信端和网页端统一计数,每组每获得15票计1分,15分封顶;超过250票的创作中选取前5名分别给予1—5分的额外奖励,如有同分则奖励分值相同。

课程组打分规则:课程组将邀请6名教师对创作的1—4点共80分进行评比打分,采取去掉最高分最低分,取4位教师平均分值的方法进行打分。

最后将网络投票分数和教师打分分数相加,即为小组最后所得分。

5. 过程掌握

"校园微视频创作"实践过程跟踪及成绩表

选题	选题名称	选题缘由	选题目的	成果形式	收获与不足	备注
组员	班级	姓名	学号	项目角色及承担工作完成情况		成绩

(五)海洋意识培育

1. 设计目的

党的十九大提出了"加快建设海洋强国"战略,没有海洋意识和海洋意志的民族是很难在 21 世纪立足并且发展的。高校思想政治理论课进行马克思主义海洋观教育至关重要,这有利于培养和树立大学生的海洋意识和海洋意志。国家海洋局会同全国四部门联合印发的《提升海洋强国软实力——全民海洋意识宣传教育和文化建设"十三五"规划》明确提出,国家海洋战略必须扎根在国民对海洋的认识之中。大学生作为中国特色社会主义事业合格的建设者和接班人,更应加强海洋观教育,培养和树立正确的海洋观。高校思想政治教育主要是对大学生有目的、有计划、有组织地影响,开展使他们形成符合中国特色社会主义所需要的思想品德的教育实践活动;如何探究出一条更高效的大学生海洋观培育道路,如何较好地提升当代大学生学习海洋意志的主动性与自觉性,这显然已成为时代交给我们思想政治理论课教育工作者的一项重大理论和实践课题。

2. 实施方案

在"概论课"的教学中,指定各自然班至少选出一个小组,利用 8—10 分钟时间,由学生对感兴趣的、重大的、有影响力的海洋事件、海洋故事、海洋人物、海洋科技、海洋产业、海洋创新和海洋国家(民族或地区)等进行表述和评论。学生事先确定主题,每组成员不超过 5 人,小组每位成员进行相应的分工,如题目的筛选、PPT 的制作、课堂上的发言等,教师以组为单位对其进行评分。

3. 评分标准

(1)PPT 评分标准

①PPT 主题要求

必须符合"概论课"主题,有利于培养学生海洋意识和海洋意志,贴近实际、贴近生活,直击海洋经济社会热点,把握时代脉搏。

②PPT 的内容要求

要涉及演讲主题选择的原因以及相关的背景情况;演讲主题对我国加快建设海洋强国的意义和影响;选手自身对于演讲主题的评价或看法。

③PPT 设计基本要求

图文结合恰当,文字展示清晰,内容简明扼要,构思及逻辑清晰明了。如果

PPT 演示中涉及视频资料,视频播放时间不得超过整体演示时间的四分之一。

（2）演讲评分标准

①演讲者要求

仪表端正,表述流畅,逻辑合理,动作、仪态自然得体,对演讲的内容非常熟悉,整个演讲的过程尽量做到脱稿。

②演讲内容要求

真实,完整,主旨必须健康向上,其中具有创新点可适当加分。

③演讲时间要求

8—10 分钟为标准时间,低于、高于标准时间均要适当扣分。

（3）计分规则

去掉一个最高分,去掉一个最低分,取平均分,得出选手的最终分数。（本次计分为 10 分制。）

4. 过程掌控

"海洋意识培育"实践过程跟踪及成绩表

选题	选题名称	选题缘由	选题目的	成果形式	收获与不足	备注

	班级	姓名	学号	项目角色及承担工作完成情况	成绩
组员					

（六）参观考察——"第三课堂"课内实践教学

1. 设计目的

为深入贯彻落实党的十九大精神和高校人才培养目标的要求,让大学生深入了解海南,"概论课"教研室组织开展对三亚当地极富特色的社会主义建设发展典型或红色文化纪念地等（如大茅远洋生态村、"中国最美村庄"中廖村、亚龙湾国际玫瑰谷＋博后村、西沙海战烈士陵园、仲田岭革命烈士纪念碑、红色娘子军演艺公园等）进行参观考察。这些参观考察活动不仅能丰富"概论课"的实践教学内容,深化学生对习近平新时代中国特色社会主义思想、马克思主义中国化理论和党的路线、方针、政策的理解,也能提高思想政治教育的针对性和实效性,增强课程的吸引力和感染力。

同时,通过参观活动,能帮助大学生了解国情、省情、地方实情,增长社会见识、开阔认识视野、接受实践锻炼,还能增强其理论联系实际、自主探究现实社会和实践感悟的能力,提升他们的思想认识水平和综合素质,最终引导大学生培育和践行社会主义核心价值观,牢固树立"四个自信"和为实现中华民族伟大复兴"中国梦"而努力奋斗的理想信念。

2. 实施方案

(1)教师布置实践任务。教师根据"概论课"的教学计划,有计划地在讲授完相应的理论教学内容后,每次安排2学时的校外参观课程。由教师指定一定数量的参观实践目的地供学生选择,最终每个小组选取其中1个进行实践活动。

(2)学生组队实地参观。各实践小组遵循学生自由组合和教师指定相结合的原则,每组人数一般不超过5人。每个实践小组需在实践过程开展前填写参观调研实践小组登记表,在教师指导下围绕一个主题,以小组为单位前往参观地完成实践任务;小组成员应有明确分工,亲身参与实践活动。要求在第12周之前完成所有实践活动。

(3)小组撰写参观调研论文并进行汇报分享。要求各小组运用所学的马克思主义中国化理论来指导参观实践过程、分析遇到的社会现象,拍照和记录相关调研情况。在完成参观活动后,每组要撰写不少于4000字的参观实践调研论文,并制作实践汇报PPT在课堂上进行展示和分享,由学生评分组进行打分考评。最后教师对各小组的实践汇报情况进行简单点评。

3. 推荐参观地点

中国最美村庄——中廖村

亚龙湾国际玫瑰谷 + 博后村

大茅远洋生态村

中国最南端的一座古城——崖州古城

西沙海战烈士陵园

仲田岭革命烈士纪念碑

红色娘子军演艺公园

4. 考评方法

考评采用 10 分制,注重过程评价与结果评价相统一。

每个小组需在实践前上交参观考察实践小组登记表,在实践完成后填写成绩评定表。小组课堂汇报结束后,由学生评分组进行打分考评(去掉一个最高分和最低分,取平均分为最终小组成绩),每组组长可以酌情加 1 至 2 分。

教学考评以考察学生的学习态度、参与程度、实践能力、分析方法和综合素质为主,注重培养学生的实践能力和创新精神。

具体考评标准如下:

优秀(9—10 分):能积极参与实践,态度认真,小组分工合作和谐;论文内容充实,观点突出,逻辑严密;汇报资料充实,PPT 制作精美,表达流畅。

良好(7—8 分):能积极参与实践,态度较认真,小组分工合作较和谐;论文内容较充实,观点较突出,逻辑较严密,汇报资料较充实,PPT 制作较精美,表达流畅。

合格(6 分):能积极参与实践,态度较认真,小组分工较合理;论文内容不够充实,观点不够突出,逻辑欠严密;汇报资料简单,PPT 制作一般,表达不够流畅。

不合格(0 分):没有认真参与实践活动,分工不明确;论文抄袭较多,缺乏独立思考与分析;汇报材料简陋。

5. 保障机制

(1)需要提供一定数量的实践教学经费作为参观考察支出,尽可能给每位参与实践的学生购买保险。

(2)需要建立一定数量的实践教学基地。

(3)需要事先掌握每组学生进行实践活动的地点、时间及小组成员组成、分工情况。

6. 过程掌握

"参观考察"实践小组登记及成绩表

	姓名	班级		学号	电话	备注
组长						

续表

参观地点及主题					
选择此参观地及主题的理由(与教材的结合点)					
参观考察的基本思路与设想					
组员	姓名	班级	学号	项目角色及承担工作完成情况	成绩

(七)云班课——"(网络)第四课堂"实践教学

通过使用云班课,我们不仅可以整合教学资源,引导学生向伟人学习,读优秀传统文化经典、马列经典、中外传世经典和专业经典,还可以通过调查问卷、头脑风暴等开展"学校发展我建言""国家政治生活我提议""我对总理说句话""植树节宣传海报"之类的活动,引导学生热爱学校、关心社会、服务国家。

(八)"创意课堂"——"第五课堂"实践教学

"概论课"教研室力求探索一种整合教育模式,即将艺术教育和情感教育、党的最新成果教育和党史教育、理想信念教育、哲学智慧教育、创新创业教育等丰富内容予以整合,期冀在培育和塑造大学生的世界观、人生观、价值观、就业观和审美观以及促进德智体美劳全面发展等方面有所助力,竭力打造"让大学生真心喜爱、终身受益"的思政"创意金课"——"第五课堂"实践教学。譬如,在实际教学中,我们通过播放歌曲《请到天涯海角来》《一首歌的时间带你体验三亚民谣音乐会》《万泉河水清又清》《我爱你中国》《我和我的祖国》,观看2019年海南对外形象推介片——《开放新高地 共享新未来》等红色音视频资源,在对学生进行艺术熏陶的同时,有力地增进了学生爱三亚、爱海南、爱祖国的家国情怀;通过将党的最新成果——习近平新时代社会主义思想引进"概论课"课堂、进学生头脑,用习近平新时代中国特色社会主义思想铸魂育人,引导学生增强中国特色社会主义道路自信、理论自信、制度自信、文化自信,使学生学党史、知党情、记党恩、听党话、跟党走。

还需说明的是,"概论课"教研室精心打造的"创意课堂"的主角不只有任课教师,还有学生。通过在云班课平台设置"小海点播台",不仅可以征集相关热点话题,还可以获得学生所推荐的音乐、影视等充满友爱和善意的分享。老师通过点赞、奖励经验值的方式肯定参与点播活动的同学们,并选择在课前或课间播放和分享这些资源,相关学子在得到尊重和认可的同时,无疑还将产生更大的动力和更多的创意。

(九)其他项目

"概论课"实践活动方式还包括教研室集体协商后确定的知识竞赛、演讲比赛、创意大赛等其他活动;学生与老师协商开展的其他活动,或学生自主选择的其他社会实践等。

第二节 "概论课""五位一体"实践教学过程

自2019年春季学期以来,海南热带海洋学院马克思主义学院"概论课"教研室围绕"概论课""五位一体"实践教学,除"教学大纲"所设计的"小海说事"——"第一课堂"课内实践教学、云班课——"(网络)第四课堂"实践教学、"创意课堂"——"第五课堂"实践教学外,还就"第二课堂"和"第三课堂"开展了以下校内实践教学、校外社会实践教学活动:

一、2019—2020学年第1学期

本学期"概论课"教研室设计的校外实践有两项——观看《红色娘子军》实景演出、参观考察三亚亚龙湾国际玫瑰谷;校内实践为(海洋)环保创意设计大赛。

(一)社会实践教学之观看《红色娘子军》实景演出

1.实践教学目标

本次社会实践教学活动是通过观看《红色娘子军》实景演出,让青年大学生切身感受海南红色革命故事,重温革命先辈不屈不挠的革命抗争精神、矢志不渝追求理想的情怀担当以及具有琼崖特色的"二十三年红旗不倒"精神,激励学生发扬光荣传统、传承红色基因,不忘初心、勤学苦练,坚定跟党走,努力在坚持和发展中国特色社会主义伟大进程中创造无愧于时代、无愧于人民、无愧于先辈的业绩,用最好的方式纪念老一辈革命家。

2. 实践教学要求

由于活动时间、场所和对象的特殊性,此次活动要求如下:

(1)学生自愿参加,门票学生自费,每人 50 元,以大班为单位,由任课老师指定负责人,统一收齐费用,到达演出地统一买票。

(2)任课教师按班级总人数的 30%(若同学意愿强烈也可以酌情增加人数)统计参加活动的学生名单,并在第 13 周周五前发送到"概论课"教研室电子邮箱。

(3)以大班班组为单位,由指导教师(任课教师)全程负责。

(4)活动开展时间为晚上,且离开校园,活动过程严格纪律要求,学生要服从带队老师的安排,不得擅自离开队伍。

(5)遵守演出场所的相关规定,严格遵守规定时间,保持队形准时集合候车、登车,集合地点暂定学校西门。

(6)观看过程中,不要大声喧哗,不要随意走动。

(7)每人完成一篇心得体会(2000 字以上),撰写心得体会的同学,可以免写期末实践报告。优秀的心得体会,将被选用作为本学期专项实践教学活动的成果,装订成册。

(8)指导教师负责收集学生参加社会实践的图片资料,并提交一份总结材料。

3. 实践教学时间、人数、地点等基本情况

(1)活动时间:6 月 10 日晚(第 16 周,周一),出发集合时间为晚上 7 点整,返回时间为晚上 9:50。

(2)总人数:约 900 人。

(3)集合地点:海南热带海洋学院西门。

(4)观看演出地点:海南省三亚市天涯区槟榔河东侧红色娘子军演艺公园(海南热带海洋学院马克思主义学院实践教学基地)。

4. 参与人员及相关保障

(1)参与人员:学院领导、"概论课"全体主讲教师和 2017 级部分本科学生代表。

（2）人员分工

①带队："概论课"教研室负责人和全体主讲教师。

②组织员：各班抽选学生形成一组，指定组长一名，负责活动途中的组织及安全工作。

（3）应对突发事件预案

①若学生意外受伤，由相关跟班教师组织学生及时送就近医院安置，活动继续进行。

②若发生严重意外事件，导致活动不能继续进行，则由带队教师维护现场秩序，各班组织员负责疏散人员。

（二）三亚亚龙湾国际玫瑰谷参观考察实践教学

1.实践教学目标

在海南全岛建设自由贸易试验区和探索中国特色自由贸易港、建设美好新海南和全域旅游的大背景下，通过带领学生参观亚龙湾国际玫瑰谷，切实加强大学生美育教育，增强我校学子对现代产业（现代农业、旅游业等）发展的关注，关心三亚、了解三亚、热爱三亚，从而增进建设美好新海南的自觉；通过校外考察活动，引导学生主动参与实践，学会收集、处理信息方法；通过多样的形式反馈汇报，学习和掌握交流、表达、总结的方法；以体验、感悟促进学生综合能力的提高；强化价值引领，教育引导学生立鸿鹄志，做奋斗者，在学生参与实践、体验感受的过程中，引导学生思索青年成长与社会发展之间的联系，促进知行统一，在实践教育过程中树立起以社会责任、使命担当为核心的自觉，在此基础上推进创新。

2.实践教学内容

（1）实践主题："体验美丽经济，见证乡村振兴"。

（2）实践内容：参观亚龙湾国际玫瑰谷"美丽经济"建设实绩。

（3）目的地及相关简介：以"玫瑰之约，浪漫三亚"为主题的三亚亚龙湾国际玫瑰谷是一个集玫瑰种植、玫瑰文化展示、旅游休闲度假于一体的现代都市农业旅游观光产业园，位于三亚亚龙湾国家旅游度假区内，占地2755亩。园区以"美丽·浪漫·爱"为主题，以农田、水库、山林的原生态自然环境为主体，以五彩缤纷的玫瑰花为载体，是亚洲规模最大的玫瑰种植园、最受欢迎的"国际玫瑰节"举办地和婚礼庆典举办场所，目前已成为一个以玫瑰文化为载体，以玫瑰产业为核心,依托周边山水资源,集乡村田园风情、玫瑰种植、玫瑰衍生产品开发、玫瑰文化展示、休闲旅游度假于一体的旅游综合体。三亚玫瑰谷景区在注重营造特色、区别发展的同时,进一步强化发展亚龙湾高端旅游资源的会展、餐饮、民宿、研学等关联产业,进行三产叠加,完善亚龙湾业态,丰富旅游产品,增强区域开发的整体性和产业集聚效应。目前,景区已荣膺"全国巾帼现代农业科技示范基地""国家 AAA 级旅游景区""海南省乡村旅游五椰级景区"等称号,玫瑰产业在中央及省、市各级政府的大力扶持下,已成为三亚发展美丽经济的一个重要组成部分,得到迅猛发展。

3.实践教学要求

(1)学生准备

①上网搜索亚龙湾国际玫瑰谷的发展历史,海南国际旅游岛发展历程等相关资料,并进行整理、交流。

②学生自愿参加,免门票费,但须每人准备电瓶车费 15 元,以大班为单位,由任课老师指定负责人,统一收齐费用,到达演出地统一买票。

③拍摄照片。

④撰写心得感想,优秀的心得体会(2000 字以上)将被选用作为本学期专项实践教学活动的成果,装订成册。

(2)教师准备

①对亚龙湾国际玫瑰谷发展"美丽经济"的基本情况有全面的了解。

②告知学生参观的任务、目的及注意事项,特别要强调安全教育问题。

③抽选参观学生,并选出召集联络人。

④全程(或委托同事)负责本人任课班级报名学生。

⑤与教研室和学院联系,确定参观时间和活动细节。

⑥做好随队参观的时间计划。

4.实践教学时间、人数、地点等基本情况

(1)活动时间:2019 年 6 月 16 日(第 16 周,周日)。

(2)总人数:参观师生分两批次,746 人(含教师 7 名)。

(3)集合地点:海南热带海洋学院西门。

(4)参观地点:三亚市吉阳区博后北路 9 号亚龙湾国际玫瑰谷。

5.参与人员及相关保障

（1）参与人员：学院领导、"概论课"全体主讲教师和2017级部分本科学生代表。

（2）人员分工

①带队："概论课"教研室负责人和全体主讲教师。

②组织员：各班抽选学生形成一组，指定组长一名，负责活动途中的组织及安全工作。

（3）应对突发事件预案

①若学生意外受伤，由相关跟班教师组织学生及时送就近医院安置，活动继续进行。

②若发生严重意外事件，导致活动不能继续进行，则由带队教师维护现场秩序，各班组织员负责疏散人员。

（三）（海洋）环保创意设计大赛

1.实践教学目标

根据教育部《新时代高校思想政治理论课教学工作基本要求》（教社科〔2018〕2号）"实践教学作为课堂教学的延伸拓展，重在帮助学生巩固课堂学习效果，深化对教学重点难点问题的理解和掌握。要制定实践教学大纲，整合实践教学资源，拓展实践教学形式，注重实践教学效果"的要求，同时，为贯彻落实党中央提出建设生态文明的重大战略部署，激发和培养广大青年学生的环保意识、创新精神和实践能力，引导青年大学生积极参与绿色、低碳生活的科技创新、创意发明设计等实践活动，服务于我校应用型本科和高水平海洋大学的转型，进而助力国家生态文明试验区建设和国家海洋战略的实施，海南热带海洋学院马克思主义学院"概论课"课程组特制定此实践教学方案。

2.实践教学主题

生态文明，是工业文明之后的文明形态，以人与自然、人与人、人与社会和谐共生、良性循环、全面发展、持续繁荣为基本宗旨。建设生态文明是中华民族永续发展的千年大计、根本大计。"生态兴则文明兴，生态衰则文明衰"，（海洋）生态环境保护是生态文明建设的重要组成部分。

本届大赛以"绿动校园，环保未来"为主题，体现保护（海洋）生态环境、人与自然和谐共生、"绿水青山就是金山银山"的最新理念。作品设计可围绕（海洋)生态环境保护而展开。

3.参赛作品类别

环保手袋,环保时装,环保包装(烟酒糖茶等),环保文具(笔墨纸砚等),环保玩具,环保家具,环保用具(锅碗瓢盆勺桶等),环保建筑,环保设备,环保产品设计,环保平面设计(环保标识等),环境艺术,环保数字媒体(含微电影),环保策划案(广告策划、营销策划)等。

4.参赛对象

海南热带海洋学院 2017 级全体学生(每人必须参与,成绩及格后方可获得实践教学学分)。

5.时间安排

根据学校本科专业人才培养方案规定,"概论课"社会实践教学环节共计 2 周,8 学时,在课堂教学结束后开展。本次大赛作品展示将集中安排在第 16—17 教学周进行。

6.参赛要求

(1)参赛者须确认拥有所提交作品的完整著作权,确认提交作品从未转让或许可给任何个人或机构。参赛者应确认其作品的原创性,主办方不承担因作品侵犯他人(或单位)的权利而产生的法律责任,其法律责任由参赛者本人承担。

(2)参赛版权相关的各种附属权利,均为作者所有,课程组在符合其使命宗旨的非商业、非营利范围内,享有免费使用、复制、散发及全部和部分修改的权利,且该项权利是永久和不可撤销的。若遭受侵权时,作者要及时配合课程组进行维权追诉。

(3)请参赛者务必保留好作品源文件,所有报送参赛作品既不退还。

(4)获奖信息在作品评审结束一周内公布并进行获奖作品公示,含一等奖 3 项、二等奖 5 项、三等奖 8 项。课程组将对优秀作品酌情予以精神及物质奖励,并向更高层次赛事主办方推荐。

7.参赛作品报送

(1)平面设计、环境艺术、产品设计、海洋非遗等类别作品请拷贝或上传给任课教师(JPG 格式,RGB 模式,分辨率 200—300dpi,每幅不得超过 2M,系列作品不得超过 4 幅)。手绘作品请用扫描仪扫描或数码相机拍照,拍照时不要使用闪光灯,图片转换成 JPG 格式。作品请用 A3 纸数码打印并装裱在黑卡纸上(尺寸 35cm×50cm),系列作品背面用胶带粘贴在一起,把作者(个人或小组)名单用双面胶贴在黑卡纸背面。

(2)数字媒体、视频、微电影类,拍摄工具及制作软件不限,时间 60 秒至 180 秒以内。画面宽度不小于 600—960 像素,不要倒计时。成片为 flv 或 wmv 格式,图像大小 720×576,作品文件不超过 100M。标注作者(个人或小组)名单。

(3)策划文案双面打印于 A4 纸上,正文不超过 30 页,附件不超过 10 页,装订成册。将作者(个人或小组)名单贴在封底左上角。

(4)其他作品,提供实物。

8.考核原则和成绩评定

考核及成绩评定采取学生自评加指导教师评定的方式进行。前者侧重于团队内依据对团队成果贡献来协商评定,后者由教师对团队成果及团队活动记录情况加以评定。

成绩采用百分制,成绩评定具体标准如下:

90 分以上:优秀(形式新颖,设计精巧,创意突出);

80 至 89 分:良好(形式较新颖,设计较精巧,创意较突出);

70 至 79 分:中等(基本完成,有一定创意);

60 至 69 分:及格(基本完成);

60 分以下:不及格(敷衍了事);

0 分:未完成。

实践教学项目最终成绩的构成为:指导教师评定成绩(50%)+团队互评成绩(30%)+团队集体自评成绩(20%)。

9.组织实施

(1)组织方式

实践教学过程中,学生可以个人或团队(小于等于 7 人)的方式完成。

(2)教师职责

①结合思想政治理论教学的重点,提出实践教学课题及相应的要求。

②指导学生组织实践团队、开展调研,指导学生撰写调研报告,评定成绩。

③形成教学过程中的指导材料,收集各环节中的文档资料。

④参与对实践教学效果的评估。

（3）效果评估

实践教学结束后，通过教学总结会议来进行实践教学效果评价，依据教师的教学总结、学生反馈的建议意见（含学评教结果）来总结教学中的得失，形成进一步改进教学的措施和计划。参加人员应包括教师和学生代表，会议记录作为教学档案留存。

10.管理保障机制

（1）组织管理

马克思主义学院为实践教学组织实施单位，由马克思主义学院对实践教学进行宏观管理，制定相应的管理办法和措施，审核实践教学工作量，下达实践教学经费指标，检查、督导、协调实践教学活动，同时保障实践教学环节的顺利开展。

（2）运行管理

马克思主义学院对实践性教学环节的运行做到6个落实：计划落实、大纲落实、指导教师落实、经费落实、场所落实和考核落实。毛泽东思想和中国特色社会主义体系概论课程组具体负责确定实践教学内容，制定实践教学计划，组织实践教学开展，重点抓好准备工作环节、初期安排落实环节、中期开展检查环节和结束阶段的成绩评定及实践教学工作总结等环节。

二、2019—2020 学年第 2 学期

本学期"概论课"教研室设计的校外实践与上学期相同，为两项——观看《红色娘子军》实景演出、参观考察三亚亚龙湾国际玫瑰谷；本学期未安排校内实践。

相应实施方案如前。

三、2020—2021 学年第 1 学期

本学期未安排校外实践，但通过云班课设计了一系列线上实践教学的内容。

1.独立完成"小海说事"

"小海说事"要求每个同学独立完成，其中说的"事"可以是家（乡）事、国事、天下事、身边事，直击社会热点，把握时代脉络。该项实践活动自由度较大，但要求学生做成 PPT（不少于 8 张）或者录好音频（不少于 3 分钟），然后上传至

云班课。提交时间不能晚于本周第二次课(即星期四上课前)。

2.微视频创作

利用手机、DV、相机等自由拍摄一部微视频,要求内容选取要把握时代特征,反映社会主义核心价值观的主题,体现学生积极向上的精神面貌、丰富多彩的日常生活。时长 3 分钟左右,mp4、avi、mpeg、mov、wmv 等格式均可,不大于300 M。

3.经典诵读

从教师提供的《习近平讲故事》或《习近平用典》中选一篇文献诵读,录成音频(不少于 5 分钟)并上传到云班课。

4."植树节"主题活动方案(或主题宣传海报)

春风吐绿、草木初萌,又是一年植树节。植树节是我国重要的节日,党的十八大以来,习近平总书记每年都参加首都义务植树活动,多次谈到造林绿化的重大意义。

要求学生设计一份"植树节"主题活动方案(或主题宣传海报),完成后请以"附件"的方式上传到云班课。

5.独立撰写"青春耀海院,匠心献祖国"小作文

同学们,老师假定你们都观看了陈锐校长《海南开学第一课》的思政课直播。学校领导和老师对你们充满期待,"小海带"是不是应该有所回应呢?请独立完成撰写"青春耀海院,匠心献祖国"小作文一篇(不少于 800 字)。

6.撰写一份提案

撰写一份提案(要求简明扼要,100 至 1000 字),或为海南自由贸易港建设,或为海南热带海洋学院(或者所在学院)的发展建言献策。第十周前完成提交即可。

7.独立完成一篇读书笔记

阅读教师提供的《习近平的七年知青岁月》《摆脱贫困》《之江新语》《习近平谈治国理政》或习近平相关论述摘编,手写完成一篇不少于1000 字的读书笔记,并拍照上传到云班课。

8."我的建言"

参照中国政府网的"我向总理说句话",请对党和国家工作建言(一句、一段

均可),请在云班课"活动"里的"作业"中完成。

四、2020—2021 学年第 2 学期

本学期"概论课"教研室安排的校外实践教学活动为参观考察中廖村—大茅远洋生态村(方案大致如前,故略);校内实践教学活动是"小海说事"实践教学优秀作品表彰。

"小海说事"实践教学优秀作品表彰方案具体如下:

1. 活动宗旨

此次展评活动充分反映马克思主义学院"概论课"教研室实践教学改革的积极探索以及实践教学的实际效果,展现我校实践教学优秀成果,通过物质奖励和精神激励增强我校本专科大学生对于思想政治理论课学习的积极性,强化学生的实践创新能力,帮助学生深化理性认知、增进情感认同、注重实践履行,进一步提高思想政治理论课的针对性和实效性,不断推动我校思想政治理论课教学再上新台阶开创思想政治理论课教学改革新局面。

2. 参评人员

2020—2021 学年第 1 学期我校修习"概论课"的本专科大学生(含补修重修同学)均可自愿报名参加或者由任课教师推荐参加。

3. 推荐参评

(1)以任课大班为单位,由任课教师组织、遴选出 6 项优秀作品参评。

(2)所提交的参赛 PPT 须打印成小册子(每页六张)注入模板,并使用封面。

(3)为了便于统计,请任课教师配合教研室填写"小海说事实践教学优秀成果推荐表"。

(4)其余未获推荐的作品亦须提交 PPT 电子版。以大班为单位,打包发给教研室负责人存档。

4. 奖项设置

根据参评作品的数量及质量,最终评选出一等奖 2 项,二等奖 4 项,三等奖 6 项,优秀奖 10 项。所有获奖作品均需提交给教研室负责人,最终结集装订成册。

5. 证书发放

证书发放将在 2021 年 1 月 3 日"概论课"考试结束后、寒假前一周左右进行。

五、2021—2022 学年第 1 学期

本学期"概论课"教研室安排的校外实践教学活动有两项——参观考察中廖村—大茅远洋生态村、西沙海战烈士陵园凭吊卫国英烈;校内实践教学活动是"红星闪闪心向党,复兴使命勇担当"——庆祝中国共产党百年华诞征文大赛。

(一)马克思主义学院"概论课"教研室暨"红星闪闪工作室"社会实践教学之西沙海战烈士陵园凭吊卫国英烈活动方案

1. 活动主题

凭吊英烈,告慰忠魂;缅怀先辈,激励后人。

2. 活动背景

在庆祝中国共产党成立 100 周年之际,组织发动我校大学生自愿参加西沙海战烈士陵园凭吊西沙海战卫国英烈活动,旨在深切缅怀、告慰在西沙海战中为守卫国家海疆而英勇献身的十八位英烈,教育广大青年学子崇尚英雄、学习英雄、关爱英雄,发扬为党、为国家、为人民甘于奉献和不怕牺牲的精神,引导广大青年学子接受爱国主义精神的思想洗礼,树立正确的世界观、人生观、价值观,珍惜优越的学习生活条件,树立远大的理想,磨炼顽强的意志,练就过硬的本领,用臂膀扛起如山的责任,展现青春激昂的风采,用英雄情怀砥砺奋进,努力成才,服务社会、报效祖国。同时,在活动中对学生进行文明礼仪、团结互助等行为教育,培养学生的集体主义和组织纪律观念,进而汇聚起把中国特色社会主义的伟大事业不断推向前进、实现中华民族伟大复兴的磅礴力量。

3. 活动时间

2021 年 6 月 19 日。

4. 活动地点

三亚市红沙镇欧家园西沙海战烈士陵园。

5. 参与对象

2020 级概论课程学生代表(各班级自愿报名)。

6.活动准备

(1)学生准备

①自行准备纸花、鲜花或其他告慰英烈的物品。

②拍摄活动照片。

(2)教师准备

①抽选参观学生。

②实地探访西沙海战烈士陵园并规划交通路线。

③告知学生参观的任务、目的及注意事项,特别要强调安全教育问题。

④与课程组和学院联系,确定参观时间和活动细节。

⑤做好随队参观预案。

7.活动流程

(1)各班级学生于学校正门集合,然后乘坐大巴车前往。

(2)抵达西沙海战烈士陵园后,由主持人介绍本次活动的各注意事项和活动安排。

(3)凭吊活动开始后,各班级有秩序地列队。带队老师讲述西沙保卫战的经过,并简单介绍西沙海战18位烈士的英勇事迹。

(4)学生代表为卫国英烈敬献花篮。之后全体人员向烈士陵园鞠躬致敬。

(5)共青团员宣读入团誓词。

(6)各班学生自行鲜花,自由观瞻。

整个活动大约持续45分钟。活动完毕即有序返回学校。

(二)"红星闪闪心向党,复兴使命勇担当"——庆祝中国共产党百年华诞征文大赛活动方案

1.实践教学目标

为隆重庆祝中国共产党百年华诞,更好地传承红色基因,海南热带海洋学院马克思主义学院"概论课"教研室,暨"红星闪闪工作室",主要面向我校三亚校区和五指山校区学习毛泽东思想和中国特色社会主义理论体系概论课程的同学发起"红星闪闪心向党,复兴使命勇担当"建党百年主题征文活动,倡议我校莘莘学子用闪闪红心致敬百年岁月,表达对党与祖国的深情厚爱和勇担新时代复兴使命的决心,用优秀作品凝聚共筑中国梦的强大精神力量。

2.活动主办单位

海南热带海洋学院马克思主义学院"概论课"教研室。

3.征文内容

结合党史、新中国史、改革开放史、社会主义发展史学习教育或相关故事进行创作,讴歌中国共产党建党百年伟业,表达对党与祖国的深情厚爱和勇担新时代复兴使命的决心。记人、述事均可,回顾建党伟业、记录重大事件、讲述百姓故事、书写沧桑巨变等(不限于此),用征文生动展现建党百年来的民族发展、时代变迁、改革奋斗、文化传承、生活新貌等。如写一篇感情充沛的演讲稿,谈自己对祖国和家乡发展变化的深切感受,记观看一部红色电影、参观西沙海战烈士陵园的感悟,记录一次长辈讲述时代变迁的访谈故事等。

4.征文对象

海南热带海洋学院三亚校区 2019 级和五指山校区 2020 级学习"概论课"的同学;海南热带海洋学院其他年级同学。

5.征文时间

即日起至 2021 年 6 月 29 日。

6.征文形式

文体不限,演讲稿、诗歌、小说、散文、报告文学、剧本、曲艺作品等均可。

短篇限 800—1200 字;诗歌散文限 3000 字以内(诗歌 100 行以内);中长篇限 5000 字以内。

7.征文评奖

评审由海南热带海洋学院马克思主义学院"概论课"教研室、"红星闪闪工作室"负责,秉持公开、公平、公正原则,于 2021 年 6 月底 7 月初评选出获奖作品。设置一等奖 4 名、二等奖 6 名、三等奖 10 名、优秀奖 20 名。

获奖者将获颁荣誉证书,获奖作品将获"小海说事"微信公众号全文展示。

8.参与办法

(1)作品一律使用统一模板,并以电子文档形式投稿。

(2)参赛作品发至指定投稿邮箱。

(3)来稿请在邮件主题中注明"红星闪闪心向党,复兴使命勇担当"征文活动,并附上真实姓名、学号、联系方式、专业班级、任课教师等。

9. 特别声明

（1）本次征文不收任何费用。

（2）主办单位对所有来稿享有使用权和出版权。来稿一律不退，请作者自留底稿。

（3）投稿作品必须为原创，未曾在任何报刊、书籍、网站、微博、微信等平台上发表，文责自负。应征作品凡被认定属于抄袭、剽窃的，或在著作权方面有争议的，取消参选资格。

（4）本次活动的最终解释权归主办方。

六、2021—2022 学年第 2 学期

本学期拟安排的校外实践有参观考察中廖村—大茅远洋生态村、凭吊西沙海战卫国英烈（因恰逢台风黄色预警之故而延期至下学期）；校内实践安排征集"小海说事"实践教学优秀作品。

上述实践教学内容与前述大致相同，故不再赘述。

第三节 "概论课""五位一体"实践教学特点

综观近三年海南热带海洋学院马克思主义学院"概论课"教研室"五位一体"实践教学的开展和实施，可以得出以下结论。

一、"概论课"教研室实践教学大纲的设计是比较科学的

此教学大纲不仅指导思想明确，而且还充分吸纳并遵循了党的十九大报告、《关于加强和改进新形势下高校思想政治工作的意见》《新时代高校思想政治理论课教学工作基本要求》（教社科〔2018〕2 号）、全国学校思想政治理论课教师座谈会、《关于深化新时代学校思想政治理论课改革创新的若干意见》《"新时代高校思想政治理论课创优行动"工作方案》《新时代高等学校思想政治理论课教师队伍建设规定》（中华人民共和国教育部令第 46 号）、《教育部等八部门关于加快构建高校思想政治工作体系的意见》《高等学校课程思政建设指导纲要》（教高〔2020〕3 号）以及教育部最新印发的《高等学校思想政治理论课建设标准（2021 年本）》的要求。

二、"概论课"教研室"五位一体"实践教学模式较新颖

海南热带海洋学院马克思主义学院"概论课"教研室在科学思想的指导下，

精心设计了"小海说事"——课内实践教学"第一课堂"、校内调查和校园微视频创作等校内实践教学"第二课堂"、参观考察中廖村—大茅远洋生态村和三亚亚龙湾国际玫瑰谷以及凭吊西沙海战卫国英烈等社会实践教学"第三课堂"、云班课(网络平台)实践教学"第四课堂"、"创意课堂"——实践教学"第五课堂"等"五位一体"实践教学新模式,显然是有一定创新性的。

三、"概论课"教研室"五位一体"实践教学实现全覆盖

按照《高等学校思想政治理论课建设标准(2021年本)》的要求,实践教学不仅必须被纳入教学计划,而且还应覆盖全体学生。要做到这一点是很不容易的。国内很多院校都做不到,原因是多方面的,其中最主要的就是高校思想政治理论课涉及的学生数量过多,另由于经费保障以及安全需要等各种原因,实践教学往往难以充分开展。在这方面,海南热带海洋学院马克思主义学院"概论课"教研室首先通过"小海说事"——课内实践教学"第一课堂"就做到了全覆盖,另辅以形式多样的自愿实践,很好地解决了这个问题。

四、"概论课"教研室"五位一体"实践教学模式需改进

毋庸讳言,海南热带海洋学院马克思主义学院"概论课"教研室的"五位一体"实践教学模式,还存在一定的不足。譬如说,由于相关实践教学都在一个学期内完成,所以,时间显得较为仓促,由此导致相关活动的实施难免显得局促,而且由于涉及的学生数量多,任课教师也难以一一认真批阅学生提交的实践作业(或实践报告),相应地也影响了学生实践成果的品质。另外,此模式尽管能够较好地完成相关实践教学任务,但是由于与正在发生的新时代全面深化改革开放的实践结合度不够紧密,因此在引导学生服务当地经济社会发展方面就存在着短板。海南热带海洋学院马克思主义学院"概论课"教研室的"五位一体"实践教学模式仍有一定的改进和提升空间。

第四节 "概论课""五位一体"实践教学成效

客观地说,海南热带海洋学院马克思主义学院"概论课"教研室开展的"五位一体"实践教学,无论是哪一课堂,其总体效果都是良好的,并且,持续下来还不到五年,已经积累了较为丰富的"小海说事"优秀成果、《红色娘子军》实景演出观后感和亚龙湾国际玫瑰谷以及中廖村—大茅远洋生态村参观考察报告。

参与者大都表示满意、满足。譬如,一位原本对参观考察三亚亚龙湾国际玫瑰谷心有抵触的学生在参加考察实践活动之后也感叹:"后来了解到,玫瑰谷是以玫瑰产业为核心,依托周边山水资源,打造成一个集乡村田园风情、玫瑰种植、玫瑰衍生品开发、休闲旅游度假于一体的旅游综合体,还有玫瑰种植合作社。合作社村民收入增加,全靠玫瑰花的种植。我心想,小小的玫瑰也并不是只能看看而已嘛。真好,此次'打脸'真香,玫瑰花真好看,花田遨游真开心! 人不该局限在自己狭隘的认知里,这是我此次去玫瑰谷最大的收获!"仅此一例也可看出,"概论课"教研室"五位一体"实践教学的实效显然是良好的。

请看下面这篇报道——

十九大精神进基层　乡村振兴我见证
——海南热带海洋学院社会实践团走进中廖村

2018 年 6 月 23 日,由海南热带海洋学院 2016 级以及 2017 级部分专业学生 550 人组成的社会实践团走进了"中国最美乡村""2016 年中国休闲乡村""第二批中国少数民族特色村寨""海南省五星级美丽乡村"——三亚市吉阳区中廖村。

　　中廖村被称为"好山好水好黎家",是一个有着浓郁黎族文化特色和独特民俗风情的生态示范村,也是三亚第一个"五星级"美丽乡村。作为三亚"十镇百村"工程中最为重要的示范村,中廖村正朝着"生态美、产业强、百姓富"的目标创造新样本,致力于为建设"美好新海南"创建全域旅游美丽乡村示范。

　　此次活动是海南热带海洋学院马克思主义学院毛泽东思想和中国特色社会主义理论体系概论课程组贯彻落实习近平总书记在全国高校思想政治工作会议上指出的"重视实践育人，坚持教育同生产劳动和社会实践相结合，广泛开展各类社会实践，让学生在亲身参与中认识国情、了解社会，受教育、长才干"和"全员全程全方位"育人的新要求，以及落实教育部《新时代高校思想政治理论课教学工作基本要求》（教社科〔2018〕2号）将"实践教学作为课堂教学的延伸拓展"以"帮助学生巩固课堂学习效果，深化对教学重点难点问题的理解和掌握"，并"整合实践教学资源，拓展实践教学形式，注重实践教学效果"的要求而依托校外实践基地精心组织的社会实践活动，也是海南热带海洋学院马克思主义学院构建"五位一体"的全程全方位育人的立体化实践教学体系的重要内容。

　　鉴于中廖村全村总面积超过6800亩，分为8个自然村9个村民小组，此次海南热带海洋学院社会实践团重点参观了中和湖莲花栈道、海南热带海洋学院非遗学堂、榕树广场、黎家小院等核心景点。

在参观过程中,海南热带海洋学院社会实践团的同学们不仅欣赏了村中怡人的自然环境、美丽的景观公园、独具风格的黎家建筑、古色古香的新式民宿,而且还从《乡村文明公约》中找到了乡村文明、民风淳朴的密码,领略了农家果园现场采摘的美味并接受了黎族传统纺染织绣技艺的启蒙。此外,同学们更是享受了黎族传统竹竿舞带来的愉悦。

简而言之,同学们在老师的带领下,深刻体会到了改革开放40年和海南建省办特区30年来社会主义新农村建设所取得的伟大成就。

通过对中廖村全体村民美好幸福生活的实地考察以及对美好新海南建设成就的真实体验,同学们完成了从书本到现实、从理论到实践的过渡,更真切地了解社会、认识国情。这一活动也引导大学生正确认识我国社会主义建设的客观规律,更加深刻地理解人民日益增长的美好生活需要是我们党的奋斗目标,更加深刻地理解习近平总书记所强调的"改革开放是决定当代中国命运的关键抉择",使其更加热爱海南、热爱家乡、热爱伟大祖国,进而增进社会责任并强化使命担当,最终牢固树立走中国特色社会主义道路,为实现中国梦努力奋斗的理想信念和行动自觉。

经过一天的时间,此次活动顺利完成并取得了预期效果。活动结束之后,广大师生们一致表示,这种将课堂理论教学与校外实践活动相结合的形式,极大地增进了思想政治理论课的教学实效,因而受到大家的一致好评。大家纷纷表示,期冀这种校内实践活动能够惠及更多师生。

第五节 "概论课""五位一体"实践教学案例

一、案例一:"第一课堂"——"小海说事"中的"百年党史 辉煌伟业"

1. 实践教学案例背景

"小海说事",通过激励大学生评点家事、国事、天下事、校园事、身边事,激发青年大学生的主人翁意识、责任意识、参与意识、使命意识,希望通过让学生进行团结协作,合力播报新闻时事、社会热点,引导学生读"国情"书、"基层"书、"群众"书,让学生面向实际、深入实践,学会理性思考,更好地认识世界、了解国情民生、掌握发展规律、通晓天下道理。教师通过教育点评,给学生心灵埋下真善美的种子,厚植爱国主义情怀,引导学生扣好人生第一粒扣子,增强"四个自信",立鸿鹄志、做奋斗者。

2. 实践教学案例内容

本次实践教学通过在课堂教学中以小组为单位进行展示。在实践教学开始前,教师在云班课上传实践教学方案和"小海说事实践记录表",并在线下课堂教学第一课中就实践教学的实施路径和考核办法进行了说明。

(1)在"概论课"的每次教学中(两节为一次),利用5—8分钟时间,由学生选择感兴趣的红色文化主题进行PPT展示。

(2)学生事先进行分组,每组成员不超过6人,每位成员进行相应的分工,如题目的筛选、资料收集、文案制作、PPT的制作、课堂上的发言等,并以小组为单位在云班课进行学生互评。教师根据学生的"小海说事"展示情况进行点评,并根据PPT的内容和PPT的展示情况进行评分,"小海说事"的评分最终计入期末总评成绩。

任务下达后,同学们认真准备,在第3至第16周每次"概论课"教学中,进行展示。下面是2020级酒店管理班、2020级酒店管理(3+4)、2020级旅游管理(1)班、2020级旅游管理(2)班组成的教学班的优秀实践教学作品及教师点评。

成果一:小海说事《建党伟业》作品展示

——2020级酒店管理班徐艳芳、黑海超、黄丽、赵维峰、陈嘉雯

作品内容:

该组同学以《建党伟业》影视作品为切入点,从中国共产党成立的历史背

景、发展的艰难历程、建党意义、《建党伟业》观影感悟和总结五个部分进行了阐述。中国共产党成立是在马克思列宁主义的理论基础、马克思主义同中国工人运动的实践基础上形成的。中国共产党的发展过程中经历了重重困难,但中国共产党仍然坚持真理、坚守理想,践行初心、担当使命,不怕牺牲、英勇斗争,对党忠诚、不负人民。中国共产党的成立,具有伟大的意义,使中国革命不仅有了科学的指导思想,而且有了坚强的领导。学生观看《建党伟业》后,深受启发,说道:"中国共产党带领中国革命走向成功,中国共产党使中国人民站起来,不在受压迫,而今中国共产党带领中国人民实现了一个又一个的伟大成就,使中国实现了全面建成小康社会的伟大目标。作为当代青年,要牢记历史,还要展望未来,听党话,跟党走,为实现第二个百年奋斗目标而不断奋斗。"

教师点评:

十月革命的胜利,让中国人民选择了马克思主义,让中国先进分子看到了马克思主义可以解决中国问题的出路。中国人民选择了马克思主义,打开了中国革命崭新的一页。在马克思主义同中国工人运动结合下,中国共产党应运而生。中国共产党的成立是开天辟地的大事件,它深刻改变了近代以后中华民族发展的方向和进程,深刻改变了中国人民和中华民族的前途和命运,深刻改变了世界发展的趋势和格局。中国选择马克思主义是历史的选择,是人民的选择,历史已经证明,这个选择是正确的。在实现中华民族伟大复兴的道路上,中国共产党还将努力探索马克思主义同中国革命实际的结合。

成果二:小海说事《井冈山》作品展示

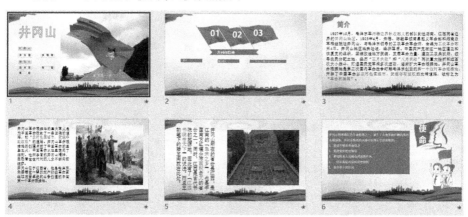

——2020 级酒店管理(3 + 4)班吴文喜、吴菲菲、冯才佳、陈雪、黄珍

作品内容:

该组同学以"井冈山"为题,从井冈山革命根据地的简介、井冈山革命根据地建立的重大意义和井冈山革命根据地的历史意义三方面内容进行了展示。秋收起义失败后,毛泽东率领部队前往井冈山,并开始建设井冈山革命根据地,井冈山革命根据地是毛泽东创立的第一个农村革命根据地,开辟了中国革命以"农村包围城市,武装夺取政权"的革命道路;井冈山革命根据地的建设具有重大意义,它让中国共产党找到了一条正确的革命道路,根据地的建设,点燃了中国革命的星星之火,中国革命从井冈山走向了胜利;井冈山革命斗争最重要的历史贡献,就是把马克思主义基本原理同中国具体实际结合起来,为中国革命找到正确道路。

教师点评:

"农村包围城市,武装夺取政权"革命思想的提出,标志着毛泽东思想的初步形成,是马克思主义与中国实际的第一次结合,也是马克思主义中国化的标志。

成果三:小海说事《缅怀革命先烈——学习弘扬红军长征精神》作品展示

——2020级视觉传达设计蔡颖斯、高炜婷、陈雅玲、罗贤竹

作品内容:

该组同学以"缅怀革命先烈——学习弘扬红军长征精神"为题,从热血长征、长征旅途、长征精神三个部分进行展示。长征,是一部中国工农红军艰苦卓绝的战争史书,更是一座中国革命史上的不朽丰碑,亦是人类历史上的伟大壮举。长征队伍自1934年10月17日从瑞金出发,两年内辗转走过14个省份,历经湘江战役、四渡赤水、飞夺泸定桥、爬雪山、过草地、腊子口战斗等艰苦卓绝的斗争,历经千难万苦,终于在1936年10月22日结束长征。为什么在如此极端艰苦的条件下,红军仍能胜利呢? 首先是因为,红军有明确的目标和坚定的信念;其次是,红军指挥员们的战争精神和"一不怕苦,二不怕死"的长征精神;最后是因为,中国共产党领导中国人民开辟的中国特色社会主义道路是正确的。长征是一次理想信念的伟大远征,长征是一次检验真理的伟大远征。真理只有在实践中才能得到检验,经过长征,党和红军不是变弱了,而是更强了,因为我

们党找到了中国革命的正确道路,找到了指引这条道路的正确理念。长征是一次唤醒民众的伟大远征。我们党始终根植于人民,联系群众、宣传群众、武装群众、团结群众、依靠群众。广大人民群众是长征胜利的力量源泉。长征是一次开创新局的伟大远征。长征的胜利,是方向和道路的胜利。长征的过程,不仅是战胜敌人、赢得胜利的过程,更是联系实际、创新理论、探索革命道路的过程。

教师点评:

长征精神是中国共产党人精神谱系的重要内容,它来源于长征的革命实践。长征确立了符合中国革命实际的中国化的马克思主义理论的指导地位,初步确立了马克思主义中国化的精髓——实事求是的指导地位;找到了马克思主义中国化的关键在于独立自主;丰富和发展了党的群众路线。长征锻造了马克思主义理论家和实干家,推动了马克思主义中国化的飞跃。长征精神将在新时代新征程上,为我们注入强大的精神动力。总体上看,"小海说事"作品《缅怀革命先烈——学习弘扬红军长征精神》是成功的,体现在以下方面:首先是分工明确。四人之中,蔡同学为汇报人;高同学、陈同学两人为编辑;罗同学负责检查。这种分工是很合理的,合乎编、审、发的原则。其次,PPT 共有 18 页,容量适中,时间可控制在 15 分钟之类,合乎"小海说事"的设计要求。再次,PPT 课件框架结构清晰,逻辑层次明了。如"前言"部分言简意赅;"热血长征"部分"不忘初心牢记使命"主题突出;"长征旅途"部分"不忘初心牢记使命"主题凝练,仅用"长征开始""出发""战斗""爬雪山""鱼水情""过草地""一线天""胜利会师"几个关键词就勾勒出长征之全过程;"长征精神"部分切中肯綮,长征成功的原因分析到位,长征精神的概括准确;"结语"部分使用习近平的讲话,可谓巧妙升华。最后,整个 PPT 图文并茂,颜色选择恰当,对比度也适中。上述几点对于本科二年级的学生而言,是很不容易做到的。因此,这算得上是成功的"教科书般的""小海说事"作品。

成果四:小海说事《建国大业》作品展示

——2020级酒店管理班袁晨、田耕、杨锐、王芯艳、杨洋

作品内容：

该组同学从《建国大业》影视作品的剧情、抗日战争背景、中国抗日战争大事记、观影感受四个部分进行了展示。影片讲述了抗战胜利至建国前发生的一系列重大历史事件，国共两党经过艰苦斗争，中国共产党带领中国人民实现站起来的飞跃。最后学生感慨道："是什么让中国共产党不畏艰难困苦、不怕牺牲？是心中无比坚定的信念和革命意志。新中国来之不易，今天的和平来之不易，是无数革命先辈的牺牲换来的，我们要珍惜当下，发奋图强，努力学习。"

教师点评：

中国共产党高举马克思主义旗帜，把马克思主义和中国实际相结合，在中国革命的实践中，坚持实事求是、群众路线和独立自主的路线，带领中国人民赢得了民族独立和人民解放，也验证了只有中国共产党才能救中国，只有将马克思主义基本原理和中国实际相结合才能赢得胜利。

成果五：小海说事《不忘初心 牢记使命——邓小平专题》作品展示

——2020 级酒店管理班蒋嘉嘉、崔毅豪、张跃祥、孙铭启、杨绳翅、贺宇轩

作品内容：

该组同学以"不忘初心，牢记使命——邓小平专辑"为题，从邓小平故居、邓小平与改革开放、邓小平与"一国两制"、邓小平的评价四个部分内容进行展示。

该组以"邓小平故居"这一革命遗址引入,讲述了改革开放和"一国两制"提出的背景,并指出改革开放打开了中国数十年艰难发展的局面,让中国的经济走上了一条快车道,"一国两制"的提出,巧妙地解决了中国香港、澳门回归的问题。该组同学还摘录了中国共产党的各位领导人以及国外的领导人和记者对邓小平这位中国改革开放总设计师做出的评价。

教师点评:

改革开放是决定中国前途命运的关键一招,没有改革开放,就没有中国特色社会主义,就没有中国社会主义的现代化。改革开放是发展中国特色社会主义、实现中华民族伟大复兴的必由之路。只有社会主义才能救中国,只有改革开放才能发展中国、发展社会主义、发展马克思主义。邓小平理论是中国特色社会主义理论体系的开篇之作,是马克思列宁主义、毛泽东思想的继承发展,是改革开放和中国特色社会主义建设的科学指南。

成果六:小海说事《党的光辉照耀雪域高原》作品展示

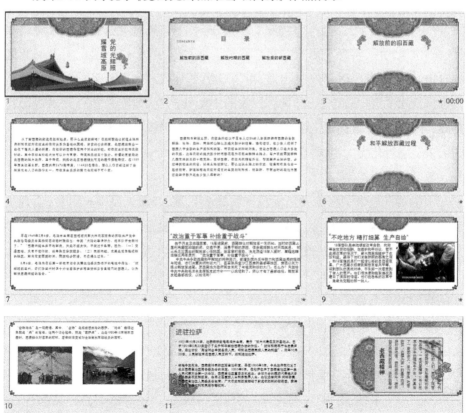

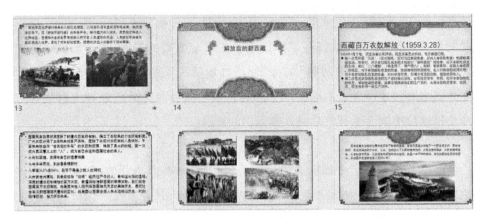

——2020 级旅游管理(2)班索朗曲珍

作品内容：

该同学以"党的光辉照耀雪域高原"为题,从解放前的旧西藏、解放时期的西藏、解放后的新西藏三部分进行展示,解放前的旧西藏,西藏人民深受封建农奴制的压迫和剥削,毫无自由可言。在新中国成立后,党中央决定和平解放西藏,1950 年 10 月渡过金沙江,解放了昌都,随后中央政府与西藏地方政府代表进行多次谈判后,实现了西藏的和平解放。西藏和平解放后,西藏实行民族区域自治制度,推翻了封建农奴制,获得了政治平等权利和民族平等权力。最后该生深情地说道："抚今追昔,只有伟大的中国共产党,才能带领百万农奴翻身解放,才能让西藏人民过上幸福美满的生活,才能带领西藏人民走向更加美好的未来。感恩伟大的祖国,感恩伟大的共产党。"

教师点评：

中国共产党带领西藏人民推翻了封建农奴制,西藏人民得到解放,实现了民族平等和政治平等,解放后的西藏实行民族区域自治制度,促进了民族团结。没有中国共产党就没有西藏的今天,各民族要铸牢中华民族共同体意识,要像石榴籽一样紧紧抱在一起。同学们要珍惜当下,立鸿鹄志,做奋斗者,为实现中华民族的第二个百年奋斗目标而努力。

3.实践教学案例评析

该教学班 172 人全部参加了本次实践教学。从 PPT 制作、学生课堂展示和小组互评情况来看本次实践教学组织得好,一方面,通过红色文化蕴含着的感人事迹和历史事件,增强了"概论课"的理论说服力、时空穿透力和心灵感召力,达到学生学有所思、学有所悟、学有所得的目标;另一方面说明该教学班同学的学习态度积极,踊跃参加实践教学,学习效果较好。从学生提交的 PPT 和课堂展示效果来看,这次实践教学总体上具有以下三个特点。

首先,加深了同学们对中国共产党为什么能、中国特色社会主义为什么好、马克思主义为什么行的认识。例如,2020 级酒店管理班徐艳芳、黑海超、黄丽、赵维峰、陈嘉雯等同学以《建党伟业》影视作品为主题的"小海说事"展示,帮助学生深刻理解了中国共产党为什么选择马克思主义。2020 级视觉传达设计蔡颖斯、高炜婷、陈雅玲、罗贤竹等四位同学,选择了作为中国共产党人精神谱系重要内容的长征精神进行展示,从一个侧面揭示了中国共产党人成功的精神密码。2020 级酒店管理班袁晨、田耕、杨锐、王芯艳、杨洋等同学以《建国大业》影视作品为主题的"小海说事"展示,帮助学生深刻理解了只有中国共产党才能救中国以及马克思主义为什么要中国化的问题。2020 级酒店管理班蒋嘉嘉、崔毅豪、张跃祥、孙铭启、杨绳翅、贺宇轩等同学以"不忘初心 牢记使命——邓小平专题"为主题的"小海说事"展示,帮助学生深刻理解没有改革开放,就没有中国特色社会主义,就没有中国社会主义的现代化,只有社会主义才能救中国,只有改革开放才能发展中国、发展社会主义、发展马克思主义。2020 级酒店管理(3+4)班吴文喜、吴菲菲、冯才佳、陈雪、黄珍等同学以"井冈山"为题的"小海说事"展示,帮助学生深刻理解马克思主义同中国革命实际相结合,探索出了适合中国国情的"农村包围城市、武装夺取政权"的不同于苏联革命道路的正确道路。2020 级旅游管理(2)班索朗曲珍以"党的光辉照耀雪域高原"为题的"小海说事"展示,从解放前和解放后的西藏人民的生活实际情况的对比,帮助学生深刻理解中国共产党始终将人民作为一切工作的出发点和落脚点。从整个以红色文化为主题的"小海说事"展示和课堂教师的点评来看,学生通过鲜活的历史事件和人物事迹,加深了对马克思主义中国化历史进程的理解,进一步领悟了中国共产党为什么能、中国特色社会主义为什么好,归根结底是因为马克思主义行。

其次,引导和激励大学生赓续红色基因、坚定理想信念、厚植爱国主义情怀。在《建党伟业》展示中,学生表示,"作为当代的青少年,我们不仅要牢记历史,还要展望未来。我们的思想觉悟,必须紧跟中国共产党的脚步,忠心为国,振兴中华! 我们要珍惜来之不易的和平,也要心怀远大志向,继承先烈勇于奉献的精神,在成长奋进中创造新的传奇"。在《建国大业》展示中,学生感慨道:"新中国的诞生,正是无数先烈用他们的生命换来的。新中国来之不易,特别是从一穷二白发展到现在,我们的生活有了翻天覆地的变化,不知道有多少人,为之付出所有,包括生命。我们又怎能不珍惜现在的好条件,发奋图强、努力学习呢?"在《党的光辉照耀雪域高原》展示中,这位藏族学生深情地说道:"今天,站在崭新历史起点上的西藏,已经进入加快发展的重要战略机遇期和全面建成小康社会的决胜阶段。抚今追昔,各族人民深切感受到,只有伟大的中国共产党,才能带领百万农奴翻身解放,才能让西藏人民过上幸福美满的生活,才能带领他们走向更加美好的未来。感恩伟大的祖国,感恩伟大的共产党。"不论是"小海说事"的演讲者还是聆听者,都从可歌可泣的人物事迹和历史事件中,铭记历史,深深地种下爱国的种子,坚定理想信念。

最后,培养了学生理论思维。在"小海说事"进行选题的时候,学生就已经开始由被动接收转化为主动接收。在"小海说事"准备和展示的过程中,已经可以感受到部分学生做到了学有所思、学有所悟和学有所得,很多学生在展示完红色文化后,会进行思想提升,如提出要坚定理想信念、要爱国、要珍惜现在来之不易的生活。

总体上看,同学们在"小海说事"的展示中对历史事件和人物事迹展示得多,通过展示与学生产生情感共鸣得多,但多数同学与"概论课"理论认识结合得少,往往需要教师点评,加强与教材知识的结合。这反映出本次实践教学中红色文化能以情感人,也增强了"概论课"思想政治教育的实效性,但学生容易停留在表象上,缺乏对事情本质层面的挖掘,在推动马克思主义中国化的理论成果的认识上还有待加强。因此,在以后的"概论课"实践教学中,教师应为学生提供具体选题范围,并说清楚在具体选题中应该说明什么问题,如何通过展示说明马克思主义为什么要中国化,以及马克思主义如何中国化的问题。

(撰稿人　郭婷婷)

二、案例二:"第二课堂"中的海洋环保创意设计大赛优秀作品精选

1. 实践教学案例背景

生态文明,是工业文明之后的文明形态,以人与自然、人与人、人与社会和谐共生、良性循环、全面发展、持续繁荣为基本宗旨。建设生态文明是中华民族永续发展的千年大计、根本大计。生态兴则文明兴,生态衰则文明衰。海洋生态环境保护是生态文明建设的重要组成部分。为贯彻落实党中央提出建设生态文明的重大战略部署,激发和培养广大青年学生的环保意识、创新精神和实践能力,引导青年大学生积极参与绿色、低碳生活的科技创新、创意发明设计等实践活动,服务于学校向应用型本科和高水平海洋大学的转型,进而助力国家生态文明试验区建设和国家海洋战略的实施,我们开展了本次海洋环保创意设计大赛。

2. 实践教学案例内容

本次海洋环保创意设计大赛,以"绿动校园,环保未来"为主题,体现人与自然和谐共生、"绿水青山就是金山银山"的最新理念,用环保佳作为七一献礼、以非凡创意为时代添彩。参赛作品围绕海洋生态环境保护而展开设计。"(海洋)环保创意设计大赛——'概论课'实践教学必修项目方案"通过云班课予以公布。此次海洋环保创意设计大赛得到同学们的大力支持,共征集作品近200件。全部作品均在海南热带海洋学院图书馆一楼持续展出,深受校内同学的喜爱。

以下为此次海洋环保创意大赛代表作:

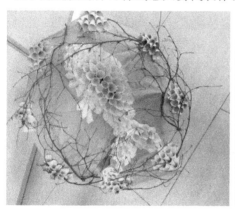

《海之蓝 裙之美》

《泪》　　　　　　　　　　《没有买卖,就没有杀害》

《鱼翔浅底》

3. 实践教学案例评析

此次环保创意设计大赛为海南热带海洋学院马克思主义学院"概论课"教研室实践教学必修项目,所以做到了全员覆盖。该学期修习"概论课"的所有学生全部参与其中,故而产生了不少佳作。由于争取到将作品放在学校图书馆持续多日展出,因此产生了较大的影响。

上述代表作均为原创,并有较为精妙的设计和构思。这是令人欣喜的。

譬如《海之蓝 裙之美》这件作品,系 2017 级思想政治教育专业本科同学们所设计。它的设计理念是,随着人们对健康生活和高品质生活的追求,环保必将成为重点话题,和环保接轨的服装也定会成为一种时尚或潮流。在整个作品中只采用了蚊帐作为设计材料,小组人员通过回收旧蚊帐,再利用旧蚊帐设计出绿色环保但又不失华丽的时尚婚纱裙。设计过程中,小组人员根据模特不同的气质设计出绿色环保、韵味十足,能展示出个人不同魅力的婚纱裙;还根据婚纱裙的特性设计了头纱作为配饰。可见,此次海洋环保创意设计大赛不仅丰富了大学生活,同时也为大学生们提供了一个展现自我的舞台,更重要的是使"环保"的理念潜移默化地深入到青年大学生们的日常生活中,有望通过这样的形式,让更多的人重视环保并参与环保的队伍中来,为绿色环保贡献出自己应有的力量。

作品《泪》来自旅游学院的同学,他们使用的是废旧纸箱、矿泉水瓶、塑料吸管、废旧羽毛球、废纸、闲置颜料等。而他们的创意灵感是来源于一则微博,2019 年 3 月在意大利的撒丁岛海滩上,海浪冲上了一头长达 8 米的抹香鲸尸体,经动物专家解剖后发现这位母亲的肚子里塞满了多达 22 公斤的塑料垃圾,包括塑料袋、塑料杯盘、渔网、鱼线、床单、毛巾等,占据了胃的三分之二,而这位母亲此前已怀有胎儿,胎儿已近三米,搁浅前已流产。设计团队在作品中特意在鲸鱼母亲的眼睛下制作了一滴眼泪。"雪崩时,没有一片雪花是无辜的。"人们不以为然随手扔掉塑料垃圾的一次举动,却会给动物们和植物们的命运带来巨大的伤害。《泪》足以警醒人们:保护海洋生态环境,从小事做起,从我们做起。

《鱼翔浅底》的招贴画则运用反讽的方式,描绘了一群身体里全是塑料垃圾的鱼,在布满垃圾的海底痛苦地游弋。

《没有买卖,就没有杀害》这幅招贴画借助一句人们耳熟能详的广告词,警示人们要克制自己享受鱼翅的贪欲。其中的寓意都是不言自明的。

当我们身边的青年大学生们发挥自己的创造力,设计出令人耳目一新的作品并在课堂上、在图书馆为师生们展示之时,那种油然而生的心动、惊喜和幸福令人难忘。同学们都觉得,倘若这种类型的比赛能够持续地开展,那就更好了。

(撰稿人　管小其)

三、案例三:"第三课堂""西沙海战烈士陵园凭吊卫国英烈,告慰忠魂"

1. 实践教学案例背景

在庆祝中国共产党成立 100 周年之际,组织发动我校大学生自愿参加西沙海战烈士陵园凭吊西沙海战卫国英烈活动,旨在深切缅怀、告慰在西沙海战中为守卫国家海疆而英勇献身的卫国英烈,教育广大青年学子崇尚英雄、学习英雄、关爱英雄,发扬为党、为国家、为人民甘于奉献和不怕牺牲的精神,引导广大青年学子接受爱国主义精神的思想洗礼,树立正确的世界观、人生观、价值观,珍惜优越的学习生活条件,树立远大的理想,磨炼顽强的意志,练就过硬的本领,用臂膀扛起如山的责任,展现青春激昂的风采,用英雄情怀砥砺奋进,努力成才,服务社会、报效祖国;同时,在活动中对学生进行文明礼仪、团结互助等行为教育,培养学生的集体主义和组织纪律观念,进而汇聚起把中国特色社会主义的伟大事业不断推向前进、实现中华民族伟大复兴的磅礴力量。

2. 实践教学案例内容

"西沙海战烈士陵园凭吊卫国英烈,告慰忠魂"的实践教学方案一发布,立即得到修习"概论课"的同学们的积极响应,虽然已是临近期末,正是学生复习备考正忙碌之际,但是短短数日之间,自愿报名的同学就接近200人。2021年6月19日上午,2020级"概论课"学生代表随同任课教师一同前往三亚市红沙镇欧家园西沙海战烈士陵园凭吊英烈,告慰忠魂。下面是我们选取的马同学和林同学原创性的两篇具有代表性的、情真动人的文字作品——

祭扫陵园墓,深切缅先烈

6月19日是一个晴朗的周六,我早早地来到学校正门口集合,等待着老师的指令——坐上大巴车,前往三亚市西沙海战烈士陵园缅怀先烈。

路程并不是很远,但这却是我期待已久的一项参观活动。我坐在车里,四处观察,发现许多一起来参观的同学都带了自制的祭奠先烈的"花",我也不甘示弱,趁着坐车的这段时间,也赶紧做了一朵"不太美丽"的纸花。虽然纸花不那么精致,但却饱含着我对先烈们深深的敬意。

很快我们就到达了西沙海战烈士陵园的附近,由于大巴不能开进去,我们需要步行一小段路程才能到达目的地……

下车后,我生怕跟不上大部队被落在后面,索性就紧紧地跟在老师身后。一路上,我还不忘记观察周围,这时看到公路旁边有个"南海工艺厂",沿街的三层楼摆满了雕塑工艺品。看着琳琅满目的工艺品,我真是又惊又叹。我一边走近看看,一边寻思,烈士陵园是不是在这后面的山上啊!果然啊,陵园就在工艺厂的后面。沿路上山,还没走50米,就看到了烈士陵园的围墙,仅走几步就到了陵园门口。

陵园正门结构造型简单,旁边有两块说明石碑,使这座新建的纪念塔分外雄伟、庄严。进入烈士陵园后大家都被陵园中庄严肃穆的气氛所感染而变得安

静起来,生怕一个不小心打扰到安息的烈士。陵园白色纪念碑正面镌刻着大字碑文:永垂不朽;上款是:西沙永乐群岛自卫反击战光荣牺牲的烈士;下款是:中国人民解放军南海舰队。

在陵园中,我们全体师生首先瞻仰了革命烈士纪念碑,在烈士墓碑前鞠躬并默哀,寄托对烈士的哀思,向烈士表达崇敬之情。

接着管小其老师又为大家生动讲述了西沙海战中革命烈士的英雄事迹,在讲解中,我们眼前仿佛重现了1974年中国海军舰艇编队在敌我舰艇吨位、火力对比悬殊的不利情况下,不畏艰险、敢打敢冲的斗争场景⋯⋯

随着管老师愈加生动的讲解中,我仿佛穿越到了那个时代,大声地对他们说:历史不会被遗忘,每一个中国人都不应该忘记。然而,最应该为所有人所铭记,或者说我们最应该感谢的应该是你们——在历史长河中的每一位革命烈士。正是因为你们的抛头颅洒热血,才为我们换来了今天的幸福生活。近百年的历史长河中,你们是不幸的一代人。你们出生在一个动乱年代,从小在战火中长大,但是,饥饿没有打垮你们的身体,死亡也不能征服你们的灵魂!我知道你们中的很多人和我年纪相仿。如果没有战争,你们也会过着和我们一样的生活,读书识字,找一份自己喜欢的工作,结婚生子,平凡地度过一生。可历史总是残酷的,命运的安排使你们经历了太多的苦难。你们在战火中出生,为革命、为祖国而牺牲。你们不能在教室读书,于是你们选择上阵杀敌;你们不能平凡地活着,于是你们选择为后代的我们拼出幸福的生活。我时常会想,你们当时也只是一个个普通的人,上战场时,面对生死未卜的战场,你们会不会害怕?面对敌人的胁迫,你们会不会畏惧?是什么样的精神在驱动着你们前仆后继?又会是怎样一种信念支撑着你们走到最后?或许,生活在和平年代的我再也不会有机会体会到这种感受,但是我在你们留下的一桩桩事迹、一个个故事中找到了答案。跟着你们的脚步,我回到了你们那个年代⋯⋯

思绪随着管老师讲解完而回到了现实,接着我们全体学生教师面向革命烈士陵墓,抬头瞩目,高举右手,进行入党宣誓。一字一句、神圣豪迈,一字一句,发自内心,铿锵有力的誓词,强烈震撼着在场的每一位同学,同时这也振奋着党员学生和老师们继续发扬革命精神,用实际行动彰显党员的初心和使命,永葆先进本色。

宣誓完后,我们开始进行烈士献花活动,在场的所有同学一个接一个地排成了一列长长的队伍,依次向每位烈士表达敬意。走近时我才发现,每一位烈士的墓碑上都有着这位烈士的生平简介,也讲述了烈士们牺牲的时间和战役。看着一尊尊墓碑,一个墓碑便是一位烈士的牺牲,我们不禁想到那些革命前辈为了我们今日的和平所付出的亲情、爱情、友情、青春乃至于生命。这让我们所有人在思想上都得到了一次真正意义上的洗礼。在中国这方热土上,有无数仁人志士为了民族的解放、国家的独立和人民的幸福,抛头颅,洒热血,谱写了一篇篇悲壮激越的历史篇章。青山有幸埋忠骨,这片安静而美丽的青山有幸埋葬了这么多的烈士,成了值得世人铭记的地方。

通过这次活动,我相信参与实践的全体同学一定能感受到革命先烈鲜明的民族气质、崇高的革命精神和高尚的道德风范,这些精神财富必将激励着新时代的青年学子珍惜现在和平的时光,鞭策着大家不断前进和努力!

——2019级食工(1)班马樱丹

"有公足壮海军威"——观西沙海战烈士陵园有感

今天去了西沙海战的烈士陵园,这是我人生中第一次进入陵园这样的地方。

我原本以为我会很害怕,像小时候一样,不敢进到那些有坟墓的地方。

在去陵园的前一天晚上接到通知,第二天要去参观烈士陵园,我当时心里想着,去看望烈士们,怎么能两手空空地去呢。

于是,我写了一封信,用另外一种方式来悼念:

敬爱的烈士们:

你们好!我叫林晨洁,是一名来自福建福州的大一学生哦!我是海洋科学专业的,因为我想和其他热爱祖国海洋事业的同学们、朋友们一起,把我们的祖国建设成海洋强国!你可以看到现在的中国,在各行各业、各个领域都有了长足的发展。我们的祖国不再像以前那样赢弱啦!感恩有你们,让我能在这个不和平的年代出生在了一个和平的国家。

这个国家,总是被爱着它的人保护得很好,从先辈开始,到现在每位爱国的中国人,有为天下人的饥饿而忧的袁隆平院士,有在祖国边疆保护我们的官兵将士,有在各领域为了强国梦而奋斗的科研人员……我要好好努力,好好读书,我也想成为能把这个国家保护得很好很好的人。

说到袁隆平院士,我真的好难过。前辈们,那天我从海口坐高铁回来,中午的时候得知袁爷爷过世的消息,学校记者站要写一个新闻,我在高铁上找图片、写文字,我真的压抑不住自己的情绪。那天我也看到了他勉励青年的两句话:"我始终都还在努力使梦想成真。""你们是新时代中国青年,我相信你们必定会在追求真理的道路上躬行实践,厚积薄发,并将不会辜负时代的担当。"相信你们也期盼着中国的未来是这么的繁荣富强、国泰民安吧。

我想,你们现在也是在天上看着的吧,看着这个国家,看着我们这新一代青年建设着我们的祖国,看着中国人一次次上天,一次次下海,"可上九天揽月,可下五洋捉鳖,谈笑凯歌还"。

今早8点多就要去看你们啦!刚刚又去网络上学习了解了你们的事迹:1974年1月18日,南越海军驱逐舰4号、5号、16号及护航炮舰10号入侵我国海域。我国也派出舰队与之形成对峙,在猛烈的战争后,敌方10号被击沉,我军参战战舰也被不同程度地被击伤。而你们,18位烈士,付出了18条生命,这背后又是多少破碎、悲伤的家庭!你们值得最高的崇敬和追念。

没能为你们献上一束花真的很抱歉,只能在这写一封信以凭吊英烈,告慰忠魂。

此致

敬礼!

林晨洁

2021 年 6 月 19 日 01:43

离开前,把信放在陵园纪念碑下,相信能把这个时代的声音,这个时代对他们的思念,都带到银河里,找到属于他们的星星,说给他们听。

回来后,我同闺蜜分享这件事,闺蜜说,不会害怕的,里面躺着的都是为我们而牺牲的烈士,是和我们一起爱着这个国家的烈士们,怎么会害怕呢?

就是呀!这些卫国英烈活着都在保护我们,死了又怎么会伤害我们?

我期待着,下一次,手捧着鲜花,告慰那一个个高贵可爱的英魂……

祖国和人民永远不会忘记:"此日漫挥天下泪,有公足壮海军威!"

——2020 级海洋科学(1)班林晨洁

3.实践教学案例评析

党的十九大报告指出,"广泛开展理想信念教育,深化中国特色社会主义和中国梦宣传教育,弘扬民族精神和时代精神,加强爱国主义、集体主义、社会主义教育,引导人们树立正确的历史观、民族观、国家观、文化观。"[①]习近平总书记也多次强调,要"加强红色资源保护和利用""把红色资源利用好、把红色传统发扬好、把红色基因传承好""把红色江山世世代代传下去""用好红色资源赓续红色血脉,努力创造无愧于历史和人民的新业绩"。因此我们要利用好革命遗址旧址、爱国主义教育基地等红色文化资源,充分发挥其教育功能,以期更好地传承红色基因、传播红色文化、树立红色理想。就此而言,国家为纪念为国牺牲的英勇烈士以教育后人,激发后人的爱国热情、民族自豪感而建设的,作为衔接历史和现实的窗口、场所和展示爱国主义精神的重要平台以及进行爱国主义教育最生动、最形象的写照和教材,作为进行人生理想信念教育、为人民服务、爱国主义、革命传统教育、艰苦奋斗精神的"人民导师"的烈士陵园,其意义便是无可替代、特殊又伟大的。不夸张地说,每一处烈士陵园都是一部浓缩的历史

---

① 习近平:决胜全面建成小康社会　夺取新时代中国特色社会主义伟大胜利:在中国共产党第十九次全国代表大会上的报告[EB/OL].(2017－10－27)[2022－03－05].http://www.gov.cn/zhuanti/2017－10/27/content_5234876.htm.

教科书,一片展示烈士伟大精神的圣地;每一块墓碑都铭刻着先烈们可歌可泣的英勇事迹,都表征着祖国峥嵘而光辉的历史,都见证着英烈们爱国之践行、英魂之凝聚。有道是,"青年兴则国家兴,青年强则国家强。青年一代有理想、有本领、有担当,国家就有前途,民族就有希望"。因此之故,通过烈士陵园对广大青年进行爱国主义教育和红色文化传承,已经成为国内各大高校的通常做法。

客观地说,按照海南热带海洋学院马克思主义学院以往的惯例,带领大学生去烈士陵园凭吊英烈一般是中国近现代史纲要课程教研室的安排。但"纲要课"教研室此前从未选择在三亚市西沙海战烈士陵园开展活动。"概论课"教研室发现这一烈士陵园也系偶然。因此,选择赴三亚市西沙海战烈士陵园开展凭吊卫国英烈的实践教学活动也就不会跟"纲要课"教研室的安排发生冲突。"概论课"教研室主任为此也进行了相对充分的准备,不仅查阅了大量的资料、文献,对相关历史事实有一定的把握,而且还实地勘察路线,精心设计了实践教学的内容。实际效果证明,这一次的实践教学是较为成功的,而且还达到了苏联教育家霍姆林斯在《给教师的建议》一文中所说的"只有能够激发学生进行自我教育的教育才是真正的教育"的效果。这无疑是令人欣喜的。

马樱丹同学的《祭扫陵园墓,深切缅先烈》一文较为详细地描述了海南热带海洋学院马克思主义学院"概论课"教研室组织的这次"西沙海战烈士陵园凭吊卫国英烈,告慰忠魂"的始末,以及自己精心准备(折花)、聆听讲述、鞠躬默哀、进行宣誓、表达崇敬、强化担当的完整心路历程,文字虽朴实无华,但情真足以动人。

林晨洁同学的《"有公足壮海军威"——观西沙海战烈士陵园有感》则展现了新时代青年因此次"西沙海战烈士陵园凭吊卫国英烈,告慰忠魂"实践教学活动而激发出的鲜活的创造。众所周知,"有公足壮海军威"一语源自一个令国人慨叹的悲壮故事,1894 年 9 月 17 日,时任致远号巡洋舰管带邓世昌在黄海海战中壮烈牺牲,终年 45 岁,光绪皇帝得知邓世昌壮烈殉国后,感其忠贞壮烈,口谕"此日漫挥天下泪,有公足壮海军威"的挽联,高度评价了邓世昌的忠贞爱国之举。但与中日甲午战争之悲怆结局不同,1974 西沙海战可谓世界海战史上以弱胜强的典范,这是人民海军的第一次海上反侵略作战,也是自 1840 年鸦片战争以来中华民族海军史上首次取得对外战争的完胜,是改写近代中国海战历史的一战! 经此一战,中国获得了整个西沙群岛及其周边海域的控制权,西沙四十年再无战端。面对装备精良的南越海军,我海军将士不畏强敌,彰显了小艇打大舰、敢于"海上拼刺刀"的战斗精神,重创南越海军,在中国海军史上书写了彪炳千秋的光辉篇章。当然,我参战官兵也付出了 18 人壮烈牺牲、67 人负伤的代价。林晨洁同学以致信英烈的方式、用洗练的文字很好地表达了对英烈英雄、爱国志士的崇敬和关爱之情。作为新时代的青年大学生,她的"要好好努力,好好读书,我也想成为能把这个国家保护得很好很好的人"的决心很好地契合了习近平总书记"赓续红色血脉,努力创造无愧于历史和人民的新业绩"的精神。"把信放在陵园纪念碑下,相信能把这个时代的声音,这个时代对他们的思念,都带到银河里,找到属于他们的星星,说给他们听。"文末的这些文字既浪漫空灵,又真挚动人。虽是小文一篇,但在老师心目中,却不愧为新时代青年用心、用情书写的"经典"。

因此,海南热带海洋学院马克思主义学院"概论课"教研室决意将"西沙海战烈士陵园凭吊卫国英烈,告慰忠魂"这一实践项目作为必修科目,常态化开展,持之以恒地引导教育新时代的青年大学生们勇担中华民族伟大复兴大任。

(撰稿人　管小其)

四、案例四:"第四课堂"——云班课中的电影《牧马人》影评

1. 实践教学案例背景

习近平总书记在关于《中共中央关于党的百年奋斗重大成就和历史经验的决议》的说明中指出:"深入研究党坚持把马克思主义基本原理同中国具体实际相结合、同中华优秀传统文化相结合,不断推进马克思主义中国化的百年历程,深化对新时代党的创新理论的理解和掌握。"[①]新的现实告诫中国共产党人,没有马克思列宁主义指导不行;有了马克思列宁主义不与我国的革命、建设、改革和社会主义现代化建设相结合同样不行。我们要紧密联系自己的思想实际,把理论与实践、理想与现实、主观与客观、知与行有机统一起来,自觉投身于第二个百年奋斗目标的伟大实践,为实现中华民族的伟大复兴贡献自己的力量。

电影《牧马人》展现了男主角许灵均坚信祖国一定会变得更加强大的爱国主义精神,及妻子秀芝不嫌贫爱富珍惜眼前人的可贵精神。《牧马人》展现了积极向上的精神,给观众以振奋的力量,使大家看到蕴藏在中华民族之中的强大

---

① 习近平.关于《中共中央关于党的百年奋斗重大成就和历史经验的决议》的说明[N].人民日报,2021 – 11 – 17(02).

的心灵美、性格美和境界美,阐释了爱国主义的真正内涵。课程组在 2021—2022 学年第 2 学期把"观看电影《牧马人》,写观后感"作为了"概论课"的实践教学主题。

2. 实践教学案例内容

本次实践教学通过云班课在线进行。在实践教学开始前,教师在云班课公布了实践教学方案以及观看电影《牧马人》的网络链接,并在线下课堂教学时就实践教学的实施路径和考核办法进行了说明。

具体要求是:同学们自主选择时间,在线观看影《牧马人》,撰写不少于 100字的观后感,并于 2022 年 2 月 22 日前上传到云班课中。该项实践教学共 10 个"经验值",先由同学们在线互评形成基础"经验值",再由任课教师在尊重学生互评成绩的基础上,结合观后感内容、质量,酌情奖励"经验值"或扣减"经验值",最后从高到低排序,产生一、二、三等奖。

任务布置后,同学们热情高涨,及时提交了观后感。下面是 2020 级食品安全班、2020 级网络工程(1)(2)班组成的教学班的部分获奖实践教学成果。

"有时候感情是信念的基础,这里有我汗水浸过的土地,这里有我患难与共的亲友,这里有我相濡以沫的妻子,这里有我生命的根……"这是许灵均写给秀芝的信中让我印象深刻的一句话。许灵均对祖国的热爱以及对这片热土上的人和事的留恋和牵挂让他无法前往美国继承他父亲的事业。在巨大的物质利诱面前不为所动,坚持自己丰富的精神信仰,他的这种爱国情怀值得我们学习。

——2020 级食品安全班甘颖

电影《牧马人》讲述了本该是一名老师却去了敕勒川牧马的许灵均,在牧区热心肠的老郭、美丽善良又能干的妻子李秀芝和其他热情善良的牧民的帮助下重获新生的故事。劳动人民淳朴的温情,让他忘记了过去,爱上了这片土地,更爱这个国家。

令我感动的不止许灵钧还有他的妻子,"会有的,都会有的,牛奶会有的,面包会有的。"秀芝教育孩子花自己挣的钱才有意义,告诉他要勤快、要努力,她还告诉许灵钧中国那么大为什么要去外国。那一刻,我忽然明白了作者的意思。这部影片不仅是讲述了那个时期的爱情,我感动于电影《牧马人》的朴实和自然,感动于一贫如洗依然坚定的爱情,更感动于它所渲染的坚定的爱国主义情怀。

——2020 级食品安全班李思雨

看完《牧马人》之后,我体会到了以灵均为代表的那批爱国人士,为了祖国的建设,并不贪图国外的美好生活,而以秀芝为代表的优秀新时代女性,信奉自食其力,依靠自己的辛勤劳动过上自己眼里的幸福生活。后来,灵均当上了老师,并拒绝了和父亲前往美国。他放不下国家,放不下自己的学生,放不下患难与共的乡亲们。

——2020 级食品安全班肖涵

《牧马人》是一部 80 年代的剧情片,它通过讲述许灵均曲折、离奇、波折的生活经历,从而为我们展现了农村人质朴、坚强、勇敢、独立、简朴、纯善的精神品质和优良美德。许灵均是一个因为出身被定罪的可怜人物,他在无助、无奈、无力、无措、绝望、颓废、沮丧的情况下来到了荒凉、寒冷、偏僻、贫瘠的西北地区改造,在这里他遇到了善良、有爱、和蔼的牧民,也结识了自己一生挚爱的灵魂伴侣,这让无望、失意的他慢慢重拾起了对生命的热爱和对生活的希望。尤其是在父亲从国外来找他的时候,许灵均更是放弃了巨额的家产选择留守在牧场教书育人,他这样奉献社会、热爱国家、懂得感恩、懂得回报的模样更是感动了无数人。

《牧马人》这部具有年代感的电影让我很是喜欢和钟爱,我真心期盼自己可以像电影里的人一样活得那么纯粹、坦率、自然、正义又勇敢。

——2020 级食品安全班郭美莹

这部电影给我的感触还蛮深的,电影里无论是许灵均对国家的热忱和坚定,还是李秀芝的聪慧和坚韧,或是乡亲们的温暖纯良,都让我感受到了那个艰苦时代中的美好与精神。许灵均坚持自己的信仰,没有跟随父亲去美国,是因为他对祖国有很大的自信,这是一种尽管历经坎坷也依旧选择热爱的深情。许灵均在那个艰苦的时代中都能坚持自己的信仰,那现在生活在那么美好的时代的我们有什么理由不更加坚定呢?

——2020 级食品安全班王佳佳

《牧马人》情节简单,小说也不长,讲述一个在西北牧马的牧民突然接到失散多年的父亲的邀请前往美国继承庞大的财产,因为舍不得这方水土和妻子,最终选择回来的故事。故事有三个主题思想,一是强调劳动换取金钱和不劳而获的金钱的区别;二是强调社会地位改变对爱情的影响;三是强调知识差距无法改变爱情。

——2020级网络工程(1)班王泽裕

我知道,你舍不得小学校里那批孩子,舍不得老乡,舍不得"郭骗子"、董大爷……你也舍不得她。老许不是一个人,是我们民族在经历磨难的年代后,人民依然坚定的信念。老许和父亲再度相逢的经历,不仅是至亲骨肉在离与别上的拉扯,更是以许灵均为代表的社会主义与许灵均父亲为代表的资本主义的博弈。当今我们所最缺失的,无非像是《牧马人》那个时代下对一切人与事物的信任,这份信任亦是生活的信念。那个年代他们相信面包和牛奶会有,一切都会有,而如今我们有了更加多的希望,却没有了相信希望的勇气。精致的利己主义者心中,世界上没有一个人不是为了自己。但他们并不懂集体主义的真正目的是更好地为了每个人,若人人都为了自己不管他人那么最后每个人都是受害者,而集体主义每个人都为他人,最后人人都是受益者。个人主义是短暂的聪明,集体主义才是长久的智慧。如剧中所说:"感情是信念的基础,人若是丢失了自己的感情,就如同没有灵魂的机器,惶惶度日,终究找不到幸福的方向!"

——2020级网络工程(1)班李刘道宏

许灵均热爱生活,为祖国向着好的方向发展而高兴。从许灵均和李秀芝身上,我们能够感受到当时人们淳朴的爱情,他们在困难面前仍然积极向上,李秀芝对许灵均从头至尾感情不变,许灵均面对从美国回来的父亲,更是出于一个父亲的责任,对小学校园孩子的热爱,以及对那些乡亲的不舍,还有心中的祖国而拒绝了父亲的邀请。这部电影中淳朴简单的爱情与如今人们所追求的爱情形成鲜明的对比,电影中人性的善良、淳朴、真挚、信任、互助、包容更是我们当代人需要学习的高贵品质。

——2020级网络工程(2)班黄家宝

看完《牧马人》后,我深深被触动,因为许景由和许灵均的关系很像我以前自己和妈妈之间的关系(妈妈在之前我很小的时候就外出打工了,一年之间很少见面)。但我发现电影所表达的不仅仅是分隔许久的亲人突然见面的那种局促感,而是两种制度、文化价值观不同的人产生的碰撞。许景由代表着个人主义,许灵均则代表着集体主义。但面对着父亲的坚持,许灵均必须做出选择。更让我感动的是当许灵均准备在马厩里上吊时想起了组织和学校给他批准了助学金,还主动帮他解决了吃饭的问题;在牧场时董大爷帮他钉防风帘,大娘给

333/

他煮面条……这都让我感受到了陌生人的温暖,就像我以前走路回家时,突然有个叔叔载我,他说虽然他不认识我,但在村里经常看见我,想来应该是一个村的。还有牧民们陪着许灵均去祁连山放牧,防止他被抓去那一幕是真的美。秀芝与许灵均相识相恋真的很让人憧憬,还有结婚那晚,村民的帮衬也是可爱。而清清出生后一家三口幸福美满的样子着实让我羡慕。在第一课上,我能感觉到许灵均所代表的那个年代的知识分子是有多么爱国。许灵均有句话我特别喜欢——"人不是单纯为了物质生活而活着的,人活着应该有所信仰,信仰暂时还不那么富裕的国家,信仰当下正在奋斗的人民"。

——2020级网络工程(2)班刘焕

3.实践教学案例评析

该教学班108人,90人参加了本次实践教学,并按时在云班课提交了观后心得。从学生互评与教师综合考核结果看,有4位同学获得了本次实践教学的最高绩点10分。得分9分以上(即得分率90%,优秀)的有27人,优秀率为30%。最低分为6分(即得分率60%,及格),及格率100%。从学生提交的观后感的内容看,这次实践教学总体上具有以下特点。

首先,同学们增强了做中国人的志气、骨气、底气,树立为祖国、为人民永久奋斗、爱党爱国的坚定理想。例如,2020级食品安全班甘颖同学写道:"许灵均对祖国的热爱以及对这片热土上的人和事的留恋和牵挂让他无法前往美国继承他父亲的事业。在巨大的物质利诱面前不为所动,坚持自己丰富的精神信仰,他的这种爱国情怀值得我们学习。"2020级食品安全班李思雨同学写道:"令我感动的不止许灵钧还有他的妻子……这部影片不仅是讲述了那个时期的爱情,我感动于电影《牧马人》的朴实和自然,感动于一贫如洗依然坚定的爱情,更感动于它所渲染的坚定的爱国主义情怀。"

其次,同学们坚定了中国特色社会主义道路自信、理论自信、制度自信、文化自信。2020级食品安全班王佳佳认为,"这部电影给我的感触还蛮深的,电影里无论是许灵均对国家的热忱和坚定,还是李秀芝的聪慧和坚韧,或是乡亲们的温暖纯良,都让我感受到了那个艰苦时代中的美好与精神。许灵均坚持自己的信仰,没有跟随父亲去美国,是因为他对祖国有很大的自信,这是一种尽管历经坎坷也依旧选择热爱的深情。许灵均在那个艰苦的时代中都能坚持自己的信仰,那现在生活在那么美好的时代的我们有什么理由不更加坚定呢?"2020级网络工程(2)班刘焕同学表示:"看完《牧马人》我深深被触动着……我发现电影所表达的不仅仅是分隔许久的亲人突然见面的那种局促感,而是两种制度、文化价值观不同的人产生的碰撞。……在第一课上,我能感觉到许灵均所代表的那个年代的知识分子是有多么爱国。许灵均有句话我特别喜欢——'人不是单纯为了物质生活而活着的,人活着应该有所信仰,信仰暂时还不那么富裕的国家,信仰当下正在奋斗的人民'。"

最后,提高了同学们运用马克思主义的立场观点方法(辩证唯物主义和历史唯物主义)去发现问题、分析问题、思考问题、解决问题的能力。2020级网络工程(1)班王泽裕同学写道:"《牧马人》情节简单,小说也不长,讲述一个在西北牧马的牧民突然接到失散多年的父亲的邀请前往美国继承庞大的财产,因为舍不得这方水土和妻子,最终批回来的故事。故事有三个主题思想,一是强调劳动换取金钱和不劳而获的金钱的区别;二是强调社会地位改变对爱情的影响;三是强调知识差距无法改变爱情。"2020级网络工程(1)班李刘道宏同学则这样评析这部电影:"老许和父亲再度相逢的经历,不仅是至亲骨肉在离与别上的拉扯,更是以许灵均为代表的社会主义与许灵均父亲为代表的资本主义的博弈。当今我们所最缺失的,无非像是《牧马人》那个时代下对一切人与事物的信任,这份信任亦是生活的信念。……个人主义是短暂的聪明,集体主义才是长久的智慧。如剧中所说:感情是信念的基础,人若是丢失了自己的感情,就如同没有灵魂的机器,惶惶度日,终究找不到幸福的方向!"

总体上看,同学们在观后感中能结合日常生活,充分表达自己的想法。但较多同学抒发情感、探讨亲情爱情,能与理论相结合的少。正如习近平同志指出的,中国共产党为什么能,中国特色社会主义为什么好,归根到底是因为马克思主义行!经过不断的探索和调研后发现,问题导向和目标导向相统一才是让"概论课"真正入心入脑的关键,坚守辩证唯物主义和历史唯物主义是"概论课"问题导向和目标导向统一的依据。青年学生通过"概论课"追本溯源,科学地掌握马列主义特别是习近平新时代中国特色社会主义思想所阐述的科学的共性原理,引导学生运用马克思主义的立场观点方法(辩证唯物主义和历史唯物主义)去发现问题、分析问题、思考问题、解决问题,培养矢志不渝听党话、跟党走的社会主义合格建设者和可靠接班人。

(撰稿人 刘艳朋)

五、案例五:"第五课堂"——"创意课堂"中的"教育质量提升大讨论"

1. 实践教学案例背景

为了更好地发挥概论课程实践教学的实效,海南热带海洋学院马克思主义学院"概论课"教研室利用云班课平台设置了"教育质量提升大讨论"活动,充分调动学生的积极性,让学生畅所欲言、贡献智慧,真正成为改进大学生学习风气、提升学校教育质量的主力军,使得师生一道成为"创意课堂"的主角。老师通过点赞、奖励经验值的方式肯定参与实践活动的同学,在尊重和认可相关学子的同时,激发他们对学校学习风气、教育质量投入更多的关注,提出更好的建议。

2. 实践教学案例内容

2021年是海南热带海洋学院教育质量提升年。而教学质量的提升既有赖于教师的投入和师德师风的改进,亦需要大学生学习风气的改进。有鉴于此,海南热带海洋学院马克思主义学院"概论课"教研室在2021—2022学年第1学期,围绕教育质量提升这一重点目标,利用云班课平台,设置了"教育质量提升大讨论·关于改进大学生学习风气之我见"活动,真诚地告诉同学们:"你们最熟悉咱们大学生学习风气方面的问题了,所以,为改进大学生学习风气、提升我校教育质量,请贡献你的智慧吧!老师先道声感谢!"

这一活动得到同学们的积极响应,笔者所教班级全班132名同学,除了9名补重修的同学之外,其余123名同学均在线及时提供了宝贵意见和建议,现将其汇总成以下条目:

(1)要遵循实事求是、严肃认真的原则。

(2)我认为,学风建设首先应该是发现问题,只有发现才能改革,只有改革才能发展。就目前而言我院普遍存在一些学风不正的现象。第一,在学习上,很多人丢掉了奋发进取的精神,纪律观念淡薄,经常出现无故的迟到、早退、旷课等。很多同学甚至丧失了学习的积极性,对学习完全"不感冒",整个美好的大学时光就用来上网、恋爱、混日子。这对于我们学校的学习风气来说,是极度不好的,会逐渐影响好学习的同学。我觉得既然做不到大面积严抓,就应该以点到线、线成面、面合体的形式,逐步改变,逐渐纠正校园风气。学习是至关重要的,甚至会影响学生的一生,学习风气差有一部分原因是,同学们觉得本专业所学的东西对于就业没用,没有对口专业,这导致学生没有奋斗力。学校应该建立激励机制,让他们有明确的学习目标,这样才会有学习的动力。

(3)大的方面我并不晓得,只是觉得一些专业课老师上课很无聊,他们只让我们好好学习,而不是讲一节生动有趣的课程。

(4)老师做好,学生才会好。改进大学生思想工作教育,要提升教师的教育能力。

(5)应多开设与专业有关的专业课,这样可以提高学生的学习欲望;可以适当减少与专业不符的基础课,这些课程不仅枯燥无味,难度也很大,很打击同学的学习热情。

(6)首先,要改善和提高学习环境,提高课堂学习氛围,一个好的学习环境能够凝聚学习氛围,改善学生的学习态度,使学生目标、有动力去学习;其次,要改善宿舍环境,好的宿舍环境能为学生提供好的休息场所,休息好了才能按时上课,不早退、不旷课,建议改进学生宿舍时间,强制熄灯以保证早睡早起。

(7)加强教育引导,帮助学生明确方向;严格制度落实,保障学生健康发展;重视班风建设,营造良好的学习氛围。

(8)多点名多提问;严格管理课堂纪律;奖惩机制分明;有一些强制性的学习措施,例如晚自习等等。

(9)学习习近平新时代社会主义思想,学习马克思主义原理,培养爱国信念,树立优良人格。

(10)全面推进学风建设应该要规范学生课堂纪律,严格考勤制度和课堂管理。

(11)加强学生思想道德修养,端正学习动机;加强诚信教育,严肃考风考纪;树立学习典型,以典型带学风。

(12)自觉是第一,管理是第二,只有自己做得好,风气才会自然好。

(13)学生自己首先应要养成自律的习惯,呼吁每个同学规范自己的行为。上课路上抽烟的同学太多了,他们根本不在乎别的同学的感受。

(14)学习经常会出现一人带多人,一个人紧张周围的人都会跟着紧张的现象,所以我们要让个别引领大多。每个宿舍分配个学习主动且不易被影响同学来带动整个宿舍学习,也可让品学优良的学生带领其他学生共同进步,或者可以成立相关的学习小组,成员们互相监督,互相督促,共同学习。可以举办优秀大学生评比,向大家展示优秀大学生,坚持以优秀传统引导学生。此外还需加强教师团队建设。

(15)在教学方面建立激励机制、奖励制度,可以促进风气发展变好;奖罚分明,该奖励的奖励,该罚的罚;加强学生上课纪律,设置严厉的考核制度,每节课辅导员或班主任都可以过来看一下,纪律会好很多。

(16)加强监督,上课一定要点名,禁止上课说话、吃东西;重视迟到、早退问题;提高学生积极性,开展"学风督察"活动;实行大学学分监察制度。

(17)课堂上不准使用手机;上课时同学尽量坐在前排;课堂有师生互动解答问题环节;提倡同学们多去图书馆。

(18)希望老师们可以多发资料,最好是含有期末重点的,以便复习;可以使用一些软件,让学生们定时打卡,从而起到学习监督作用;可以设置一些激励机制,开展一些学习活动;可以效仿一些名校增加每日长跑打卡的制度,这样能够督促同学们运动,防止在宿舍一躺就是一整天或者久坐打游戏的事情发生,这样不仅能增强同学们的体魄,也能帮助同学们更好地入睡,保证睡眠质量,减少熬夜现象的发生。

(19)树立正确的学习动机,培养良好的学习态度,发挥主观能动性。许多大学生认为进了大学便是脱离了以往初高中的学习方式,不必努力学习,只要不挂科就行了,这是一种消极的学习方式。调查发现,我校部分学生学习动力不足、上课不认真听课、学习纪律松散、考试作弊时有发生。面对这样的情形,首先应端正思想态度,即树立正确的世界观、人生观、价值观。只有在正确的思想指导下学生才能够发挥学习的主动性、积极性。其次应努力学习,进行技能培训,为自己一生发展打下坚实的基础。同学们还要积极参加课外活动,促进自己的全面发展。一方面要合理支配时间,既要保证满足学习的需要,又要使自己的业余生活多姿多彩,从而提高综合能力,进而全面发展;另一方面要有选择性地参加课余活动,如社会实践、科技创新、读书会等,增强动手能力及交际能力。

(20)明确学习目标;培养学习习惯;建立学习激励机制。

(21)一要确定目标——明确的学习目标,是学生学习海洋中的航灯,可以助其把握方向,做到心中有数。现实中,我们发现有的学生没有明确的学习目标,如盲人摸象、瞎子抓鱼,东一把、西一把,事倍功半,费力不讨好。二要培养习惯——人生不到两万天,学习高效在习惯。时间有限、知识无限,要想提高效率,首先要让学生树立珍惜时间的观念,让他们珍惜每一秒钟的价值、每一分钟的意义。可以在同学之间开展一分钟背单词竞赛,一分钟智力体操等活动,让同学们发现在学习中一分钟的重要价值,也可给同学规定早自习"提前两分钟进入状态","闲谈莫过五分钟",帮助大家养成珍惜时间的习惯。同时,要帮助他们掌握科学的学习方法,使学习过程系统化,做到预习科学,听课专心,作业认真,复习周到,总结细致,做到不预习不上课,带着疑问进课堂,带着收获走出去。每节课后可用一两分钟把本节课的主要知识"放遍电影",让同学们有问题及时找同学或老师解决掉,不让问题过夜。习惯成自然,有了适合自己的方法,又能持之以恒,同学们自会投入到学习中去。三要建立激励机制——教育心理学认为,人的学习有两大心理因素参与,一是智力因素,一是非智力因素。其中非智力因素虽不直接介入学习,却以动机作用为核心,调节着教学活动的进行,相当于学习活动的发起者和推动者。研究表明,一个人成功的因素中,智力因素(智商)只占20%,而非智力因素(情商)却惊人的占到80%。可见,调动学生的非智力因素参与学习活动,是学生主动学习的重要因素。

(22)关注大学生平时的生活动态,积极举办一些活动。合理安排课程与上课时间,增加学生户外活动;设立一些图书活动,如可以在树荫下背书;多开展一些素质的教育活动,如在宿舍楼设计读书室等。

(23)提倡学生走进图书馆,多阅读,提高大家对学习的积极主动性,在图书馆累计学习时长可以兑换礼品;图书馆不可以霸占座位;上课不要迟到、缺勤,上课时不要老是低头玩手机。

(24)我认为,课前还是要上缴电子产品。大多数学生不想听课,就玩游戏,而其他听课的学生,注意力集中时间也不会太长,身旁的人一直在玩游戏,他听课觉得累了,注意力不集中也会拿起手机,这样就没人听课了,老师很辛苦,学生们也没学到东西,光阴虚度太可惜了。

(25)在大学里,考试仍然占主导地位,考试也是评价学生的主要方式。作为新世纪的新青年,大学生应严格要求自己,形成良好考风,诚信为人。当前考试作弊的不少,要严肃考风考纪。

(26)大学生应该明确自己的学习目的,树立明确的奋斗目标,了解自己是"为什么而学习"。在知识经济社会迅猛发展,世界经济一体化的背景下,社会竞争越来越激烈,大学生承受的社会压力也日益增大,因此大学生较多地从个人角度考虑学习目是可以理解的。但大学生肩负的历史使命决定了其不能只考虑个人利益,而要以国家利益为重,以为对社会有贡献作为自己主要的价值目标,以正确的价值观指导学习目的的确立。大学生应该明确学习定位,要弄清在大学四年里该"学习什么"。

(27)学生需要明辨是非,追求真善美。大学生往往知行不合一,知道的并不一定理解,理解的不一定相信,而相信的不一定践行。知行合一是一个长期的修炼过程。大学生需要多方学习和实践,在做中学,又在学中做。大学之大在于大师,也在于同学,我们可以学习的榜样很多,而且现在信息传输效率非常高,我们可以通过电视、网络等进行学习。大学生实践的机会很多,实践的一个教训或许能很好地改变某些不良习惯。对于学校开设的相关的课程或讲座,同学们应该把握机会去学习,并将其实践到自己的日常生活中,逐步改善自己的一些无礼之举,让自己行为举止得体大方。再者,学生需要做好人生规划,在大学中要多学习,多看一些好的书籍,培养健康的兴趣爱好,关注自己的情感心理变化,及时调整,让自己由内而外变得礼貌文明、举止优雅。

(28)有信仰,有正确的信仰,生活上和娱乐中都需要有一把尺子时刻以理性来约束自身的行为;有追求,有正当的高尚的追求,不是指漫无边际虚头虚脑、过于哲学的追求,而是对实现自我、做更好的自己的追求;理解何为真正的偶像,偶像应当由具有时代意义和社会导向的领导人物来担当,不是谁都可以成为一种风向标。

(29)一些学干可能会滥用职权;有的同学不太注重卫生问题;偶尔会看见校园路上某些地方会有一些垃圾;宿舍楼梯走道到睡眠时间应保持安静。

(30)现在大学生体质差,可以按时跑步提升体能。

(31)希望改善大学生在宿舍和快递点等需要排队场所的道德素质,不要再有插队等行为;希望能够改善教学区电瓶车的停放,走路的同学和骑车的同学走一条路会很挤。

(32)垃圾乱丢的不好现象时有发生,大家应该注意保持卫生。

(33)我认为学生的谈吐方面有一定的缺陷,我觉得学生要多读书,长一长见识。

3.实践教学案例评析

客观地说,参与此次教育质量提升大讨论的绝大多数同学都积极地贡献了自己的智慧,因为同学们对本校大学生的学习情况和学习风气的了解更直接、更充分,所以他们提出的主张更具针对性,也有可能更有效果。因此,在汇总归纳了几个大班同学的意见和建议之后,海南热带海洋学院马克思主义学院"概论课"教研室不仅将"小海带"们以下富有见地的认识分享给各位任课教师,还直接汇报给学校教务处处长——

(1)尊师重教,推动教师能力提升;

(2)重拾"上课礼";

(3)禁止教学楼等公共场所抽烟;

(4)上课严格考勤;

(5)上课手机统一放置,远离手机游戏;

(6)上课时间寝室关闭以杜绝"躺尸"现象,晚上强制熄灯以敦促早睡早起;

(7)评选品学兼优的同学担任风纪委员,加强榜样引领;

(8)建议学校设置自习室或其他学习空间;

(9)上课多提问、讨论,课后多交流;

(10)课外多探索趣味性学习交流活动(含竞赛),整体营造学习氛围;

(11)改善考核制度,增加小测、月考或综测,拒绝期末划重点;

(12)严格考风考纪,杜绝舞弊行为。

不言而喻,好的思想政治理论课一定是师生全情参与、共同打造的,这种充分尊重、调动和激发师生积极性、主动性和创造性的实践教学"创意课堂"虽然只是刚刚迈出了小小的一步,但已经向我们展示了其强大的力量。未来,海南热带海洋学院马克思主义学院"概论课"教研室将会在"创意课堂"建设方面下更大功夫,争取更好的育人效果。

(撰稿人 管小其)

六、案例六:"红星闪闪心向党,复兴使命勇担当"征文大赛

1. 实践教学案例背景

2021 年正值中国共产党建党 100 周年,从 1921 至 2021,中国共产党走过了百年的辉煌岁月。党的百年史是马克思主义中国化的一百年,在这一百年里,我们从紧跟共产国际到走中国道路,结合中国的实际情况探索出一条适合中国国情的道路,马克思主义中国化实现了三次历史性飞跃,为世界贡献了中国智慧和中国方案。一百年来,中国共产党团结带领中国人民进行的一切奋斗、一切牺牲、一切创造,归结起来就是一个主题——实现中华民族伟大复兴。

为隆重庆祝中国共产党百年华诞,更好地传承红色基因,我们在2020—2021学年第2学期把"红星闪闪心向党,复兴使命勇担当"建党百年主题征文活动作为实践课的主题,面向三亚校区和五指山校区学习毛泽东思想和中国特色社会主义理论体系概论课程的同学发起倡议,希望莘莘学子用闪闪红心致敬百年岁月,表达对党与祖国的深情厚爱和勇担新时代复兴使命的决心,用优秀作品凝聚共筑中国梦的强大精神力量。

2.实践教学案例内容

本次实践教学通过线上和线下两个渠道同时进行,线上通过"蓝墨云班课"发布,教师在"蓝墨云班课"公布了实践教学方案与征文大赛活动方案,线下通过课堂教学时就实践教学的实施路径和评选办法进行了进一步说明。

具体要求:结合党史、新中国史、改革开放史、社会主义发展史学习教育或相关故事进行创作,讴歌中国共产党建党百年伟业,表达对党与祖国的深情厚爱和勇担新时代复兴使命的决心,记人、述事均可,回顾建党伟业、记录重大事件、讲述百姓故事、书写沧桑巨变等(不限于此),用征文生动展现建党百年来的民族发展、时代变迁、改革奋斗、文化传承、生活新貌等。如写一篇感情充沛的演讲稿,谈自己对祖国和家乡发展变化的深切感受,记观看一部红色电影、参观西沙海战烈士陵园的感悟,记录一次长辈讲述时代变迁的访谈故事等。文体不限,演讲稿、诗歌、小说、散文、报告文学、剧本、曲艺作品等均可。短篇800—1200字;诗歌散文限3000字以内(诗歌100行以内);中长篇5000字以内。评审由海南热带海洋学院马克思主义学院"概论课"教研室负责,产生一、二、三等奖和优秀奖,获奖者将获颁荣誉证书,获奖作品将在"小海说事"微信公众号全文展示。

实践活动开始后同学们积极性很高,以下是2020级旅游管理(中奥)(1)班、(2)班组成的教学班的部分获奖实践教学成果。

百年奋斗圆梦今朝　千秋伟业再续华章

"忆往昔风雨兼程岁月如歌,看今朝百年华诞风华正茂。"在前进的道路上一直行走着,2021年中国共产党迎来百年华诞。百年风雨,中国共产党带领我们走在社会主义的道路上,从站起来、富起来到强起来,一步一步坚定不移向实现中华民族伟大复兴而迈进。站在"两个一百年"的历史交汇点,我们开启新征程,扬帆再出发。

最近,随着《觉醒年代》的热播,越来越多的人看到了这段百年风云历史。它仿佛把我们代入了那样的年代,我看到了陈独秀和李大钊先生,他们生逢乱世,即使命运如蝼蚁,但仍向往心中光明。在那样风雨飘摇的年代,国家主权被肆意屈辱践踏,社会伦理道德崩坏,军阀割据战乱频繁,多次企图恢复帝制,整个社会腐朽黑暗。而有这样一群人,他们作为革命先驱,以一己之力肩负起了时代重任,引入了先进的马克思主义理论。在不断的摸索中,中国共产党成立了,拯救中华儿女于水火之中。看到这里,我心中早已热血沸腾,激动的心情久久不能平息。

今年,恰逢建党一百周年。一百年艰苦卓绝,一百年峥嵘岁月,中国共产党披荆斩棘在神州大地上谱写出一段段的华丽篇章,用不屈的脊梁挺起了中华民族的未来。我们选择了让人民当家做主的社会主义,踏上了全面建成小康社会的征途,开创了亘古未有的宏图大业。曾经屈辱的时代早已过去,我们的祖国日益强大,正向世界巅峰迈进。

我们青年将以坚定不移的信念,守望自力更生的中国精神。从"一轮秋影转金波"的对月祈愿,到如今嫦娥四号的太空漫步;从"家书抵万金"的音讯难传,到港珠澳大桥飞架三地,联通南北。墨子升天、蛟龙探海、粒子探微、北斗观寰宇、天眼映苍穹……正因为这种强大的精神,才助力了中国实现从跟随到领跑,得以一步步续写辉煌。展望前方,这份精神正等待着我辈青年矢志不渝地继承和发扬。

精神所在,就是血脉所在,就是力量所在。今天,身处世界百年未有之大变局,置身"两个一百年"奋斗目标的历史交汇期,面对诸多不确定性的外部环境,面对国内发展环境的深刻变化,我们比任何时候都更加深刻地感受到"船到中流人到半山"的艰险,也比任何时候都更加需要"雄健的精神"的支撑。当此之际,我们尤须牢记习近平总书记的要求,大力发扬红色传统、传承红色基因,赓续共产党人精神血脉,始终保持革命者的大无畏奋斗精神,鼓起迈进新征程、奋进新时代的精气神。

从一艘小小红船,到成为领航中国行稳致远的巍巍巨轮,伟大的中国共产党的一百年,是初心不改、使命必达的一百年,是筚路蓝缕、奠基立业的一百年,更是创造辉煌、开辟未来的一百年。曾经的中国共产党,在我们眼里更多的是热血;一路走来,中国共产党多了一份沉稳;在奋进新征程中,中国共产党会更加昂首阔步。

谨以此篇献给党的百岁华诞。愿百年奋斗圆梦今朝,千秋伟业再续华章!

——2020级旅游管理(中奥)(2)班程伊

青年立志成栋才　躬逢盛世致敬党

尊敬的老师,亲爱的同学们:

大家好!

贺党百年诞辰,党史党风永存,红旗飘飘五星升,泱泱大国渐雄起,今朝青年应有志,民族火炬永不熄。

李大钊曾言:"吾族青年所当信誓旦旦,以昭示于世者,不在龈龈辩证白首中国之不死,乃在汲汲孕育青春中国之共生。"以史为鉴,以示如今,筚路蓝缕,以启山林。故我辈青年当立于发展进步的潮头,不忘历史,勇往直前,谱写复兴中华的盛世华章。正是中国共产党百年来艰苦奋斗,勇于探索的这股精神,引领着一代又一代的有志青年不断向前。

历史照古今。前赴后继的先人用铁肩担当道义,用妙手著就华章,岁月荒蛮,年代萧索,披襟斩棘,走出一条独具特色的社会主义路。从马克思列宁主义、毛泽东思想、邓小平理论、"三个代表"重要思想到科学发展观和习近平新时代中国特色社会主义思想,从最初的基本建设到现在推进全面建设社会主义现代化国家,全面深化改革,全面依法治国,全面从严治党,中华人民共和国在党的领导下不断发展进步,欣欣向荣,社会更加和谐,人民更加幸福。雄关漫道真如铁,党民携手百年越,如果说奇迹有另外一个名字,它就叫新中国,而它的创造者,是中国共产党!

雄姿看今朝。躬逢盛世,与有荣焉;生逢有时,责任在肩。作为新时代的青年,我们趋行于人生这个亘古的旅途,在坎坷中奔跑,在挫折里涅槃,心底当怀有复兴中华之志向,手中应攥着拼搏探索之勇气。学习党的历史与精神,即使是渺渺天地之微茫,无数也可汇集成一方光明,在这个属于我们的年代,燃烧生命,迸发璀璨光亮!红旗之上,五星闪闪,恍若熠熠发光。小时候总以为升旗时我们致敬的是国旗,后来才觉悟不只是,我们致敬的还有它背后的英雄与先烈,历史与传承,拳拳爱国心和那种了不起的精神。

有句话如斯,"他们只负责轻轻地诉说,任由历史重重地落下"。一切的光辉都来之不易,五星红旗飘扬,升旗手肃穆而立,我们骄傲欢腾雀跃热血沸腾,顿悟到此时此刻早已肩负时代的重担,未来的强国蓝图早已交付于我们手中!航母上天,方舱下海,天眼建成,党的安排下,我们的生活步步高歌。中国站起来了,享誉全球,人民赞颂党,党的精神永垂不朽。"乳虎啸谷,百兽震惶",国家需要发展进步,党志融入骨血,作为青年的我们啊,向前,向前,先前进!

愿民族之巅,薪火相传,铮铮青年,百代不衰,共筑党辉,此致敬礼!

我的演讲完毕,谢谢大家!

——2020级旅游管理(中奥)(1)班杜静茹

月 河 旧 时

春寒料峭的夜里,路灯散出淡淡鹅黄。昏沉的光下,某人徐徐归来。他远去的轮廓融化在路面斑驳的树影中。一阵微风拂面,耳畔传来铁与木亲密的私语——灯和树紧紧依偎,轻缓且富有节奏地吟着这条路的过往。

我家门前有一条路,名叫月河。这里并没有河。但这一带都以月河命名:月河路、月河公园。这也成了我儿时的疑惑之一。

我生于斯,长于斯。幼时,这条路是我活动范围的边界,是危险的象征。没有大人的陪同,我甚至没有踏上其的勇气;入学后,它是指引我求学的光明的圣之路,多少个清晨,迎着朝霞或是在雨中疾驰,它是我通向远方的唯一帮助者。

二十多年间,我的境遇似乎与路的命运息息相关,经历了辉煌与低谷,承受了几度浮沉与坎坷,这年初春,我终于又与它相见,与这个令我时常热泪盈眶的故友相见。

江畔何人初见月,江月何年初照人?

我真正开始了解月河路的过去,源于小学的一次契机。

四年级时语文老师下达了一项征文任务,主题为"家乡的变化"。可家乡如此之大,变化可谓日新月异,笼统写之实在难以着笔。于是我想到了家门前的月河路,以小见大反映家乡的巨变。借这个机会,我也可以一解多年之惑。

我先后询问了家里长辈,同时查阅了当地档案馆的不少资料。一段尘封的往事渐渐在我心中明晰。

这里曾经是县城的西关,城墙内外一片繁华,工商林业、集市遍布。护城河的南北东段已近干涸，唯独河西段为最盛，上有五条水渠汇入，并在此形成一个水洼。

1978年，曲阜城墙被部分拆除。作为山东省的历史底蕴最为深厚的城市，曲阜的这一行动引发了省内其他地区的跟进。广饶县政府效仿曲阜的做法，也计划拆除古城墙。

很快工程就启动了。急功近利的人们拆除了屹立已久的城墙，连"尸骸"也就地抛于河中。原本宽阔的河道窄得只有几步之遥。

黄土的肌肤糜烂，石与砖的骨殖断裂，石灰与土石混合的三合土墙基裸露出来。在那个陈旧的年代，这比水泥坚固得多。

之后，曲阜城墙拆除行动被国家紧急叫停。然而木已成舟，家乡的城墙已被破坏殆尽。于是，一条路在原先的地基上舒展开。四周的城墙成了环城路。为了保留住这段仅存的沟渠，在水另一侧也设置了一条平行的姊妹路。两条路共同名为月河路。

一夜间，路两侧楼房从地底冒尖了。旧时破败不再，小城换上了崭新的容颜。月河路成了最繁华的街道。县城第一个居民小区建在这里；首个喷泉广场与公园也坐落于它身旁；机关单位在这儿，超市商场在这儿，人们都聚到了这里。

百废待兴的年代，路面与窄窄的沟渐渐映照不出皎白的月光，灯红酒绿迷人眼，光怪陆离的霓虹与喇叭传出的笙歌交织。人们随意地将生活污水倒入沟渠之中，河清澈的心被玷污、黑化。

酷暑之下，污水沟终于嚣张起来，它肆意挥洒令人作呕的腐臭，狂妄地滋生丑陋的害虫。随之而来的便是蝇蚊蔽日，臭气熏天。人们惊慌逃窜，广场公园里不见人群。口罩成了热销品，商店赚了个盆满钵满。

周边群众怨声载道，县里只得筹划将沟填上。然而填埋后两条路合二为一未免过于宽阔，且填平后住户也无处排水。经过严谨的规划，原本的月河沟用预制板予以封顶，将其改造为地下排水设施，并在其上覆盖绿化，就这样，月河带状公园应运而生。很快，这里又变成了市民休闲娱乐、散步健身的最佳场所；它也成为我童年最美好的回忆。

昔我往矣，杨柳依依。今我来思，雨雪霏霏。

城市越来越大了，车也多了，而这路也承受不住日月考验，变得伤痕累累。渐渐地，车不从这里经过，城市也朝另一边扩张去了。

溃烂侵蚀着平滑的肌体,路长出的不是酒窝,却是脓疮。带状公园中几颗腐坏的果子躺在草窠之中,敦实的树独自坚守着,但再也无人在意它们矮胖的躯干如何长成。

曾经托举起我的草地,竟成了狗儿们撒欢的安乐窝,人们再也不愿踏入其中。

而在这期间的我也遭遇了人生的重大打击,因此离开了久居多年的家乡,开始了一段漫无目的的漂泊。

行走在这陪伴我前行的路上,车轮轻轻地拂过它的疤痕……

我痛心于它的衰老,我不愿路就这样破败;可它却不顾自己的痛,迎接着归心似箭的我,又不舍地将我引向远方。

日暮乡关何处是,烟波江上使人愁。

一切在某个平凡的秋日迎来转机。

2019 年秋,县城乡建设局发布了新的城市水系规划,月河路一段赫然在列。随后,西关小镇的建设也被提上日程。据介绍,小镇将按照国家 AAAAA 级景区标准建设,并打造成为集孙子文化、吕剧文化以及集市文化为一体的主题文化特色小镇。可想而知,几年后,这里必将成为城市新的地标。

而此时的我却陷入迷惘:破土动工后,还是我熟悉的路吗?

乡关何处,一个永恒的问题,终究还是要由我亲自面对。

钟情于农民作家刘亮程的《今生今世的证据》,我时常彻夜难眠。身为一个从小就生长在钢铁森林中的"90 后",本身便对"老家"这一概念十分缺乏。我将月河路视为精神归宿、心灵家园,只要一提起月河路,我就会自豪地称之为"家"。如今这个魂牵梦萦的"家"即将变成我陌生的模样,我真切地感受到了一股强烈的失落与悲伤。

然而,我很快意识到,这正是政府为带动老城区重拾往日辉煌所做出的大胆尝试。正是有了几代人的不懈努力,才构筑起我童年时与月河路的童话回忆。如果因噎废食,停滞发展进程,月河路可能会永远破败下去。这绝不是我想看到的结果。

道由白云尽,春与青溪长。

河安在? 路尚好? 几十年来,路与故河一脉相承,河是牵绊,路是纽带,它付出一生热忱,守护了行色匆匆的过客,守望了小镇几度兴衰,无悔无怨;而我,则希冀着这路能伴着暖春重获生机。

终于,我又回到了这里。寒冬已过,行道树的绿发开始长了。

可路的苍老仍在,它在等待樱花给予的新装,落在身上的蝉蜕,树叶金色的信笺,然后躲进棉被里御寒。年复一年,直到新生。

——2020级旅游管理(中奥)(1)班孙文博

3. 实践教学案例评析

本次实践教学活动预期是每个班级争取报送5至6篇到"概论课"教研室,这个班级同学共交了12篇,班内评选交了6篇,因篇幅有限,这里选择三篇同学的作品。从同学们所交的作品可以看出大家积极性很高,愿意主动参加征文活动,作品从不同方面代表了青年一代的态度和对国家、对党的信念,以及对自身的要求。这三篇作品采用不同的体裁,从不同的角度来书写了党的一百年的经历。

第一篇程伊的《百年奋斗圆梦今朝 千秋伟业再续华章》是一篇散文。从"忆往昔风雨兼程岁月如歌,看今朝百年华诞风华正茂"引入党的百年华诞,接着从热播影视剧《觉醒年代》叙述中国共产党的历史是一部奋斗史是一部血泪史,为了祖国摆脱奴役站起来,无数的革命前辈付出了生命的代价,从全面建设小康社会到新时代的建设,书写了中华民族在中国共产党的领导下走上了富起来强起来的道路。文章最后落脚在"我们青年将以坚定不移的信念,守望自力更生的中国精神""我们尤须牢记习近平总书记的要求,大力发扬红色传统、传承红色基因,赓续共产党人精神血脉,始终保持革命者的大无畏奋斗精神,鼓起迈进新征程、奋进新时代的精气神",书写了当代青年的理想和担当,青年一代肩负着民族复兴的大任,在物欲横流的今天没有忘记使命,传承中国血脉、弘扬中国精神。

第二篇杜静茹的《青年立志成栋才 躬逢盛世致敬党》是一篇演讲稿,从李大钊先生的一段话引入当代青年的精气神。接着从"历史照古今。前赴后继的先人用铁肩担当道义,用妙手著就华章,岁月荒蛮,年代萧索,披襟斩棘,走出一条独具特色的社会主义路"来叙说中国道路。中国道路不是一条康庄大道,布满了荆棘和曲折,是共产党在前方踏荆棘开辟路,带领中国人民走向未来,走向美好。再从"雄姿看今朝。躬逢盛世,与有荣焉;生逢有时,责任在肩"写到作为新时代的青年应该如何接过接力棒走向未来,这是新时代的青年使命,时代不同,责任相同,面对着世界正经历的"百年未有之大变局",中国恰逢两个一百年,比任何时候对青年都更加高要求、高标准。作者作为新时代的青年在演讲稿的最后是表态也是呼吁:"国家需要发展进步,党志融入骨血,作为青年的我们啊,向前,向前,先前进!"中华民族的伟大复兴不是一代人的责任,是需要每一代人为之而努力,为之而奋斗,当代青年的志气底气和骨气必将迎来中华民族的未来和明天。

第三篇孙文博的《月河旧事》是一篇散文,文章以小见大,从家门口的月河路和月河公园说起,来追溯月河的变化、路的变迁、家乡的发展,折射出了新中国成立后中国社会的发展和变迁。在探索发展的路上注定有曲折,党的百年史也是一部探索史,探索中国路、探索时代路、探索未来路。一条路述说了一段故事,见证了一段历史。改革开放之后中国迎来了快速发展,快速发展带来了环境的破坏,不科学的规划迫切需要改进。城市的变迁与中国的发展需要科学发展观的指引,党和政府在发现问题之后积极探索,在"三个代表"重要思想和科学发展观的理论指引下,国家的各项建设开始步入科学的轨道。党的十八大以来,以习近平同志为核心的党中央擘画了民族复兴的宏伟蓝图。今日的中国正朝着国家富强、民族振兴、人民幸福的道路迈进,中华民族的复兴梦是每一个老百姓对美好生活向往的梦想的汇集。中国老百姓的朴实愿望是安居乐业,当今,在中国共产党的领导下,中国人民人人得享共同发展、共同出彩、共同进步的机会。中国千万个月河以及月河百姓将见证着中国梦的实现,见证着中华民族的伟大复兴。

总体来看,在本次实践教学中,从情感认识来看,可以感受到新时代的青年思想和青年信念,青年们对国家的发展有信心,对中华民族的伟大复兴有信心,同时青年学子也深刻认识到党的百年是用鲜血、汗水、泪水、勇气、智慧、力量写就的百年,是矢志践行初心使命的一百年,是筚路蓝缕奠基立业的一百年,是创造辉煌开辟未来的一百年。从理论认识来看,学生们可以理解马克思主义中国化的内涵,以及中国道路的发展和探索,能从是什么、为什么、怎么做的逻辑思路看待发展中的问题,能够认识到中国发展过程中遇到的问题应该在发展中解决,基本上达成了毛泽东思想和中国特色社会主义理论体系概论课程实践教学的目标要求。

(撰稿人 张丹丹)

第六章　加强和改进新时代思政课实践教学的思考

海南热带海洋学院马克思主义学院在建构、实施思政课"五位一体"实践教学模式的过程中,通过专题座谈会、教学研讨会等形式,随时总结经验、反思不足,深化了对思政课实践教学本质、本职与规律的认识,推动了"立体交互式"思政课实践教学模式的不断优化。学院教师在总结与反思中写出了 20 多篇优秀论文,为今后更好地推进思政课实践教学开拓了思路。

第一节　新时代思政课实践教学的新形势、新任务、新要求

一、高校思政课实践教学的逻辑定位、思维误区与路径优化①

实践教学是高校思政课教学的重要组成部分,开展实践教学是高校思政课贯彻"理论与实践相结合"的马克思主义学风的必然要求。近年来,党和国家不断深化高校思政课教学改革,高校深入落实中宣部、教育部相关文件精神,积极推进思政课实践教学,取得了成效显著。但与此同时,也有一些高校因为在认识与思维上存在误区,在思政课实践教学上出现了偏差。正本清源,正视问题,有针对性地优化高校思政课实践教学路径,具有重要的现实意义。

正本清源,需要深入把握高校思政课实践教学的定位,而高校思政课实践教学的定位,根本上取决于高校思政课的定位。把握高校思政课的定位,需要将其放到中国特色社会主义德育体系中来认识。从高校思政课的视角看,中国特色社会主义德育体系是一个纵向上层层递进、横向上彼此支撑的逻辑体系。一是宏观上,需要统筹社会教育、家庭教育、学校教育;二是在学校教育中,需要统筹小学、中学、大学德育;三是在大学德育中,需要统筹课程教学、文化滋养、实践育人与管理服务;四是在课程教学中,需要统筹思政课程、通识课程、课程

---

① 该部分系 2021 年度海南省高等学校教育教学改革研究重点项目(Hnjg2021ZD - 35)、海南热带海洋学院教育教学改革研究项目(RHYjcjg2020 - 04、RHYjgzd2020 - 09)的阶段性成果。

思政;五是在思政课程中,需要统筹思政课理论教学与思政课实践教学;六是在思政课实践教学中,需要统筹"德法课""纲要课""原理课""概论课"的实践教学。由此可见,高校思政课实践教学在纵向上需要超越小学、中学思政课实践教学;横向上则要与高校思想政治工作体系中的其他环节既协同育人、又相互区别。

关于纵向的超越,《新时代学校思想政治理论课改革创新实施方案》明确指出,相对于"小学阶段重在培养学生的道德情感""初中阶段重在打牢学生的思想基础""高中阶段重在提升学生的政治素养","大学阶段重在增强学生的使命担当"。其中,"本科及高等职业学校专科课程重在加强理论教育和学习,高等职业学校课程还要体现职业教育特色。研究生课程重在探究式教育和学习"。遵循小学、中学、大学循序渐进的德育逻辑,如果说小学阶段思政课实践教学重点服务于"培养学生的道德情感",初中阶段思政课实践教学重点服务于"打牢学生的思想基础",高中阶段思政课实践教学重点服务于"提升学生的政治素养",那么大学阶段思政课实践教学理应重点服务于"增强学生的使命担当",服务于本专科生的"理论教育和学习"、研究生的"探究式教育和学习"。

关于横向的协同,《教育部等八部门关于加快构建高校思想政治工作体系的意见》明确指出,"高校思想政治工作体系"由"理论武装体系""学科教学体系""日常教育体系""管理服务体系""安全稳定体系""队伍建设体系""评估督导体系"七部分构成。这七部分既协同完成高校立德树人的根本任务,又各自承担着不同的具体任务;既相互支撑、有机统一,又有各自的边界、适合的载体。就高校思政课而言,属于"高校思想政治工作体系"中的"学科教学体系"。这个定位,决定了高校思政课实践教学,既不同于"理论武装体系"中学校党委层面的思想政治工作实务,也不同于"日常教育体系"中学生工作层面的大学生社会实践、校园文化活动等,而是要与理论相结合,为理论教学服务,要在辅助理论教学、提升学生理性认同的基础上,间接发挥思想教育功能。

对照以上定位,不难发现,有些高校的思政课实践教学存在一定的思维误区与行为偏差。一是有的高校把大学思政课混同于基础教育阶段的思政课,其实践教学仍然停留在"培养学生的道德情感""打牢学生的思想基础""提升学生的政治素养"等小学、初中、高中阶段的思政课教学目标上。二是有的高校把思政课实践教学混同于党委层面或团学系统的思想政治工作实务,其内容与形式同党建思想政治工作、宣传思想政治工作、大学生社会实践工作、大学生校园文化活动等高度雷同,但与思政课教学内容联系不是很紧密。三是有的高校对思政课实践教学缺乏统筹协调与顶层设计,"德法课""纲要课""原理课""概论课"四门课的实践教学针对性弱、区分度低、系统性差。这样的思维误区与行为偏差,使高校思政课实践教学很难通过为本专科生的"理论教育和学习"、研究生的"探究式教育和学习"服务,促进学生的理性认同、"增强学生的使命担当"。

要想摆脱上述思维误区与行为偏差,优化高校思政课实践教学的路径,首先需要在思想上提高认识。要深刻认识到,高校思政课是在中小学思政课陆续开展情感教育、行为教育、知识教育、思想教育、政治教育的基础上,通过"理论教育"解决大学生"理性认同"的课程体系。"高校思想政治理论课"的全称,蕴藏着其与中小学思政课的重大区别,那就是"理论性",这个特点也暗含着对高校思政课实践教学模式的要求。如果说小学思政课适用"实践教学——情感认同——行为养成"的实践教学模式,初中、高中思政课适用"实践教学——知识建构——思想生成"的实践教学模式,那么大学阶段的思政课则适用"实践教学——理性认同——思想提升"的实践教学模式。当然,大学阶段仍然需要借助"情感认同——行为养成""知识建构——思想生成"的模式立德树人,但这已经不是高校思政课的主要任务,当然也就不是高校思政课实践教学的主要任务。至此,高校思政课实践教学路径应该怎样优化,答案也就不言自明了。

(撰稿人 李纪岩)

二、以立德树人为根本的高校思政课实践教学多维模式探究

高校思想政治理论课是贯彻落实立德树人这一根本任务的关键课。在新形势下,加强和改进高校思政课实践教学是提高思政课教育教学质量的重要环节,必须着眼于打造高质量师资队伍,更新实践教学理念,开拓实践教学视野,改革思政课实践教学模式,优化实践教学结构,贴近学生需求前沿,打造精品互鉴平台,通过课程育人与实践育人的深度融合,建设具有鲜明时代特征、教学效果显著的思政教育,努力形成师生在铸魂育人中同进步、在立德树人中共成长的实践育人新局面。

1.发挥教师主导作用,立体打造思政课实践教学精品

实现以德育人的思政课实践教学目标,关键是优化教师队伍结构,整合师

资资源,打造高水平教学团队,培育金牌教师,发挥思政课教师的主导作用,明确思政课实践教学改革与建设的攻关方向,推动思政课实践教学模式、内容方法与路径指向的改革,多维度同向打造,方能凸显实践教学的育人效果。

挖掘"思政海岛元素",使思政课实践教学"特"起来。作为身处海南自贸港建设前沿的海洋类高校,需要借助因海而生、凭海而兴和独一无二的宝岛绿色生态资源的办学特色,将琼崖革命的红色精神植入蓝色基因、绿色血脉,将历史悠久的海洋文化和颇具特色的生态文化融入思政教育,打造出富有热带海洋特色的"蓝色思政""绿色思政"立体化实践教学模式,承托起学校服务海洋强国战略、绿色崛起和海南自贸港建设的思政根基。要大胆打破传统单一的实践教学模式,推进"立体化实践教学改革模式",创新思政课实践教学方式,助力琼崖红色精神与蓝色基因交融,海洋文化、生态文化与思政教育高位对接,打造富有海洋大学特色和历史文化传统底蕴的立体化实践教学模式,通过一体化承接红色基因、蓝色文化和绿色文明,突出实践教学特有的情境共融、点燃激情和同频共振的教育效果,持续推动红色文化、绿色文化、蓝色文化植入思政课堂内外实践教学之中。

运用现代新技术,使思政课实践教学"活"起来。根据思政课的教学计划和人才培养计划,积极探索思政课新手段,大力实施课堂教学改革,利用现代化教学手段调动学生课堂参与积极性。特别是利用手机、多媒体、微信等现代技术与手段,把教师的科研成果和思考融入课堂内容,使传统课堂更好推动教学目标的有效实现。要充分利用现代信息技术,不断创新教学方式方法,开发线上思政课实验教学平台,使手机变成"学习利器",使平台集知识点、微视频、教学案例、阅读书目、随堂测验、模拟考试于一体,具备考试、评教、考勤、讨论、答疑等多重无纸化功能。同时,要打造线下虚拟仿真体验空间,通过虚拟仿真技术建立各种可视、可听、可感的静态场景和动态实景,使学生能够达到身临其境的体验效果,实现多人同场域互动,提高深度学习体验的效果。

搭建一体化实践教学体系,使思政课实践教学"实"起来。努力探索实践育人的新载体、新形式,充分利用思政课"第一课堂"(课内实践教学)、"第二课堂"(校内实践教学)、"第三课堂"(社会实践教学)和"第四课堂"(网络实践教学)四位一体的立体化实践教学架构,努力把思政课办成大学生真心喜爱、终身受益的课程。

"第一课堂":要以专业、班级及学术社团实践教学活动为主,纳入教学计划管理,在思政课堂上,根据教学进度和教学主题,结合当前形势政策及国内外热点,由教师指导、学生自选主题,通过专题讨论、观看视频、经典原著分享、情景剧表演、视频拍摄或漫画创作等"第一课堂"教学实践,使学生真正成为课堂教学的主体。如把弘扬红色精神与优秀传统文化结合起来,在传承我国传统文化的同时,从党史中借鉴智慧,汲取力量;又如通过开展以"于思辨中知爱国,于实践中行爱国"为主题的实践教学活动,选取传统文化和抗美援朝中的丰富事例阐释爱国精神,让学生在思辨中深化爱国思想,在实践中探索爱国路径,塑造新时代爱国青年的新形象。

"第二课堂":从学校现有资源出发,调动全体师生积极参与实践活动。通过活动的设计、筹备和实施,锻炼学生的组织、协作能力和创新精神。如组织各类校级合唱比赛和大型图片展;邀请校内外专家举办高规格多层次的学术讲座等;开展以"赛"促"学",以开办各类教学比赛为契机,充分发挥师生在课程建设和学习上的主动性和创造性,提高思政课的吸引力和感染力;实行本科生导师制,导师深度参与学生各类学科竞赛的指导工作。此外,基于氛围营造,致力于"以物化文、以文化人"的校园文化载体建设,构建具有时代特征、内涵丰富、特色鲜明的校园文化体系,培养时代新人。

"第三课堂":组织学生参加省内琼崖革命精神考察调研,开展社会实践活动,前往白沙起义纪念园、红色娘子军纪念园、琼崖工农红军云龙改编旧址、母瑞山革命根据地纪念园、五指山革命根据地纪念园、六连岭革命根据地纪念园、海南解放公园、解放海南岛战役烈士陵园、海南史志馆等革命遗址和纪念场馆展馆瞻仰参观,开展现场体验学习,让学生深刻认识中国共产党领导琼崖革命"二十三年红旗不倒",书写"孤岛不孤"的革命典范,全面了解海南建省办经济特区 30 余年来,海南从一个边陲海岛发展成为我国改革开放的重要窗口,打造引领新时代对外开放的鲜明旗帜和重要开放门户,在构建新发展格局中发挥独特作用、推进海南自贸港建设的历史进程。

"第四课堂":以信息技术助力思政育人,实现教学相长。随着信息技术的快速发展,互联网已经成为大学生成长不可或缺的重要环境之一,成为学生主动或被动接受显性或隐性的知识和思想"教育"的网络空间。对此,我们要因事而化、因时而进、因势而新,积极引导学生接受比传统媒体时代更多、更具个性化的教育,结合"智慧树"、网络课程、蓝墨云班课堂等平台,通过开设网络课,创办论坛,开通教学微信群、QQ 群,或课后答疑式教学等途径,挖掘"第四课堂"网络课堂的实践育人功能。

2.发挥学生主体作用,构建深度衔接思政课实践教学的学生活动体系

根据各专业的人才培养计划,通过拓展思政课实践教学活动的实体空间,依托学生社团组织,创新学生活动的载体和方式,服务学生的成才成长全过程,成体系构建政治型、思想型、知识型、文化型、服务型的特色学生活动,与思政课实践教学相辅相成,同向发力,不断提高实践育人的整体成效。

开展"政治型"活动,使学生讲政治。通过学生党建引领,组织开展各种理论学习和专题研讨,组织学生收听收看"两会"、党代会和重大庆祝活动直播等,不断提高学生的政治站位,强化政治自觉,严守政治纪律和政治规矩,引导学生在政治立场、政治方向、政治原则、政治道路上同以习近平同志为核心的党中央保持高度一致,以增强学生的政治敏锐性,坚定做理想信念过硬的信仰者。

开展"思想型"活动,使学生有思想。通过举办各种拓展学生思维、活跃学生思想、开阔学生视野的活动,如举办主题鲜明的大学生辩论赛、演讲比赛,组织红色观影、撰写心得体会,注重引导学生关注社会热点问题,培育学生运用马克思主义思想观点认识问题、分析问题和解决问题的能力。

开展"知识型"活动,使学生长知识。如通过制作美篇、演出情景剧和小品、参观戒毒所、开展爱国歌曲比赛、开展社会调查、参加创新创业大赛、参加党史知识竞赛、举行读书推荐会和观看大型图片展等培养学生的学习兴趣。同时,通过举办国家海洋日、戒毒日、国庆日、宪法日、国家公祭日等重大节日、纪念日系列活动,进一步拓展学生的知识视野,增长学生的知识储备。

开展"文化型"活动,使学生有内涵。充分发挥"文化育人"功能,通过文化熏陶培养学生兴趣,从而在兴趣培育中提升文化素养,提高学生的综合素质和各种能力。如举办校园大合唱比赛、文艺晚会、朗诵比赛、院际文体活动、"毕业季"系列活动、寝室文化节、女生节、学生干部素质拓展等活动,不断浓厚学生的校园文化氛围,提升学生的文化品质。

开展"服务型"活动,使学生强责任。与地方社区、乡村、学校、敬老院建立长期合作关系,开展共建活动和志愿服务活动。如通过弘扬雷锋精神,举办"雷锋日"系列活动,到敬老院开展敬老爱老活动,用大学生的实际行动为老人送去

缕缕温情,给老人传递一份温暖和关爱;再如开展绿色环保知识宣传等多项志愿服务活动,不断强化大学生服务社会的责任感。

总之,实践教学是高校思政课育人的重要组成部分,是发挥思政课育人功能的关键抓手,有着不可替代的育人价值。在实践教学的推进过程中,还要积极探索解决实践教学的有效供给与学生成长需求存在的结构性问题,以及教师的主导作用和学生的主体作用不相匹配的问题等等,这就要围绕立德树人的根本任务,通过理念创新和模式创新,探寻高校思政课实践教学的有效实现形式,特别是凸显学生的主体地位,明确教师的主导性,不断提升实践教学供给的精准性,有效整合校内外资源,努力打造高校思政课实践教学的育人合力。

(撰稿人 邢启敏)

三、思政课实践教学中教师主导性的思考

中共中央办公厅、国务院办公厅印发的《关于深化新时代学校思想政治理论课改革创新的若干意见》中指出,要"建设一支政治强、情怀深、思维新、视野广、自律严、人格正的思政课教师队伍",并要求"教师认真讲好思政课"。思政课是一个完整的教学体系,思政课教师站稳三尺讲台做好理论教学的同时,同样需要发挥课堂主导性,带领学生一起完成好实践教学。

1. 正确看待实践教学的地位

客观上,思政课不仅要传授马克思主义理论的立场、观点、方法和知识体系,而且要引导学生通过体验现实场景和接受实践锻炼,实现从知识教育到价值引导的统一。从这个意义上说,在思政课教学体系中,理论教学是基础,实践教学是深化,理论教学与实践教学二者是辩证统一关系。事实上,实践育人是我国思想政治教育长期坚持的基本原则,重视思政课的实践教学一直是我国思想政治教育的优良传统,也是落实思政课立德树人目标的内在要求和必然趋势。《高等学校思想政治理论课建设标准(2021年本)》中明确要求:"实践教学纳入教学计划,统筹思想政治理论课各门课的实践教学,落实学分(本科2学分,专科1学分)、教学内容、指导教师和专项经费。实践教学覆盖全体学生,建立相对稳定的校外实践教学基地。"

由此可见实践教学在整个思政课程体系中必不可少。但是,还是有思政课教师并没有充分认识实践教学的含义和地位,对此理解模糊不清,导致实践意识不足,在教学中往往只把理论作为教学的重点和难点,却忽视实践教学的有

效组织和高效开展,最终势必会影响教学目标的有效达成。这也从侧面反映出教师对思政课教学缺乏全面认识,对自己课堂主导性认识淡薄的问题。正确看待实践教学的教学地位,就要求思政课教师必须充分发挥课堂主导性,组织好、开展好思政课实践教学活动,保障实践教学不打折扣、不走过场、不走形式,更好地提升思政课的针对性和实效性。

2. 合理创设实践教学的内容

思政课实践教学在本质上并非独立的课程,而是整个思政课教学体系的一部分,是相对于理论教学而言的教学环节,是理论教学的延伸、验证,是学生将理论内化为思想素质的体验环节。因此,实践教学的设计与实施必须服务于思政课程的一体化设计,必须紧扣理论教学设定的需要通过实践加以印证的问题,并对相关理论问题做出有效回应和交叉验证。并且,思政课的实践教学还要求在思政课程教学体系为实践教学提供系统支撑的前提下,实现不同课程之间实践教学模块的整体统合,真正实现实践教学的实效。而且,实践教学往往需要组织学生集体参与某项社会实践活动,因此还涉及经费、安全、管理、时间等方面的问题。以上种种,无一不需要思政课教师充分发挥课堂主导性,调动一切积极因素,努力创设好思政实践教学的教学内容。

此外,实践教学还要从学生需求出发,发挥教师主导性以满足学生需求,增强教学内容与学生的关联度,切实改变思政课中的照本宣科、话语陈旧、硬性灌输等曾经的不良形式。思政课实践教学的内容可以是丰富多彩的,比如组织学生瞻仰红色文化教育基地、参观社会建设与改革创新成果展、参加生产劳动等。这既体现了"贴近理论、贴近生活、贴近地方"的原则,也是对"把思政小课堂和社会大课堂结合起来,因地制宜、因时制宜、因材施教"要求的积极回应,也使实践教学因地制宜、与时俱进,增强课程对学生的吸引力与亲和力。

3. 科学评价实践教学的成果

思政课实践教学最终的效果在落实,科学考核评价尤为重要,教学设计得再完美,如果落不到实处,无法衡量和评价其教学成果,效果就会大打折扣。考核要以实际的课程要求为基准,对学生开展的考核应该重点从知识考核、日常行为考核以及素质能力考核等方面着手,并将日常的教学评价作为考核的基本依据,在课程考核中体现思政教育理念,促进考核中第二课堂的作用发挥。在具体的思政实践教学评价工作中,要注重对学生的实践参与意识、具体表现、实践中的团队意识、探究创新能力等进行相对应的考核,将学生的问题分析和解决能力作为重点的考核指标。在评价体系构建中,还可以积极强化互动评价,注重多元化评价模式应用,促进学生整体课程评价的科学性和公正性。根据实际的评价结果对表现突出的学生及时表扬鼓励,给予较高评价,对投机取巧、敷衍了事、应付实践教学的学生要提出批评指正,尽量做到客观、公平、公正。要通过严密的思政课程实践教学考核评价体系构建,促进学生整体实践教学能力的提升。坚持调动师生、凝聚合力、集中攻坚,大力提升学生对思想政治理论课的获得感,满足青年学生成长发展需求和期待。总之,需要教师发挥课堂主导性,制定详细的考核参考标准,严格把控好每个环节,切实做到实践考核公平、公正、公开,阳光透明,让学生从公平、公正、公开的考核评价有"获得感"。

科学评价实践教学教学成果,还承担着在保证整体考核评价有效性的基础上,正确引导和促进相关教学单位规范思政实践课程教学管理,深化思政实践课程教学改革,切实提高思政实践课程教学质量的重大责任。这也进一步表明了思政课实践教学是一项复杂的教学活动,不仅需要教师、学生与学校各部门之间的协调联动,而且需要社会相关行业、社区以及其他社会组织的配合与支持。这项多部门统一协调的实践教学工作机制,固然需要顶层设计的校内外联动工作机制,方能有效协同各方力量进行统筹规划,但是在这个过程中,思政课教师主导性的发挥无疑是其中最重要的一个因素。

(撰稿人　于华)

四、"大思政"视野下的高校思政课实践教学探索①

2021 年 3 月,习近平总书记在看望参加全国政协会议的医药卫生界教育界委员时指出:"'大思政课'我们要善用之,一定要跟现实结合起来。"②因此,善用"大思政",改革思政课实践教学,实现理论与实践相结合,提升思政课质量建设,是提升思政课质量建设的战略选择和有效路径。要在深刻领会"大思政"内涵的基础上,正确认识思政课实践教学的本质;在"大思政"引领下,要积极整合思政课实践教学资源,构建全方位、立体化的思政课实践工作机制、把握好思政

---

① 该部分系海南热带海洋学院 2021 年校级课题"'大思政'视野下的思想政治教育创新研究"(RHYjg2021sx12)阶段性成果。

② 杜尚泽."'大思政课'我们要善用之":微镜头·习近平总书记两会"下团组"·两会现场观察[N].人民日报,2021-03-07(01).

课堂内外实践教学环节,充分发挥师生双主体作用,积极推进思政课实践教学发展,为进一步深化"三全育人"综合改革、培育担当社会主义全面现代化建设重任的时代新人有着重要的意义。

深刻领会"大思政"科学内涵,是正确认识思政课实践教学本质的关键。"大思政"又称"三全育人",是大思想政治教育的简称。它要求高校把立德树人作为高校的中心环节,把思想政治教育贯穿教育教学全过程,实现全员育人、全程育人、全方位育人。因此,"大思政"为思政课实践教学拓宽了视野,它首先澄清了思政课实践教学的本质。在传统思政教育下,其实践教学被当作纯粹的劳动实践教育,是一种脱离理论课堂的实践教育,具体表现为让学生停课进工厂或到农村进行劳动,在劳动中进行思想政治教育。另外就是在传统思想政治教育下,将思政课实践教学看成是改进思政理论课效果的一种教学方法和手段。这些实践教学与思政课本身脱节了,也就不能从本质上正确认识思政课实践教学的本质。要看透思政实践教学的本质一定离不开"大思政"视野。在"大思政"视野下,思政课实践教学不再是脱离思政理论的教育教学,也不仅仅是一种改进理论教育的教学方法和手段,而要将之作为思政课教育教学本身,实践教学与理论教学作为对立统一的双方共同构成高校思政课教学矛盾整体,二者的既相互对立又相互统一,共同促进着高校思政课教学的发展,促进着高校思政课质量发展,推动着"三全育人"综合改革的进行,共同实现着思政课立德树人的育人目标。

"大思政"整合了高校思政课实践教育教学资源,构建了全方位、立体化的思政课实践工作机制。一是形成实践育人协同工作机制。在大思政观下,思政课实践教学的教育主体不再是专任思政课教师,思政课实践教学也不再是马克思主义学院一家的事,而是学校各个部门和各门课程教师共同的职责。因此要大力整合学校思政课实践教学教育主体,形成党委统一领导,党政团工群齐抓共管,全校一盘棋,紧密协作,相互对接的思政课实践教学协同机制。二是整合实践育人学科资源。马克思主义学院是思政课实践教育的主体,同时要整合学校各类学科各专业实践教学资源,让专业类课程实践与思政课实践教学同向同行,形成协同效应,在对学生进行专业技能和实践能力培育的同时,参透思想政治教育的元素,开展课程思政实践教学,同时积极渗透到教学、科研和社会服务各个方面,形成思政课实践育人的新局面。三是整合校内外实践育人资源。充分挖掘校内校外实践教育资源,整合课堂内外显性和隐性思政课实践教学资源,大力开发校园实践要素,不断开拓校外实践资源,建立校外实践基地等,丰富思政课实践教学资源。

"大思政"要求把握好思政课堂内、外实践教学环节,充分发挥师生双主体作用,推动思政课不断发展。"大思政"为实践教学开阔了时空,实现了实践教学课堂内外、校内外、线上线下实践教学的多向互动,促进了实践教学的多元化发展。"大思政"要求把思政理论课堂与社会实践大课堂相融合。同时"大思政"要求思政课实践教学必须坚持"以人为本、德育优先"的原则,要充分发挥教师学生双主体作用。一方面要充分发挥教师在思政实践教学中的主导作用。教师要利用好思政课堂实践教学的主渠道。在课堂上,教师要有实践意识,自觉把理论与社会现实相结合,积极联系当前的世情和国情,联系党和国家方针、政策,联系改革开放和社会主义全面现代化建设实际,联系大学生的思想和身心实际,联系网络思想政治教育现状,把思想教育与社会现实结合起来,把系统教学与专题讨论、视频观看等实践教学手段相结合,把线下实践与线上实践相结合,做到把理论武装与实践育人结合起来,促进理论与实践的深度融合,深化学生对理论的理解,培育学生理论联系实际的能力。积极挖掘各种实践教学资源,充分利用校内外实践教学基地开展实践教学。如充分利用学校图书馆、校史馆、博物馆和校外实践基地,通过考察和社会调查的方式开展实践教学,培育学生践行核心价值观和理论联系实际的能力。另一方面要发挥实践教学中学生的主体作用。教师要引导和鼓励大学生走出校门,到基层去,到工农群众中去,积极参加各种形式的社会实践和公益活动、科技发明,充分发挥学生学习的主动性和能动性,在实践中检验理论、内化信念,从而从根本上实现思政课"入脑、入心"的目的,让学生有获得感,增强思政课的有效性和针对性。通过思政课实践教学也能促进思政课教学师生双主体的良性互动机制的形成,促进思政课实践教学良性发展。

(撰稿人　王芝兰)

第二节　加强和改进新时代"德法课"实践教学的思考

一、论情境教学在思想道德与法治课中的运用

思想道德与法治课程的特点决定了理论教学不能局限于知识传授,还要通过各种教学方法和手段,帮助学生运用所学知识明辨是非、养成道德习惯、规范行为。情境教学主要是指在教学过程中,教师根据教学内容和学生实际,以解决问题为导向,以提升学生认知、情感和能力为目的,营造一定的教学情境,让学生在教学情境中,自主完成学习任务。情境教学把学生直接的生活感知纳入教学体系,引导学生独立自主地进行体验,主动接受教育。

1.例说情境教学在"德法课"中的运用

教学情境的创设和实施过程,在不同课程中存在很大差异,即便是在同一课程不同章节,甚至是同一章节但面对不同专业背景的学生,都存在很大的差异。以教学实践中讲解"人的本质"为例,首先设计三个问题,也就是三种情境:"举例说明人和动物的区别""你觉得颜值重要吗?""你最讨厌和怎样的人交往"。

情境教学分三个阶段进行。第一阶段是情境选择。教师在学习通上发布主题讨论,要求所有的学生都要作答。第二阶段是观点交锋。教师从学生的答复中挑选出观点彼此对立的若干个学生代表,让他们制作PPT上台对自己的观点做深入阐述。第三阶段是达成共识,学生代表之间、学生代表与旁听的学生之间自由质疑和答疑,教师做最后总结。

情境创设应当环环相扣,浅入深出。"人的本质"是个非常抽象的问题,直接从概念入手,比较枯燥无味,因此可以从简单的问题入手,层层深入,实现既定教学目标。如"人与动物的区别",学生的答案大多只是说明人与动物区别的一些特性,并不是人的本质属性。通过引导,使学生掌握人的本质属性不在于自然属性和外部特征,而是在于社会属性。关于"颜值问题"和"交友"的讨论,都是从现实生活的角度出发,前者探讨人的外在特征和内在特征,哪个对人的影响更加深刻持久,哪个才是人的本质属性;后者探讨学生最讨厌交往的人的特点(自私、自利、虚伪等),让学生体悟到这些特点都是在处理个人和他人、社会的关系时体现出来的,人的本质决定了个人和社会的关系是既对立又统一的

关系。这两个问题可以引导大学生正确对待颜值问题以及正确认识和处理个人和社会的关系。

2.情境教学运用于"德法课"的优势分析

有助于学生综合素质的培养和综合能力的提升。构建学习理论认为,世界是客观存在的,但是对客观世界的理解和赋予意义却是由每个人自己决定的。情境教学在教师设定的情境中,根据具体教学内容和学习任务,学生以个人、小组或班级为单位,通过自己独立思考,在教师的引导下运用现有的知识和理论,去发现新问题、思考新问题,主动构建自己的知识体系和价值取向。情景教学长达几天甚至几周,学生有更大的自由发挥的余地和更广的自主发展的空间。学生的创新意识、创新能力、团结协作能力,特别是学生的综合素质和综合能力更能得到锻炼和提升。

有利于加深教师对学生学习情况和思想状况的了解。教学情境的创设,是在教学内容、学生情感认知之间建立一定的联系,通过激发学生对情境的理解和认知,激发学生情感上的认同,进而做出是非曲直的判断和行为选择。情境能否引起学生的兴趣、引发学生的思考,对教师而言是极其关键的一步。教师要了解学生的思想状态,情境创设才有针对性,才能取得预期的效果。

有助于促成学生"知"与"行"有效合一。"德法课"具有很强的实践性,如何通过教学,把理论知识内化为学生的思想认识、外化为学生的行为指导,显得极为必要。教学情境的创设就是将理论知识渗透于选定的情景之中,学生在情境中主动学习,自主发现问题、分析问题和解决问题,既充分地展示自我,又最大限度地开发自己的潜能,有助于促成学生"知"与"行"有效合一。

3.情境教学在"德法课"中的运用原则

加强思想教育、道德教育、法治教育相互贯通的原则。情境创设不局限于具体教学目标,而是贯通思想教育、道德教育、法治教育。具体情境的设计,是为了逐步实现总体目标,达到思想教育、道德教育和法治教育相互贯通的目的。人的行为,既受道德约束,又受法律规范。学生面临的各种问题,包括学业、就业、爱情、友情等,大多都既是受道德调整,同时又受法律调整。教学情境的创设只有贯通思想教育、道德教育、法律教育,才能帮助学生从整体上思考和把握个人与他人、个人与社会的相互关系,通过对学生个人问题的思考和解决,强化个人对社会的责任意识和使命感,使学生的人格获得提升、精神获得成长。

感性体验、理性思辨与达成共识相结合原则。列宁认为,人的认识规律是遵循"从生动的直观到抽象的思维,并从抽象的思维到实践,这就是认识真理、认识客观实在的辩证途径"①。从生动的直观到抽象的思维,也就是从感性认识到理性认识的过程。通过情境教学的环节设计可以实现感性体验、理性思辨与达成共识相结合。第一阶段,学生对教师预设的问题,还停留在感性体验阶段。第二个阶段,学生代表做深入的阐述,是在了解其他同学的答案以及文献资料的基础上,其思考已经上升到理性思辨的层面。第三阶段是在理性思辨的基础上达成共识,回到解决实际问题层面。

现实情境、虚拟情境与教学情境相统一原则。现实情境也就是学生的现实生活,包括学生个人面临的实际问题和关注的社会热点问题等。只有准确把握学生的思想实际,才能对学生进行有效引导。虚拟情境也就是老师根据教学内容创设的情境,教师要善于把具体的教学内容分解为若干问题,问题要有一定的理论提升空间,又要密切联系社会现实和学生实际联系。教学情境就是以预设的问题为导向,引导学生独立思考,并通过演绎、辩论、质疑、答疑,把知识融于情境,又通过情境构建知识、培养情感、端正态度和确立价值取向。现实情境、虚拟情境与教学情境相对接,符合人的认识由具体到抽象再到具体的认知规律。

4.运用情境教学应处理好两个关系

处理好学生实际与社会关切的关系。一方面,学生受生活经历与生活环境所影响,呈现出来千差万别的认知水平和思想状况,教师创设教学情境要契合学生思想、心理和认知实际,学生自主探索解决方案、构建价值认知才具有针对性。另一方面,学生终究是要走向社会,教师创设教学情境也要考虑社会问题。教师处理好学生实际与社会关切,引导学生在思考自身问题时,把视野放在社会大背景之下,把个人的发展与社会的发展联系起来。

处理好彰显个性与达成共识的关系。学生在情景教学的第一阶段对问题的回答,大多从感性出发,充分彰显个性。教师要在千差万别的个性化的答复中,引导学生学会求同存异、达成共识。特别是对出现非理性的批判和明显偏离正确价值导向的学生,要进行引导,帮助学生正确处理学业、爱情、人际关系

---

① 中共中央马克思恩格斯列宁斯大林著作编译局.列宁专题文集:论辩证唯物主义和历史唯物主义[M].北京:人民出版社,2009:135.

等现实问题和理性看待社会热点问题,帮助学生提升理论素养,激发学生追求真善美,弘扬正能量。

（撰稿人 黄爱妹）

二、中华优秀传统文化融入高校"德法课"实践教学的思考

习近平总书记强调,"中华优秀传统文化是中华民族的精神命脉,是涵养社会主义核心价值观的重要源泉,也是我们在世界文化激荡中站稳脚跟的坚实根基"①。高校思想道德与法治课是高校思想政治理论课的主干课程之一,无论是对培养学生正确的世界观、人生观和价值观,还是对学生道德素质与法治观念的提升都能起到重要作用。将中华优秀传统文化有机融入高校"德法课"实践教学,充分发挥中华优秀传统文化在"德法课"实践教学中的育人功能,在新时代的高校思政课建设中具有必要性、可行性和重要性。

古人讲,"读万卷书,行万里路"。思政课是立德树人的关键课程,要发挥思政课的主渠道作用,推动文化强国战略。新时代的思政课不但要向学生讲清楚基本的理论知识,更要重视培养学生将理论应用于实践的能力。中共中央《关于进一步加强和改进大学生思想政治教育的意见》中指出,高等学校要以"坚持政治理论教育与实践教育相结合"的原则开展大学生思想政治教育工作。目前,在高校思政课教学大纲中也专门设置了实践学时,说明社会实践是高校思政课教育不可或缺的环节。在教育效果方面,根据《中国大学生思想政治教育发展报告(2014)》,"社会实践活动"是"对大学生思想品德发展"影响最大的因素,而"德法课"实践教学又是直接以提升学生思想道德素质为目标的思政课,与"大学生思想品德"培养最直接,相关度最高。中华优秀传统文化所具有的独特的精神标识是我们得以立足于世界的根基,在教育部颁发的《完善中华优秀传统文化教育指导纲要》中明确指出,"大学阶段,应增强学生传承弘扬中华优秀传统文化的责任感和使命感"。将中华优秀传统文化有机融入"德法课"实践教学,既能发挥"德法课""以文化人、以文育人"的功能,也是提高学生对中华优秀传统文化的认同,增强学生传承弘扬中华优秀传统文化的责任感和使命感,提高文化自信的重要途径,是促进中华优秀传统文化创造性转化和创新性发展的实践平台,是时代新人对中华优秀传统文化得以"知行合一"的重要

① 习近平:坚持以人民为中心的创作导向　创作更多无愧于时代的优秀作品[N].人民日报,2014 − 10 − 16(01).

方式。

生而为中国人，天然具有中华优秀传统文化的"文化基因"，而这一"文化基因"极易唤起人们对本民族优秀文化的情感认同。将中华优秀传统文化有效融入"德法课"实践教学，在社会实践中"讲好中国故事"，既有必要性，又具可行性。将中华优秀传统文化融入"德法课"实践教学，让学生走出教室，到名胜古迹、名人故居、纪念馆、博物馆感受文化的力量，接受传统文化的洗礼，能够使"德法课"教学起到事半功倍的效果。

我国传统文化资源分布广泛、内容丰富，各高校可以积极争取当地各部门的支持，开展合作，就地取材，充分开发，利用所处地域的优秀传统文化资源支持实践教学，在历史文化遗址、文博馆等汇集传统文化资源的场所，设立校外实践教学基地，开展教学实践活动。如让学生做博物馆、纪念馆的讲解员；组织学生参加重大事件或重要历史人物的纪念活动，让学生切身接受历史文化的熏陶；鼓励学生开展与优秀传统文化相关的社会调查，形成社会实践调查报告，在实践中培养学生对优秀传统文化的认知和领悟能力；在传统文化节日中开展与节日主题相关的校园实践活动，如主题演讲、情景剧等，加深学生对优秀传统文化的了解。此外，学校还可以组织优秀传统文化知识竞赛、经典诵读等传统的文艺活动，以中华优秀传统文化滋养校园文化生活，丰富实践形式，拓展实践内容，让学生在实践中充分感受到中华优秀传统文化的魅力，提高其对本民族优秀文化的价值认同，增强文化自信，使其自觉成为中华优秀传统文化的继承者、传播者，成为自信且有担当精神的时代新人。

将中华优秀传统文化融入高校"德法课"实践教学，在实践教学中围绕教学目标，融入中华优秀传统文化要素，增强学生对优秀传统文化的认同，激发学生传承、弘扬中华优秀传统文化的使命感、责任感，既体现了立德树人的教育宗旨，也是培养全面发展的时代新人的必然要求。

中华优秀传统文化融入"德法课"实践教学有利于传承和弘扬中华优秀传统文化。利用"德法课"实践教学平台将教学内容更直观、更多维地呈现在学生面前，学生感受性更强，接受度更高，既能培养学生的内在道德品质，又能增强学生对优秀传统文化的认同，在实践教学中增进学生对优秀传统文化的理解和吸收，进而融入学生的价值观念和思想体系中，达到以文化人的教育效果。

中华优秀传统文化融入"德法课"实践教学有利于培育和践行社会主义核

心价值观。培育和弘扬社会主义核心价值观必须立足中华优秀传统文化,在长期的发展中,中华民族形成了独具特色的思维模式,具有独特的精神标识,其中所蕴含的价值观念在今天仍然具有价值合理性,与体现当代中国人价值"最大公约数"的社会主义核心价值观有相通之处,如"和谐""诚信"等既是中华优秀传统文化的价值理念,也是社会主义核心价值观的具体内容,可以说,中华优秀传统文化是社会主义核心价值观的重要源泉。将中华优秀传统文化有机融入"德法课"实践教学可以充分发挥"德法课"的育人优势,在实践教学中引导学生更好地践行社会主义核心价值观。

(撰稿人　史庆春)

三、"四史"教育融入思想道德与法治课实践教学价值探析

推进"四史"教育是在高校思政课实践教学中坚持马克思主义指导思想的重要保障,也是将立德树人这一根本任务落到实处的重要工作。"四史"教育是高校思想政治工作加强理论武装和政治引领的重要内容,与"德法课"有着必然的内在的联系,二者都指向立德树人根本任务和铸魂育人崇高使命,将"四史"教育贯穿教学全过程是"德法课"实践教学的应有之义。"四史"教育的融入,可提升"德法课"实践教学的政治高度、理论深度,使"德法课"实践教学既有历史视野,又有理论温度,更有动力源泉。"四史"教育与"德法课"实践教学融合,可以使二者同频共振、同向发力,增强育人效果。

1."四史"教育加强"德法课"实践教学的政治引领

"德法课"的出发点和落脚点是培养具有良好思想道德素质和法治素养的时代新人,"德法课"实践教学是实现育人目标的重要平台,是引导大学生积极投身实践,实现内化于心外化于行,达到"知、情、意、行"转化的过程。在这一过程中,政治性关乎"德法课"实践教学"培养什么人"的根本问题。在实践教学中,必须始终坚持正确政治方向,整个教学环节必须围绕着培养学生正确的政治方向、坚定的政治信仰、深厚的政治情怀这一目标进行设计。"四史"教育融入"德法课"实践教学是实现实践教学目标的有力保证,符合课程的价值遵循。"四史"是中国共产党领导中国人民不懈奋斗、艰难探索,不断创造人类进步史上惊天动地的奇迹的历程。在这伟大的历史进程中,在每一个历史转折点,都生动体现了中国共产党坚定的人民立场和科学的政治抉择。在"德法课"实践教学中贯穿"四史"学习,把握"四史"故事中鲜明的政治性和明确的政治方向,

用鲜活的历史故事、历史人物砥砺学生的精神意志、坚定学生的信仰追求,在大学生成长的"拔节孕穗期",培育大学生的政治素养,引导大学生形成和巩固政治认同,在实践中理解认同"四个选择"的历史必然性,确保"德法课"实践教学旗帜鲜明的政治立场和政治标准。

2."四史"教育深化"德法课"实践教学的理论深度

"德法课"实践教学着眼于青年学生在人生实践中面对的各种人生考量和困惑,引导大学生就思想道德问题和法治问题进行自主探究,具有极强的现实性,但因此存在理论性凸显不够的情形。而理论深度要从历史实践当中来,"四史"教育蕴含的历史逻辑、历史维度和历史思维能有效弥补"德法课"实践教学这一不足。

一方面,"四史"是中国共产党以马克思主义理论为指导争取民族独立、实现民族复兴的历程,是根植于中国具体实际不断探索和深化"三大规律"的过程。在"德法课"实践教学中融入"四史"学习教育,能够聚焦特定的历史背景,引导学生主动发现其历史规律,从理论逻辑、历史逻辑和实践逻辑强化思想武装力量,深度剖析问题,明晰历史线索。

另一方面,"四史"蕴含着马克思主义的世界观和方法论,能为"德法课"实践教学提供基本立场和方法,为回应青年学生的人生困惑提供了基本遵循和理论源泉。在"德法课"实践教学融入"四史",能够聚焦问题导向,将历史与现实相结合,用"四史"蕴含的科学方法增强思想批判力,旗帜鲜明地抵制各种错误观点和思潮,帮助学生客观辩证看待历史,引导大学生树立正确的历史观,自觉增强抵制错误思潮的能力,提高个人洞察力、理解力和判断力,形成科学的思维方式和政治素养,深入理解"关键在党"的重要意义。

3."四史"教育强化"德法课"实践教学的价值引导

"德法课"实践教学是一个培根铸魂工程,是培育和践行社会主义核心价值观的主阵地,是将其落细落小落实的过程。习近平总书记指出:"一种价值观要真正发挥作用,必须融入社会生活,让人们在实践中感知它、领悟它。"①读历史故事、悟红色精神是感知、领悟社会主义核心价值观的重要途径。"四史"是一系列伟大精神孕育的历史,"四史"中一个个具体鲜明的"精神坐标"是涵养社

---

① 习近平.习近平谈治国理政:第一卷[M].北京:外文出版社,2018:165.

会主义核心价值观的重要源泉。结合"四史"教育,从百年党史中"补钙壮骨、固本培元"是"德法课"实践教学应有之义,用中国共产党人崇高的精神风范为青年学生指引方向,用几代中国共产党人的信仰、信念、信心为青年学生补足精神之"钙",为大学生提供源源不断的精神动力。大学生要不断从红色基因中汲取强大信仰力量,正确判断自身发展和树立正确的价值观,奋力担当新时代新使命。

4."四史"教育提升"德法课"实践教学的感染力

思政课教学要实现潜移默化、"入脑入心",必须提升教学的亲和力和感染力。"四史"是"德法课"实践教学的"活的教科书",为"德法课"实践教学的开展提供了生动鲜活的教学素材。在实践教学中,通过运用如情境式教学、微视频制作、情景剧演出、感悟红色精神美篇、参观红色教育基地等教学方式,让学生亲自体验鲜活的"四史"故事,用"四史"故事促动学生积极情感,于实践中收获感动、鼓舞,实现"以情育人",增强感染力,提升实践育人成效。

总之,"四史"教育是"德法课"实践教学内容的重要来源和有力支撑,"四史"教育增强了"德法课"实践教学的历史厚重感,提升学生的政治认同、思想认同、理论认同、情感认同,增加实践教学的感染力,为"德法课"实践教学提供教学思路与实践指向。

（撰稿人　文江玲）

四、"四史"教育融入"德法课"实践教学路径探析

历史是最好的教科书。党的十八大以来,习近平总书记多次强调学习党史、新中国史、改革开放史和社会主义发展史的重要性。2020 年 6 月,习近平总书记在给复旦大学青年师生党员回信中勉励广大党员"认真学习马克思主义理论,结合学习党史、新中国史、改革开放史、社会主义发展史,在学思践悟中坚定理想信念"。把"四史"教育融入"德法课"实践教学,可以从"挖掘红色资源,强化实践教学"和"利用互联网技术,拓展传播平台"两个方面进行路径探析。

1.挖掘红色资源,强化实践教学

红色资源是中国共产党带领中国人民在革命、建设和改革时期实践活动的历史遗存,这种历史遗存在形态上表现为物质资源和精神资源,物质形态的红色资源包括革命遗址、革命文物以及在此基础上建立起来的烈士陵园、博物馆、纪念馆等;精神形态的红色资源包括在革命、建设和改革实践中形成的各种精

神以及党的政策文件、领袖经典等。这些资源具有强大的吸引力和感染力,为"四史"教育融入"德法课"实践教学提供了有效的载体。

一方面,思政课教师要利用"四史"教育中的红色资源,特别是地方红色遗址、红色纪念馆等建立实践教学基地,组织学生开展参观革命纪念馆、爱国主义教育基地,开展红色文化资源研究和红色文物保护等丰富多彩的实践活动。通过对红色资源形成和发展挖掘进而研究其形成和发展的历史背景和精神实质,把挖掘红色文化资源与历史学习结合起来。通过挖掘革命时期的红色文化资源,讲好革命时期无数仁人志士为开辟中国革命道路、抛头颅洒热血、坚守初心、矢志奋斗的历史革命故事,引导学生追求崇高理想信念,进行初心使命教育;通过挖掘社会主义建设、改革时期的精神文化资源,讲好一代又一代的中华儿女为实现中华民族的伟大复兴忘我劳动、艰苦创业、开拓奋进、锐意进取的历史故事,引导学生树立正确的历史观,自觉抵制历史虚无主义,正确认识中国历史进程和中国特色社会主义道路的发展。

另一方面,挖掘"四史"教育中的红色资源,通过鲜活的人物事迹,树立榜样的作用,增强学生内心体悟,深刻感悟革命时期的艰苦岁月,感受革命前辈的人格魅力,自觉继承和发扬革命传统,把历史与现实相结合,弘扬民族精神,激发爱国热情,传承红色基因,坚定理想信念。这不仅发挥了红色资源直观、生动形象的作用,还拓展了学生学习"四史"的途径和空间,使"四史"教育入脑入心,有利于塑造学生正确的价值观,自觉把人生价值的实现同祖国与人民的命运联系在一起,成为担当民族复兴大任的时代新人,从而增强思想政治理论课实践教学育人作用。

2. 利用互联网技术,拓展传播平台

互联网技术的迅猛发展催生了各类新颖而强大的网络传播媒介,深受学生喜爱,深刻地影响了学生的思想和行为。因此,思政课教师必须重视互联网媒体的社会影响,要不断与时俱进,创新教育方法,把"四史"教育融入"德法课"实践教学,要利用好互联网技术,拓展传播平台,发挥传播媒体优势,增强"四史"实践教学的针对性和时效性。

首先,要利用好互联网教育资源数据库。互联网不仅是意识形态的战场,更是教育资源的数据库,思政课教师要利用好这个数据库,要善于发现挖掘"四史"教育资源,对这些资源进行整合优化,并通过学生喜闻乐见的方式推送给学生,如利用微信公众号、学习平台等定期推送历史教育资料,将其变为更好的思政教育手段来进行宣传教育。此外,我们还可以利用互联网技术实现教学方式的多样化,利用线上线下相结合的方式,开展知识竞赛、征文比赛和主题实践等活动;利用网络教育资源如电视教育片、纪录片和网络展览、讲座等形式开展历史学习教育,使抽象的历史学习生动化和形象化,为大学生"四史"教育提供新的途径。

其次,要利用互联网技术拓展教育教学平台。构建立体化、互动性的教育学习平台,可以传播正能量、弘扬主旋律,占领意识形态主阵地、把握话语权。互联网平台突破了时间和空间的限制,信息资源的开放性和共享性等特征使学生可以自由获取和表达自己的观点,有利于激发学生学习的主动性和创造性,有利于党史的宣传教育,提高"四史"学习的时效性。同时,构建立体化、互动性的教育学习平台,可以坚定大学生的政治信仰,坚定理想信念,强化学生对"四史"的学、思、践、悟,促成思想政治教育内化于心和外化于行,提高教育工作的针对性。

总之,把"四史"教育融入"德法课"实践教学,"德法课"教师要肩负责任,牢记立德树人使命,充分挖掘"四史"中蕴含的丰富红色文化教育资源、利用现代技术创新教育教学方式,把课堂理论教学与实践教学结合起来,明确"四史"教育的意义与目标。党史学习就是要进行"不忘初心,牢记使命"教育;新中国史学习就是要进行"爱国情怀"教育;改革开放史学习就是要进行"创新精神"教育;社会主义发展史学习就是要进行"理想信念"教育。因此,我们要融通"四史"教育,引导广大青年知史爱党、知史爱国、知史爱社会主义,树立正确的历史观和价值观,自觉抵制不良思想的腐蚀,把实现自身价值融入国家民族的事业中,自觉成为担当民族复兴大任的时代新人。

(撰稿人　杨月朗)

五、"对分课堂"融入"德法课"实践教学的探索与思考

新时代高校思政课承担着立德树人的根本任务。2019 年 3 月 18 日,习近平总书记在学校思想政治理论课教师座谈会上发出关于思政课改革创新的动员与号召,要求提升教学过程的思想政治教育亲和力与加强教学内容的针对性。为响应会议号召,打造思政"金课程",改革思政课实践教学,牢固树立党的教育方针,解决好培养什么人、怎样培养人、为谁培养人这一根本问题,在思想

道德与法治课程内实践教学环节中引入"对分课堂"教学模式,打破了以往重理论轻实践、重输入轻输出的教学传统。

1.对分课堂实践教学模式与"德法课"立德树人任务的适应性

新时代背景下,各行各业高速发展,科技互联网等新型教学手段融入思政课堂。在中国改革开放以后"富起来"阶段成长起来的"00 后",是当前高校的主力军,其具有个性化的思维、开阔的眼界,对于思政课传统满堂灌的授课模式,学生兴趣呈现明显降低趋势。在"德法课"当中引入对分课堂实践教学模式,有效提升了学生兴趣,提高学生抬头率,真正让学生成为课堂中的一员,将理论知识内化于心、外化于行,坚定"四个自信",使学生自觉担负起时代新人的使命,给"培养什么样的人、怎样培养人、为谁培养人"这一基本问题交出了一份满意的答卷。

对分课堂树立明确的育人目标。对分课堂旨在加强学生学习主动性,增加生生、师生互动交流,发挥学生的主观能动性,在遇到问题、解决问题的过程当中,实现自我教育,坚定理想信念,从而提高思政课的感染力、亲和力。新时代思政课立德树人任务在于培养新时代社会主义合格的建设者和接班人,其中对分课堂鼓励学生加强独立自主学习能力的理念与我国培养德智体美劳全面发展的时代新人具有高度的耦合性。对分课堂实践教学模式于 2014 年由复旦大学张学新教授提出,在复旦大学心理学课与思政课堂当中广受学生们的喜爱。对分课堂将课堂时间一分为二,以一节大课为例,一节课的时间由老师进行讲授,另一节课的时间留给学生,学生通过分组按照老师留下的问题与上节课老师所讲授的内容进行讨论与总结并在课后撰写讨论提纲。根据张学新教授观点,对分课堂的教学步骤可归纳为"讲授(Presentation)""内化吸收(Assimilation)""讨论(Discussion)"三个步骤,因此对分课堂也可简称为 PAD 课堂。① 其中对分课堂的精髓在于教师基于教材内容的把握展开的精讲与给学生的留白环节,主体实质突出学生独立自主思考能力,提升小组探讨中的团队意识,加强学生在公共场合自我表达能力,提升个人逻辑能力,并摆脱过去小初高应试教育当中,老师嚼碎了知识喂给学生的传统模式。

对分课堂树立明确的教学目的。对分课堂实践教学模式的核心理念在于

---

① 张学新.对分课堂成就新型高效课堂[N].中国教师报,2019 - 4 - 24(05).

讲授法与讨论法两大教学法的结合,加强了老师和学生之间的互动与交流,学生在"德法课"当中关于理论知识的内化,真正达到思政课"入脑""入心""入行"。相较于传统教学模式,对分课堂在"德法课"实践教学方面对学生考核、教师教学标准都需要进行一系列的完善。在考核机制方面,相较于传统课堂,对分课堂在"德法课"实践教学中采用过程性评价机制。通过学生的平时表现,比如在对分课堂当中主动发出讨论观点一次加2—5分,在学生讲授环节主动讲授自己课后所学的提炼则加8—15分,撰写课堂讲授提纲与讨论提纲加12—20分,在该实践教学模式中实现全过程考核,而非一锤子定性考核。通过如此考核方式,学生在分数当中有了自我提升的渴求,也有了发散性与创造性的思考。学生若要在全班同学中脱颖而出,要加深课程的重点难点学习,需要学生课后复习、大量查阅资料与阅读文献丰富理论知识,以此避免出现上课不听,考前突击也能取得好成绩的教学致命问题。根据《关于深化新时代学校思想政治理论课改革创新的若干意见》指出,要螺旋上升地开设思政课,引导学生立德成人、立志成才,将坚定的理想信念融入实现中华民族的伟大复兴之中,而不是一蹴而就地进行思政教育。这与对分课堂过程性评价学生考核机制和教学目的是一致的。

2. 对分课堂融入"德法课"实践教学的效果

为响应思政教学改革创新与提升思政课亲和力的动员令,笔者在所教授的部分班级的"德法课"中融入了对分课堂实践教学模式,激发了学生上课的积极性与主动性,提高了学生参与课堂的活跃度,看到了"00后"在思政课堂当中的活力与对教学理论更为细致的系统阐述与分析。经过两个学期的实践,对分课堂主要取得了以下两个方面的教学效果。

一是提升学生自主思考能力,加强学习主动性。在传统的课堂讲授中,老师将每一个观点、案例进行揉碎、展示、投入激情,但事实上,取得的效果在一定程度上微乎其微,常常是老师自我感动,学生们却无法共情。在这样的模式下,教授知识十分全面,但是难以提升高校大学生的自主学习能力,依然沿袭着高中阶段老师苦口婆心"劝学"的教学现象。在对分课堂当中,老师的第一节课对课堂内容进行精炼讲授,重点阐述课程重点难点、章节的框架与逻辑结构,并且给下一节课学生自主讨论课堂留下讨论提纲与讨论的基本问题。

比如在"德法课"的绪论"担当复兴大任,成就时代新人"这一章节中,新时代背景下担当民族复兴大任具有多样性,关于新时代大学生如何"担大任"这一问题,该节课留给学生们的作业是"选取你认为新时代担当民族复兴大任的榜样"。其中引起学生们极大关注与呼声的便是关于"中国 EDG 电竞团队在冰岛取得英雄联盟全球总决赛冠军"这一案例,学生们通过案例在 EDG 夺冠中看到了游戏玩家如何成为职业选手,提升团队作战意识,在世界舞台上为中国夺冠,带给中国团队荣耀。在全球电竞比赛的决赛中,我们看到了年轻一代的爱国主义信念,也能看到新时代年轻人的民族荣誉感与责任感。这一案例,对于与学生存在一定年龄代沟的教师们很难想到,也打破了老师的教学维度,通过学生在对分课堂当中展示出来,EDG 团队夺冠的案例不再离学生们的生活非常遥远,而是他们亲身经历的事件,在本案例中更能凸显学生的共情能力,更能展现新时代的大学生的爱国主义精神。学生在这样的课堂当中增加了自己价值认同能力,为接下来第一章如何正确树立自己的人生观,如何实现自己的人生价值内容做了良好的铺垫,提升了学生在课堂大胆展示的动力,加强了自主表达的能力。

二是内化师生交流与互动。"德法课"作为公共课,存在人数较多,基本难以达成小班制教学的困境。在大课课堂上,学生学习态度容易滋生散漫。在对分课堂中,分组的团队讨论增强了学生的团队意识。他们在团队协作中互相分享观点,通过不同专业的学生在公共课当中的交流产生的新颖观点,结合各自专业特色展示风采。学生在当中锻炼自我表达能力,加强逻辑观点输出,对每一个讨论的内容建言献策,提升自己在团队中的荣誉感,为将来学生们进入社会培养具有独立自主思考、明辨是非的能力。

在"德法课"第五章"遵守道德规范,锤炼道德品格"中,关于如何弘扬家庭美德,与学生最为接近的是当前大学生如何树立正确的恋爱观这一问题。对分课堂中,学生对大学生树立正确恋爱观这一问题展开了辩论。其中80%的同学认为当前大学主要任务是学习,正确的恋爱应当是以彼此鼓励、双向奔赴和塑造美好人生为前提;20%的同学则认为恋爱应当是男女平等,不应该由男生做"买单者",不应该将纯净的恋爱与金钱等拜金主义挂钩。同学们通过讨论,得出当前大学生在恋爱观当中有着自己的主见,同时也需要多重正确观念的引导这一结论。传统课堂中,老师们按照教学大纲与教学进度认真积极完成教学任务,学生平时很少有机会能与老师交流。对分课堂中,学生通过发表自己的观点,加入团队讨论,由老师进行点评或参与讨论,无形中提升了师生之间信任度,加强了师生互动幅度,拉近了师生距离。这与《关于深化新时代学校思想政治理论课改革创新的若干意见》所规定的思政课要加强亲和力的要求是一致的。

3. 对分课堂融入"德法课"实践教学的困境

对分课堂在思政课实践教学创新当中有着简明易用、普适性强的特色。通过独特的教师精讲和提供学习思路与方法,对分课堂在教学成效方面也取得了预期的效果。但对分课堂在实践过程当中,也存在一些亟待解决的教学困境。

部分学生学习动机存在功利性。当下全球正处于经济发展的飞速阶段,社会竞争激烈,良好的就业岗位面临"僧多粥少"的现象,本科生毕业后难以找到工作现象频频出现,部分学生带着读大学就是为了挣大钱的观念与社会压力,出现了"内卷"这类形容社会竞争大,人们为了适应竞争不断提升自我而产生的词语。这种心理模式也影响到了即将步入社会的高校大学生,部分学生产生了"市场上需要哪种人才,我就往这个方向靠拢""考证书才是求职的王道"的心理。

面对当前学生学习动机存在功利化的现象,思政课教学应当遵循教育本源,牢固树立社会主义办学方向,坚持立德树人,明确"立德"与"树人"的辩证关系。教师在教学过程当中应多听取学生意见,可以召开师生座谈会,或以学习通、"蓝墨云班课"等线上教学工具邀请学生给老师们留言,为思政教学工作建言献策,也可以通过问卷调查形式,获取学生对于思政课看法样本,结合本校学生动态,对思政课理论课与实践教学进行改革创新。在对分课堂当中,坚持以人为本,以学生为主体,以提高学生学习兴趣实现自我教育为导向,建立健全更为科学的考核机制,实现学生内化吸收提升思政素养,达到全方位育人的教学效果。

教师精讲环节仍需提高讲授能力。在对分课堂中,教师的精讲环节主要在于教师对课程内容先行引导、框架式讲授、重点讲解基本概念、讲授教学重点难点、强化逻辑结构,提供学习思路与方法,这一精讲过程实则非常考验教师的教学与讲授能力。如何将自己所讲授的知识同学生接下来的讨论环节环环相扣,与教学大纲紧密结合,反映了一名思政教师对于课程大纲、教材、教学内容是否吃透的程度。[①] 同时,由于讲授时间缩短,如何提升教学趣味性,做到教学内容

①邹慧,黄河.高校思政课对分课堂教学模式探赜[J].学校党建与思想教育,2021(4):35-37.

点到为止,激发学生在第二堂课自主学习与讨论的兴趣,都成了教师教学功底最大的考验。在提升教师精讲讲授能力过程中,教师需要提升讲授亲和力,塑造新型教师人格魅力。教师除了通过加深专业理论学习将知识储备容量扩充外,在扎实教学功底方面仍需根据学生学情进行考量,保证课堂活跃氛围,增强师生信任度,根据学生不同的专业、个性、学习风气等采用不同教学内容,树立职业榜样,制定不同教学方案,结合学生所学专业进行案例分析,贴合学生实际,为学生内化吸收环节打造学生有感而发、有话可说的对分课堂。

新时代的高校大学生要扣好人生的第一粒扣子,弘扬爱国主义精神,坚定理想信念,将自己的个人理想同中华民族的伟大复兴相结合,思政课承担了培养好新时代的建设者和接班人的重任。对分课堂作为"德法课"实践教学改革创新中的一缕新光,尽管教学困境依然存在,需要不断完善与提升,但其取得良好的教学效果,提升了教学亲和力,得到了学生的肯定,事实证明该教改探索是值得的。

(撰稿人 肖垚垚)

六、"德法课"第二课堂刍议——以学生模拟司法体验为例

全面推进依法治国是新时代的重要战略,而推动这一战略的贯彻落实需要人才的支撑。高校作为培养人才的重要阵地,能够启发大学生的法治思维,培养大学生的法治意识,因此抓好法治教育势在必行。思想道德与法治课是融思想性、政治性、科学性、理论性、实践性于一体的思想政治理论课,同时也是高校开展法治教育的主课堂。要完成思政课的教学目标,第二课堂的实践环节必不可少。所以,如何构建"德法课"的第二课堂法律实践,探究模拟司法体验之路径是本文的主要内容。

1. 探寻"德法课"第二课堂法律实践构建的内在起点

2021年,思想道德修养与法律基础课进行了大范围内容上的调整,并正式更名为思想道德与法治课,同时更新了育人要求,更加看重育人的实效。

第二课堂是大学"德法课"教育的有机组成部分。大学教学主要由两个部分构成:一是课堂理论教育,二是实践能力培养。"第二课堂"是理论课堂的延伸,主要是为培养实践能力而开展的学习教育活动,能针对不同专业的学生开展专项教学活动,更具灵活性。并且第二课堂与理论课堂存在着不同的教学体验,学生通过身临其境的教学实践能获取截然不同的教学体验,能直观体验到

法律的条文应用,从而更能产生对法律的认同感与归属感,强化自身的使命感,达到知行合一的效果,因此第二课堂是"德法课"教育的有机组成部分。

第二课堂是培养德法兼备人才的重要方式。专业知识、道德素质、法律素养是当前社会复合型人才的基本要求。第二课堂的主要教学内容是以实践为主,在实践中完成综合能力的提升与综合素质的培养,其内容形式包括与实践息息相关的校内外活动。目前,大规模的校外实践教育活动很难开展,所以校内的模拟司法体验已经成为第二课堂法律实践教学环节的主要形式。模拟司法体验需要在专业教师的指导下,以学生为实践主体,运用法律知识,借助外部设施,模拟参与司法进程的体验。模拟司法体验旨在搭建规则的认知框架,达到以境入法的状态,着重探讨案件中的情与理、法与德的关系,强化了法治观念、法治意识和法律思维的培育要求。

2."德法课"第二课堂开展遭遇现实困境

虽然培养高校大学生的法律意识和法治素养非常重要,但目前高校"德法课"中的法律实践教育活动仍存在割裂的状态。教师更多地强调"德",德与法二者内容并没有融会贯通,形成课堂中辩证统一的存在,且理论教育突出、实践教育薄弱都是当前的现状。

同时,教师在"学""做""思"之间缺乏有效的引导,其主要原因就是法律知识理论和社会实务脱节,导致法律教育实践活动开展的信心不足,造成法律实践教育活动的局限性。大部分的法律实践教育倾向于课堂完成简单的案例探讨,但这种探讨远不及模拟司法体验带来的沉浸式效果,无法激发学生学科拓展、知识拓展的主动性与积极性,很难催生学习的内在动力。

此外,由于法律实践教学停留在浅层的了解,缺乏对社会实务的深入探索,模拟司法实践易流于形式,在模拟过程中会产生生搬硬套、趋于表演化和表面化的问题,没有深入探究案件的逻辑性。失真的法庭模拟,不能达到模拟司法教学本身带给学生的实践价值,也无法真正锻炼学生在司法实践中思考案件的能力。

3.探析第二课堂模拟司法体验的构建路径

思想层面上,要结合思想道德教育完成法律实践教育。法律是道德的底线,道德是法律的升华。道德与法律密不可分,在第二课堂的模拟司法体验中,不能割裂法律和道德的关系。案件的选取上,应当选取经典并具有代表意义的法律案例,引发学生对道德和法律双重层面上的思考,在冲突中树立是非曲直、善恶美丑的道德标准,在纷繁复杂中辨明真相,找寻二者的结合点,完成法律和道德的融会贯通。应当明确的是,法律是社会最后的底线,无论在何种情况下都要坚守对法律的底线,但是法律不是和道德相分离的,可以引入一些正面导向的案例开展法律体验,帮助学生学习如何追求法律上的公平正义,也能完成对公序良俗的坚守。

教学设计上,要实现资源的最大化合理配置。模拟法庭作用的发挥离不开课程的合理设计,高校应该创新设计模拟法庭教学,避免模拟法庭形式化、流程化。① 从模拟司法体验的开始到结束都要进行合理的规划。案件的最开始,要注重引导学生对案情的分析,抓住案件的关键点,形成自己的理解和思考,具有德与法的冲突、情与理的纠结的案件能产生强烈化学反应,更能让学生在后续操作中擦出思想的火花。完成案件后,要求学生将对案件的解读和自己的体会归纳概括,完成对案件的全过程实践,形成"学""做""思"的有效衔接。

应当鼓励教师更多地参与法律实务活动,比如兼职律师或是人民陪审员,实务参与能更好地指导学生进行模拟司法体验。与此同时可以聘请本地在职的法官、律师等从事法律实务的人员作为学校的技术顾问,也能提质增效,指导学生实务活动,提升学生实务技能,实现资源的最大化开发,使模拟司法体验往专业化、系统化的方向发展,开阔学生们的法治视野,帮助理解法治内涵,养成法治自觉。

组织形式上,应当组织形式多样的模拟司法体验活动。任课教师需要认真梳理教材中的法治观念,并且切实契合习近平总书记的关于法治人才培养的重要论述,达到理论指导实践良好教学实效。模拟司法体验活动的主要目的是养成学生的法治素养,可采用的方式不仅局限于模拟法庭,还可以开设法律咨询诊所、模拟英美法系的陪审团制度、设立法治实践案例展板等。模拟司法体验活动要因材施教,因地制宜,重在帮助学生增进学习法律的兴趣,提升规则认同感,最重要的是要培养学生在生活中遇到的各类法律问题,学会第一时间寻求法律途径来解决问题,避免冲动之下做出错误的行为,将法律日常化和生活化,真正构建校园生动的立体实践环境。学校各部门应当积极配合,根据老师开展

---

① 黑静洁.模拟法庭实践教学的理想模式构建[J].大学教育,2018(10):24–26.

模拟司法体验活动的需求,提供相应的场地和设备,完成校内的一体式联动,高效开展模拟司法体验活动。

模拟司法体验作为当前"德法课"法律实践教学中的主要形式之一,在具体操作过程中依然存在着它的不足,亟须对模拟司法体验方式进行完善,以期将大学生培养成复合型的高素质人才。当然,这种教学形式不是一朝一夕就能完成的目标,在"德法课"的教学改革路上,对这种模拟司法体验的运用还需要不断地补充和修正,更好地完成培养德法兼备的大学生这一目标。

(撰稿人 王姗姗)

第三节 加强和改进新时代"纲要课"实践教学的思考

一、"八个统一"指导下历史情景剧表演融入"纲要课"课堂教学的思考

习总书记在全国思政课教师座谈会上提出的"八个统一"成为指导高校思政课改革创新的重要指南。以此为准绳,历史情景剧融入"纲要课"课堂教学成为该课程实践教学的重要方式之一。

1.契合"纲要课"教学改革的实践性和创新性

一是要实现理论性和实践性相统一。中国近现代史上的历史事件或人物事迹均具有特定的时代背景,引导学生获得对历史演进的规律性认知,培育学生分析问题和解决问题的能力,成为"纲要课"理论教学的难点。如何将这些已经发生过的、已经被历史验证过的史实和经验,通过实践教学的方式呈现出来,真正做到理论性和实践性相统一,成为"纲要课"实践教学的难点。将历史情景剧表演融入"纲要课"课堂教学的意义就在于,通过情景再现的方式,引导学生全面关注对某一事件或人物故事历史背景和知识的学习,使学生在认识历史、理解历史的基础上内在地催生出更加深入的思考与感悟。

二是要实现统一性和多样性相统一。中国近现代史的主题是"中国人民为救亡图存和实现中华民族伟大复兴而英勇奋斗、艰辛探索并不断取得伟大成就的历史"。这无疑是"纲要课"教学统一性的核心目标。将历史情景剧表演融入"纲要课"课堂教学也是以遵循这一核心教学目标为前提,将学生基础教育阶段历史知识积累参差不齐、学生学科专业背景不同、人才培养方案需求各异等复杂学情很好地融合于历史情景剧表演这一载体上,能更为有效地做到因地制宜、因时制宜和因材施教,也更有助于让学生真正理解中国近现代史上革命、建设和改革等历史变迁。伟大的历史成就和宝贵的历史经验,历史知识传递与思想价值引领均应统一于这一主线。

三是要实现主体性和主导性相统一。要坚持主导性和主体性相统一,就是要求思政课教学以教师为主导,同时加大对学生的认知规律和接受特点的研究,发挥学生主体性作用,此为"纲要课"课教学改革的难点。为使"纲要课"教学更具生命力,在实践教学中融入历史情景剧表演是将"主导性和主体性相统一"的重要尝试。教师的主导性主要表现在对情景剧表演融入课堂教学的全局性掌握、活动总体思路的设计、活动全盘推动的总控、对学生积极性和参与性的调动、对情景剧历史背景和文献资料科学性的把握、出现问题时对学生随机应变的引导等;学生的主动性则表现在积极主动地去学习相关历史知识、去感受特定历史条件的人物经历、去感知历史演进过程中人民的力量等,最终实现了学生主动性和教师主导性下的教学相长。

2. 提升"纲要课"思想政治教育的有效性和指导性

一是要坚持政治性和学理性相统一。对于思政课来说,政治性关乎思政课的价值引领,学理性代表了思政课对科学真理的追求。历史情景剧创作和演出的前提便是要将二者统一,以"中国共产党的成立"为主题,对此类情景剧创作和演绎的指导重点便是要引导学生把握为什么中国共产党是人民的选择、中国共产党的先进性如何体现等,使学生在知识学习、材料梳理、推理演绎和理论升华中实现政治性和学理性的统一。

二是要坚持价值性和知识性相统一。"纲要课"对价值性和知识性相统一的要求主要表现为:在学生经历了初高中不同程度的基础知识学习和大学课堂知识性拓展学习后,在已有知识的涵养和支撑下,实现对学生政治信仰、理想信念、价值理念、道德情操、精神追求等方面的价值性培育。历史情景剧表演可以做到将价值性和知识性有效统一。以英雄人物故事类历史情景剧创作为例,需要学生对相应的历史背景、事件的发展过程、革命先辈事迹等进行知识积累,以此为支撑,生动地演绎或再现英雄人物的故事,从而既能将"学习英雄、铭记英雄、崇尚英雄、捍卫英雄"的价值理念清晰地引入学生脑海,又能生动形象地展现于课堂。

三是要坚持建设性和批判性相统一。"纲要课"教学的真谛在于总结历史经验、把握历史规律。因此"传导主流意识形态,直面各种错误观点和思潮"成为"纲要课"必须承担的核心职责。就"纲要课"教学而言,旗帜鲜明地反对历史虚无主义,引导学生认清历史虚无主义的本质,进而自觉地批判历史虚无主义便是其"坚持建设性和批判性相统一"的使命所在。将历史情景剧融入"纲要课"课堂的实践教学中需要一以贯之秉承这一理念不动摇。以"帝国主义究竟为中国带来了什么"为例,学生以帝国主义侵略战争为线索,以侵略和反侵略本质的相关学术观点为呈现片段,分别进行举证和演绎,最终掷地有声地揭示出侵略的本质,呐喊出新时代强音:"任何人想要否认、歪曲甚至美化侵略历史,中国人民和各国人民绝不答应!"①

3.体现"纲要课"教学方法的灵活性和浸入性

一是要坚持灌输性和启发性相统一。"灌输"是马克思主义关于思想政治理论教育的基本原则和基本理论,也是"纲要课"教学最常见的教学方法,而重点在于"灌输"什么和如何"灌输"的问题。从历史情景剧前期的学习、构思,到中期剧本的创作、打磨,再到情境的再现、人物事迹的演绎及思想升华,这一过程既融合了任课教师以"灌输"的方式对学生进行相关历史背景、人物、事件及经验的教授和指导,又融合了以"启发"的方式引导学生去思考、分析和运用所学知识去创作和演绎,使得思想理论立体起来、丰满起来,增强了教育的说服力与感染力,使学生在普遍性的感同身受中净化了心灵、塑造了人格、坚定了信仰。

二是要坚持显性教育和隐性教育相统一。这一目标的具体要求是"挖掘其他课程和教学方式中蕴含的思想政治教育资源,实现全员全程全方位育人",这就要求发挥"纲要课"与课程思政协同育人的功能。从目前的实践来看,历史情景剧表演适用于各个专业,且在历史类、中文类、应用心理类、艺术类等专业中呈现了很好的教学效果。学生们能够很好地将自己的历史知识、文学素养、演艺基础和艺术修养等融入历史情景剧的创作和表演中,而这些素质的养成有相当一部分来自学生各自专业课程的学习和积累,这便显现了作为思政课的"纲要课"与课程思政协同育人的良好基础和发展趋势。

---

① 新华网.习近平:在纪念全民族抗战爆发七十七周年仪式上的讲话[EB/OL].(2014 – 07 – 07)[2022 – 03 – 16].http://www.xinhuanet.com/politics/2014 – 07/07/c_1111497611.htm.

综上所述,历史情景剧融入"纲要课"课堂教学符合教学规律且成效显著,契合思政课立德树人的根本要求,值得我们不断探索和研究。

(撰稿人　张燕)

二、对"中国近现代史纲要"实践教学的思考

1. "中国近现代史纲要"实践教学存在的主要问题

"05 教改方案"出台后,实践教学受到全国高校思想政治理论课的普遍重视,高校对思政课实践教学的方式方法进行了一系列的理论探究和实践探索,逐渐形成了一套较固定的课内课外、校内校外、网上网下、集中与分散的实践教学活动。就"纲要课"而言,实践教学全部都是围绕红色革命文化展开的,如校外有参观红色革命遗址、红色革命纪念馆、革命烈士纪念碑等;课内有情景剧、红歌比赛、红诗表演、红色电影配音等,校内有红色革命人物展、地方红色故事展、红色电影展播等多种形式。通过组织学生集体进行实践活动与课后自主参加实践活动,构建起了"纲要课"实践教学活动体系和长效机制,对课堂教学起到了必要补充,显著增强了"纲要课"实践教学的实效性和感染力,受到学生们的欢迎和认可。

经过多年实践,这套固定模式的"纲要课"实践教学似乎进入了瓶颈状态,每学期都会安排实践教学,每次实践教学内容基本都一样,学生参与度还是一如既往的高涨,学生参与的表面效果越来越好……但学生真的达到了"纲要课"的教学目标了吗? 其实仍处在模糊状态。主要问题有:

首先,评价体系难以建立。评价体系缺失是实践教学面临的最大问题,即如何真实客观地评价实践教学效果。实践教学评价是一个复杂的系统工程,涉及多重关系,如学校的支持、教师的态度、经费投入、后勤保障、学生态度、社会支持等。做好"纲要课"教学实践评价是一个大工程。目前实践教学评价主要从教师工作量和学生作业两方面进行评价,这种评价方式单一,关键是不能真正客观地展现出实践教学的实际效果。

其次,校外实践教学覆盖面有限。实践教学分为校内校外两块,校内实践可以做到本学期所有学生都参与,但校外活动,考虑到安全管理、场地容纳等问题,无法将所有学生一次性全部带到校外,影响部分学生对"纲要课"理解的深化和升入。

再次,校外红色实践教学场所缺少时代感。时代感,一是指利用现代科学

技术手段再现红色革命历程;二是指将过去、现在、未来有机地联合起来展示,让人有一种穿越时空隧道的感觉,从苦难的过去,迈向光明的伟大的民族复兴。现在很多红色革命基地仍停留在二维空间,仍停留在对过去的介绍,对该地区现在和未来的介绍非常有限,让人只看到了过去,看不到未来,不利于形成大历史观,不利于学生深入理解"四个自信"与"四个选择"之间的关系。

2. "中国近现代史纲要"实践教学的立足点

"纲要课"是以"四史"为依托的政治课,政治属性是其鲜明特征。2016 年 12 月,习近平总书记在全国高校思想政治工作会议上强调:"高校思想政治工作关系高校培养什么样的人、如何培养人以及为谁培养人这个根本问题。"①高校思想政治理论必须立足于为"中国共产党治国理政,为巩固和发展中国特色社会主义制度服务,为改革开放和社会主义现代化建设服务"。2021 版"纲要课"学习目的明确指出,"学习的目的全在于应用。学习历史的主要目的是为了以史鉴今、资政育人"。这充分说明"纲要课"不是单纯的历史课,不能仅停留在了解基本历史事实的状态,而是要在了解近现代中国社会发展和革命、建设、改革的历史进程及其内在规律基础上,树立起马克思主义唯物史观,能够运用科学的历史观方法论分析问题、解决问题,掌握中国近现代史的主题主线、主流本质,从而深刻领会历史和人民是如何做出了"四个选择",坚定"自个自信",做到"两个维护"的。

"纲要课"的政治属性,为实践教学指明了方向。"纲要课"的实践教学活动必须要以社会主义国家教育目标与办学方针为导向,致力于人才培养目标的实现。我国高校思想政治教育的目标是培养忠诚于社会主义事业的建设者和接班人。要成为社会主义建设者和接班人,必须树立正确的世界观、人生观、价值观,把实现个人价值同党和国家的前途命运紧紧联系在一起。"纲要课"就是通过一个个具体历史事件、重要历史人物正确"三观"的形成、发展,来讲清中国近现代史的主题、主线、主流、本质。为此,"纲要课"的实践教学必须以红色革命历史文化为主要内容进行规划设计。

"纲要课"的实践教学是对课堂理论课的充分和延展,是实现理论联系实际的重要环节。通过实践教学活动,提升理论课的真理性和温度感,深化学生对

---

① 张烁,鞠鹏.习近平在全国高校思想政治工作会议上强调:把思想政治工作贯穿教育教学全过程　开创我国高等教育事业发展新局面[N].人民日报,2016 - 12 - 09(01).

鸦片战争以来外国资本、帝国主义同中国封建势力给中国人民和中华民族带来的深重苦难的认识,生动再现了近代以来中国人民为争取民族独立、人民解放和实现国家富强、人民幸福两大历史任务接续奋斗的历史,再现了中国共产党领导中国人民走上社会主义道路的历史必然性。实践教学通过唤醒学生的感知,实现从感性到理论、从理论到感性再到理性的认知体验,做到以史鉴今,内化于心,自觉树立起为国家未来奋斗的使命感,完成学生的自我教育。

3."中国近现代史纲要"实践教学改进思路

今天实践教学已经成为"纲要课"必不可少的部分,与理论课共同构成完整的"纲要课"教学活动。经过多年的发展,"纲要课"实践教学已经模式化,但世界在变化,国家在发展,一代一代的大学生也展现出各自的时代性。2019 年 3 月,习近平总书记主持召开学校思想政治理论课教师座谈会强调:"当前形势下,办好思政课,要放在世界百年未有之大变局、党和国家事业发展全局中来看待,要从坚持和发展中国特色社会主义、建设社会主义现代化强国、实现中华民族伟大复兴的高度来对待。"[①]这对"纲要课"提出了新要求,就是要与时俱进,站在新的历史方位,运用大历史观,尤其是着眼于第二个百年奋斗目标,重新深入理解和把握近代以来中国社会发展和革命、建设、改革的历史进程及其内在规律。这对"纲要课"的理论课教学是个挑战,也为实践教学指明了方向。实践教学也要与时俱进,要突出历史逻辑,突出时代感。

对"纲要课"实践教学如何与时俱进,笔者认为:

首先,要着力建设实践教学评价体系。实践教学不应仅从教师和学生层面进行考核,至少要包括三个层面。一是学校层面,2017 年中共中央、国务院印发《关于加强和改进新形势下高校思想政治工作的意见》提出"三全育人",即全员育人、全程育人、全方位育人的要求。实现"三全育人"、立德树人教育目标要从学校顶层设计着手,把"纲要课"的实践教学纳入学校文化育人过程中,与学校历史、校园文化相结合,突出学校社会主义属性,充分展现学校红色文化的历史渊源与脉络。二是教师层面,习近平总书记指出:"办好思想政治理论课关键

---

① 张烁,谢环驰.习近平主持召开学校思想政治理论课教师座谈会强调:用新时代中国特色社会主义思想铸魂育人　贯彻党的教育方针落实立德树人根本任务[N].人民日报,2019－03－19(01).

在教师,关键在发挥教师的积极性、主动性、创造性。"①思政课是一门综合性学科,对思政教师专业素质要求很高,要对世情、国情、党情、民情等都要有正确认识,准确把握。为此,思政教师平时提升专业素质的学习强度应远大于其他学科教师。要充分发挥思政教师的积极性、主动性、创造性,就需要对思政教师工作量进行合理分配,应该成立专门的思政实践教学研究室,由专职实践教学教师对四门思政课的实践教学统一管理,把一些学生感兴趣的问题纳入实践教学设计中,从理论与实践相结合的角度,更具针对性地设计实践教学,以达到立德树人目标。三是社会层面,社会资源是"纲要课"校外实践教学资源的重要依托,要充分挖掘各种社会实践教学资源,多元整合,合理配置。"纲要课"理论教学分为革命、建设、改革、新时代四个历史阶段,对实践教学设计时也应根据这四个时期的特点,有针对性地选取地方有代表性的实践地点和实践内容,将这四个时期的理论教学与实践教学有机结合起来,深化学生对"纲要课"内容的理解,这有利于学生树立唯物史观,提升学生自觉批评历史虚无主义的能力。

其次,努力解决"纲要课"校外实践活动学生参与全覆盖问题。长期以来思政课校外实践活动全覆盖问题一直是教学规划设计的难点。未来随着 VR 技术的发展,"纲要课"的实践教学可以更多通过先进技术的运用,做到选修课程学生的全覆盖。在这之前,全覆盖问题的解决必须要从顶层设计着手,要在校园文化层面创造更多实践教学空间和可能性,多挖掘、设计能全覆盖的实践活动。

第三,校外红色实践教学基地应增强时代感。"纲要课"的校外实践教学内容主要依托于地方红色革命历史文化基地,这些基地大多是以二维空间结构设计,虽对红色革命历史进行了较完整的叙述,但缺少时代感、未来感。红色革命历史文化基地不能仅停留在对过去历史的介绍,应放眼未来,运用大历史观,将过去、现代、未来有机结合起来建设。在迈向第二个百年之际,地方红色革命历史文化基础不仅强调其浴血奋战的苦难过去,更应展现出美好光明的未来。这样才能与"纲要课"教学目标相契合,地方红色革命文化基地自身的育人作用才能真正发挥出来。

(撰稿人 郎扬)

---

① 张烁,谢环驰.习近平主持召开学校思想政治理论课教师座谈会强调:用新时代中国特色社会主义思想铸魂育人 贯彻党的教育方针落实立德树人根本任务[N].人民日报,2019－03－19(01).

三、新时代中国近现代史纲要课手抄报实践教学活动的思考

中国近现代史纲要课是高等学校本科生必修的一门思想政治理论课,发挥以史鉴今、资政育人的作用,秉持着立德树人的根本理念,把课程教学和实践教学相结合,注重学生个人能力、创新能力、分析解决问题的能力的培养。本文以手抄报实践教学活动为例,探索新时代手抄报实践教学活动在"纲要课"中的融入,把握新时代"纲要课"实践教学要求,从手抄报活动内涵、应用价值和提升空间三方面进行探讨,从而不断提高"纲要课"教学的针对性和实效性。

1. 新时代"纲要课"手抄报实践教学活动内涵

手抄报是指新闻事业发展过程中出现的一种以纸为载体、以手抄形式发布新闻信息的媒介,是报纸的原形,又称手抄新闻。手抄报在高校中常以教学实践形式出现,具有原创性、观赏性、可塑性、自由性和群众性等特点,是一种便捷的宣传工具。手抄报是学生自由发挥创作的一种形式,可在有限的空间内来展示一定的知识内容,并集设计、书写、编辑、排版于一体,是一种开放性的创作形式,充分体现了学生的文化底蕴、精神面貌、艺术修养等。手抄报制作能够发挥学生想象力,增强主动性,激发创造性,有助于学生综合能力素质培养和发展,符合高校思政课教学创新发展理念,对"纲要课"实践教学起到很好的促进作用,寓教于乐、寓教于行,起到配合课堂教学多渠道、全方位、全覆盖育人的效果。

手抄报实践活动利用课余时间开展,通过不同手抄报主题的设定,丰富了教学内容和方式。学生在制作手抄报过程中了解历史事件的背景、体验历史人物的真实情感,更好地了解国史、党情。手抄报实践活动增强了课程学习的趣味性,使学生认识到近现代中国社会发展和革命发展的历史进程和内在规律,鼓励学生学习革命先驱的牺牲精神和榜样精神,真正做到理论与实践的统一,加深学生对"四个选择"必然性的理解,将历史和现实、理论和实践相结合,增强学生热爱生活、热爱祖国、奉献社会的决心,铸牢对中华民族共同体的意识,树立对中华民族伟大复兴的信心。手抄报实践活动成本低、实操性强,鼓励原创,创新实践教学模式,通过亲身参与,让学生有参与式体验,发挥学生"中心"作用。从选定主题、收集资料到分析整理、创作发挥,整个实践过程增强了学生对知识的理解和应用,发挥了学生的主观能动性,提高了学生的创新能力和独立解决问题的能力,提高了在书法、绘画、设计、写作等方面的综合技艺。教学培养上,手抄报实践活动符合新时代大学生的身心发展特点,贯彻立德树人的理

念,增强了与课堂教学的联动性,培养学生学习中的主动性、积极性和创造性。

2.手抄报实践教学在"纲要课"中的应用价值

丰富了传统教学形式,增强教学效果。手抄报实践活动对学生"纲要课"课堂学习效果起到很好的推动作用,通过手抄报的制作,增强了学生对党史知识点的理解,对所学知识起到了温故知新的作用。而且与传统的讲述式、灌输式的授课方式不同,手抄报是学生亲自选题、构思设计的作品,作品中融入了自己的思考,是一种主动接受再教育的过程,激发了学生的想象力和创造力。再有,其作品是思政理论与当前实际结合的产物,更加精准地对理论知识进行了拓展,也是对所学知识的检验,形成创新性的实践教学模式,丰富了教学方式,增强了"纲要课"教学效果。

注重原创思维,增强创新能力。手抄报实践活动可以看成是一个交流的平台,在活动实际操作中,所需材料简单,制作成本相对较低,而其完成度相对较高,能有效地增强学生的自信心和自豪感,在实践中挖掘自己的特长,在设计思考中提升自己的归类总结能力和创新能力,在实操中提升自己的动手能力。从选题、设计到完成看似是作业的完成,但其中饱含着学生为此付出的时间、经历和情感,能够形成一种潜移默化的教育,培养出一种原创性思维方式和创新能力,从而使其综合素质得到全面提升。

强调学生主体性,增强育人效果。手抄报实践活动是以学生为主体核心的,学生在教师的指导下进行的创作性、参与性的实践活动,围绕着教材知识点精准分析、主动构思、查找资料、亲身实践,提升分析问题、解决问题的能力,从课堂到课外、从学习到参与、从理论到实践,真正成为学习的核心,成为学习的主人。学生通过实践活动得到充分的肯定和认同,增强"纲要课"的学习积极性,增强了全效育人的效果。

强化思想,落实立德树人根本任务。手抄报实践活动过程贯穿了同学们对"纲要课"知识的思考,通过实践过程增长见识,对理论知识进行深度挖掘,感受历史的选择,让学生了解历史,尊重历史。手抄报作品的制作过程也是同学们对历史的学习、研究、宣传和经验的总结过程,学生们坚定信念,立报国志,增爱国情,在实践活动中树立正确的世界观、人生观、价值观,真正做到理论与实践相统一。手抄报实践活动落实了立德树人的根本任务,培养了中国特色社会主义事业的建设者和接班人。

3. 手抄报实践活动仍存在提升空间

首先,要分组开展活动。由于大班上课,人数大约 100 人,且学生基础稍有不同,为提升手抄报实践活动效果,应考虑采取 2 至 4 人一组,分组来完成作品。组员之间可以实现能力互补,最大限度地发挥自己的特长,合理分工安排,准备过程中也可通过彼此互动增强沟通交流能力,锻炼组织能力和团队配合能力,提升手抄报实践活动的整体教学效果。

其次,要优化教学评价。在对作品进行评价上可以增加学生互评环节,小组之间对彼此的作品进行评价,根据要求进行打分并写下评语,通过作品对比,取长补短,有所收获,达到教学相长的目的。优化评价环节,可以请与手抄报设计有关的专业教师,对手抄报作品进行专业评价,从专业角度给予指导,使学生技能上得到提升,受益更大。

（撰稿人　马泽霖）

四、"纲要课""五位一体"实践教学特点及成效

高校思想政治理论课的实践教学是提升高校思想政治理论课实效性的重要环节,是理论教学的深化和实践,不仅有助于加深对理论教学相关知识的理解、巩固,而且有助于促进大学生正确的世界观、人生观和价值观的形成;不仅能提高大学生的认识能力和行为能力,而且能提高大学生的思想品质和政治素养,达到知行统一。提升思想政治教育的质量和效果,增强大学生对思想政治理论课的获得感是新时代社会背景下值得思考和研究的重要议题。实践教学重在实效,重在"提升素质"而非仅仅是"传授知识"。

实践教学就功能而言主要包括思想教育实践、服务社会实践和培养能力实践三个方面,其主体是学生,目的是在实践中锻炼学生的能力,培养学生的意志品质,锻炼学生运用所学理论观察、认识、思考、动手的能力,发挥育人功能,将思想政治教育落到实处,让大学生走近社会、深入社会、分析社会、服务社会,只有这样才能发挥、体现实践教学的本来意义。实践教学为大学生搭建了一个富有形象化、直观性、实效性的实践大平台,是以学生为主体的教学活动。第一,实践教学要求受教育者即实践主体只有自觉地发挥意识的能动作用,才能圆满完成实践教学的任务,也才能将被动消极接受变为主动积极参与,学生的主体地位得到充分彰显。第二,借助实践教学,有助于将思政理论课的基本原理、思想和知识内化为学生的思维方法、内在素养和观念。学生在实践过程中不断地

"接地气",不断地传输正能量,自觉或不自觉地由感性认识上升到理性认识,达到"润物细无声"的效果。大学生群体是社会发展的中坚力量、新鲜血液,他们的认知与观念直接影响着国家未来的发展进程。

"纲要课""五位一体"实践教学,作为我院"纲要课"的特色环节应用于课程体系始终,对于课堂教学是一个非常有益的补充。它不同于课堂的理论教学,也不同于专业课程的实践教学和一般的社会实践活动,它具有实践性、多样性、计划性、针对性、综合性和广泛性等特征。我院"纲要课""五位一体"实践教学,采用多种手段方式提供给学生们更多的选择,使他们既能参与实践环节,又能有兴趣丰富自己的课余生活,受到学生们的欢迎。

作为思政课教师,面对一批又一批个性越来越鲜明的孩子,深知传统的授课模式显然已经不能满足同学们的学习需求,他们从初高中开始就已经接触了很多新鲜的教学方法以及课堂互动方式,到了大学以后,学生们对知识的渴望与对带来知识的手段的渴望是一样强烈的。这就要求思政课教师不断研究不同体验式学习模式,推动构建由大学生、思政课教师、专业课教师和辅导员组成的新时代德育共同体。我们应为新时代大学生搭建一个展示自己学习研究的舞台,带动大学生不断深入社会实践和理论探索,真正做到学以致用,切实感受中华民族复兴的光荣使命,以此带动和提高自己以及周围更多人对马克思主义的信仰。

我院"纲要课""五位一体"实践教学在此指导思想的引领下,采用多种方式的实践教学模式,已经具备了自己的特色板块和一定的经验与成效。例如,我们将红色文化实践活动与"纲要课"教学相结合,带领大学生参观红色文化景点——红色娘子军纪念馆,并把观后感制作成课件或视频展示给其他同学。以大学生的视角看红色文化景点,感动与震撼之余,更能使学生感受今日的和平来之不易,感受革命精神的魅力与传承价值。红色文化景点大多与革命历史有关,也可以说每一段革命历史都可以凝结出一种红色文化精神,将其与"纲要课"教学结合起来,就能使红色文化价值功能发挥最大作用,与"纲要课"教材中的革命精神等内容相辅相成,相互促进。另外,我院还组织了同学们开展短视频制作大赛,鼓励大家积极参与设定主题的原创视频展示活动,视频作品完成后由任课教师组织评选,并将其中的优秀作品进行展示。本活动受到了大一新生以及他们亲友团的点赞和转发,活动达到了预期目的。

整体而言,在我院"纲要课""五位一体"实践教学活动中,参与的大学生用专业实践、鲜活案例和生动故事,感染、影响、教育身边的同学,达到了预期的效果。一是表现为不断激发大学生的主体作用。实践教学活动推动了大学生逐步养成自主研究性学习的习惯,通过独立分析、探索、实践和创造来完善知识结构,提升综合能力;调动了学生以兴趣为导向学习"纲要课"理论的主动性,实现了理论的"精准供给"。也就是说在此过程中,教师为学生构建了一个以学生为主角进行深度学习的课堂教学过程。二是表现为实践教学的过程实际是一个人与人、人与社会不断融合的过程。这里的人与人之间的融合既包括学生和纲要课教师在此过程中的相互交流学习,还包括大学生与同学们以及实践中遇到的其他社会相关成员之间的沟通,从而提供给学生更多接触社会和自身发展的机会。每个大学生都有自我发展、自我提高、自我完善的欲望和要求,所不同的只是强烈的程度、努力的程度。

实践教学应让大学生明白社会需要什么、自己欠缺什么,应着力寻找实践教学目标的共性与大学生兴趣爱好的个性的统一,寻找二者的结合点。这就要求实践教学必须要贴近生活、贴近社会、贴近大学生,如当代大学生普遍关注的社会、人生、就业、成才等与自己密切相关的重大现实问题,都是我们最好的切入点。找到这些切入点,学生就必然会越来越感兴趣,"要我实践"自然变成"我要实践"。让学生在实践过程中感知、领悟科学理论这一认识最高形态对实践的巨大的指导作用,去伪存真,由现象到本质、由感性到理性这样一个实践—认识—再实践—再认识的过程,将理论系统学"深"、学"透",同时又联系实际,经由实践学"活"、学"灵"。

成功的实践教学,其实效性不仅具有深刻性,而且具有持久性。只有实践教学实效性不断显现,只有学生在实践教学中不断受益,学生才会在情感和内心深处逐渐产生认同与领悟、共鸣与升华,思想政治教育才能真正起到作用。

（撰稿人　张晶）

五、中国近现代史纲要课程中家史实践教学活动的思考

个人、家庭的发展同民族国家的宏观命运密不可分,家史是社会变迁史、国家发展史的重要组成部分,家史中渗透着家风、家训,彰显着中华民族精神和时代精神。搜集和传承家庭、家族和社区的历史,是深入体会"纲要课"教学内容的重要方式,也是培养个体自信和对集体、对民族、国家认同感、责任感的重要手段。

1. 家史实践教学活动的意义

国史决定家史,家史书写国史,家国相依、命运与共。国史决定了家史的发展和走向,家史是社会变迁史、国家发展史的重要组成部分。百年来,中华民族经历了从站起来、富起来到强起来的伟大飞跃。百年来,我们和曾祖辈、祖辈、父辈一起在历史长河中生生不息、绵延不断共同创造了中华民族的盛世华章。我们的曾祖辈经历过浴血奋战的新民主主义革命时期,祖辈参与了社会主义革命和建设,父辈是改革开放中成长起来的一代,如今我们是成长在新时代的新一代。家是最小国,国是千万家,我们每个人、每个家都是国史不可或缺的重要组成部分,四世同堂接续起来的百年家史是近代中国百年历史的最好见证和最佳注释。

家史中渗透着家风、家训,彰显着中华民族精神和时代精神。一代人有一代人的"长征",一代人有一代人的使命。每代人"长征"、使命的完成离不开每个家庭的家风、家训,良好的家风家训是中华民族精神和时代精神的重要组成部分。战火连天、血雨腥风的革命年代,千千万万个家庭依靠不怕牺牲、敢于斗争的革命精神赢得了新民主主义革命的胜利。热火朝天的社会主义革命和建设时期,无数家庭凭借着自力更生、艰苦奋斗的创业精神推动了社会主义革命和建设的全面开展。风起云涌的改革开放和现代化建设时期,中国家庭凭借着勇立时代潮头、开拓创新的精神,投入到了改革开放的大潮中。新时代,中国人秉持自信自强、守正创新精神,赢得了脱贫攻坚和全面建成小康社会的伟大胜利。百年来,无数中国家庭浴血奋战、艰苦奋斗、开拓创新,在革命、建设和改革的实践中形成和传承了良好的家风、家训,锻造了以爱国主义为核心的民族精神和以改革创新为核心的时代精神。

2.家史实践教学活动的效果

家史实践教学活动的开展,一方面充分发挥了学生的主体性,有效提升了学生积极性和课堂效率;另一方面使学生的思想觉悟也有很大提高,人生观、价值观等方面发生了明显变化。

发挥了学生的课堂主体地位,密切了家校联系,提升了教学效果。家史实践教学活动从资料搜集到文稿撰写,再到作品评选,学生全方位深层次地参与整个过程,凸显出学生的课堂主体地位并有力激发了学生自主学习的热情。此外,学生在搜集家史资料的过程中需要与长辈进行多次沟通,这在无形中密切了家庭关系,形成了学校与家庭、与社会的良性互动。

增强了家国情怀,提升了学生的主人翁意识。通过对曾祖辈、祖辈、父辈和我辈生活的了解和对比,学生进一步明白了家与国的关系,明白了没有国哪有家的道理。当代大学生有幸生在和平时代,更要努力学习立大志成大才,把自己的未来和国家的前途命运联系起来,肩负起时代的使命,为实现人生价值创造条件。而家国情怀和主人翁意识一经触发,部分学生中存在的实用主义、功利主义、个人主义和历史虚无主义便逐步消弭。

(撰稿人　王贝)

第四节　加强和改进新时代"原理课"实践教学的思考

一、"原理课"实践教学模式的选择与建构①

高校思政课实践教学是推动大学生巩固理论知识、深化理论认识、掌握科学方法、培养创新意识、提高创新能力的有效途径和重要手段。作为理论教学的延伸和拓展,高校思政课实践教学要围绕高校思政课的性质、内容、特点及教学目标展开。马克思主义基本原理课程是高校思政课课程体系中的基础课程、核心课程,其教学目标是教育引导学生系统掌握马克思主义的基本立场、基本观点和基本方法,能够用马克思主义的世界观、认识论和方法论观察问题、分析问题和解决问题,能够在马克思主义理论指导下认识世界和改造世界。开展马克思主义基本原理课实践教学,需要坚持正确的原则、建构科学的模式。

马克思主义基本原理课程实践教学的原则主要体现在四个方面。

首先,要坚持以教师为主导,深入落实立德树人根本任务。教师要结合实践教学内容,以自身对马克思主义基本原理课程的深刻把握,引领学生把马克思主义理论内化为理性认识,学会运用马克思主义立场、观点、方法分析问题和解决问题。同时,教师要以自身坚定的政治立场、丰富的人生阅历,引领学生提高思想境界、道德品质、价值追求,把对马克思主义理论的理性认知外化为自觉的行为习惯。

其次,要坚持以学生为主体,引领学生知行合一。无论是从认知的角度,还从践行的角度看,大学生都应该是实践教学中的主体。要尊重大学生的主体地位,激励大学生在主动参与实践教学中学会自主动手、自主选择、自主探索、自主判断,从直观、生动的实践教学中吸取丰富的精神养分,感悟马克思主义真理

① 该部分系 2021 年度海南省高等学校教育教学改革研究重点项目(Hnjg2021ZD – 35)、海南省哲学社会科学规划课题(思政专项)(HNSZ2021 – 27)、海南热带海洋学院思想政治教育研究专项课题(RHYJG2021SX06)、海南热带海洋学院教育教学改革研究项目(RHYjgzd2020 – 09)的阶段性成果。

的力量,增强认知能力和实践能力,养成良好的行为习惯。

再次,要坚持与学生的专业特点、个性特点相结合。设计实践教学方案,遴选实践教学的内容与形式,既要面向学生集体考虑到其专业特点与专业需求,又要面向学生个体考虑到其禀赋与个性,致力于促进学生专业水平和个体实践能力的提升。

最后,要坚持以学生为中心,通过实践教学破解学生遇到的思想困惑。无论理论教学还是实践教学,都要紧密联系学生的思想实际来开展。大学生受制于年龄和阅历,对事物的认识不全面、不深刻,可能存在认识误区、思想困惑。思政课教师要贴近学生,找准学生的思想困惑点,将其作为实践教学的切入点和突破点。让学生带着困惑去实践,在实践中消除人生的困惑,感悟马克思主义真理的力量,深刻体会"中国共产党为什么能,马克思主义为什么行,中国特色社会主义为什么好"。

建构马克思主义基本原理课程实践教学模式,要统筹开展好课堂内实践教学、课堂外实践教学和网络虚拟实践教学。

首先,要组织开展好课堂内实践教学。要把教室作为实践活动的主阵地,引导学生在课堂讨论重点、难点问题,交流阅读经典文献、观看经典电影、赏析大型纪实纪录片的心得体会。比如,在组织学生研读经典著作、观看影视作品的基础上,通过设置"读经典文献,悟马克思主义原理""观经典影视剧,悟马克思主义原理""唱经典红歌,悟马克思主义原理""议时政热点问题,悟马克思主义原理"等实践主题,引导学生深刻领会马克思主义理论的精神实质,深刻领会中国共产党为什么要把马克思主义基本原理与中国实际相结合、为什么要推动马克思主义中国化的三次历史性飞跃,深刻领会马克思主义是怎样深刻改变中国、改变世界的。

其次,要组织开展好课堂外实践教学。课堂外实践教学有利于学生了解社会、认识社会,培养学生运用马克思主义立场和观点发现实际问题、分析实际问题和解决实际问题的能力,提高学生认识能力、思辨能力和实践能力,增强学生的社会责任感和历史使命感。课外实践教学主要依托红色场馆、博物馆、党史馆等校外实践教学基地进行,主要形式是校外调研。组织校外调研,不仅要结合课程理论体系,还要结合本地文化、专业特点、社会热点等。比如,可以围绕"党中央和国家重大部署、重大方针政策、重大任务、重大历史事件"进行社会调研,也可以开展"时政热点问题专项调研""实践基地专项调研"等专项调研。

最后,要组织开展好网络虚拟实践教学。网络虚拟实践教学通过运用沉浸式、融入式、渗入式虚拟仿真技术,将虚拟仿真、影音视听和网络在线结合在一起,形成震撼、直观、丰富、形象的感官刺激和视听盛宴,可以将抽象的理论知识具化为形象的案例、故事,从而引起教育客体达到一种在场的情感共鸣,激发出主动性和内在潜能。当然,网络虚拟实践教学虽然符合时代潮流,但也对学生的理论基础和信息技术素养提出了更高的要求。近年来,将虚拟现实技术应用于马克思主义基本原理课程的实践教学,已成为许多高校思政课实践教学的探索方向。通过网络虚拟实践,突破了传统实践教学对马克思主义基本原理课程的束缚,推动了现代网络信息技术与马克思主义理论的深度融合,创新了新时代的实践教学模式。

综上所述,做好马克思主义基本原理课程实践教学,必须遵循大学生思想成长规律和思想政治教育规律,根据课程教学内容精心设计实践主题,合理选择实践教学模式。实践教学过程中,既要充分发挥教师的主导作用,又要积极发挥学生的主体作用。总之,要通过理论和实践相结合,引导学生形成"实践、认识、再实践、再认识"的思维方式,提升理论素养与实践能力。

(撰稿人　王凯旋)

二、伟大建党精神融入高校"原理课"实践教学的现实路径①

习近平总书记在庆祝中国共产党成立 100 周年大会上指出,"一百年前,中国共产党的先驱们创建了中国共产党,形成了坚持真理、坚守理想,践行初心、担当使命,不怕牺牲、英勇斗争,对党忠诚、不负人民的伟大建党精神"②。伟大建党精神厚植了中国共产党人的志气和底气,将伟大建党精神融入高校马克思主义基本原理课程的实践教学中,既是弘扬伟大建党精神和赓续红色血脉的内在要求,又是高校"原理课"课程建设的迫切需要。从发挥"内""外"相协调的育人作用,建构"显""隐"相协同的育人模式和建立"虚""实"相结合的育人机制等路径入手,不断增强"原理"课的吸引力和感染力,从而提升"原理课"的教学效果。

---

① 该部分系 2022 年度海南省高等学校教育教学改革研究项目(Hnjgzc2022 – 34)、海南省哲学社会科学规划课题(思政专项)(HNSXZ2019 – 25)、海南热带海洋学院思想政治教育研究专项课题(RHYjg2021sx04)的阶段性成果。
② 新华社.习近平:在庆祝中国共产党成立 100 周年大会上的讲话[EB/OL].(2021 – 07 – 01)[2022 – 03 – 11].http://www.gov.cn/xinwen/2021 – 07/01/content_5621847.htm.

（一）发挥"内""外"相协调的育人作用

注重课内课外的衔接，实现教化向内化的转换。首先，发挥课内思政课堂主渠道作用，在课内，"原理课"教师要对伟大建党精神的科学内涵、生成逻辑和时代价值进行系统全面讲述，并结合"原理课"各章节的内容，引用鲜活的典型案例进行分析。例如，在第七章"共产主义崇高理想及其最终实现"中讲述理想与现实的关系时，教师通过阐释不同时期共产党人精神谱系的深刻内涵及其影响，使伟大建党精神成为学生应对人生困境和逆境时的强大精神力量和价值引领，更加坚定理想信念。

其次，发挥课外红色实践教育基地作用，在课外，"原理课"教师可带领学生到学校周边的红色革命旧址、烈士陵园、革命纪念馆等地参观调研，开展"一个观点，一个故事"的伟大建党精神现场实践教学活动，教师要制定详细的实践教学方案，提前布置实践教学作业，让学生做好充分准备。活动实施过程中，让学生在红色革命圣地重温红色经典故事，悟马克思主义基本原理，教师也可以通过更多的红色文化教育资源进行现场教学，鞭策学生不负历史重托，敢于担当，为中华民族伟大复兴而努力奋斗。

通过以上两种方式将伟大建党精神融入"原理课"实践教学中，实现教化向内化的转化。

（二）建构"显""隐"相协同的育人模式

一方面，优化显性教育强化伟大建党精神的灌输和浸润，创新伟大建党精神融入"原理课"实践教学活动的形式，强化"原理课"的实践育人实效。主要以讲（红色、励志、新时代发展等故事）、诵（马克思主义经典著作）、唱（红歌、爱国等歌曲）、演（情景短剧）、练（红色实践教学基地、创新创业基地实践锻炼）为基本形式，让大学生们在实践中深刻体会伟大建党精神，将伟大建党精神作为价值指引贯穿于"原理课"的实践教学全过程，真正做到入脑入心且终身受益。学生能在实践教学的学习过程中深化对伟大建党精神的理解，在弘扬伟大建党精神、赓续精神血脉中深化对马克思主义中国化的深刻认识和生动实践。

另一方面，借助隐性教育深化伟大建党精神的熏陶和渗透，丰富伟大建党精神融入"原理课"实践教学活动的载体，强化"原理课"的文化育人实效。营造以伟大建党精神为主的红色文化教育环境，利用学生活动中心、教学楼的架空层和学生公寓等场所打造党史小长廊、红色文化宣传栏、共产党人精神谱系现场实践教学点、百位巾帼英雄故事展板等。结合学校的实际情况，马克思主义学院、学校宣传部和图书馆等部门通力合作,对校园环境进行精心布置,例如,专门开设马克思主义理论书籍读本、党建报刊等图书角,设置名人名言,建造雕塑以及"弘扬伟大建党精神"植被等具体方面的建设,让学生走出教室,使校园的每一个角落和一草一木中都渗透着浓厚的红色文化氛围。在校园建设中,学校的某些路段、道路可以用"井冈山路""长征路""西柏坡路"等命名,让学生走在路上就能想起那段风雨如磐的革命岁月。总之,要采取显性教育和隐性教育相协同的方式将伟大建党精神融入"原理课"实践教学中,不断推动课程育人的实效。

(三)建立"虚""实"相结合的育人机制

借助网络教学平台推动伟大建党精神的弘扬和践行。虚拟网络是人们获取知识的重要渠道之一,互联网以特有的优势在大学生思想政治教育上发挥着重要作用。"原理课"借助网络教学平台开展实践教学活动,例如通过云班课资源、头脑风暴等模块,发布弘扬伟大建党精神专题实践教学活动,既能够增强学生思维的灵活性,又极大地激发学生的参与度,形成良好的师生互动交流;综合运用论坛、微电影、红色歌曲欣赏等网络专题,提升"原理课"实践教学内容的教育性与吸引性,拉近师生的距离,增强"原理课"的时效性。

将伟大建党精神融入实践活动教育。高校开展极具特色的实践活动能够让学生在实践活动中亲身领悟到伟大建党精神的丰富内涵,涵养爱党爱国的深厚情怀。思政课教师组织开展大学生暑期"三下乡"社会实践活动,组织学生奔赴各地的革命老区,学习革命优良传统,服务老区人民。因此,要将虚拟网络教育和社会实践教育相结合,让二者相互促进、协调发展,推动"原理课"实践教学深化知行合一的实效性。

总之,伟大建党精神是当代大学生书写人生华章的精神支柱,高校要不断创新伟大建党精神融入"原理课"实践教学模式,增强"原理课"的亲和力,彰显"原理课"的理论深度和实践温度,强化"原理课"的育人实效。

(撰稿人　梅娟)

三、网络环境下"原理课"实践教学改革创新的思考①

理论联系实际是马克思主义理论的显著特征,实践教学作为"原理课"的重

---

① 该部分系海南热带海洋学院 2020 年教育教学改革研究项目(RHYjg2020－38)的阶段性成果。

要组成部分尤其需要关注环境的变化,这是实践教学实现改革创新的重要前提。网络技术及其应用创造了人的新的生存状态、交往空间和发展条件,形成了信息时代的一种崭新的网络环境。在网络环境下如何加强和改进思想政治教育就成为一个重大的时代课题。《教育部等八部门关于加快构建高校思想政治工作体系的意见》也明确提出要加强网络育人,发挥新媒体平台对高校思政工作的促进作用。

网络环境下"原理课"实践教学改革创新的思考包含两个层面:一是"原理课"实践教学改革创新应当关注网络社会的变化;二是"原理课"实践教学改革创新应当充分利用网络媒介的传播力增强教育的力量。前者涉及"原理课"实践教学的主题内容,后者涉及"原理课"实践教学的形式和途径。其教学目的是引导学生关注网络社会的变化和影响,用马克思主义理论的立场、观点和方法来分析网络社会现象,提升学生网民的网络素养。事实上,高校大学生网民数量多、网龄长,是伴随着网络社会成长起来的一代,网络社会对人的双向影响即虚拟发展和虚拟异化在大学生身上表现得最为集中、最为明显。因此,"原理课"实践教学改革创新问题的实质是对人的发展问题的高度关注。那么,如何推进网络环境下"原理课"实践教学的改革创新呢?

首先,深化拓展对网络思想政治教育的理论研究,把握网络环境下实践教学的规律。理论是实践的先导,网络环境下开展"原理课"实践教学的前提是对网络社会及人的发展有全面而深刻的理论研究。譬如网络社会的发展历史、网络社会的定位、网络社会的基本矛盾、网络社会的基本属性、如何实现网络环境下人的虚实和谐发展、网络环境下思想政治教育中主客体的关系及如何有效地开展网络思想政治教育工作等等。抓住了网络环境下思想政治教育的基本问题、基本矛盾、基本规律,我们才能有效地开展网络思想政治教育,因为大学生网民在网络社会中的境遇正是上述基本问题、基本矛盾和基本规律的外在呈现。深化拓展对网络思想政治教育的理论研究将有助于我们澄清网络社会问题的实质。

其次,追踪网络社会热点、难点和重点问题。网络社会热点、难点和重点问题是网络社会矛盾的集中体现。它们具有关注度高、典型性强、生动鲜活等特点。根据建设"大思政课"理论,应当调动网络社会资源用于"原理课"教学,把思政小课堂与网络社会大课堂相结合,将生动鲜活的网络生活实践引入教学,全面提升育人效果。这就要求我们建立有效的网络社会热点、难点和重点跟踪机制,定期形成网络社会热点、难点和重点问题库,并结合"原理课"教学目标和要求,对问题库进行筛选,整理出与马克思主义的基本观点衔接度高、说明性强的问题组成实践教学的内容库。因其强烈的实践性、时代性和鲜活性,为马克思主义理论与实践的统一提供了切入口,这个内容库既可以供"原理课"实践教学使用,也可以供"原理课"课堂教学使用。

再次,根据实践教学内容,设计多样化的"原理课"实践教学形式。形式服务于内容,网络社会热点、难点和重点问题的特点决定网络环境下"原理课"实践教学的教学形式具有多样化特征。结合"原理课"教学主旨即加深学生对马克思主义基本立场、观点和方法的把握,通过实践教学的开展和实施,使学生把握时代脉搏,完成从书本到现实、从理论到实践的飞跃。"原理课"实践教学可以紧扣发现问题、分析问题、解决问题等方面对网络社会热点、难点和重点问题进行案例分析。其成果形式可以是网评、微电影、微视频、微课等网络文化作品,同时要充分发挥自媒体平台的作用,将优秀的网络文化作品进行展示传播,激发和引导学生创造导向正确、内容生动、形式多样的网络文化产品。除此之外,还可以鼓励学生以读后感、调查报告、案例分析、小论文、小品等传统成果形式来展示对网络社会热点、难点和重点问题的深度思考。

最后,形成更加灵活的"原理课"实践教学评价体系。在网络信息技术架构下的"原理课"实践教学不再局限于教师和学生之间的单线互动,而是外溢到网络的众多节点上,因此,我们可以通过这些节点的评价反馈来对实践教学进行效果评价。比如学生撰写的网络评论的点击率、转载率,微视频在媒体平台上的点赞率、收藏率、关注度等都可以作为评价依据。它们较之学生的自我评价更加客观,较之教师评价更加社会化,因而对学生的激励作用也更加明显。因此,充分利用网络媒介来丰富"原理课"实践教学的评价指标体系将会是一件很有意义和创新性的举措。

网络环境下"原理课"实践教学改革创新的关键是关注和剖析网络社会问题,培养学生用马克思主义立场、观点和方法解释网络社会生活、处理网络社会生存问题的能力。同时,"原理课"实践教学要发挥网络技术架构的优势,综合大学生网民的网络生存习惯,形成更加灵活多样的"原理课"实践教学形式和评价体系,最终达到化解大学生网络生活矛盾、实现人网和谐的目的。

(撰稿人　何化利)

四、学生主体视角下思政课实践教学改革创新研究

实践的观点是马克思主义哲学的核心观点。习近平总书记曾多次指出,当前我国要坚持实践第一的观点,不断推进实践基础上的理论创新。习近平总书记还针对思想政治理论课强调,思想政治理论课要坚持理论性和实践性相统一,用科学理论培养人,重视思政课的实践性,把思政小课堂同社会大课堂结合起来,教育引导学生立鸿鹄志,做奋斗者。

学生作为思政课教学中的主体,在教学过程中如何更好地以学生为中心,实现理论教学与实践教学良性互动,使学生达到扎实理论、指导实践、深化认识的良性循化,是高校思政课亟待解决的问题。

1. 高校思政课实践教学困境分析

近年来,根据习近平总书记关于思政课的重要指示和中共中央、国务院印发的《关于加强和改进新形势下高校思想政治工作的意见》《关于深化新时代学校思想政治理论课改革创新的若干意见》等文件,各高校针对思政课实践教学进行改革,探索思政课实践教学新思路,开辟实践教学新形式。虽取得了一些成绩,但学生作为实践教学的主体,并未真正融入实践教学中发挥其主体性,是目前高校思政课实践教学所面临的主要困境,主要体现为传统教学方式与当代大学生个性化需求之间的矛盾。

随着当今社会的快速发展,大学生群体表现出非常鲜明的时代特征。他们虽然生活在网络时代,但并未因为能够丰富、便捷地接触信息而迷失、丧失信仰。他们追求思想独立,崇尚个性化发展,思维活跃,创新能力突出,对待事物有自己的看法。教师灌输式教学,学生被动式接收、实践的传统教学方式很难使他们提起兴趣主动参与。不管是实践教学设计阶段,还是实施阶段,学生并未真正融入其中认真实践,无法达到扎实理论、指导实践、深化认识的良性循化。学生的主体性并未有效体现,从而影响到高校思政课实践教学实效性的发挥。

2. 以学生为主体的思政课实践教学的路径选择

思政课实践教学的目的是帮助学生巩固掌握马克思主义理论,引导学生运用马克思主义理论去分析问题和解决问题,进而促进学生理论水平、思想素质和思维能力的全面提升,为中华民族伟大复兴的实践培养人才。这就要求教师在教学过程中将教学目标变成教学手段,融入教学方式,把握学生主体性原则,尊重学生、引导学生、成就学生,优化以学生为主体地位的实践教学模式。

第一,灵活调整实践教学形式,提升学生的参与度。高校思政课教师在教学过程中应把握当代大学生的特征,灵活选择教学形式,使学生在教学过程中获得感更强,主体性得以发挥。在形式的选择上,教师作为实践教学的引导者,可以只定主题,不定形式。教师每学期根据时事热点或理论学习进度定下实践教学的主题,但具体操作形式可只定下大致范围,由学生自主选择。这样一来提升了学生的参与感,使学生参与到实践教学方案设计中,成为自己实践教学方案的最终设计者;二来可以在保护学生的个性化发展的同时提升学生的辩证思维能力,让学生从自己独特的、擅长的角度运用马克思主义理论发现问题、分析问题、解决问题。

第二,适当拓展实践教学场景,增强学生的获得感。实践教学的场景大致分为课堂内实践、课堂外实践,其中课堂外实践又分为校园实践和社会实践。课堂内实践教学主要在课堂上完成,具体形式可以为专题讨论、案例分析、微课堂、新闻播报等。课堂实践教学可以使学生从理论知识的接收者,转变为传授者、讲解者,使教师从理论知识的传授者转变为引导者,加深学生对理论知识的理解,巩固理论教学成果。其实课堂实践教学可以融入理论教学中,二者相辅相成。校园实践教学主要在校园内完成,可以但不仅限于课堂内,可以和校园文化建设、第二课堂、实习见习等方面相结合,通过开展志愿服务、知识竞赛、辩论比赛等活动使学生将理论融入实际生活实践,提升学生理论联系实际的能力。社会实践教学指的是走出校园,到社会中开展实践教学活动。中共中央办公厅、国务院办公厅于2019年8月印发了《关于深化新时代学校思想政治理论课改革创新的若干意见》,其中明确指出要"坚持开门办思政课,推动思政课实践教学与学生社会实践活动、志愿服务活动结合,思政小课堂和社会大课堂结合,鼓励党政机关、企事业单位等就近与高校对接,挂牌建立思政课实践教学基地,完善思政课实践教学机制"。教师可以带领学生走进实践教学基地,走进博物馆、纪念馆、社区等场所,使学生体验沉浸式的学习和实践,通过全方位的场景体验使学生产生更加丰富而深刻的思考,也可和"三下乡"社会实践相结合,形成良性互动,相互促进。

不论哪一个实践教学场景,均可以小组为单位展开,学生全程参与,这能够更好地发挥学生的主体性,使学生增强了获得感。同时教师应在整个过程中起指导作用,并在重要节点做阶段性点评,在活动结束后做全方位总结,引导学生将马克思主义理论真正入脑入心,内化于心外化于行,提升学生运用马克思主义理论去分析问题、解决问题的能力。

第三,进一步丰富实践教学考核机制,调动学生积极性。目前高校思政课实践教学考核方式普遍为教师针对结果的单一考核,不能很好地调动学生对实践教学全过程的积极参与,出现很多"轻过程重结果"的情况,这就促使高校针对考核方式做出改变。从评价主体上说,可采取学生自评、小组互评和教师主评相结合的方式;从考核内容上说,可从针对结果的考核变为对学生参与过程和结果的双重考核,即阶段考核和成果考核相结合。这两个原则应贯穿实践教学考核全过程。教师提供考核标准,并对实践活动的开展全程引导、监督,学生全程参与考核,在实践过程中进行阶段性评价,在结束时对成果进行考核。一方面,学生自评和互评可以帮助学生了解自身理论知识水平、理论指导实践的能力情况,看到自身和他人在实践教学不同阶段思想上和行为上的变化,帮助学生发现不足,从而促进学生更加自主学习、实践;另一方面,学生的评价也可成为教师评价的一项参考指标,帮助教师更加立体地了解学生情况,做出更加客观的评价。

高校思政课实践教学改革中,应把握学生为主体、教师为主导的原则,将教学目标转化为教学手段,立足学生主体视角,不断根据主体特征改变教学方式、拓展教学场景、完善考核机制,不断创新实践教学新模式,使学生将理论认识升华为行动指南,培养知行合一的、有担当、有作为、有思想的当代青年。

(撰稿人　李昕)

第五节　加强和改进新时代"概论课"实践教学的思考

一、伟大建党精神融入高校"概论课"实践教学的路径研究

习近平总书记在庆祝中国共产党成立 100 周年大会上首次提出的伟大建党精神,具有丰富的科学内涵和育人价值,而高校肩负着为党育人、为国育才的使命和培养担当民族复兴大任的时代新人的任务,必须自觉将党的最新理论成果——伟大建党精神融入高校思想政治教育。高校思政课作为落实高校立德树人根本任务的关键课程与重要阵地,"概论课"作为高校思政课的核心课程,应积极探索伟大建党精神融入高校"概论课"教学的路径。习近平总书记在学校思想政治理论课教师座谈会上提出思政课改革创新的"八个相统一"具体要求。其中"坚持理论性与实践性相统一"强调了重视思政课的实践性要求。高校思政课的实践教学作为理论教学的补充和延伸,应发挥其优势,帮助大学生提升理论阐述能力、社会实践能力,以帮助其达到知行合一的目的。

伟大建党精神蕴含着的育人价值、中国共产党各个时期的历史事件和可歌

可泣的优秀人物事迹,正是高校"概论课"实践教学鲜活的教育资源。笔者将从课堂教学、社会实践等方面探讨伟大建党精神融入"概论课"实践教学的路径。

第一,伟大建党精神融入"概论课"课堂教学的实践。理论教学和实践教学都是增强"概论课"的针对性、实效性和发挥思政课的感召力的形式。理论教学需要教师为学生讲透理论的正确性,让学生理解并掌握理论的生成逻辑,而实践教学旨在增强学生对理论的正确认识和应用,实践教学是理论教学的检验手段。伟大建党精神是马克思主义中国化的重要理论创新。"概论课"课堂实践应积极发挥学生的主体性作用,选取伟大建党精神中具有鲜明特质的马克思主义中国化的素材,通过线上线下相结合的方式,以案例教学、研究讨论等方式进行课堂实践教学。例如,通过 App 在线上上传《觉醒年代》影片资源,提前让学生在线上观看影片,线下在讲授导论部分"马克思主义的提出以及内涵"内容中"中国共产党为什么要选择马克思主义"时,可结合史实,通过播放《觉醒年代》中李大钊的《我愿意,奋斗终生!》视频片段,引出伟大建党精神坚持真理,坚守理想的科学内涵,并组织学生讨论"中国共产党为什么要选择马克思主义"。学生以小组为单位,利用课堂 5 分钟时间进行思考讨论,讨论结束后,各组派代表进行发言,最后教师点评,并向学生讲清楚中国共产党为什么选择马克思主义。又如,在讲授第一章"毛泽东思想活的灵魂"中的"群众路线"时,可通过伟大建党精神对党忠诚、不负人民的科学内涵进行讲解,并结合"半条棉被"的案例,阐述马克思主义群众史观如何与中国实际相结合的,以及中国在革命、实践和改革中人民观点是如何发展的。伟大建党精神融入"概论课"的课堂教学实践,通过生动感人的历史事件和人物事迹,不但可以提高"概论课"的理论说服力、时空穿透力和心灵感召力,而且可以与学生产生情感共鸣,更加深化学生对"概论课"理论知识的理解。

第二,伟大建党精神融入"概论课"的社会实践。让学生走向基层,走入社会,走到群众中去,将"概论课"理论知识与实践体验相结合,把思政小课堂与社会大课堂相结合,让学生在实践中检验真理,在实践中发展理论。首先,利用地方红色资源,建立"概论课"社会实践教学基地。地方红色资源是高校开展思政课的优质资源,地方红色纪念馆、革命遗址都是建立"概论课"社会实践教学基地的首选。而红色纪念馆、革命遗址、烈士陵园等红色基地,都是学生感悟伟大建党精神的红色地标。"概论课"社会实践教学要善于运用地方红色资源,如海南三亚地区的高校,可以带领高校大学生前往仲田岭革命根据地烈士纪念碑,重温当年在极其困难的环境下,仲田岭革命根据地的创建过程,以及根据地如何在粮食、日用品欠缺,生活困难,交通不便,传递情报困难,经过敌人摧残,群众心有余悸,开展工作困难的极其残酷的日子中,坚守信念,团结战斗,实事求是,依靠群众,独立自主地解决一个又一个的困难。通过历史重现,让学生感悟坚持真理、坚守理想,践行初心、担当使命,不怕牺牲、英勇斗争,对党忠诚、不负人民的伟大建党精神,通过实践激励广大青年学生树立远大理想,胸怀爱国之情,担负时代使命,立志成为担当民族复兴大任的时代新人。其次,通过与学校学工、团委等部门协同开展"概论课"的社会实践,搭建志愿服务活动和"三下乡"暑期社会实践活动平台,在实践中践行伟大建党精神,让学生用"旗帜鲜明讲政治"的自觉性和"主动作为担使命"的自觉性,走进社会大课堂,通过红色理论宣讲等志愿服务活动深化"概论课"理论知识,感受中国特色社会主义为什么好;通过深入社会调查,了解国情、社情、民情,用马克思主义立场、观点和方法认识问题、分析问题和解决问题。形式多样的社会实践,可以让学生在实践中认知,在实践中感受,把知与行有机统一起来。

"概论课"实践教学重在通过实践将课堂教学抽象的理论知识具体化。伟大建党精神融入"概论课"的实践教学要始终遵循"概论课"课程培养目标,对照"概论课"教学目标,对不同专业、不同年级的学生,因材施教,创新教学方案,创新教学设计,通过伟大建党精神融入"概论课"教学的实践,达到提高学生思想政治素质、社会实践能力和理论思维能力的育人目标。

(撰稿人　郭婷婷)

二、"概论课"增强实践教学实效性的探索

习总书记在主持召开学校思想政治理论课教师座谈会中强调,大学阶段是青年学生的"拔节孕穗期",最需要引导和栽培。大学思政课是培养德智体美劳全面发展的社会主义建设者和接班人的关键阵地,本科阶段重在开展理论性学习,增强青年学生对中国特色社会主义道路、理论、制度、文化的自信。这就需要思政课教师在"概论课"教学过程中教导青年学生必须学会运用科学的思维方法——辩证唯物主义和历史唯物主义,深刻地去学习和掌握马克思主义、习近平新时代中国特色社会主义思想所阐述的科学的共性原理,给青年学生心灵埋下真善美的种子;把科学理论转化为认识世界、改造世界的强大的物质力量,帮助青年学生扣好人生第一粒扣子。贯彻落实运用马克思主义真理的力量感召学生、用科学的理论培养学生,引导学生运用马克思主义立场观点方法去发现问题、分析问题、思考问题、解决问题,从党的百年奋斗中看清楚过去我们为什么能够成功、弄明白未来我们怎样才能继续成功,从而更加坚定、更加自觉地践行初心使命,在新时代更好坚持和发展中国特色社会主义。坚持思政课教育为人民服务、为巩固和发展中国特色社会主义制度服务、为改革开放和社会主义现代化建设服务,将思政课同生产劳动和社会实践相结合,解决好培养什么人、怎样培养人、为谁培养人的根本问题,培养德智体美劳全面发展的社会主义建设者和接班人。

结合"概论课"实践教学,坚持问题导向和全面推动马克思主义中国化理论融进大学生头脑的目标导向相结合,使大学生对马克思主义中国化的理论成果有更加透彻的理解。"概论课"实践教学必须引导青年学生永远以党的旗帜为旗帜、以党的方向为方向、以党的意志为意志,赓续党的红色血脉,弘扬党的优良传统,全面提升大学生马克思主义理论素养。习总书记《在庆祝中国共产党成立 100 周年大会上的讲话》提出:"以史为鉴、开创未来,必须继续推进马克思主义中国化。马克思主义是我们立党立国的根本指导思想,是我们党的灵魂和旗帜。中国共产党坚持马克思主义基本原理,坚持实事求是,从中国实际出发,洞察时代大势,把握历史主动,进行艰辛探索,不断推进马克思主义中国化时代化,指导中国人民不断推进伟大社会革命。中国共产党为什么能,中国特色社会主义为什么好,归根到底是因为马克思主义行!"①习近平总书记在关于《中共中央关于党的百年奋斗重大成就和历史经验的决议》的说明中指出:"深入研究党坚持把马克思主义基本原理同中国具体实际相结合、同中华优秀传统文化相结合,不断推进马克思主义中国化的百年历程,深化对新时代党的创新理论的理解和掌握。"②新的现实告诫中国共产党人,没有马克思列宁主义指导不行;有了马克思列宁主义,不与我国的革命、建设、改革、社会主义现代化建设相结合同样不行。当代大学生要紧密联系个人的思想实际,把理论与实践、理想

---

① 新华社.习近平:在庆祝中国共产党成立 100 周年大会上的讲话[EB/OL].(2021 – 07 – 01)[2022 – 03 – 11].http://www.gov.cn/xinwen/2021 – 07/01/content_5621847.htm.

② 习近平.关于《中共中央关于党的百年奋斗重大成就和历史经验的决议》的说明[N].人民日报,2021 – 11 – 17(02).

与现实、主观与客观、知与行有机统一起来,自觉投身于第二个百年奋斗目标的伟大实践,为实现中华民族的伟大复兴贡献自己的力量。

提升学生运用马克思主义的立场、观点和方法观察时代、解读时代的能力,真正搞懂中国特色社会主义进入新时代面临的时代课题,寓理想于信仰、寓思维方法于概论课理论之中,把理论讲明白、讲清楚、讲透彻,有针对性地对党带领人民在革命、建设、改革、新时代四个历史时期的理论与实践、历史与现实、国内与国际、党内与党外等热点问题进行纵横比较,学生水到渠成地得出科学结论用真理的力量感召学生。恩格斯指出:"马克思的整个世界观不是教义,而是方法。它提供的不是现成的教条,而是进一步研究的出发点和供这种研究使用的方法。"①马克思主义的方法与方法论原则是马克思主义理论中最具有生命力和科学价值的内容,这不仅为中国共产党人所传承、运用和创新,指导我们夺取新民主主义革命伟大胜利、完成社会主义革命和推进社会主义建设、进行改革开放和社会主义现代化建设、开创中国特色社会主义新时代。在实践教学环节中实现将辩证唯物主义、历史唯物主义成为大学生的日常生活中广泛接受的思维模式。中国进入中国特色社会主义新时代,尽管我们所处的时代同马克思所处的时代相比发生了巨大而深刻的变化,但其原理和规律仍具有一定的社会共性。将马克思主义基本原理同当代中国具体实际相结合,要善于运用马克思的科学共性原理与习近平新时代中国特色社会主义思想分析问题得出科学结论,要用习近平新时代中国特色社会主义思想的真理性培养拥护中国共产党领导和我国社会主义制度、忠诚于人民忠诚于党立志为中国特色社会主义事业奋斗终生的可靠有用人才。

马克思主义是我们立党立国、兴党强国的根本指导思想。习近平总书记指出:"中国共产党为什么能,中国特色社会主义为什么好,归根到底是因为马克思主义行!"结合"概论课"教材中将"一化三改"比喻为鸟的"主体"和"两翼",教师亦可灵活地将"马克思主义行"比喻为鸟的"主体",将"中国共产党为什么能、中国特色社会主义为什么好"比喻为鸟的"两翼",两者相辅相成、相互促进。教育大学生灵活地而不是刻板地、具体地而不是抽象地运用马克思主义,必须让马克思主义走进解决问题过程之中、走进丰富多彩的实践领域。党的百年奋

---

① 中共中央马克思恩格斯列宁斯大林著作编译局. 马克思恩格斯选集:第4卷[M].北京:人民出版社,1995:742-743.

斗成就表明,坚持把马克思主义基本原理同中国具体实际相结合、同中华优秀传统文化相结合,坚持与时俱进、守正创新、努力钻研、扬弃吸收,用马克思主义观察时代、把握时代、引领时代,党必将带领全体中国人民在新时代新征程上赢得更加伟大的胜利和荣光!

（撰稿人　刘艳朋）

三、基于云班课的"概论课"网络实践教学模式创新

众所周知,思想政治理论课是落实立德树人根本任务的关键课程,是高等院校为党育人、为国育才的主渠道和主阵地。毛泽东思想和中国特色社会主义理论体系概论课(以下简称"概论课"),是我国高等院校几门思想政治理论课中学分最多、分量最重的核心课程。这门课既有很高的理论性,又有极强的实践性,因为无论是其教材的主线马克思主义中国化,还是其教材的重点马克思主义中国化最新成果,都坚持了"理论和实际统一"这条马克思主义的基本原则。故此,"坚持理论联系实际""紧密联系党史、新中国史、改革开放史、社会主义发展史,紧密结合全面建设社会主义现代化国家的实际,紧密联系自己的思想实际,把理论与实践、理想与现实、主观与客观、知与行有机统一起来,自觉投身于中国特色社会主义伟大实践,为实现中华民族伟大复兴作出应有的贡献"成为学好此课程的一大要求。由此提出了在搞好理论教学的同时,落实《高等学校思想政治理论课建设标准(2021 年本)》,抓好"概论课"实践教学、使其覆盖全体学生、建立相对稳定的校外实践教学基地并形成"实践育人"长效机制、全面提升育人效果的教学改革新课题和新要求。

针对当前国内各兄弟院校普遍存在的"概论课"实践教学认识不到位、实施走过场、形式较简单、手段普泛化、覆盖不全面、体系不健全等方面的问题,海南热带海洋学院马克思主义学院"概论课"教研室各位同仁迎难而上,逐步探索、积极构建起整合了"概论课""第一课堂"(课内"小"实践)、"第二课堂"(校园"中"实践)、"第三课堂"(社会"大"实践)、"第四课堂"(网络"云"实践)以及"第五课堂"(创"艺"类实践)的"五位一体"实践教学新模式,稳步提升"实践育人"效果。经过近五年的努力,已经初步实现了基于云班课的"概论课"网络实践教学模式创新。

1."概论课"网络实践教学的可行性

首先需要强调的是,目前构建"概论课"网络实践教学新模式不仅是可行

的,而且是大有可为的。毫无疑问,随着互联网的普及,构建"概论课"网络实践教学新模式已经提上日程。中国互联网络信息中心日前发布的第四十九次《中国互联网络发展状况统计报告》显示,截至 2021 年 12 月,我国网民规模达10.32 亿,较 2020 年 12 月增长 4296 万,互联网普及率达 73.0%。而从另一角度说,构建"概论课"网络实践教学新模式的技术已经相当成熟。作为高等院校主体,"Z 世代"大学生们本就是互联网原住民,他们几乎人手一台智能手机,绝大多数大学生也都有笔记本电脑,通过手机或笔记本上网早就成为家常便饭,这就为大学生"概论课"网络实践教学提供了必要条件。再者,相比受制于现实时空、经费、安全等各种要素制约的"概论课"常规性线下实践教学活动,网络实践教学具有互动性、趣味性、鲜活性、易于操作性等特征,更适合学生需求,更容易增加学生实践活动的兴趣和自主性,更易于实现师生之间良性互动,且不受时空限制、不需要经费支撑、无须考虑活动安全、便于全员参与等的网络实践教学新模式,其优势十分明显。

2. 云班课简介

在设计者看来,云班课是一款融入了人工智能的免费课堂互动教学 App。它基于移动互联环境,实现老师与学生之间的即时互动、资源推送和作业任务布置,完善的激励与评价体系激发了学生在移动设备上自主学习的兴趣,完整的学习行为记录实现了对学生学习的过程性考核,更能为老师提供高质量的教学研究大数据,并实现基于人工智能技术的个性化智能助学和智能助教功能。而在我们看来,云班课既是一个为移动而生的互动教学平台,它开创移动互联环境下即时互动教学的新模式,它又是一个技术先进、功能完备的智能教学助手,它不仅可以运用大数据和人工智能技术辅助教师教学,帮助教师了解学生需求,并在此基础上有针对性地向学生进行推送资源、开展头脑风暴、投票问卷、讨论答疑、作业测试、分组任务以及大数据学情分析等十分丰富的教学实践,而且还能够详尽记录学生的学习行为,激发学习兴趣和参与感而成就有趣学习,进而帮助学生成长。鉴于云班课这样一个功能强大的且承诺对师生永久免费的互动教学 App,既可以轻松打破"概论课"实践教学的时空限制方便大学生通过网络参与实践教学,还能有效整合互联网上各种信息资源,避免线下实践可能导致的各种安全问题,并有效克服"概论课"实践教学经费投入不足的难题,所以,它成为海南热带海洋学院马克思主义学院"概论课"教研室网络实践教学模式创新之首选。

3.云班课网络实践教学的实施

利用云班课 App 开展网络实践教学的第一步,就是由任课教师创建任课班级的班课,并将班课号发送给学生,邀请学生加入班课,由此拉近了与学生的距离。其次,借助云班课 App,通过"上传本地文件"、提供"网页链接"等可以发布课程信息、学习要求、课件、音视频等各种课程资源并做到及时更新。再次,通过"头脑风暴""调查问卷"等可以了解学生的学习基础、思想政治素养、课程期待等,为提升实践教学的针对性奠定基础;继而,可以设计各种目的性较强的实践教学项目,譬如"红色歌曲欣赏""红色影视赏鉴""经典原著阐释""PPT 制作""精品图书诵读""微视频创作""诗文创作""宣传海报设计""提案(议案)""我对总理说句话"以及"我是学校(家乡、国家)小主人"等已经成为海南热带海洋学院马克思主义学院"概论课"教研室的常规性实践项目,再辅以"时事大评论(大研讨)"之类的实践项目,内容十分丰富。

譬如说,2020 年春季学期,为避免人员聚集,第一、二、三课堂的"小"实践、"中"实践和"大"实践均无法安排。尽管如此,我们通过云班课,不仅整合了大量令学生耳目一新的教学资源,而且还精心设计了"小海说事"、观后感写作、微视频创作、"雷锋"诗文创作、经典诵读、"植树节"主题活动方案(或主题宣传海报设计)、"青春耀海院,匠心献祖国"小作文撰写、提案撰写、读书笔记、"我对党和国家工作的建言"等一系列实践教学活动。绝大多数学生都普遍反映,参与上述实践教学,能力得到了明显提升。

综上可见,云班课不愧为探索实践教学新模式的好平台、好帮手。基于云班课的"概论课"网络实践教学新模式较好地满足了新时代思政课实践教学的要求,达成了"实践育人"的目标。当然,寸有所长,尺有所短。未来,我们还将努力解决在"概论课"网络实践教学实际开展过程中所出现的教师网络运用水平参差不齐、管理难度大、全面客观评价不易等问题,切实增强"实践育人"的成效。

(撰稿人 管小其)

参 考 文 献

[1]周树立,王昊,于慎鸿,等.《中国近现代史纲要》实践教学论[M].北京:经济管理出版社,2017.

[2]渠长根.红色文化概论[M].北京:红旗出版社,2017.

[3]李纪岩.引领与培养:当代大学生核心价值观生成的基础问题研究[M].北京:光明日报出版社,2018.

[4]赵庆寺.讨论式教学与大学生社会主义核心价值观认同[M].上海:上海人民出版社,2016.

[5]沈壮海,董祥宾.论新时代高校思想政治工作质量的提升[J].思想理论教育,2018(08):11 – 15.

[6]丰娇.试论红色娘子军在琼崖地区产生的原因[J].海南热带海洋学院学报,2018,25(3):117 – 121,128.

[7]林克松,熊晴.走向跨界融合:新时代劳动教育课程建设的价值、认识与实践[J].湖南师范大学教育科学学报,2020,19(2):57 – 63.

[8]樊梦吟."四史"教育融入高校思想政治理论课的价值意蕴与实践路径[J].无锡商业职业技术学院学报,2021,21(5):10 – 14.

[9]新华社.中共中央办公厅　国务院办公厅印发《关于深化新时代学校思想政治理论课改革创新的若干意见》[EB/OL].(2019 – 08 – 14)[2022 – 03 – 16].http://www.gov.cn/zhengce/2019 – 08/14/content_5421252.htm.

[10]新华社.中共中央　国务院印发《关于加强和改进新形势下高校思想政治工作的意见》[EB/OL].(2017 – 02 – 27)[2022 – 03 – 27].http://www.gov.cn/xinwen/2017 – 02/27/content_5182502.htm.